编委会

主　编：崔译文　周智伟　李　卉　邹剑峰
副主编：吴　丹　刘　新　戴甲芳　曾莉莉
参　编：马　琦　梁春树　陈志轩　何冰煌
　　　　李宇灏　梁璐熹　姜　颖　程思涵

高等院校应用型规划教材

市场营销学

第五版

崔译文　周智伟　邹剑峰　李　卉

主　编

暨南大学出版社
JINAN UNIVERSITY PRESS

中国·广州

图书在版编目（CIP）数据

市场营销学/崔译文等主编．—5 版．—广州：暨南大学出版社，2023.10
高等院校应用型规划教材
ISBN 978 - 7 - 5668 - 3662 - 5

Ⅰ．①市…　Ⅱ．①崔…　Ⅲ．①市场营销学—高等学校—教材　Ⅳ．①F713.50

中国国家版本馆 CIP 数据核字（2023）第 086576 号

市场营销学（第五版）

SHICHANG YINGXIAOXUE（DI-WU BAN）

主　编：崔译文　周智伟　邹剑峰　李　卉

出 版 人：张晋升
责任编辑：潘雅琴　梁念慈
责任校对：孙劭贤　黄晓佳　黄子聪
责任印制：周一丹　郑玉婷

出版发行：暨南大学出版社（511443）
电　　话：总编室（8620）37332601
　　　　　营销部（8620）37332680　37332681　37332682　37332683
传　　真：（8620）37332660（办公室）　37332684（营销部）
网　　址：http://www.jnupress.com
排　　版：广州市新晨文化发展有限公司
印　　刷：佛山市浩文彩色印刷有限公司
开　　本：787mm×1092mm　1/16
印　　张：18.5
字　　数：480 千
版　　次：2013 年 8 月第 1 版　2023 年 10 月第 5 版
印　　次：2023 年 10 月第 1 次
定　　价：58.00 元

第五版前言

呈现给读者的这本《市场营销学（第五版）》教材，首版至今已有10年的时间，经过长期实践检验，受到了广大师生和营销管理工作者的支持和厚爱，在口碑和市场销量两方面都取得了较好的成绩。师生们一致认为该教材内容新颖，案例丰富，将经典的市场营销体系与中国的营销实际工作过程相结合，就最新的营销思考和实践提供了及时的展示，注重培养学生的营销技能与创新精神，切合高校和企业对市场营销应用型人才培养的实际需求。

数字化、智能化时代的到来，给我国企业带来了全新的发展机遇，也带来了更大的挑战。如何适应数字化时代发展要求，使企业的发展与社会进步、国家发展、民族复兴联系在一起，是我国企业在数字化时代发展中的一个重大议题。市场营销作为企业运营的重要一环，需要一大批适应高质量发展的创新型优秀人才。用心打造培根铸魂、启智增慧的精品教材，培养优秀的市场营销人才，对于促进企业发展具有非常重要的意义。

因此，在本版教材修订过程中，我们坚持思政引领，引导学生树立"学好本领，助力企业，报效祖国"的远大志向。教材编写注重严谨性，理论体系的科学性、严肃性和教材的生动性、可读性之间的关系，做到教材内容理论联系实际，贴近学生思想实际。我们注重展现新时代的精神气象和营销业绩。教材编写贯彻新时代教学理念，符合课程教学规律和学生认知规律，有利于实现立德树人的人才培养目标。第五版新增加的内容及特色：

（1）教材思政点及融入方式设计，体现课程育人作用。

本书以习近平新时代中国特色社会主义思想为指导，充分反映中国优秀传统文化和社会主义建设的伟大实践，展现新时代市场营销领域的中国主张、中国智慧。深入挖掘营销教材中的思政元素，培养学生的营销道德意识和社会责任担当。首先，在每一章的教学目标中增加了价值目标作为引领；其次，挖掘案例教学中的思政元素并设计相关问题引导学生来思考和讨论；再次，在MPR教材数字资源中设计了每章"课程思政元素及融入方式"，引导教材使用者更多关注学生社会责任感、创新精神、职业道德及社会主义核心价值观等人文素质的培养；最后，在数字资源的实训指导模块中也增加了实训中的价值目标评价点。在高等教育全面落实立德树人的背景下，梳理相关思政元素，在传授知识和培养能力的同时，完成对大学生的价值引领的教学目标，发挥课程育人作用。

（2）教材内容新颖，紧跟互联网和大数据时代浪潮。

第五版教材融入了更多互联网营销思维和对新媒体营销工具的运用。在第三章增加了"大数据时代的市场调查"，介绍大数据时代市场调查的特点和数据采集工具。在第四章中修订了"目标市场选择"和"市场定位"，使之更贴合企业在新环境中的实践运用。在第八章增加了"分销渠道变革"，展现了在新营销环境下分销渠道变革的趋势和"互联网＋"环境下的分销渠道创新。在第九章和第十章中对整合营销传播这个快速变化领域的内容进行了修订，展示了营销人员如何将新型数字和社交媒体工具与传统媒体营销整合起来，创造更有针对性、个性化和吸引力的顾客关系。增加了内容营销、网络社群营销和网络直播营销等新的数字传播工具的介绍及运用。

（3）教材案例贴近生活，重视中国元素的挖掘。

本版教材共引用了综合案例80余个，这些案例都经过精心选择，兼顾时效性与典型性。除部分经典案例外，其余全部选用近两年中国营销实践中的最新案例，并展现中国新时代的精神气象和营销业绩。每个案例都围绕教学目标设计了相应的思考问题，并配有相关图片，以增加学生的阅读兴趣，也有利于教师的课堂教学。同时案例讨论和分析注重学生思政层面综合素质的提升，让学生在学习过程中了解和熟悉中国市场的特点，体会中国特色的商业文明、中国企业家精神及优秀品质，以培养学生的爱国情怀、社会责任、创新精神、职业道德和社会主义核心价值观等人文素质。

（4）教材形式新颖，有利于激发学生学习兴趣。

教材的结构、写作风格和设计都非常适合营销学的初学者。用简单的组织结构和写作风格，平易近人又让人兴奋的呈现方式介绍了营销经典理论和营销前沿内容。书中重要的理论和概念都用精心设计的图片或图表把其形象化和直观化。教材中使用图表近200个，深入浅出地阐述市场营销学的基本原理和实务，使教材的知识体系完整、内容精练、语言流畅、可读性强。提高了学生的学习兴趣，也降低了老师在讲解时的难度。对于重点难点，本书有针对性地设计了讨论的问题，方便教师课堂提问和学生在阅读中重点思考。

（5）教材配套数字资源，极大地丰富了教学素材。

本书配有数字平台提供教学支持，学生和教师只要用手机扫描每章后面的链码就可以获取教材配套数字扩展资源。数字扩展资源分为五个部分：课程思政、案例讨论、实训指导、课堂游戏和课前/课后小测。课程思政结合每章的教学案例从中挖掘思政教育点，方便教师在教学中参考使用；案例讨论是针对每章重点内容设计的综合案例，方便教师组织学生开展课堂或课后案例研究；实训指导是根据每章课后的实训模块设计的课堂实训目标及操作流程，方便教师指导学生开展实训活动；课堂游戏是结合每章内容设计的活跃课堂气氛、寓教于乐的小游戏，增加学生的学习兴趣、培养学生的创新能力和团队合作精神；课前/课后小测是针对每章的重要知识点设计的题库，并配有答案，方便教师和学生及时检测本章知识点掌握情况。本书已编辑了完全同步的新课件和教学大纲。该课件与本书案例、图片、图表、课堂讨论题、学以致用题完全同步，最大限度地节省教师备课时间。

本书可作为各类本科院校、高等专科院校及成人教育等相关专业的课程用书，也可为市场营销从业人员和企业管理人员提供有益的参考和启发。

本书由崔译文、周智伟、邹剑峰、李卉担任主编；吴丹、刘新、戴甲芳、曾莉莉担任副主编；教材主编崔译文老师主持的"营销学原理"课程于2021年2月由广东省教育厅认定为2020年度广东省课程思政示范课程，同时认定为广东省一流本科课程；该课程教学案例荣获广东省 2020 年本科高校在线优秀教学案例一等奖。

崔译文负责全书内容的策划、统稿和修订并编写第一章、第四章和第五章；周智伟编写第九章和第十章；李卉编写第二章并承担部分修订工作；邹剑峰、曾莉莉编写第七章；吴丹编写第六章；刘新编写第三章；戴甲芳编写第八章；马琦、梁春树、陈志轩、何冰煌、李宇灏、姜颖、梁璐熹、程思涵参与了部分案例及数字扩展资源的收集或整理工作。

本书承蒙华南理工大学陈明教授、刘志超教授、杨晨副教授、刘镇副教授，广州城市理工学院魏卫教授、刘飞燕副教授，广州工商学院乔鹏亮教授、马超平教授等多位专家学者和暨南大学出版社潘雅琴编审等大力支持才得以出版，在此致以诚挚的感谢！

本书在编写过程中参阅了国内外许多市场营销学方面的文献，获得了很多启迪，大大促进了本书的完善，对许多未见的作者致以敬意！

书中难免有不尽如人意之处，敬请大家批评指正，以便进一步完善。

崔译文

2023 年 4 月 2 日

第四版前言

《市场营销学》自2013年出版以来，前三版都受到了广大师生和营销管理工作者的支持和厚爱，获得了较好的口碑，在市场销量方面也取得了理想的成绩。师生们一致认为该教材内容新颖，案例丰富，将经典的市场营销体系与营销的实际工作过程相结合，将最新的营销思考和实践提供了及时的展示，注重培养学生的营销技能与创新精神，切合高校和企业对市场营销创新性应用型人才培养的实际需求。

本书的结构设计和写作风格都适合营销学初学者。用简单易懂的组织结构和写作风格，深入浅出又让人眼前一亮的呈现方式介绍了营销经典理论和营销前沿内容。本版内容的实例和理论讲解均深入且富含意义，有助于学生将营销学与生活相联系，帮助其理解。此外，本书精心设计的移动互联网扩展资源既可以给教师提供丰富的课堂教学资源，又方便教师在课堂或课后对学生进行测试及实训，使学生在实践中加深对知识的理解。

第四版新增加的内容及其特色如下：

（1）紧跟互联网和大数据时代的浪潮。第四版融入了更多互联网营销思维和对新媒体营销工具运用的知识。在第三章中加入了"大数据时代的市场调查"一节，介绍大数据时代市场调查的特点和数据采集工具。在第四章中修订了"选择目标市场营销方式"和"市场定位的过程与方法"，使之更贴合企业在新环境中的实践运用。在第八章中加入了"分销渠道变革"一节，展现了全球和中国在新营销环境下分销渠道变革的趋势，介绍了新零售、社交电商等新的渠道模式。在第九章中对"整合营销传播"这个快速变化的领域的相关内容进行了修订和拓展，展示了营销人员是如何将新型数字技术和社交媒体工具与传统媒体营销整合起来，创造更有针对性、个性化和吸引力的顾客关系。在其他相关章节中也采用了很多新案例说明企业如何利用数字技术获得竞争优势。

（2）本书重视学生的特点和学习的心理规律。书中重要的理论和概念都以精心设计的图片或图表的形式将其形象化和直观化，每章的开始都有这一章的思维导图。本书使用图表约200个，深入浅出地阐述了市场营销学的基本原理和实务，使教材的知识体系完整、内容精练、语言流畅、可读性强。既提高了学生的学习兴趣，也降低了教师在讲解时的难度。涉及工作过程或实际操作步骤的内容，教材采用流程图和图片结合的形式，以易于学生理解。对于重点难点，本书有针对性地设计了讨论问题，方便教师课堂提问和学生在阅读中重点思考。

（3）根据教师课堂教学和学生学习的反馈，对书中案例进行了更新和强化，引用了100

余个实例。这些案例都经过精心挑选，兼顾时效性与典型性。书中除部分经典案例外，其余全部选用近两年国内营销实践中的最新案例，更具实用性和现实意义；每个案例都围绕教学目标设计了相应的思考题，并配有相关图片。既增加了学生的阅读兴趣，也有利于教师的课堂教学。

（4）本书与暨南大学出版社合作建立了移动互联网资源扩展平台，学生和教师只要用手机扫描每章的链码就可以获取相关扩展资源。扩展资源分为四个部分：案例讨论、实训指导、课堂游戏和课后小测。案例讨论是针对每章重点内容设计的综合案例，方便教师组织学生开展课堂或课后案例研究；实训指导是根据每章课后的实训模块设计的课堂实训目标及操作流程，方便教师指导学生开展实训活动；课堂游戏是结合每章的内容设计的活跃课堂气氛、寓教于乐的小游戏，以增加学生的学习兴趣；课后小测是针对每章的重要知识点设计的选择题，并配有答案，方便教师和学生及时检测对本章知识点的掌握情况。

（5）本书按照新版内容重新编辑了完全同步的新课件。该课件与本书案例、图片、图表、课堂讨论题、学以致用题都完全同步，最大限度地节省了教师的备课时间。

本书可作为各类本科院校、高等专科职业技术院校及成人教育培训等相关专业的课程用书，也可为市场营销从业人员和企业管理人员提供有益的参考和启发。

本书由崔译文、邹剑峰、马琦、陈孟君担任主编；陈志轩、梁春树、吴丹、刘新、姜颖、李志贤担任副主编。其中，崔译文负责全书内容的策划、统稿和修订并编写第一章和第四章；邹剑峰编写第三章和第八章；马琦编写第九章；陈孟君编写第七章并承担部分修订工作；陈志轩编写第十章和第三章部分内容；梁春树编写第六章；吴丹编写第五章；姜颖、李志贤编写第二章；刘新、周智伟、曹顾琪、李军霞、詹延章、张晓珊、梁皓竣、段报喜、廖夏琳、陈军辉、李卉、李婉、李欣、戴甲芳、梁璐熹参与了部分案例及扩展资源的收集或整理工作。

本书承蒙华南理工大学广州学院刘飞燕副教授、外国专家陈志轩教授，广州工商学院石丽明教授、赵春艳老师，私立华联学院林宙副教授等多位专家学者和暨南大学出版社潘雅琴编审等的大力支持才得以出版，在此致以诚挚的感谢！

本书在编写过程中参阅了国内外许多市场营销学方面的有关文献，获得了很多启迪，促进了本书的完善，对许多未曾谋面的作者致以敬意！

书中难免有不尽如人意之处，敬请大家批评指正，以便进一步完善。

崔译文

2019 年 4 月 2 日

第三版前言

本书自第一、二版出版以来，受到了广大师生和营销管理工作者的支持和厚爱，在口碑和市场销量两方面都取得了比较理想的成绩。师生们一致认为该教材深入浅出、形象生动地阐述了市场营销学的基本原理和实务，内容新颖且注重培养学生的营销技能与创新精神，切合高校和企业对市场营销创新性应用型人才培养的实际需求。

如今的市场营销是在一个快速变化且日益数字化和社会化的市场中为顾客创造价值并吸引顾客。本书在前两版的基础上继续并延伸了创新性的顾客价值框架（如下图所示），全书的写作都围绕这一框架展开和整合。市场营销始于了解消费者的需求和欲望，通过营销环境分析和市场调研来寻找和发现价值。继而通过市场细分和目标市场选择来确定企业能够提供最好服务的目标市场，并制定可以吸引、保留和发展目标顾客的独特的价值主张。最后制定与实施适合企业的营销组合策略——提供和创造价值的产品和品牌策略、量化顾客价值的价格策略、传播顾客价值的促销策略和传递顾客价值的渠道策略。同时，在这个数字化的时代，营销人员还可以利用一系列新的顾客关系建设工具，如移动终端和社交媒体，以随时随地吸引顾客加入和塑造品牌对话、品牌体验和品牌社区，从而提升顾客价值。如果营销人员把这些事情都做得很好，那他们就能在市场份额、利润和品牌资产等方面获得相应的回报。

本书内容新颖，案例丰富，将经典的市场营销体系与营销的实际工作过程及实训相结合，就最新的营销思考和实践提供了及时的展示，旨在使营销的学习和教学都更加富有成效和乐趣；同时，本书在知识内容的深度和学习的容易度之间达到了有效的平衡，让读者能在一学期的时间内轻松消化。

本书的结构设计和写作风格都非常适合营销学的初学者。用简单的组织结构和写作风格，平易近人又让人兴奋的呈现方式介绍了营销经典理论和营销前沿内容。本版内容的实例和理论讲解均深入且富含意义，有助于学生将营销学与生活相联系，帮助其理解。此外，将营销知识与移动互联网实训平台相结合的方式可以确保学生在课前做好充分的准备，并在课后对营销概念、策略和实践有更加深刻的理解和运用。

第三版新增加的内容及特色：

（1）紧跟互联网和大数据时代的浪潮，第三版融入了更多互联网营销思维和对新媒体营销工具的运用。本书对原第十章内容"提升价值——营销新视角"进行了彻底的修改，从体验营销、水平营销、新媒体营销和大数据营销四个方面深入挖掘互联网营销思维和各种数字营销工具。在第三章中加入了"大数据时代的市场调查"一节，介绍大数据时代市场调查的方法和特点。在第八章中加入了"分销渠道变革"一节，展现了全球和中国在新营销环境下分销渠道变革的趋势。在第九章中对"整合营销传播"这个快速变化的领域的相关内容进行了修订和拓展，展示了营销人员如何将新型数字和社交媒体工具及传统媒体营销整合起来，创造更有针对性、个性化和吸引力的顾客关系。在其他相关章节中也采用了很多新案例说明企业怎样利用数字技术获得竞争优势。

（2）在中国，越来越多的企业投身于品牌建设中，并以此作为经营战略的基础，品牌建设的方法越来越成为品牌发展壮大的必备技巧。在全新的消费者互动营销的新趋势下，在品牌塑造、品牌体验和品牌社区等方面需要营销人员与消费者进行直接且持续的交流。本书第三版中加强了"品牌决策"的内容，从之前的产品策略中独立成一章，从品牌与品牌资产、品牌决策和品牌设计三个方面详细展开分析。

（3）本书重视学生的特点和学习的心理规律，书中重要的理论和概念都用精心设计的图片或图表使其形象化和直观化，每章的开始都有本章的思维导图。本书使用图表约200个，深入浅出地阐述市场营销学的基本原理和实务，使教材的知识体系完整、内容精练、语言流畅、可读性强，既提高了学生的学习兴趣，也降低了老师在讲解时的难度。涉及工作过程或实际操作步骤的内容，教材中采用流程图和图片结合的形式，以易于学生理解。本书针对重点、难点设计了讨论问题，方便老师课堂提问和学生在阅读中重点思考。

（4）根据教师课堂教学和学生学习的反馈，对书中案例进行了更新和强化，共引用实例近100个。这些案例都是经过精心选择的，兼顾时效性与典型性。书中除部分经典案例外，其余全部选用近两年国内营销实践中的最新案例，更具实用性和现实意义；每个案例都围绕教学目标设计了相应的思考问题，并配有相关图片。这样既增加了学生阅读的兴趣，也有利于教师的课堂教学。

（5）本书每一小节后面都设计了一个"学以致用"的小实训环节。这个环节结合本节的教学重点联系实际问题来训练学生对相关知识点的思考和运用情况，方便教师设计课堂或课后的讨论和实践内容。

（6）本书与实干邦合作建立了移动互联网实训平台，每章设计了 1~2 个实训模块，学生和教师只要用手机扫描二维码，即可登录实干邦实训平台，进行本章相关内容的综合实训，实训的具体项目教师可以选择实干邦平台上的合作企业，也可以根据需求，按照流程来自行选择。实训的具体流程和讲解也可以参考本书的配套实训教材。

（7）本书按照新版内容重新编辑了完全同步的新课件。该课件与本书案例、图片、图表、课堂讨论题、学以致用题都完全同步，最大限度地节省了教师备课的时间。

本书可作为各类本科院校、高等专科职业技术院校及成人教育培训等相关专业的课程用书，也可为市场营销从业人员和企业管理人员提供有益的参考和启发。

本书由崔译文、邹剑峰、马琦、陈孟君担任主编；陈志轩、梁春树、曹颀琪、吴丹、李军霞担任副主编；陈军辉、李志贤、李卉、李婉、杨骐华参与编写。其中，崔译文负责全书内容的策划、统稿和修订并编写第一章及第九章；邹剑峰编写第三章和第八章；马琦编写第四章；陈孟君编写第七章并承担部分修订工作；陈志轩编写第十章；梁春树编写第六章；曹颀琪编写第二章；吴丹和李军霞编写第五章并承担部分修订工作；李欣、戴甲芳、惠静、刘新、陈宇锋、周磐参与了企业和学生的调研及案例的收集整理工作。

本书的移动互联网实训操作平台由广州实干邦信息科技有限公司设计并提供技术支持，特此向廖伟总经理等实干邦系统负责人深表谢意！

本书承蒙华南理工大学广州学院刘飞燕副教授、外国专家陈志轩教授，广州工商学院石丽教授、赵春艳老师等多位专家学者和暨南大学出版社潘雅琴编审等的大力支持才得以出版，在此致以诚挚的感谢！

本书在编写过程中参阅了国内外许多市场营销学方面的有关文献，获得了很多启迪，大大促进了本书的完善，对许多素未谋面的作者致以敬意！

书中难免有不尽如人意之处，敬请大家批评指正，以便进一步完善。

崔译文
2017 年 4 月 2 日

第二版前言

《市场营销学》自2013年8月问世以来，深得各方好评。师生们一致认为该教材切合企业对市场营销人才技能和素质的实际需求；同时，深入浅出、形象生动地阐述了市场营销学的基本原理和实务，适应高职高专和应用型本科院校对市场营销类人才培养的需求。教材的知识体系完整、内容精练、语言流畅、可读性强，既提高了学生的学习兴趣，也降低了教师的讲解难度。企业人士认为本教材大量采用企业的最新实战案例，突出了区域经济发展特色和对营销人才需求的特点。

两年来，随着互联网的迅猛发展，市场营销方式发生了急剧的变化，原来的教材已难以全面地反映现实。根据营销的变化情况加以修订补充，既是新时代的迫切需求，也是学科逐步完善的必经步骤。这次修订除部分经典案例外，其余全部选用近年国内营销实践中的最新实战案例，更具实用性和现实意义；每个案例都围绕工作任务要求设计了相应的讨论问题，并配有相关图片，既增加了学生的阅读兴趣，也有利于教师的课堂教学设计。在内容上，本教材尽可能反映新情况和新问题，并注意规律的揭示和特点的概括，但由于编者水平有限，恐难尽如人意，敬请同仁批评指正。

崔译文

2015年4月2日

第一版前言

随着我国经济的持续发展和综合国力的显著提高，新环境下，国内外市场各种营销机遇不断涌现，居于市场主导地位的消费者的需求逐渐多样化且越来越苛刻，这使企业面临更加严峻的挑战。在这种形势下，学习和研究市场营销学成为迫切需要完成的任务。根据就业蓝皮书——麦可思研究院发布的《中国大学生就业报告》可知，大学毕业生认为最重要的核心知识是销售与营销知识，然而毕业生在大学课堂中所学的销售与营销知识难以满足实际工作的需要，满足度仅为78%，是各项核心知识中满足度最低的一项。因此，编写适应企业人才需求的市场营销教材是我们人才培养过程中的重要环节。

本书的编写是在对企业的人才需求、营销工作过程以及应用型市场营销人才培养模式进行了大量调研的基础上，对国内外市场营销学理论进行了梳理，并且结合我国市场和企业的实际运作情况以及作者多年的教学经验和体会而完成的。我们力求做到深入浅出、形象生动地阐述市场营销学的基本原理和实务，同时切合企业对市场营销人才技能和素质的实际需求。

本书的特色主要表现在以下三个方面：

第一，以项目导向、任务驱动的教学模式对市场营销学科体系进行重新解读，体现工学结合的特色。

本书在内容编排上侧重体现市场营销的应用性和现实性，既注重知识的学习和运用，也注重与职业岗位要求和职业标准的对接。本书将经典的市场营销体系与营销的工作过程相结合，将全书的内容概括为十个项目，分别是：项目1 开门的钥匙——认识市场营销；项目2 寻找价值——扫描环境、捕捉机会；项目3 发现价值——市场调研设计与实施；项目4 选择价值——目标市场营销战略；项目5 创造价值——设计产品和品牌策略；项目6 提供价值——制定价格策略；项目7 传递价值——设计和管理分销渠道；项目8 传播价值——开展有效的营销传播；项目9 实现价值——营销策划与执行；项目10 提升价值——新环境下的营销方式。每个项目根据职业需要筹划相关任务，每项任务后面都安排了一项相应的实训项目，实训项目中根据具体的实训目标，设计实训流程和评价标准，以达到"教、学、做合一"的效果。在设计工作任务及理论知识时，既贯彻先进的高等教育理念，又注重教材的理论性和完整性，以使学生既掌握营销职业岗位的技能，又在市场营销方面具备一定的可持续发展的能力。完成每个项目的学习后还设计对应的职业核心能力和专业能力测评，以帮助教师和学生检验教学的效果。

第二，工学结合，突出了区域经济发展特色和对应用型人才需求的特点。

①本书邀请合作企业专家参与整个工作过程的设计，不仅突出了工学结合，而且大量采用合作企业的实战案例，表现出区域经济发展的特色和对营销人才需求的特点；②本书根据职业标准和岗位要求来设计工作任务、实训项目及考评标准；③本书特别关注经济全球化背景下现代服务业信息技术的发展对传统营销模式和营销人才的需求情况所提出的新要求。

第三，体例新颖独特，同时增加了数字化配套网站。

①本书根据学生的特点和学习的心理规律，在表现形式方面进行了较大的创新。教材中重要的理论和概念都用精心设计的图片或图表将其形象化和直观化，本书使用图表约200个，深入浅出地阐述了市场营销学的基本原理和实务，使教材的知识体系完整、内容精练、语言流畅、可读性强，既提高了学生的学习兴趣，也降低了老师的讲解难度。涉及工作过程或实际操作步骤的内容，教材中采用流程图和图片相结合的形式，使学生易于理解。②根据教师课堂教学和学生学习的反馈，书中在重点部分引用了实例近200个，这些实例都是经过精心选择的，力求兼顾时效性与典型性。书中除部分经典案例外，其余全部选用近两年国内营销实践中的实战案例，更具实用性和现实意义；每个实例都围绕工作任务设计了相应的讨论问题，并配有相关图片，既增加了学生的阅读兴趣，也有利于教师的课堂教学。③在重点和难点内容后面都设计了一个讨论问题，引导学生深入讨论与思考，同时有利于教师的课堂教学设计。另外，相关链接部分增加了一些最新的知识和动态。④增加了市场营销学教学与实践数字化配套网站，扩展了教材的信息量，也使学生能通过网络来自主学习。本书配有电子课件，以适应多媒体教学的需要（下载地址：http://scxy.hlu.edu.cn/scyxx2014/index2014.aspx）。

本书可作为各类高等专科职业技术院校、应用型本科院校及成人教育培训等相关专业的课程用书，也可为市场营销从业人员和企业管理人员提供有益的参考和启发。

本书由崔译文、邹剑峰、陈孟君、马超平担任主编；王昱、陈军辉、李志贤、李卉担任副主编；杨骐华、李婉、王小飞、何程、陈世艳、陈文彬参与编写。其中，崔译文负责全书内容的策划、统稿和修订并编写项目1和项目4；李志贤编写项目2；王昱编写项目3并负责部分修订工作；李婉参与编写项目3；杨骐华参与编写项目4和项目8；陈孟君编写项目5；马超平编写项目6并负责部分修订工作；邹剑峰编写项目7、项目10并负责部分修订工作；陈军辉编写项目8；王小飞参与编写项目9；李卉编写项目9；何程、陈世艳和陈文彬参与了企业案例的收集整理工作。

本书的编写得到了企业专家指导委员会陈宁、杨骐华、程军、程霄、刘杰克等的大力指导和支持，特此向他们致谢！本书承蒙陈已寰教授等多位专家学者和暨南大学出版社潘雅琴编审等的大力支持才得以出版，在此表达诚挚的感谢！在本书的编写过程中，参阅了国内外许多市场营销学方面的有关文献，获得了很多启迪，大大地完善了本书的内容，对许多素未谋面的作者致以敬意！

由于编者水平有限，书中难免有不尽如人意之处，敬请大家批评指正，以便进一步修改与完善。如有意见和建议请登录新浪微博留言：@崔译文cj，谢谢！

崔译文

2013年4月2日

目　录

第一章　开门的钥匙——认识市场营销

市场营销就是"有利益地满足需求"。——菲利普·科特勒

【知识目标】

1. 学生能够解释市场营销，举例说明市场营销的工作任务，区别市场营销与推销销售；
2. 学生能够对比不同的营销观念，建立正确的市场营销观念；
3. 学生能够陈述市场营销的工作流程，构建市场营销学的理论体系。

【能力目标】

1. 学生能够运用所学知识深入讨论市场的内涵、功能及其对资源配置的作用；
2. 学生能够运用所学知识辨别和评价不同企业的营销观念和方式；
3. 学生能够在分析问题的过程中初步建立起营销的思维方式；
4. 学生能够在实践中培养沟通协调能力、团队合作能力、发散性思维和创新能力。

【价值目标】

1. 激发学生对市场营销学的学习兴趣，积极参与到教与学的互动中，引导学生围绕问题的解决，进行主动学习；
2. 通过优秀企业家和优秀校友的案例帮助学生树立正确的价值观；
3. 培养学生正确的职业道德和社会责任感；
4. 帮助学生逐步建立可持续发展观并践行低碳生活理念。

【思维导图】

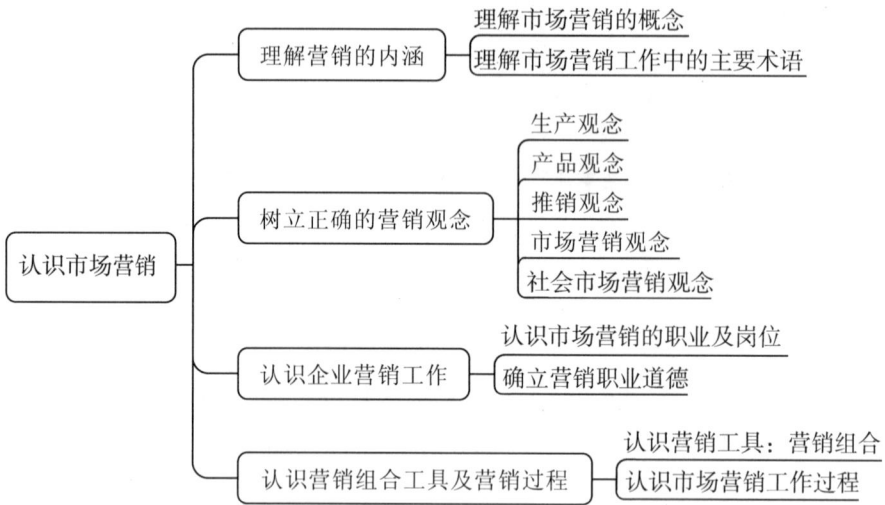

【营销实战】

海岛卖鞋

某家鞋业公司派两名推销员甲和乙到东南亚某海岛进行调研，大约过了一个星期，两人几乎同时通过越洋电话向老板汇报，汇报的内容却大相径庭。销售人员甲汇报说：他几乎走遍了海岛，发现这里的人几乎都不穿鞋子，没有穿鞋的这种需求，自然也就没有市场。与甲的沮丧相反，销售人员乙十分兴奋地汇报说：他也走遍了海岛，发现这里的人几乎都没有鞋，海岛鞋业市场潜力很大。机会难得，公司应马上寄出一批鞋子让他和甲留在这里销售。

https：//doc. mbalib. com/view/707c10157c42fb2c

d8f45869319876ea. html.

思考：1. 你赞成以上两位营销人员的观点吗？为什么？
2. 你认为营销者应该如何认识"市场"和"营销"？

第一节　理解营销的内涵

一、理解市场营销的概念

1. 市场营销的定义

市场营销不同于销售和促销需要，主要是辨别和满足人类和社会的需要，把社会或个人的需要变成有利可图的商机行为。对市场营销所作的最简短的定义就是菲利普·科特勒的"有利益地满足需求"。对市场营销的定义，近几十年来，中外学者表述各异，具有代表性的有三种（见表1-1）。

表1-1 不同学者或机构对市场营销所下的定义

尤金·麦卡锡	市场营销是引导物品及劳务从生产者至消费者或使用者的企业活动，以满足顾客并实现企业的目标
美国市场营销协会（AMA）	市场营销是在创造、沟通、传播和交换产品中，为顾客、客户、合作伙伴以及整个社会带来价值的一系列活动、过程和体系
菲利普·科特勒	个人或群体通过创造并同他人交换产品和价值以满足需求和欲望的一种社会管理过程

上述关于市场营销定义的三种表述各有特点。菲利普·科特勒教授所下的定义较好地诠释了市场营销的全部含义。本书采用该定义，基于以下三点：

（1）该定义兼蓄了当代有关营销的各种不同观点，较为全面、客观地反映了现代营销的本质特征，即以交换为中心，以顾客为导向，协调各种营销活动，通过使顾客满意来实现组织的诸目标。

（2）该定义强调管理导向，强调管理是一个过程，包括分析、计划、执行和控制。

（3）该定义的适用范围较广。它适用于个人和组织，包括营利性组织和非营利性组织，大小公司，国内、国际企业，有形和无形产品，消费品市场、工业品市场、劳务市场，等等。

菲利普·科特勒[①]

讨论1-1：用你自己的话描述你所理解的营销包括哪些内容？

2. 如何理解市场营销的定义

市场营销是"个人或群体通过创造并同他人交换产品和价值以满足需求和欲望的一种社会管理过程"。我们可以借助图1-1来加以理解。

---

① https：//doc. mbalib. com/view/707c10157c42fb2cd8f45869319876ea. html.

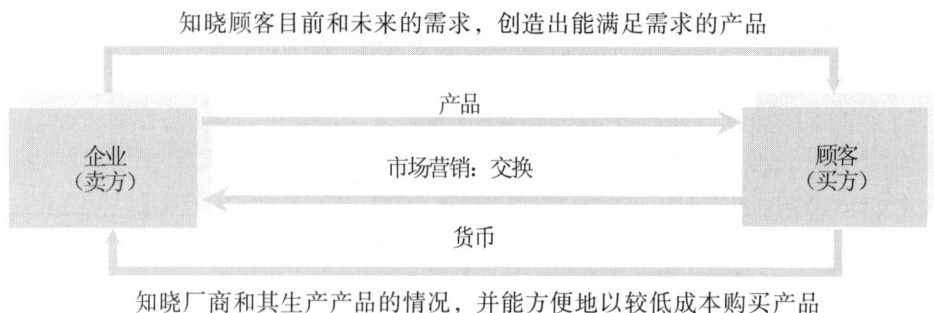

图1-1　市场营销定义的图解

它显示了企业的需求是获利，顾客的需求是得到能够解决他/她的问题的产品。为了实现双方的目的，企业将产品发送到市场上，作为回报，它得到了货币；顾客支付货币购买，作为回报，他/她得到了自己所需要的产品。这个过程就是交换，所以营销的核心是交换，交换的目的是满足双方的需求。但这种交换不是随随便便就能实现的，交换的实现依赖于双方信息的交换，企业要知晓顾客目前和未来的需求，从而能创造出满足顾客需求的产品；顾客要知晓企业和其生产产品的情况，并能方便地以较低的成本购买。因此，营销是一种社会管理过程。如图1-2所示，显示了理解市场营销定义时要注意的关键点。

图1-2　市场营销定义的关键点

二、理解市场营销工作中的主要术语

为了更好地理解和掌握市场营销的含义，需要先弄清楚下面五组概念：

1. 需要、欲望、需求

需要是人类自身本能感受到的匮乏状态，它包括满足生理需要的食物、衣服、房屋等；满足社会需要的友谊和尊重；满足自我价值的知识等。它是人类与生俱来的，不是企业等创造出来的。

欲望是指想得到上述基本需要的具体满足品的愿望，是个人受不同文化环境影响的对基本需要的特定追求。为满足充饥需要，美国人可能想要汉堡，中国人可能想要米饭或面条。

欲望是可以满足需要的具体表现形式。

需求是具有一定购买能力的欲望。了解市场需求的大小，并有针对性地开展营销工作，是营销工作者追求的目标。人们的需要在不同时期具有多层次性。欲望是无限的，但由于资源有限，需求仅为需要集合中的一部分。营销的目的就是发现需要中有支付能力的那部分，并使其真正变成现实需求。

2. 产品

产品是满足各种需求和欲望的有形实体和无形服务的总和。产品能满足消费者的需求，首先是由其核心利益的价值决定的，其次是由产品的外形特征决定的，最后是由产品的附加利益决定的。只重视产品核心而忽视产品附加利益，是对产品片面的理解。例如，人们喝可乐，除了解渴之外，最主要的是在喝一种信念、一种感觉、一种时尚等附加利益。

讨论 1-2： 某家西式快餐店的产品是什么？

3. **顾客让渡价值、顾客满意、产品质量**

顾客让渡价值是指顾客总价值与顾客总成本之间的差额。顾客总价值是指顾客购买某一产品与服务所期望获得的一组利益，它包括产品价值、服务价值、人员价值和形象价值等。顾客总成本包括货币成本、时间成本、精神成本和体力成本。顾客在购买产品时，总希望从有关成本（包括货币、时间、精神和体力）中获得更多的实际利益，使自己的需要得到最大程度的满足。另外，顾客在选购产品时，往往从价值和成本两个方面进行比较分析，从中选择出价值最高、成本最低，即顾客让渡价值最大的产品作为优先选购的对象。为此，企业可从两个方面改进自己的工作：一是通过改进产品、服务、人员与形象，提高产品的总价值；二是通过降低生产与销售成本，减少顾客购买产品的时间、精神与体力的耗费，从而降低货币与非货币成本。

顾客满意是指顾客对一件产品的效能与其期望值进行比较后的感受。若产品效能低于顾客的期望，顾客会不满；若效能接近顾客的期望，顾客就感到满意；若效能高于顾客的期望，顾客就会非常惊喜，用户黏性大。

产品质量是指产品提供给顾客的，能反映其内在品质的东西。质量标准可能是由一些指标构成，也可能是以顾客的心理感受为准。产品质量是赢得顾客的心并使顾客满意的根本所在。以顾客对产品的感受好坏作为产品质量高低的标准已成为当前一种新的质量观，也是营销工作努力的目标。

讨论 1-3： 顾客满意对企业有什么作用？如何使顾客满意？

4. **交换、关系营销**

交换是指通过提供某种东西作为回报，从别人那里取得所需物品的行动。由于社会分工不同，生产的产品需要以价值为基础，凭借以货换货或以货币换货物的形式各取所得。交换是社会大生产中重要的一环，也是市场营销的核心概念。

关系营销是指企业为了在交易过程中获得更多的利益，营销工作者与顾客、分销商、供应商、媒体机构、政府部门等建立良好的关系，通过互利原则，达到双赢的目的。关系营销的核心是企业对合作方的倾心投入和提供优质服务，企业与合作方关系融洽，可以节省许多交易成本，使营销利润最大化。

5. 市场

市场是指商品买卖交换的场所，这是传统的、狭义的市场概念。从营销的角度理解市场的概念，它是由具有一定购买力的人群组成，是人群的集合。这部分人群包括现实的和潜在的人群。所谓潜在购买者，就是指有潜在兴趣、潜在需求、有可能购买这种商品的任何个人或组织。现代营销学认为，不能只看到现实的购买者是市场，通过有效的促销活动，潜在购买者是可以转化成现实购买者的，因而也是市场。

由此可见，市场大小是以对某产品需求的人数多少、购买力大小和购买欲望强弱三个要素来确定的，而不是由地域的大小来定。

学以致用

市场营销的定义专注于营销满足消费者需求的能力。请思考，营销如何满足你的需求？你的哪些生活领域受到营销的影响？哪些领域没受到影响？

实例 1-1 烤箱的微创新

美的推出了一款"免预热烤箱"。在我们的常识中，一般用烤箱得先预热，这好像是天经地义的事情。但这个所谓的"常识"，其实是一个用户痛点。曾经有一项针对烤箱用户的调研，排在用户痛点前两位的就是烤制时间太长、预热时间太长。

怎么解决用户最大的痛点，也就是预热和烤制时间长的难题？之前业界的思路是，通过智能化方案提高加热效率，但效果不明显。最根本的解决办法，还是物理改善，也就是在加热管材料上想办法进行突破。原来的烤箱加热管是用金属材料，需要的加热时间很长；后来改用碳纤维材料，加热时间缩短了，但还是需要预热。而美的这次推出的"免预热烤箱"，采用的是目前的热门材料石墨烯作为加热管，据说可以做到在 0.2 秒之内瞬时升温到 1 300 摄氏度，不用预热，同时大大缩短了烘烤时间。

在我们的印象中，烤箱是那种几乎永远不变的产品，各家的烤箱外观看上去都差不多，功能也差不多，很难整出什么花样来。在很难对产品做出"颠覆性创新"的情况下，从用户的使用体验出发进行"微创新"，就是一个方法。

海尔这些年一直在做智能家电，而且不仅是做一个"家电制造商"，

而是希望建立用户的高黏性社区，让用户和品牌能够持续产生互动。但是像烤箱这种东西，买完以后除非出故障了，或者要换新的了，否则用户可能难以想起品牌来。

怎么改进烤箱功能，才能增加用户黏性呢？海尔当时找到著名的设计公司洛可可，洛可可对烤箱用户做了一轮深度调研。其中有个用户问：能不能在烤箱里装个摄像头？

这听起来是一个无厘头的需求，再一追问，这个用户说，他在玩滑板的时候，会装一个运动相机，这样就能拍到运动过程中的精彩镜头，以便分享到社交媒体。同样，如果能在烤箱里装个摄像头，拍下食材在烤箱里变化的整个过程，再分享到社交媒体，肯定特别酷。

后来，海尔真的推出了这么一款烤箱，内嵌一枚耐高温摄像头，可以清晰地拍下蛋液沸腾、蛋糕膨胀、颜色变化等烘焙细节。把这些视频上传社交媒体，和原来只放几张完成后的静态图片完全不同。摄像头的成本不算高，就这一个小改动，把烤箱从纯粹的家用电器变成了社交工具，这款烤箱一下子大卖，海尔想提高用户黏性的初衷也达到了。

（资料来源：得到头条，有删改，https：//www.dedao.cn/share/course/article？id=wgpMLla6Py4qK254O5XYmvNzjd2Zx1；图片来源：美的官网，https：//www.midea.cn/）

思考：1. 结合案例谈谈营销人员如何去发现需求、满足需求、创造需求？
　　　2. 结合案例讨论如何理解市场营销，如何进行创新？

实例1-2　认养一棵柿子树

乡村振兴中有一个赋能乡里的精彩案例是杭州萧山区的横一村。横一村想主打乡村旅游，花大力气投入了超过6 000万元来进行基础设施建设。走到村里，你会看到崭新的柏油路、清晰的标示牌和介绍、网红咖啡馆，等等。但是，因为宣传不到位，村子里空空荡荡，没有什么游客，也没有什么商业机会，当地村民也没能增收。2020年浙江省的人均GDP是13.6万元，而横一村人均GDP只有3.5万元左右，连零头都不到。

怎么让更多的人知道横一村，怎么让人知道以后想来，怎么让人来了以后还能消费？这是横一村面临的问题。

第一步，就是要让外界与这个村子产生"链接"。研究人员发现，横一村有一个特别好的资源，就是有上千棵百年柿子树。柿子有好口彩，比如"柿柿（事事）顺心""好柿（事）连连"等，柿子树也是好运树。

他们设计了"认养一棵柿子树"活动：挑选101棵百年柿子树，拍照上传到网络，开放给外界认养。每年199元，就能获得一棵百年柿子树的"冠名权"。认养完成后，还会在树上挂上你的牌子和祝福语，并给你一张证书。想象下，如果有一棵百年柿子树在接下来的一年里都被冠上你的名字，你会不会对它稍微有点记挂，周末闲来无事的时候，想去看看它长得怎么样了？有了链接，就有了把人吸引到现场去的机会。

第二步，就是给每个认养人准备了一份"荣誉村民大礼包"，包括本地产的10斤柿子、10斤大米，还有一杯咖啡、小火车体验等，加起来价值跟认养费差不多了。唯一的要求是，你必须亲自来横一村，现场领这份礼包。

设计领取线路的时候，他们还加入了一个小小的"心机"，领大米在一个地方，领柿子在一个地方，咖啡又在另一个地方，中间免费接送。这样一来，是不是一天的游玩安排就有了？来了得吃饭吧，于是留下来消费了；领柿子的时候看到旁边的鸡蛋、鸭蛋也不错，是不是想带点回去？又刺激了消费。一次玩得开心，下次是不是还想带朋友来？又能持续消费了。

当然，做到这里也还不够。101棵柿子树全都认养出去了，但这之后呢？他们的第三步行动，是把这一个月积累的经验，做成一份操作手册，留给当地村民，让村民们可以把项目一直做下去。村民们计划，要在一年后完成上千棵百年柿子树的认养，链接上千个家庭，争取让其中2/3的家庭来到村里旅游体验，让这个项目成为撬动横一村旅游业的重要支点。在这次乡村振兴实践中深刻体会到什么叫"要用村里的资源来解决村里的问题"。

（资料来源：得到头条，有删改，https：//www.dedao.cn/share/course/article？id=wgpMLla6Py4qK25wvzXYmvNzjd2Zx1）

思考：1. 结合案例思考企业该如何用现代商业方法来赋能乡村经济？
2. 结合案例讨论如何理解"要用村里的资源来解决村里的问题"？

实例1-3 线下健身房的机会在哪？

智能健身镜赛道的火热，给线下健身房提出了一个问题：当大家可以在家很方便地跟着刘畊宏跳操、对着健身镜"撸铁"，还有AI教练提供专业的动作纠正，那么，线下健身房还有存在的必要吗？它给用户提供的价值到底是什么？

有一家近几年兴起的线下健身房品牌，叫作"超级猩猩"，对线下健身房能给用户提供什么价值进行了回答。"超级猩猩"认为：对大多数人，也就是非健身发烧友来说，他们在健身房消费的并不是功能价值，而是情绪价值。换句话说，是不是真的练出了马甲线，其实并不重要；重要的是，他们在健身房的这一个小时里，有没有心率飙升、多巴胺加速分泌、产生"我很棒"的成就感。

先来看看"超级猩猩"在核心洞察上是怎么进行产品设计的。线下健身房的直接营收主要是两块：一是年卡费，二是私教费。不过，对健身初体验者来说，这两种方式都不太友好。再来看，如果从为用户提供情绪价值的角度出发，健身房的所有项目中团课为用户提供的情绪价值最高，也就是一个教练带着一二十人一起上的搏击操、流行舞、动感单车等。一群人在一起，随着动感音乐挥汗如雨，能够带来超高的多巴胺分泌。

在传统的健身房模式中，团课教练并不受重视，团课只是作为年卡中的一种标准配套服务，团课教练并不直接创收，待遇比私教低得多。这就导致大部分健身房标配的团课，教练不专业，用户体验差。

梳理一下传统健身房模式下，用户的三大痛点：一是年卡坚持不下来；二是老给用户推销私教课；三是最能带来情绪价值的团课体验很差。

再来看，"超级猩猩"打出的口号是什么呢？"不办年卡，按次付费，专业教练，没有推销"这四句话，句句戳中传统模式下的用户痛点。"超级猩猩"把传统健身房视为鸡肋的团课单独拎出来，作为自己的核心产品。用户到"超级猩猩"的线下场馆去，可能都看不出来这儿是个健身房。这里没有游泳池，没有跑步机，没有各类器械，甚至没有淋浴室。它的线下场馆往往只有两块场地，一间是跳操房，一间是动感单车教室。用户是按次付费的，这里的每一次体验都决定了用户下一次会不会再来，这就决定了"超级猩猩"的运营逻辑跟传统健身房不太一样。

首先，让用户足够方便。"超级猩猩"的场地虽小，但都是开在核心商业区和地铁口附近，而且所有门店可以跨店上课，你在下班路上、逛商场的时候就可以顺便去健身。

其次，对教练的绩效考核，不是简单按照课时来计算，而是根据用户的满意度来计算。上同样课时的教练，根据用户满意度的不同，收入可以差3倍。至于怎样提高用户满意度、给用户提供超出预期的情绪价值，这就是教练需要去好好琢磨的事情了。

最后，把优秀教练明星化。"超级猩猩"发现，一旦教练拥有了稳定的粉丝群体，不但用户满意度会大大提升，而且根本不需要发愁复购率问题。对于那些明星教练，"粉丝们"甚至愿意追着他们全城跑，到各个不同的门店去上课。

完成这几步之后，"超级猩猩"基本不再需要额外营销，就可以保持用户的自然增长，80%的新增用户来自口碑推荐，剩下20%来自选址带来的自然客流。这从它的成本结构中也可以看出来：场租费占1/3，教练费占1/3，其余为课程版权费和管理费，几乎没有销售费用。

不过，当教练成为明星之后，马上又会面临另一个问题：其他健身房来挖人怎么办？根据"超级猩猩"自己的披露，他们的教练流失率只有2%。这是怎么做到的呢？答案是，为教练提供清晰的职业通道，优秀教练可以参与健身房的经营管理，获得门店利润分成。"超级猩猩"的店长叫作"酋长"，每位"酋长"管理3~8家门店，可以获得门店经营的利润分成。在首批任命的21位"酋长"中，有9位是全职教练。

有人说，"超级猩猩"重新定义了健身房，把健身这样一门"反人性"的生意，生生做成了让人上瘾的消费体验。"超级猩猩"则表示，任何"反人性"的商业模式都不可能持久，线下健身房的机会恰恰在于顺应人性，"围绕着用户价值，做站着挣钱的生意"。

（资料来源：得到头条，有删改，https://www.dedao.cn/share/course/article? id = ml9WNdP1QvaeKYd7MGXAzx82Dyog0B）

思考：1. 结合案例谈谈"超级猩猩"是如何进行关系营销的？

2. 结合案例谈谈你对"为顾客创造价值才是一个企业安身立命的根本"这句话的理解？

第二节　树立正确的营销观念

作为一位市场营销职业人，一系列职业活动都应该在一定的经营指导思想下进行。市场营销观念就是经营的指导思想，有了明确的指导思想，才能有明确的态度和工作方法去从事市场营销活动。

营销观念，也称营销导向或营销理念，是企业制定营销战略、实施营销策略、组织开展营销活动所遵循的一系列指导思想的总称。企业的经营思想和观念不是固定不变的，它在一定的经济基础上产生和形成，并随着社会经济的发展和市场形势的变化而变化。大体上有五种观念：生产观念、产品观念、推销观念、市场营销观念和社会市场营销观念，依次占据主导地位。前三者被称为传统营销观念，后两者被称为现代营销观念（见表1－2）。现代营销管理首要环节就是要通过教育、培训、引导、说服等一系列活动，使企业全员树立起科学正确的现代营销观念。

表1－2　五种营销观念比较

营销观念		营销程序	重点	手段	营销目标
传统营销观念	生产观念	产品→市场	产品	提高生产效率	通过扩大产量降低成本获得利润
	产品观念	产品→市场	产品	生产优质产品	通过提高质量扩大销量获得利润
	推销观念	产品→市场	产品	完善销售策略	通过销售促进活动扩大销量获得利润
现代营销观念	市场营销观念	市场→产品→市场	消费者需求	整体性市场营销活动	通过满足消费者需求和欲望获得利润
	社会市场营销观念	市场→产品→市场	消费者需求和社会的长期利益	协调性市场营销活动	通过满足消费者需求和欲望的同时增加社会的长期利益获得利润

一、生产观念

生产观念（20世纪初兴起）是一种传统的经营思想，20世纪20年代以前在西方发达国家占支配地位。当时，由于生产效率不是很高，许多商品的供应还不能充分满足市场需要，因此，当时的工商企业把营销管理的重点放在抓生产上，即以生产观念为导向（见图1－3）。

图1－3　生产观念

生产观念认为，消费者喜欢那些可以随处买得到而且价格低廉的产品，企业应致力于提高生产效率和分销效率，扩大生产，降低成本以扩展市场。显然，生产观念是一种重生产管理，轻市场营销的企业经营哲学。

二、产品观念

产品观念（20世纪20年代初兴起），是一种与生产观念类似的经营思想。它片面强调产品本身，而忽视市场需求，以为只要产品质量好，技术独到，自然会顾客盈门（见图1-4）。

图1-4 产品观念

生产观念和产品观念都属于以生产为中心的经营思想，其区别只在于前者注重以量取胜，后者注重以质取胜，二者都没有把市场需求放在首位。

三、推销观念

推销观念（20世纪20年代末至50年代前兴起）是生产观念的发展和延伸。20世纪20年代末，西方国家的市场形势发生了重大变化，特别是1929年开始的经济萧条，使大批产品供过于求，销售困难，竞争加剧，人们担心的已不是生产问题而是销路问题。于是，推销技术受到企业的特别重视，推销观念成为工商企业主要的指导思想（见图1-5）。

图 1-5　推销观念

推销观念较生产观念不同的是：前者是以抓推销为重点，通过开拓市场，扩大销售来获利；后者则是以抓生产为重点，通过增加产量，降低成本来获利。

四、市场营销观念

市场营销观念（20世纪50年代中期兴起）是一种全新的经营哲学。它是第二次世界大战后在美国新的市场形势下形成的。所谓市场营销观念，是一种以顾客需要和欲望为导向的经营哲学，它把企业的生产经营活动看作一个不断满足顾客需要的过程，而不仅仅是制造或销售某种产品的过程。简言之，市场营销观念是"发现需求并设法满足它们"，而不是"制造产品并设法推销出去"；是"制造能够销售出去的产品"，而不是"推销已经生产出来的产品"（见图1-6）。

图 1-6　市场营销观念

市场营销观念取代传统观念是企业经营思想上一次深刻的变革，是一次根本性的转变。其区别于传统观念主要在以下四个方面（见表1-3）。

表1-3　营销与推销的区别

区别	营销	推销
中心	企业生产可以销售的产品	企业销售可以生产的产品
出发点	市场	企业
手段	营销组合	推销和促销
目的	通过顾客满意来获取利润	通过销售来获取利润

讨论1-4： 菲利浦·科特勒说："推销不是市场营销最重要的部分，推销只是市场营销这一冰山的尖端。"既然推销不是市场营销最重要的部分，为什么又说它是冰山的尖端？为什么要把市场营销比作冰山而不是别的山脉？

五、社会市场营销观念

20世纪70年代以来，西方国家市场环境发生了许多变化，如能源短缺、通货膨胀、失业增加、消费者保护运动盛行等。在这种背景下，人们纷纷对单纯的市场营销观念提出了怀疑和指责，认为市场营销观念没有真正被付诸实施，即使某些企业真正实行了市场营销，但它们却忽视了满足消费者个人需要同社会长远利益之间的矛盾，从而造成了资源大量浪费和环境污染等社会弊端。例如，举世闻名的软饮料可口可乐和麦当劳汉堡包等畅销商品，都曾受到美国消费者组织及环境保护组织的指责。菲利普·科特勒认为，可代之以"社会市场营销观念"，这一提法现在已经为多数人所接受。

社会市场营销观念，就是不仅要满足消费者的需要和欲望并由此获得企业的利润，而且要符合消费者自身和整个社会的长远利益，要正确处理消费者欲望、企业利润和社会整体利益之间的矛盾，统筹兼顾，求得三者之间的平衡与协调（见图1-7）。

图1-7　社会营销观念

学以致用

> 无论在发达地区还是欠发达地区，并非所有公司都按照营销观念来实施营销方案。能否举出产品导向或推销导向的公司的例子？你会劝诚这些公司做出何种改变？

实例1-4 风靡一时的锐澳鸡尾酒，为何卖不动了？

提起预调酒，RIO锐澳鸡尾酒是毫无争议的"老大哥"，但其实冰锐才是国内鸡尾酒的启蒙者。直到2013年，两大巨头RIO和冰锐的对峙从渠道转向营销，RIO才逐渐占了上风。

RIO和冰锐的营销拉锯战，实际上是一场抢夺媒体资源的硬仗。高度重叠的受众，无限趋同的营销，就看谁更快、准、狠了。显然，与行事谨慎的冰锐相比，RIO占了上风。

2012年RIO更换全新包装，并开始地毯式广告"轰炸"；2013年开始明星代言策略，邀请周迅做代言人；2014年，《何以笙箫默》《杉杉来了》《奔跑吧兄弟》《天天向上》等热播电视剧和综艺，都出现过RIO的身影。2014年，RIO终于以9.87亿元营收成为行业第一，反超冰锐，并在2015年成功让整个预调鸡尾酒行业受人瞩目。可很快，鸡尾酒行业的泡沫开始散去。2016年RIO亏损1.47亿元，收入下跌。风光，戛然而止。过山车式的发展暴露了RIO的很多问题。主要问题有以下三个：

第一，研发投入少，纯靠广告营销打天下。数据显示，百润股份2017—2019年销售费用，连续3年维持在4.3亿元左右，而研发费用最高时也不过6 374万元。营销带来的只是"体验官"角色，吸引用户进行初次尝试，并难以验证口味是否符合大众人群，若不能在产品渠道以及核心研发上投入，势必被其他产品取而代之。

第二，定位不清晰。从2015年至今，RIO在行业也算老龙头了，但定位一直尴尬，既没称霸夜场，也不是年轻人社交专用。随着鸡尾酒品牌暴涨，它也就没有独特之处了，只能在超市里和模仿它的品牌一起被冷落。

第三，微醺的"尴尬"。"微醺"并不难得，简单地

说，任何酒、任何场景都能达到微醺的效果，对于习惯了高度酒的消费者，RIO确实更加利口，但也少了些许趣味，而对于不能喝酒的人而言，即使低度酒，浅尝辄止也能酩酊大醉。

RIO的未来在哪儿？

以前的酒都是讲纯正，不讲好喝，饮用体验很多都不太愉悦。一般来讲，一个产品能够真正长青的核心要素一定是更易饮、更好喝。这也是RIO将精力放在产品创新的原因之一。

从产品矩阵来看，RIO有了3%～9%的不同酒精度，开发出了微醺系列、经典系列、

清爽系列、强爽系列、夜狮系列、限定/联名/定制系列等多个系列 50 多种口味的产品。此外，RIO 推出独立品牌"梅之美"，切入梅酒赛道。

天猫新品创新中心数据显示，2020—2021 年，大果酒品类增长势头猛进，梅酒更是异军突起，增幅超过了 90%。而在这一细分品类里，目前中国市场缺少绝对的领导品牌。

RIO 的优势在于，其有打造爆品的经验、渠道能力以及原先的供应链能力。而目前行业内大部分品牌都是找工厂做代工或与工厂合作。

另一大动作则是，进军烈酒产业。预调鸡尾酒是"基酒＋香料"的产物，而 RIO 母公司百润起家于香料香精，如今切入烈酒，不足为奇。一个显而易见的优势是，RIO 将整个产业链牢牢地掌握在了手中。这有助于继续提升 RIO 的竞争优势，并通过推进烈酒原料品质升级，巩固其行业地位。不过，跨界也面临着"水土不服"的风险，更何况，任何一个新入门者，势必将面临保乐力加、帝亚吉欧、三得利等国际烈酒巨头的挤压。

RIO 各个品牌和系列之间相对独立，在保证品牌形象独立性的同时，又能减轻消费者对 RIO 固有印象所带来的影响，背后也透露出 RIO 占领快消酒水细分领域、拓展行业边界的野心。不同品牌针对独居女性、烈酒爱好者、夜店爱好者等不同的消费群体有着差异化的品牌定位，在营销打法上也各不相同。RIO 微醺以周冬雨打造一人独饮的美妙时刻，烈酒品牌冠名知名文化谈话类节目《圆桌派》，夜狮则联合各大夜场，打着"年轻人的狂欢酒场"的旗号，在夜幕下大行其道。

不管是主打的 3°、5°、8°，还是巩固夜场的夜狮，再或是新加入的赛道梅之美和烈酒，其中无一例外传递出一个信号——多品牌、集团化或将成为 RIO 拥抱变化、建立增长曲线的一种新思路。

（资料来源：广告门 App，有删改，https：//mp. weixin. qq. com/s/R-yRM8yYW_ KAt-NVw3dQsOg；图片来源：RIO 锐澳鸡尾酒官网，http：//test. riowine.com/m）

思考：1. 结合案例谈谈 RIO 失利的原因有哪些？它是怎样进行战略调整的？
　　　　2. 结合案例分析推销观念与营销观念的区别。

实例 1－5　百事公司可持续发展战略

自 2021 年以来，"双碳"已成为各行各业的高频热词，绿色低碳话题热度不减。在 2022 年政府工作报告中"先立后破、通盘谋划"八个字的提出，更是进一步要把"双碳"目标转为现实。

对于消费行业来说，消费者日新月异的需求变化，为行业和企业的系统化可持续发展提出了更高的要求。在百事公司看来，企业在推进可持续发展时主要面对着环境保护、社会包容和经济增长等方面的要求与考验。随着可持续发展及"双碳"日益被重视，企业急需从可持续号召者转变为将可持续融入。近年来，有不少企业开始从战略和顶层设计的角度思考可持续发展战略。

1. 不破不立："无瓶标"版包装迎面低碳消费时代

环保包装成为全球快消市场绿色低碳的一大趋势，包括百事在内的诸多食品饮料品牌陆续推出了轻量化等创新环保包装。2022年4月22日，百事公司在中国推出首款"无瓶标"版百事可乐，在去掉瓶身塑料标签及瓶盖上的油墨印刷的同时，保留了经典专利瓶身设计，瓶身处商标以浮雕工艺呈现，产品名称与保质期等信息则采用激光打印技术，简洁大方又凸显了品牌核心标识。

相对于普通包装，"无瓶标"版的包装设计不仅减少了生产过程中的材料和能源使用，更简化了回收过程中的瓶标分离步骤，提高回收利用率，有效减少能源过度使用引起的碳排放。此外，在产品外层的多连包包装上，百事公司采用含有24%再生塑料（再生聚乙烯成分）的材料，并添加"好好回收"标识环保行动，以进一步践行减碳理念。

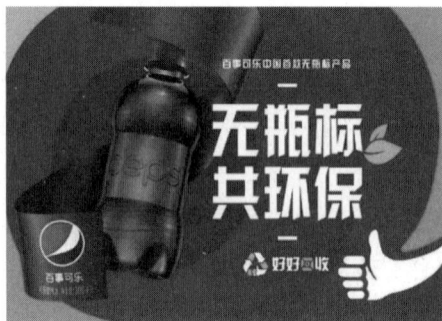

2. 因地制宜：制定战略性可持续产业结构规划

近年百事公司从自身产业结构制定可持续发展规划，并围绕规划设置了可考量的标准，推进可持续口号有计划地落地。

2021年，百事公司正式发布"正持计划"，将可持续发展作为整体业务的战略核心，以"正持农业""正持价值链"和"正持产品"三大支柱为驱动，从以更可持续的方式采购原料、制造和销售产品，到通过其标识性品牌激励消费者为人类和地球的可持续发展做出贡献，再到在整个供应链中支持社区并改善民生。在"正持计划"的指导下，百事目前已将可持续发展纳入战略顶层设计，并推出透明且科学的战略目标，制定行之有效的执行策略。

百事公司通过三大支柱驱动实施，助力恢复、维持地球生态系统，改善生产上游农业群体可持续发展的同时，在整个供应链中支持社区改善民生，引导消费者共践可持续，为百事自身和上下游的发展解决问题，创造长远可持续的价值。

3. 发力本土可持续实施路径

百事公司在过去的40多年，不但在中国成功建立了食品饮料业务，而且始终坚持对本地的持续投资和布局。同时，公司还涉及营养健康、教育、乡村振兴、安全饮用水等多个领域的公益项目持续开展，更是从减塑、节水、节能等方面推动可持续发展。在"正持计划"的指导下，近年来百事在中国全力支持"双碳"目标，助力政府"十四五"战略规划，切实做到了"植根中国，服务中国，携手中国"。

在正持农业方面，为践行100%可持续采购主要农业原料的承诺，百事与白糖供应商东亚糖业合作采购符合Bonsucro标准的白糖，从2022年开始已在深圳百事、广州百事工厂陆续使用Bonsucro认证的白糖300多吨。

在正持价值链方面，百事致力于建立起一条循环和包容的价值链。据了解，百事位于中国各大城市的工厂在多个方面为节能减排做出贡献。相关数据显示，从 2022 年 1 月 1 日起，百事长春工厂将百分百使用可再生能源替代火力发电，成为该公司在中国首家 100％ 绿电工厂。此外，广州工厂屋顶的光伏板每年也能发电 200 万度。

在用水方面，百事郑州工厂自 2018 年试点"近零排放"项目以来，中水外排比例从 46％ 下降至 5％，外排量也由每年 11 万多吨下降到 1.7 万吨左右，全厂每年可减少用水需求 12 万吨左右，取得了良好的经济和社会效益。除了郑州工厂，百事还在北京大兴区的工厂进行正持用水的相关改造举措。2021 年 5 月，百事在当地政府指导下，将每天的生产排放水经过循环净化，回补厂区附近的湿地公园。至 2022 年 4 月，"水回馈计划"每天用水量的 80％ 回补到当地水域，既美化了当地生态环境，又惠及了社区和居民。

在提升包装可持续性方面，除了此次推出的"无瓶标"版百事可乐，自 2020 年起，百事公司就以"无塑成废"愿景发起了"PepsiCo Recycling 与蓝同行"长期可持续发展项目，通过线下放置回收设备、线上打造内容社区分享可持续知识，激励消费者参与塑料回收活动。

除了环境可持续，百事始终坚持人文可持续道路。从 2021 年开始，百事联合中国妇基会"天才妈妈"公益项目，以品牌创意赋能"非遗"技艺传承与发展，通过这种"造血式"的公益模式，探索可持续发展公益新模式。

在正持产品方面，百事坚持以健康为产品研发的重点方向，持续发展包括植物蛋白、坚果和种子以及全谷物产品。目前，百事已在减糖、减钠和减脂等方面取得了进展，实现在饮料产品中降糖，在多种食品里减少饱和脂肪和钠含量，以满足中国消费者的不同需求。

百事公司大中华区饮料业务总经理兼亚太区首席市场营销官叶莉表示："可持续发展不只是一个企业的策略，更是每个人和我们身处的地球及环境的关系。我们希望能把百事深受消费者喜爱的品牌和产品，变成无处不在的载体，传递可持续理念。我们携手合作伙伴及渠道客户，推动消费者环保教育，积极投入社区公益活动。同时，百事公司也鼓励员工从身边力所能及的事开始，从多维度实践'地球与人，和谐共生'的愿景。"

（资料来源：公众号"21 世纪经济报道"，有删改，https：//mp. weixin. qq. com/s/yd-MoEARbGKNM-g5WCKi7TQ；图片来源：百事可乐官网，https：//www. pepsico. com. cn/）

思考： 1. 结合案例谈谈什么是社会营销观念，它有何重要意义？

2. 百事可乐在商业行动中是如何践行"双碳"计划的政策的？

3. 如何理解低碳发展乃至实现碳中和，正逐步成为企业的"必尽"责任？

4. 结合案例谈谈个人如何参与"碳中和"？

第三节 认识企业营销工作

作为一名市场营销人员，要理解市场营销职业工作的内容、过程和方法。特别是在明确了职业定位的前提下，自己应该对市场营销职业前景、职业成长规律有着清晰的认识，以便在后面的学习与工作中，积极高效地完成各项任务，从而获得职业能力。

一、认识市场营销的职业及岗位

1. 市场营销的职业前景

市场营销是一种职业，是多个行业都需要的职业，不仅企业，政府机构、公用事业等非营利部门也有一些专门从事营销的岗位或部门。与国外相比，市场营销职业在我国还是一个新兴的职业门类。但是随着我国社会主义市场经济体制的日臻完善和经济全球化的推动，这一职业在我国已经焕发出勃勃生机。据国家有关人才市场统计数据，市场营销职业人才的需求量连续多年名列前茅。作为市场经济大潮中各行业获取利润的关键环节，营销的地位毋庸置疑。

惠普前总裁孙振耀曾在退休感言中说："有个有趣的现象就是，500 强的 CEO 当中最多的是销售出身，第二多的人是财务出身，这两者加起来大概超过 95%。"为何有这样的"规律"？就在于"销售"有助于了解整个公司的运营，与人打交道的经验积累也有助于人力管理。所以，优秀的市场营销专业人才更容易进入各行各业的高级管理层，市场营销是每一个有志之士规划自己职业生涯的必修课程。基于此，企业主对经历过"市场营销"专业训练的人才需求量较大。

2. 市场营销职业岗位及工作分析

市场营销职业领域遍及各类工商企业，涵盖一般消费品生产、工业品生产、房地产、医药、汽车等多个社会行业的市场营销活动及管理。随着社会分工的进一步发展，作为市场营销专业传统就业领域，工商企业的市场营销活动逐步呈现出一些细化特征，如市场分析、营销策划、市场推广、连锁经营管理等，市场营销专业就业领域也随之专门化。随着信息技术的发展，经济全球化的推动，网络营销活动必将成为全球经营活动的首选平台；社会分工的进一步细化与推动，基于网络的市场营销活动专门化和专业化将是行业发展的必然趋势。市场营销职业的主要岗位及工作描述如表 1-4 所示：

表 1-4　市场营销职业的主要岗位及工作描述

就业方向	岗位级别			部门岗位职责
	第一级	第二级	第三级	
市场部岗位	市场部经理	产品主管/广告主管/市场拓展主管/市场公共主管/市场策划主管/促销主管/市场调研主管	产品专员/广告专员/市场拓展专员/市场公共专员/市场策划专员/促销专员/市场调研专员/督导员/培训专员	①根据市场调研结果，实施现有市场分析和未来市场预测 ②负责市场策划、公关与市场开拓工作 ③负责制定营销、产品、促销、形象等策划方案，并协助相关部门共同实施 ④负责产品、产品线的规划与管理工作 ⑤负责企业广告战略的制定与实施工作

（续上表）

就业方向	岗位级别			部门岗位职责
	第一级	第二级	第三级	
销售部岗位	销售部经理	销售主管/销售内勤主管/渠道主管/商务主管/促销主管/售后服务主管	销售专员/销售工程师/销售行政助理/文员/渠道专员/商务代表/商务助理/促销专员/售后服务专员	①负责企业销售目标的达成与销售计划的实施 ②负责销售渠道的拓展与管理工作 ③负责商务活动的管理工作 ④负责具体促销活动的组织实施 ⑤负责销售内勤事务处理工作
客服部岗位	客服部经理	客户调查主管/客户开发主管/客户维护主管/大客户主管/售后服务主管/客户投诉主管/客户信息主管/呼叫中心主管	客户调查专员/客户开发专员/客户维护专员/大客户专员/售后服务专员/客户投诉专员/客户信息专员/呼叫中心专员/技术支持专员	①负责客户服务标准、业务标准和流程的制定，规范客户服务行为 ②围绕客户开发计划，负责客户关系的维护与开发管理 ③负责客户投诉处理及监督检查工作，发现问题及时解决 ④负责呼叫中心的运营与管理工作 ⑤负责大客户关系的重点维系与管理
品牌部岗位	品牌部经理	品牌策划主管/区域品牌主管/品牌运营主管	品牌设计专员/品牌规划专员/策划文案/品牌推广专员/品牌维护专员/品牌营销专员	①负责按照公司总体战略提炼、整合企业品牌资源，提升品牌价值 ②负责企业品牌包装与形象策划，进行差异性品牌传播 ③全面负责企业品牌运营与相关服务工作 ④负责规范内部的品牌使用行为，并监控外部的品牌侵权行为 ⑤负责维系与外部媒体的关系
广告部岗位	广告部经理	市场调研主管/媒介主管/创意制作主管/广告策划主管	市场调查专员/媒介购买专员/媒介策划专员/广告制作专员/文案/广告策划专员/平面设计专员/美术	①负责整体广告策划方案的制定与执行工作 ②负责广告创意的设计与实施 ③负责广告媒介的策划、选择与购买等工作 ④负责广告的市场调研工作 ⑤负责各类广告文案的编写工作
电子商务部	电子商务经理	推广主管/客服主管/运营主管/网络支持主管	推广专员/网络客户服务专员/商务代表/网络支持专员/广告策划专员/网络信息专员/美工/文案	①负责管理运营电商平台，并持续不断地跟进平台运营规则和完成销售业绩 ②负责制定电商营销计划，并进行营销业务和营销合作 ③负责通过网络进行业务推广和市场开拓工作 ④负责制定公司网络品牌发展战略、品牌建设及市场调研等工作 ⑤负责网络营销渠道的建立与规范及服务

（续上表）

就业方向	岗位级别			部门岗位职责
	第一级	第二级	第三级	
新媒体运营部	新媒体运营经理	新媒体策划主管/新媒体推广主管/新媒体运营主管/数据分析主管	数据分析专员/策划专员/推广专业/客服专员/文案/摄影/美工	① 负责公司线上新媒体整体运营工作，包括但不限于：媒体号运营，宣传视频制作，引流方案制定，各类活动策划、线上用户运维，实现业态线上线下贯通等 ②负责完成公司新媒体运营板块策略制定，并负责搭建新媒体矩阵 ③把控品牌整体风格及方向，完善各平台标准化运营体系搭建，总结运营及传播效果，及时优化和调整策略，形成执行标准 ④负责新媒体推广模式与渠道的探索，建立与外部渠道的良好关系，便于利用渠道资源并结合公司资源做好新媒体推广工作

二、确立营销职业道德

职业道德是从事一定职业的人在自身特定的工作中所必须遵守的行为规范的总和。营销人员职业道德就是营销者在营销行为过程中处理顾客、供应商、中间商、零售商、竞争者、政府、社会团体等利益相关者之间相互关系的准则。它包括营销人员的职业观念、职业情感、职业理想、职业态度、职业技能、职业良心、职业作风等多方面的内容。

遵守职业道德是营销人员事业成功的保证，不讲职业道德就做不好营销工作。做事先做人，做人德为先。不会做人便不能做事；不善做事，便不善经商；做人失败，想在经营事业上取得成功也很难。

1. 平等互惠，诚信无欺

这是营销工作者最基本的行为准则。营销工作者在工作中不要耍手腕，不坑蒙消费者，不擅自压价或变相提价；要恪守营销承诺，决不图一时之利损害企业信誉。在营销工作中，只有诚实地劳动，并通过守规、勤业和精业的职业态度和职业行为，才能赢得更多的信任，所能实现的价值也就越大、越丰富。

2. 通晓业务，优质服务

营销人员要博学多才、业务娴熟；要牢固树立服务至上的营销理念；要善于收集信息、把握市场行情；要灵活运用各种促销手段，拉近与客户的距离，成功地进行沟通；要熟悉经销商品的性能，主动准确地传达商品信息；要为顾客排忧解难，满足他们的需求。以认真负责的态度，尊重、维护客户的合法权益，竭诚为客户提供良好的服务。

3. 当好参谋，指导消费

营销是生产者与消费者之间的媒介和桥梁，营销工作者要在与消费者的沟通中，了解不同对象的不同需求，引导消费者接受新的消费观念。同时，又将消费者需求信息传达给生产者，以帮助企业制定战略与调整改进生产。

4. 遵纪守法，公私分明

生产者往往赋予营销工作者一定的职权，营销人员应经得起利益的诱惑，不赚取规定之外的私利，不进行转手倒卖等各种谋私活动。正确处理好物质利益与法律法规的关系，在遵纪守法的前提下获取物质利益。

5. 团结互助，共同成长

营销团队内部关系的状况及其整体结合的程度，关系到营销人员队伍的健康发展。作为营销人员，应具有与团队"同生共存"的意识和全局观念，应做有利于团队内部关系和整体结构优化的选择。作为不同层次的业务团队领导者，应关注团队内部关系，致力于齐心协力的团队塑造。

总之，营销人员既是业务实践的主体，又是道德实践的主体。二者融会于具体职业实践之中，而主体的道德水准及业务素质，对其职业行为起着价值导向和调节作用，影响其行为的结果，作用于行业和社会，对它们产生积极的或消极的影响。营销人员良好的职业道德不仅可以树立自身的职业形象，拓展业务，还可以更好地维护企业的形象，并促进行业的健康有序发展。

学以致用

去企业或招聘网站上调查一下，了解企业在招聘营销人才时，相关岗位的要求和最看重的要素是什么？寻找有没有符合你的理想的职业岗位？

第四节　认识营销组合工具及营销过程

一、认识营销工具：营销组合

在考虑如何用最佳方式向消费者呈现产品和服务时，营销者要做很多决策，所以他们需要工具。营销者的策略工具箱是市场营销组合（Marketing Mix）。这些工具包括产品本身、产品价格、把产品介绍给消费者的促销活动以及可获得产品的渠道。市场营销组合的要素就是经常说到的4P，即产品（Product）、价格（Price）、促销（Promotion）、分销（Place）以及它们的组合。组合的观念提醒我们没有哪一项单一的营销活动足以实现组织的目标。

尽管我们把4P作为营销策略的独立部分加以讨论，可事实上产品、价格、促销和分销，是完全相互依存的，四者中任何一个决策都受到其他营销组合决策的影响，同时影响其他营销组合的决策。假如，公司推出一种高品质的产品，这产品比其他任何现行生产线上的产品都昂贵，公司对于这种新产品的定价要能够包含成本，还要制定广告和其他促销战略来传递高品质的形象。同时，公司还要把高端零售商涵盖在分销策略中，因此市场营销组合因素必须一起合作。本书后面部分会详细研究营销组合，现在让我们来简单看一下每个"P"的含义，及其在营销组合中的角色（见图1-8）。

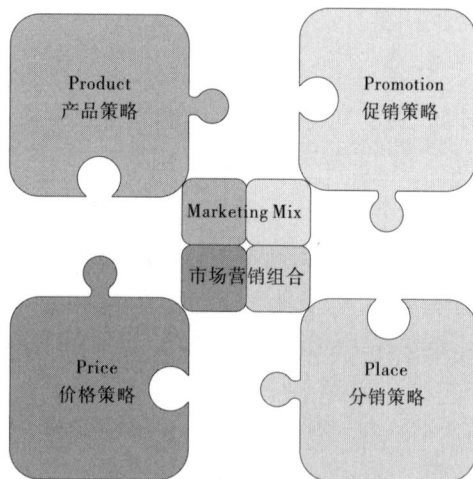

图1-8　市场营销组合

1. 产品

产品可以是物品、服务、观念、地点、人物，即任何在交换中用来满足消费者需求的东西。产品是很多不同因素的组合，包括产品的效用、质量、外观、式样、品牌、包装和规格，还包括服务和保证等因素，它们对于产品，都很重要。企业在制定产品策略时要考虑产品性能能否满足消费者的需求？产品有哪些特点？产品的外观与包装如何？产品的服务与保证如何？产品还能进行哪些改进和创新？

2. 价格

价格是对价值的量化表示，或消费者为获得交易物必须支付的货币数量。价格经常被作为增加消费者兴趣的方法，这种情况发生在当一种产品推向市场销售时，如果营销者要传递高品质的形象或新鲜事物，它们会努力用比人们熟悉的更高的价格卖出这种产品。企业在定价时要考虑企业的合理利润以及顾客可以接受的价格是否合理？定价是否符合公司的定位和品牌形象？价格是否符合企业的竞争策略？

3. 促销

促销包括营销者用来告知消费者产品信息和激励潜在消费者购买这些产品所进行的所有活动。促销有很多形式，包括人员推销、电视广告、店面优惠券、广告牌、杂志广告、新闻发布、小红书推文、微信视频号等。企业要考虑如何通过广告、公关、营业推广、人员推销、数字营销等手段将产品信息传递给消费者以促成消费行为的达成。

4. 分销

分销是指在期望的时间和地点，产品对于顾客的可获得性。它与供应链相关，供应链指一切让产品从生产者最后传递到消费者手中的努力的总和。企业要考虑产品通过什么渠道销售，以及如何将产品顺利送抵消费者的手中。

以上四个因素是市场营销过程中可以控制的因素，也是企业进行市场营销活动的主要手段，对它们的具体运用，形成了企业的市场营销策略。企业要满足顾客，实现经营目标，不能孤立地只是考虑某一因素和手段，必须从目标市场需求和市场营销环境的特点出发，根据企业的资源和优势，综合运用各种市场营销手段，形成统一的、配套的市场营销战略，使之发挥整体效应，争取最佳效果。

4P理论的提出，是现代市场营销理论最具划时代意义的变革，"从此，营销管理成为公司管理的一部分，涉及了远远比销售更广的领域"。今天，无论有多少新的营销名词，无论有多少关于4P过时的说法，4P都是营销管理理论的基石。

1990年，劳特朗在《广告时代》中对应传统的4P提出了新的观点："营销的4C。"强调企业首先应该把追求顾客满意放在第一位，产品必须满足顾客需求，同时降低顾客的购买成本，产品和服务在研发时就要充分考虑客户的购买力，然后要充分注意到顾客购买过程中的便利性，最后还应以消费者为中心实施有效的营销沟通。4C 即：消费者的需要与欲望（Customer's needs and wants）；消费者获取满足的成本（Cost and value to satisfy consumer's needs and wants）；用户购买的方便性（Convenience to buy）；与用户沟通（Communication with consumer）。

有人甚至认为在新时期的营销活动中，应当用"4C"来取代"4P"。但许多学者仍然认为，"4C"的提出只是进一步明确了企业营销策略的基本前提和指导思想，从操作层面上讲，仍然必须通过"4P"为代表的营销活动来具体运作。所以"4C"只是深化了"4P"，而不是取代"4P"。"4P"仍然是目前为止对营销策略组合最为简洁明了的诠释。

二、认识市场营销工作过程

市场营销涉及对顾客的需求和欲望的满足，企业的任务是在盈利的前提下实现顾客价值。一家公司要想取胜，必须仔细调整价值传递过程，寻找、发现、选择、提供、创造、传播、传递、实现真正出色的价值，并长期持续和增长价值。如图 1-9 所示，描绘企业创造和实现价值的一般过程。

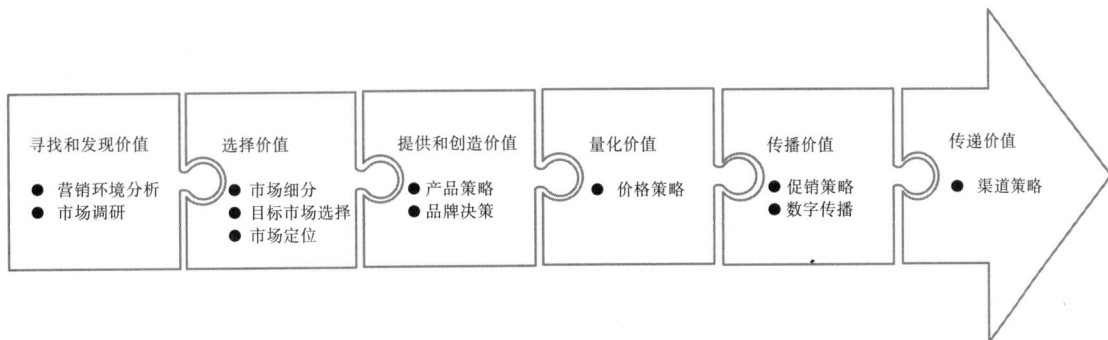

图 1-9 营销工作流程

1. 寻找和发现价值

营销人员通过市场调研和对营销环境及消费者行为的分析，发现消费者现实和潜在的需求，挖掘各种市场机会，发现价值。

2. 选择价值

它是在产品生产之前，营销必须做的战略准备。企业对市场机会进行评估后，进行市场细分，分析每个细分市场的特点，需求趋势和竞争状况，并根据本公司优势，选择自己的目标市场。由于每个市场都有自己的需求、感受、偏好和购买标准，因此，企业必须为精心界定的目标市场设计所需的产品，确定产品的价值定位。"对市场进行细分，选择目标市场，进行市场定位"（Segmentation，Targeting，Positioning，简称 STP）这一模式是战略营销的本质所在。

3. 提供和创造价值

这个阶段企业必须围绕目标消费者的需求设计和生产产品，进行品牌决策。这就是产品策略和品牌决策。

4. 量化价值

依据销售产品的定位、顾客的支付能力及竞争情况给产品定一个适宜的价格。这就是价格策略。

5. 传播价值

这个阶段企业要通过广告、促销、人员推销等吸引消费者的注意，并告诉目标消费者你的产品优势是什么、你的产品的价值所在，这就是促销策略。随着互联网和各种数字技术的发展，企业还需要通过各种数字传播媒介，与消费者进行其销售的产品和品牌相关信息的双向传递。

6. 传递价值

当消费者想购买的时候，要让其能方便、放心地买到，这就是产品的分销渠道策略。

学以致用

你的朋友想在大学校园开一家甜品店，但他担心能否有足够的客源支撑店面的运营。得知你学过市场营销的相关知识，向你征求一些建议。你能对他讲述产品、价格、促销和分销策略的知识，并帮助他创业吗？

实例 1-6 怎样卖好一件白 T 恤？

衡量电商平台的实力，其中一个维度就是从这个电商平台上成长起来了多少原创品牌。在淘宝上成长起来的"淘品牌"已经有很多成为上市公司，像御泥坊、三只松鼠、小熊电器、戎美等。而现在，抖音也要如法炮制，力推自己的"抖品牌"，如做女装的"罗拉密码"、做个人护理的"诗裴丝"、做零食和调味品的"蜀中桃子姐"等。

看来，与淘品牌类似，抖品牌也以女装、个护、零食等品类为主。不过最近发现"抖品牌"里的一个另类，叫"白小T"。这是一家2019年才成立的男装品牌公司，主打产品是看上去平平无奇的纯色T恤衫，但是它复制了当年"淘品牌"韩都衣舍的奇迹，3年营收翻了40倍，2021年营业额将近8亿元，成为抖音电商的类目冠军。

在男性服饰领域，这么多年来，还是海澜之家、太平鸟、七匹狼这些老品牌挑大梁，很少有互联网新品牌是主打男装的。而"白小T"的目标客户即为中年男人，为其提供男装。

从媒体对"白小T"创始人张勇的采访可得，他们品牌的"找定位"过程或许对我们有启发。

他们看到，虽然女装市场规模是男装市场的3倍左右，但女装市场竞争惨烈，市场越来越分散。2015年，中国规模以上服装企业的主业收入总和是2.2万亿元，到2020年为1.37万亿元，5年下降了38%。换句话说，大品牌的市场份额正在被越来越多的小品牌蚕食。女装市场已经无限细分，在任何一个档次和类别上都有很多竞争者，几乎没有市场空白。

相比来说，男装还有一些肉眼可见的市场缝隙。老牌男装几乎都是主打正统商务装，而一些针对年轻人的品牌又多趋于休闲风格。如果一个 IT 人士想要穿一件干净、简单又有质感的 T 恤去上班，或者去参加产品发布会，其实没有多少合适的品牌可以选择。

看到这个市场空白，"白小 T"果断把自己的产品定位为：针对 30~50 岁男性精英群体，具备职场和休闲双重属性的高端 T 恤。价格上，"白小 T"的入门款 T 恤卖 99 元，主力款卖 199 元和 299 元，比优衣库和海澜之家的价格要高一些。

明确了目标群体，接下来要考虑的是：什么样的品牌调性可以最大限度地吸引目标群体？是实用还是轻奢？是国潮还是国际？手工还是科技？"白小 T"最后决定，把着力点放在"科技感"上，这是男性精英群体喜欢的文化调性里的最大公约数。"白小 T"从产品研发到营销宣传，全部围绕"科技感"做文章。

比如，在面料研发上，白小 T 主推"液氨面料"，据说还把宇航服上用于抗寒的气凝胶用在了服装面料上；为了提醒用户做好防晒，"白小 T"在左袖口处设计了一个紫外线感应标，它会随着紫外线的强弱变化而变色，科技感十足。创始人张勇亲自出镜，一会儿出现在珠穆朗玛峰上，展示宇航服气凝胶的抗寒性，一会儿出现在四川宜宾的蜀南竹海，给用户讲解竹纤维材质的种种优点。

定位有了，调性有了，最后来看看"白小 T"是怎样选择渠道的。

"白小 T"创立时，当时抖音电商还在试水阶段，一般品牌会首先选择天猫、京东等主流电商平台。这些平台是传统的货架模式，属于"人找货"，就是你有了一个明确的需求，然后通过搜索引擎去找。但是，男性群体对"穿什么"的感知能力普遍比较弱，一是不愿意挑，二是不会挑。你看在线下，愿意去逛商场的男人很少。

而今日头条的算法推荐和定向投放功能，是"货找人"的模式，看到了就直接买，不会再去搜索比价，这非常符合男人买衣服的行为模式。再加上今日头条的用户画像和"白小 T"的目标群体很吻合：爱看新闻，年龄段偏中年，购买力强。这时，又正好赶上抖音电商开始发力，"白小 T"作为抖音推出的"抖品牌"样板，吃到了平台红利。

"白小 T"的创始人张勇说，任何一个品牌都有白 T 恤，但人们提到白 T 恤却很难联想到任何一个固定品牌。而他们的想法就是，开创一个"市场中有，心智中无"的新品类，将"白小 T"打造成 T 恤的代名词，实现一个品牌的最高成就——"品牌即品类"。

（资料来源：得到头条，有删改，https：//www. dedao. cn/share/course/article？id = Oz-peyw8lG6QaXkn6lvJRd1ZoA75NLB）

🐛 **思考**：1. 结合案例分析"白小 T"的目标消费群体是谁？它是如何来为目标消费群体创造价值的？

2. 结合案例分析"白小 T"的营销工作过程和营销组合要素。

📋 **测试你掌握的知识**

1. 简述什么是市场营销。
2. 举例说明企业如何去发现需求，满足需求，创造需求从而盈利。
3. 画图说明现代市场营销观念与传统市场营销观念的区别。
4. 试析营销人员在公司扮演的角色。

5. 市场营销的工作过程包含哪些内容？

6. 列出并解释营销组合的要素。

实训模块 1　组建营销团队

以 4~6 人为一组组建营销团队：给团队起一个名字，设计 Logo 及团队口号。确定团队负责人（项目经理）、进行团队内部分工。初步确定准备涉足的行业（可以从老师给定的企业中选择，也可以选择大家感兴趣的将来想从事的行业）。

数字扩展资源 1

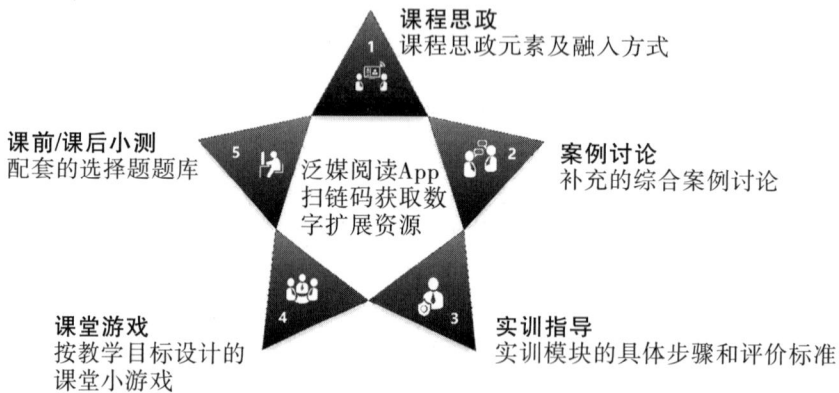

课程思政
课程思政元素及融入方式

课前/课后小测
配套的选择题题库

泛媒阅读App
扫链码获取数字扩展资源

案例讨论
补充的综合案例讨论

课堂游戏
按教学目标设计的课堂小游戏

实训指导
实训模块的具体步骤和评价标准

第二章　寻找价值——营销环境

营销正变得越来越取决于信息而不是销售力。

——菲利普·科特勒

【知识目标】

1. 学生能够描述营销环境的内涵，了解营销环境对市场营销活动的影响；
2. 学生能够陈述消费者的购买决策过程；
3. 学生能够分析消费者购买行为的影响因素。

【能力目标】

1. 学生能够基于营销活动的影响因素，比较和评价不同的营销决策；
2. 学生能够应用 SWOT 分析法对营销环境进行分析和评价；
3. 学生能够通过分析消费者行为，做出营销决策。

【价值目标】

1. 通过学习宏观环境对市场营销活动的影响，引导学生了解世情国情民情，增强学生对党的创新理论的政治认同、思想认同、情感认同，坚定中国特色社会主义道路自信、理论自信、制度自信、文化自信；
2. 通过对营销环境分析工具的学习，培养学生的辩证思维和系统思维能力。

【思维导图】

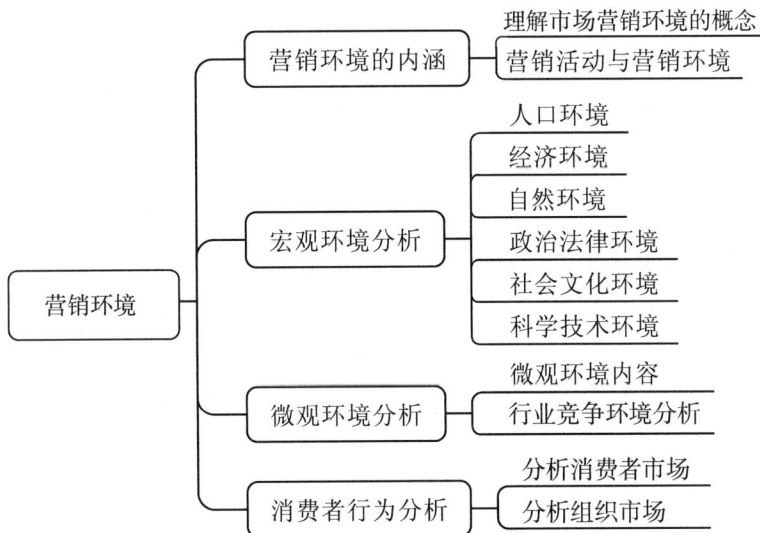

【营销实战】

四线城市宜宾，靠什么逆袭？

2022世界动力电池大会举办了"云上宜宾"高端对话，同年7月，2022世界动力电池大会在四川宜宾正式开幕。宜宾作为一座四线小城市，人均GDP长期落后于全国平均水平，支柱产业也比较传统，主要是煤矿产业和白酒产业。可为什么世界动力电池大会会在宜宾举办？就在这几年，宜宾突然加速，2019—2021年连续三年GDP增速都是四川省第一名。2015—2021年，宜宾GDP翻了一番，GDP总量排在成都、绵阳之后，坐上了省内老三的位置。更令人惊讶的是，2019年，"动力电池之王"宁德时代突然宣布在宜宾投资建厂；2021年再次追加投资，在宜宾的总投资超过560亿元，要在这里建成全球动力电池的重要生产基地。同时，吉利、中车、华为等大企业，也开始纷纷在宜宾布局。短短几年时间，宜宾已经建立起了一条比较完善的电池产业链，宜宾甚至提出，要成为中国"锂都"。那么，宜宾这个西南地区的四线小城，是怎么逆袭的？

一个简单的故事版本是，宜宾是靠更优惠的招商引资政策取胜。宜宾因为想争取省内经济"副中心"的位置，几年前开始加大力度招商引资。正赶上宁德时代在内地到处考察建生产基地，这个机会被宜宾顺利拿下。"宁王"过来之后，一大批配套的上下游企业也跟着到宜宾来投资设厂，后面的事情就水到渠成了。

这个故事的2.0版本是，宜宾之所以能胜出，除了优惠政策，还有它独特的地理优势。首先，宜宾处于成渝经济圈的中间位置，离成都和重庆的距离差不多，这里生产的动力电池走下生产线3个小时之后，就能出现在成都和重庆的整车生产线上。其次，宜宾位于三江汇合处，水资源特别丰沛，能够满足动力电池生产过程中的减碳要求。最后，宜宾还有水运优势，这对成本敏感型的制造业很有吸引力。

而这些优势，紧挨着宜宾的另一座城市——泸州，也全部具备。而且宁德时代当时是先到泸州考察，后来才选择的宜宾。背后的考虑是什么？

我们来看故事的3.0版本。宜宾从2016年起就一直在谋求产业转型，并决心把新能源汽车作为下一个支柱产业。直到2017年，当得知奇瑞集团旗下的凯翼汽车销量不好，想卖掉，宜宾果断出手，拿出当年财政收入1/10的钱买下凯翼汽车51%的股权，把生产基地也搬到了宜宾。引进凯翼，就有了汽车的生产证和销售证，相当于有了一张进军新能源汽车产业的入场券，是圈子里的人了。也是从那个时候起，宜宾和宁德时代有了接触。

宜宾接着做了第二件事，不是直接去磕宁德时代这样人人争抢的"大佬"，而是去引进规模和技术门槛都更低的智能终端制造企业，逐步建立产业生态圈，毕竟，智能终端和新能源车的很多产业链是重合的。2017年，深圳、北京的二线手机品牌开始往西部迁移，看到这个风口后，宜宾马上行动，引进了朵唯、领歌、康佳等一批企业。除了引进外部企业，宜宾也大力扶持本地企业来补齐产业链的缺口，比如做锂盐的"天宜锂业"、做锂电池正极材料的"宜宾锂宝"等。

宜宾做的第三件事，就是大力引进高校资源。宜宾市领导在招商引资的过程中逐步意识到人才问题未来会成为产业发展的严重瓶颈，于是拿出比招商引资更大的诚意来引进高校。宜宾把三江新区位置最好的6平方公里多的土地，拿来建了大学城，与中国人民大学、四川大学、电子科技大学、成都理工大学等20所高校签订合作协议，在宜宾建立分校区或者产业研究院。如今，宜宾的在校大学生从2万名增加到8万多名，成为当地科技企业的巨大人才库。

（资料来源：得到头条，有删改，https：//www. dedao. cn/share/course/article？ id＝dA5 eO3NDrGk8KPOOjjK2oxp9MRBzQP）

思考：1. 结合案例谈谈影响宁德时代等企业到宜宾建厂投资的因素有哪些？

2. 结合案例谈谈宜宾是如何运用环境中的有利因素规避环境中的不利因素来实现逆袭的？

第一节　营销环境的内涵

一、理解市场营销环境的概念

市场营销环境是指直接或间接影响企业营销活动的所有企业外部力量和相关因素的集合，是企业营销职能外部的不可控制的因素和力量。企业的营销行为既要受自身内部条件的制约，也要受外部环境的制约。因此，关注并研究企业内外营销环境的变化，把握环境变化的趋势，识别由环境变化所带来的机会与威胁，是营销管理的主要任务之一。

市场营销环境主要包括两方面的构成要素：宏观营销环境和微观营销环境（见图2－1）。

宏观营销环境与微观营销环境之间并不是并列关系，而是主从关系，微观营销环境中所有的因素都要受宏观营销环境中各种力量的影响。

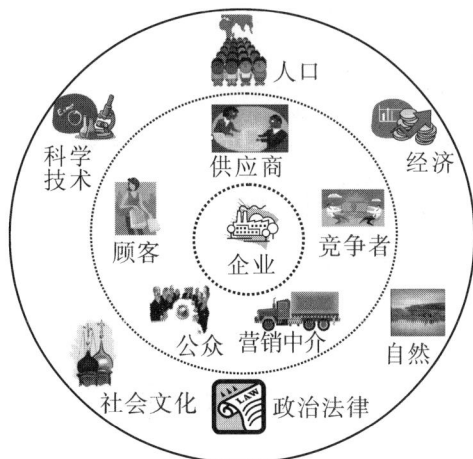

图2-1 市场营销环境的构成

讨论2-1：除了上述因素以外，你觉得还有哪些因素影响企业营销决策？

二、营销活动与营销环境

市场营销环境通过其内容的不断扩大及自身各因素的不断变化，对企业营销活动产生影响。营销环境是企业营销活动的制约因素，营销活动依赖于这些环境才得以正常进行。这表现在：营销管理者虽然可控制企业的大部分营销活动，但必须注意环境对营销决策的影响，不得超越环境的限制；营销管理者虽能分析、认识营销环境提供的机会，但无法控制所有有利因素的变化，更无法有效地控制竞争对手；由于营销决策与环境之间的关系复杂多变，营销管理者无法直接把握企业决策实施的最终结果。此外，企业营销活动所需的各种资源，需要在环境许可的条件下取得，企业生产与经营的各种产品，也需要获得消费者或用户的认可与接纳。

虽然企业营销活动必须与其所处的外部环境相适应，但营销活动绝非只能被动地接受环境的影响，营销管理者应采取积极、主动的态度去适应营销环境。

就宏观环境而言，企业可以通过不同的方式增强适应环境的能力，避免来自环境的威胁，有效地把握市场机会。在一定条件下，也可以运用自身的资源，积极影响和改变环境因素，创造更有利于企业营销活动的空间。

就微观环境而言，直接影响企业营销能力的各种参与者，事实上都是企业的利益共同体。按市场营销的双赢原则，企业营销活动的成功，应为顾客、供应商和营销中间商带来利益，并造福于社会公众。即使是竞争者，也存在互相学习、互相促进的因素，在竞争中，有时也会采取联合行动，甚至成为合作者。

讨论 2 - 2： 如何理解"企业也可以运用自身的资源，积极影响和改变环境因素"这句话？

学以致用

就学校门口的一条美食街，选出一家餐厅试分析其会受到哪些营销环境的影响？如果你是这家餐厅的老板，你会根据这些营销环境采取什么行动？

第二节　宏观环境分析

宏观环境因素包括人口、经济、自然、政治法律、社会文化和科学技术六大因素（见图 2 - 2）。

企业及其微观营销环境的参与者，无不处在宏观营销环境之中。通过识别宏观环境趋势，营销者可以找到许多机会。一项新产品或市场计划，如果它能与强大的市场趋势一致而不是对抗，就有可能会成功。对于营销者，最终的挑战是理解市场趋势的真正本质，同时确定它会对自己所处的营销环境带来怎样的影响。

一、人口环境

营销者关注人口趋势是因为人口构成了市场。人口环境包括人口的规模、构成、地理分布、年龄、性别、家庭、教育等。

1. 人口规模对企业营销的影响

人口的多少直接决定市场的潜在容量。根据联合国发布的人口报告，2050 年世界人口将达到 93 亿人。人口规模对企业营销的影响如图 2 - 3 所示。

图 2 - 2　宏观环境的构成

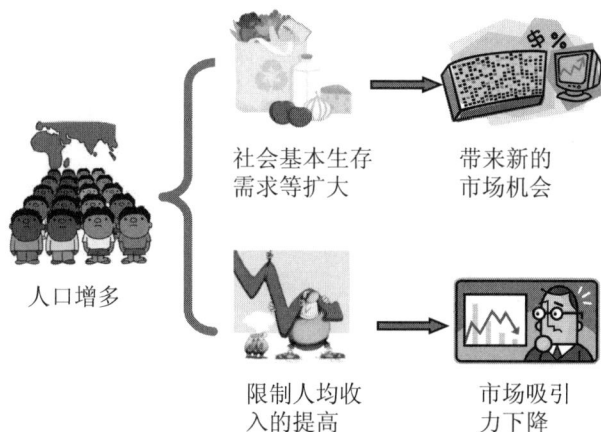

图 2 - 3　人口规模对企业营销的影响

2. 人口结构对企业营销的影响

人口结构主要包括年龄结构、家庭结构、社会与民族结构。

（1）年龄结构。不同年龄的消费者有着不同的购买动机和习惯，对商品的需求也不一样，因此，人口的年龄结构对市场需求产生直接的影响。

（2）家庭结构。现代家庭既是社会的细胞，也是购买、消费的基本单位。家庭的数量、规模、结构等直接影响商品的需求。目前，普遍呈现家庭规模缩小、数量增加的趋势。

（3）社会与民族结构。不同民族的生活习惯、文化传统、消费偏好等都不同，其市场需求也不同，因此营销者应注意民族市场的营销，重视开发适合各民族特性、受其欢迎的商品。

3. 人口分布对企业营销的影响

人口的地理分布对企业营销活动产生很大的影响，主要体现在两方面：

（1）不同的地理环境，其消费需求和购买行为有较大的差异。例如，在我国，"南淡北咸、东甜西辣"是对不同地方的饮食差异的形象概括，因此，饮食的差异对不同地区消费者食品的需求产生较大的影响。

（2）人口的区间流动性越来越大，这对商品需求也起着决定性影响。目前，我国的人口流向主要是从农村到城市，城市人口迅速增加，人口密度增大，为企业增加商业网点、扩大市场提供了良好的机会。

二、经济环境

人的需求只有具备购买能力才是现实的市场需求，所以，经济环境直接影响顾客的需求，企业营销者必须了解经济环境，留意各种经济趋势。

1. 消费者收入

消费者收入，是指消费者个人从各种来源中所得到的货币收入，包括工资、奖金、其他劳动收入、红利、馈赠、出租收入等。消费者收入是影响社会购买力、市场规模大小以及消费者支出多少和模式的一个重要因素。

对营销活动影响最大的消费者收入是个人可支配收入和个人可任意支配收入。

（1）个人可支配收入。指个人应得收入扣除应由个人负担的直接税及非税性负担之后的余额。

（2）个人可任意支配收入。在个人可支配收入中扣除消费者用于购买生活必需品的支出和固定支出（如房租、水电费、食品费、分期付款等）后所余下来的即为个人可任意支配收入。这是影响需求的最活跃的因素。

讨论2-3：在分析消费者收入时，"货币收入"和"实际收入"是否相同？

2. 消费者支出模式

消费者支出模式主要取决于其收入水平。用于考察消费收入与消费支出之间关系最常用的是"恩格尔系数"。恩格尔系数是德国统计学家恩斯特·恩格尔（Ernst Engel）提出的，指的是食物支出所占家庭收入的比例。联合国以恩格尔系数作为划分、衡量一个国家或地区的贫困与富裕的标准：恩格尔系数 >59% 为贫困；50% < 恩格尔系数 <59% 为温饱；40% < 恩格尔系数 <50% 为小康；30% < 恩格尔系数 <40% 富裕；恩格尔系数 <30% 为最富裕。

"恩格尔系数"指出：①随着家庭收入的增加，用于购买食物的支出占家庭收入的比重下降；②随着家庭收入的增加，用于住宅建筑和家务经营的开支占家庭收入的比重将维持大体不变；③随着家庭收入的增加，用于其他方面（如服装、交通、娱乐、教育等）的支出和储蓄占家庭收入的比重上升。

1978—2021年全国居民人均消费性支出、全国居民人均可支配收入、全国农村居民恩格尔系数、全国城镇居民恩格尔系数变化如图2-4所示。

全国居民人均消费性支出

2.41万元（2021年）

单位：万元

2.54
1.70
0.86
0.02

1978年　　2001年　　2009年　　2015年　　2021年

全国居民人均可支配收入

3.51万元（2021年）

单位：万元

3.70
2.48
1.25
0.02

1978年　　2001年　　2009年　　2015年　　2021年

全国农村居民恩格尔系数

32.7%（2021年）

单位：%

70.64
56.59
42.55
28.50

1957年　　1986年　　1999年　　2010年　　2021年

全国城镇居民恩格尔系数

28.6%（2021年）

单位：%

60.96
49.38
37.80
26.22

1978年　　1988年　　2001年　　2011年　　2021年

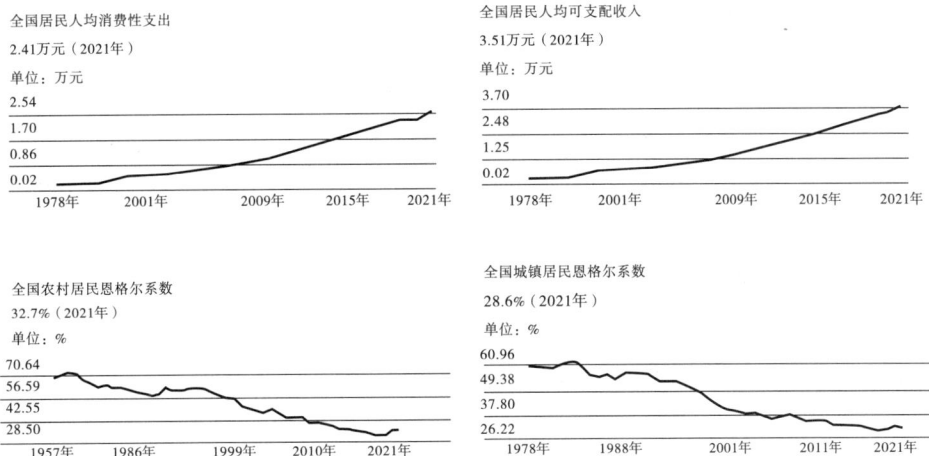

图 2 - 4　1978—2021 年全国消费水平变化

资料来源：中经数据。

3. 消费者储蓄与信贷

消费者个人收入不可能全部用掉，总有一部分以各种形式储蓄起来，这是一种推迟了的潜在购买力。储蓄越多，现实的消费量就越小，但潜在消费量就越大。不同消费者的储蓄动机不尽相同，营销人员应当全面了解消费者的储蓄情况、储蓄动机。

消费者信贷指的是消费者凭信用先取得商品使用权，然后按期归还贷款，以购买商品。实际上就是消费者提前支取未来的收入提前消费。我国现阶段的消费信贷正在各个方面逐步兴起。

三、自然环境

一个国家、地区的自然环境包括该地的自然资源、地形地貌和气候条件，这些因素都会不同程度地影响企业的营销活动。企业要避免自然环境带来的威胁，要最大限度地利用环境变化可能带来的市场营销机会，就应不断地分析和认识自然环境变化的趋势，根据不同的环境情况来设计、生产和销售产品。如图 2 - 5 所示。

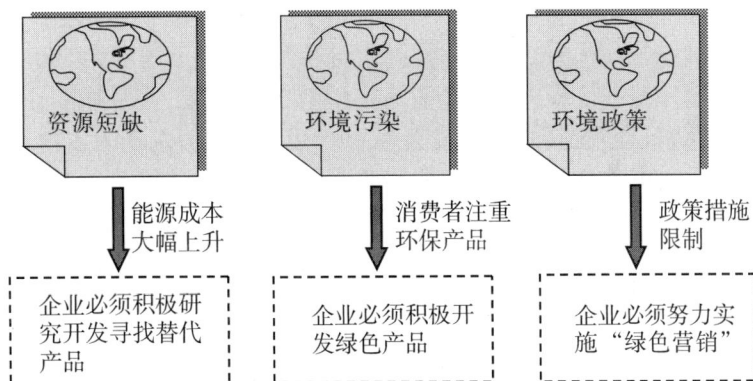

资源短缺	环境污染	环境政策
能源成本大幅上升	消费者注重环保产品	政策措施限制
企业必须积极研究开发寻找替代产品	企业必须积极开发绿色产品	企业必须努力实施"绿色营销"

图 2 - 5　自然环境对企业营销的影响

四、政治法律环境

政治法律环境是由强制和影响社会上各种组织和个人行为的法律、政府机构、公众团体所组成。在任何社会制度下，企业的营销活动都必定要受到政治法律环境的强制和约束，政治法律环境对营销决策的影响相当重要。如图2-6所示。

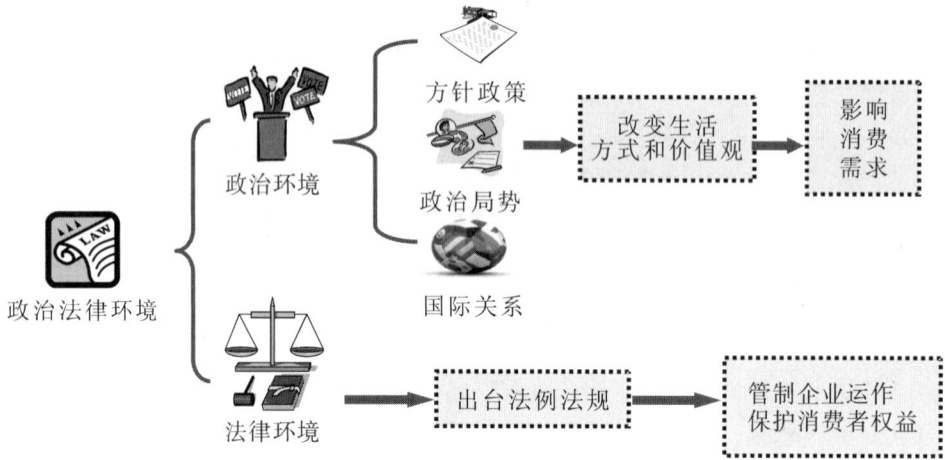

图2-6　政治法律环境对企业营销的影响

五、社会文化环境

社会文化环境是指一个国家、地区或民族的传统文化，通常由价值观念、信仰、风俗习惯、行为方式、社会群体及相互关系等内容构成。这些社会文化力量影响着人们的生活和行为方式，进而影响着人们的购买动机和行为。因此，企业的营销人员在产品和商标的设计、提供广告和服务等方面，要充分考虑当地的传统文化，充分了解和尊重传统文化。否则，会遭受不必要的损失。

六、科学技术环境

科学技术的发展对于社会的进步、经济的增长和人类社会生活方式的变革都起着巨大的推动作用。科学技术环境不仅直接影响企业内部的生产和经营，还影响着企业的营销内容、营销方式等。企业可以应用新技术不断更新原有产品，满足消费者的多种需求和个性化需求，而新技术的出现，也使产品的市场生命周期明显缩短，也有利于企业改善经营管理和改变消费者购物习惯。

当前，世界新科技革命正在兴起，生产的增长越来越多地依赖科技进步，产品从进入市场到市场成熟的时间不断缩短，高新科技不断改造传统产业，加速了新兴产业的建立和发展。值得注意的是，高新科技的发展，促进了产业结构趋向数据化、尖端化、软性化、服务化，营销管理者必须更多地考虑应用尖端技术，重视创新与开发，加强对用户的服务，适应知识经济时代的要求。

学以致用

尝试收集资料并与同学分享，你认为哪些行业前景比较好？为什么？

实例2-1　《横琴粤澳深度合作区建设总体方案》发布

中共中央、国务院印发的《横琴粤澳深度合作区建设总体方案》以下简称《总体方案》为横琴粤澳深度合作区建设勾勒蓝图。《总体方案》明确指出，合作区实施范围为横琴岛"一线"和"二线"之间的海关监管区域，总面积约106平方公里。其中，横琴与澳门特别行政区之间设为"一线"；横琴与其他地区之间设为"二线"。

新形势下做好横琴粤澳深度合作区开发开放，是深入实施《粤港澳大湾区发展规划纲要》的重点举措，是丰富"一国两制"实践的重大部署，是为澳门长远发展注入的重要动力，有利于推动澳门长期繁荣稳定和融入国家发展大局。

《总体方案》明确，横琴粤澳深度合作区的战略定位是促进澳门经济适度多元发展的新平台，便利澳门居民生活就业的新空间，丰富"一国两制"实践的新示范，推动粤港澳大湾区建设的新高地。

根据《总体方案》，到2035年，"一国两制"强大生命力和优越性全面彰显，合作区经济实力和科技竞争力大幅提升，公共服务和社会保障体系高效运转，琴澳一体化发展体制机制更加完善，促进澳门经济适度多元发展的目标基本实现。

《总体方案》包括6个部分29条内容。第一部分为总体要求，明确了发展基础、指导思想、合作区范围、战略定位和发展目标。第二部分至第五部分聚焦发展促进澳门经济适度多元的新产业、建设便利澳门居民生活就业的新家园、构建与澳门一体化高水平开放的新体系、健全粤澳共商共建共管共享的新体制，提出一系列具体务实的举措。第六部分明确了横琴粤澳深度合作区建设的保障措施。

（资料来源：中国政府网，有删改，http：//www.gov.cn/xinwen/2021-09/05/content_5635558.htm）

思考：1. 结合案例思考横琴粤澳深度合作区会给我们的生活带来哪些变化？

2. 结合案例思考横琴粤澳深度合作区的战略规划会给企业的宏观环境带来哪些变化？对于企业来说会有哪些机遇与挑战？

实例2-2　2022年——中国人口拐点

根据国家统计局公布的数据，截至2021年末，全国人口141 260万人，比上年末增加48万人，其中城镇常住人口91 425万人。全年出生人口1 062万人，出生率为7.52‰；死亡人口1 014万人，死亡率为7.18‰；自然增长率为0.34‰……这意味着中国将告别人口红利，迎来人口拐点了！

人口拐点即在坐标上改变曲线向上或向下方向的点，直观地说就是人口（或人口红利）增加或减少的交接点。一般理解意义上，可以认为人口红利拐点指一个社会人口结构中，劳动人口增长率低于非劳动人口（特别是退休人口）增长率的时候。

根据数据显示，60 岁及以上人口 2.67 亿人，已占人口的 18.9%。还有一个重要数据：城镇常住人口 9.14 亿人，城镇人口占全国人口比例已经高达 64.72%。

2018 年之后，老龄化越发严重。

如此一来，中国的经济增长模式也必须切换了，从过去的楼市基建和出口等行业带动 GDP，转为发展高端产业，从人口红利向人才红利转变。

（资料来源：国家统计局，有删改，http://www.stats.gov.cn/xxgk/sjfb/zxfb2020/202202/t20220228_1827971.html）

思考： 在上述的论述中，你能发现哪些市场机会？

实例 2-3　广州从化 7 天接待游客超 100 万人次

2022 年国庆假期，短时间、近距离、高频次的"轻旅游""微度假"广受欢迎。作为广州的后花园，从化逐步迎来文旅体市场的复苏。在国庆假期期间，红色旅游、乡村旅游、精品民宿、温泉度假和文化体验成为区内的消费热点。据从化文广旅体局初步统计，国庆假期，从化全区累计接待游客 101.24 万人次，同比增长 3.42%。实现旅游收入 3.68 亿元，同比增长 1.82%。

2022 年以来，从化区整合丰富的红色文旅资源，策划推出"四史"共 6 条党史学习教育主题线路。线路串联起从北第一支部旧址、黄沙坑革命旧址、解放广州的最后一场战役云台山战役遗址等红色经典故事和场景节点以及老温泉新活力实践馆、莲麻村党章学堂、西塘宪法馆、南平一号馆等场馆设施，提供了多元化、沉浸式、体验式的参观学习旅游空间。

此外，乡村旅游也是从化旅游的一大亮点。宝趣玫瑰世界、香蜜山生态果庄、荔博园等多家乡村农业公园吸引了众多游客，赏花、采摘、戏水、体验农活、吃农家饭等体验类产品受到游客追捧。

国庆假期期间，石门国家森林公园、流溪河国家森林公园实施成人票八折优惠。7 天假期，两大森林公园多天位列全区景区接待人数前两位，石门国家森林公园一天接待游客最高峰超 8 141 人次，流溪河国家森林公园一天接待游客最高峰超 6 093 人次。

从化亲子研学旅行是这个假期的旅游新热点。从化主打四条研学旅行精品线路——生态科技、农业文化、生命安全、红色体验。广州市教育局公布的广州市第一批中小学生研学实践教育基地、营地，其中有 5 个位于从化，分别为广州花卉研究中心中小学生研学实践教育基地、麦田生态园、广州市流溪河国家森林公园、广州市从化罗洞工匠小镇和国医小镇研学实践教育基地。

随着近年乡村民宿产业的发展，从化兴起了一批批网红民宿。住特色民宿、体验乡愁、感受民俗已经成为潮流的旅游方式。据从化文广旅体局统计，国庆假期期间，区内精品民宿价格上涨了三至六成，特色民宿整体入住率超八成，主题鲜明、环境优美、体验感强的精品民宿入住率基本达到 100%。此外，作为从化的主打旅游产品，温泉酒店也纷纷在假期里推出了各式活动，提供丰富的度假产品，多家酒店连续几天入住率达到 100%。

据从化区农业农村局初步统计，假期期间全区 33 个农业公园共接待游客约 19 万人，营业收入约 1 500 万元。

（资料来源：百家号"广州日报"，有删改，https：//baijiahao. baidu. com/s？ id = 17131 38617994388195&wfr = spider&for = pc）

思考： 结合该案例谈谈从化是如何把握和利用环境中的机会的，总结归纳其成功之处。

实例 2 - 4 颐和园和卡婷跨界合作

2019 年 3 月，颐和园和国货彩妆品牌卡婷跨界合作，推出颐和园百鸟朝凤系列彩妆，上线之后短短一天内，就在天猫卡婷旗舰店售出超过 4 000 支颐和园口红。这个系列以颐和园内重要文物，慈禧太后寝宫内的"百鸟朝凤"粤绣屏风为主设计灵感，借助其美好寓意，以颐和园独有的调性强势吸睛。

颐和园和卡婷打造的跨界彩妆产品，无论是产品本身的打造，还是品牌之间的价值融合，都独具匠心，深挖了颐和园作为一个文创 IP 的独特价值，将东方美学、中国文化与时尚潮流体验深度结合，通过打造超高的产品颜值，为用户创造具有美感和时尚感的彩妆体验，借助年轻人喜爱的社交传播玩法，持续放大品牌跨界效应。

（资料来源：搜狐网，有删改，https：//www. sohu. com/a/364456600_120141915）

思考： 1. 讨论颐和园和卡婷的跨界合作为什么会获得成功？

2. 结合案例谈谈如何把中国传统文化融入营销之中以实现文化的传承和发展？

实例 2 - 5 "科技冬奥"赋能未来

2022 年 2 月 20 日晚，北京冬奥会闭幕式上，鸟巢体育馆内 1.1 万平方米 LED 地屏，贡献了"黄河之水天上来"的冰瀑、折柳寄情的东方视觉艺术。

这块全世界最大的超高清 LED 三维舞台经受住了北京冬奥会期间的强降雪和低温天气，即使身处冬季 −20℃低温环境，在演员高强度彩排踩踏、设备机械的碾压下，每一块 LED 显示模块都能稳定呈现超 8K 高清视频流畅的画面效果。

国家速滑馆"冰丝带"的赛道，首次在冬奥历史上采用了二氧化碳跨临界直冷制冰技术，为运动员创造更快的成绩提供了保障，北京冬奥会开赛4天时，就有6位参赛选手打破奥运纪录，其中3位打破的奥运纪录已尘封20年。

据悉，围绕场馆、运行、指挥、安保、医疗、气象、交通、转播、观赛等关键场景，本届冬奥会有500多家单位、超过万名科研人员参与研发的200多项技术成果已在测试赛、运动员训练、正式比赛中落地应用。

北京冬奥会火炬"飞扬"中就藏着两项中国石化的技术首创：一是将内部燃料从天然气改为更加洁净的氢气；二是火炬外壳由碳纤维复合材料制成，一条条黑色丝束经过三维立体编织，"织"成了火炬外壳，每一束丝束都包含着1.2万根碳纤维丝。

祝学华表示，"科技冬奥"不仅满足了北京冬奥会筹办和参赛的重大科技需求，而且将对后奥运时代的经济社会高质量发展产生积极作用。

在后冬奥时代，这些冬奥科技成果则有希望飞入寻常百姓家，走向城市的应用场景。在北京，智慧场馆技术就将加快在城市场景的落地。北京市科委、中关村管委会主任许强透露，北京已着手在城市副中心一些大型的公共建筑和枢纽型建筑里推广使用冬奥场馆应用的建筑信息模型（BIM）、数字孪生技术等智慧技术，构建大型公共建筑的智慧管理体系。

（资料来源：百家号"新华社"，https：//baijiahao. baidu. com/s？id＝172805686332192 3258&wfr＝spider&for＝pc）

思考： 1. 谈谈北京冬奥会的成功举办对中国和中国人民的意义。
2. 谈谈冬奥科技成果在市场中的应用前景。

第三节　微观环境分析

企业微观环境是指与企业营销活动直接发生关系的，影响企业为目标顾客服务能力的因素的集合，也是直接影响企业营销效果的力量。它包括企业、供应商、营销中介、顾客、竞争者、公众等。

一、微观环境内容

1. 企业

企业是由各个职能部门组成的，包括研发部门、财务部门、营销部门、生产部门、采购部门、人力资源部门（见图2－7）。其中，营销部门在营销管理过程中，必须处理好同其他部门的关系，同时重要的营销决策必须得到最高管理层的批准，否则营销策划难以实现。

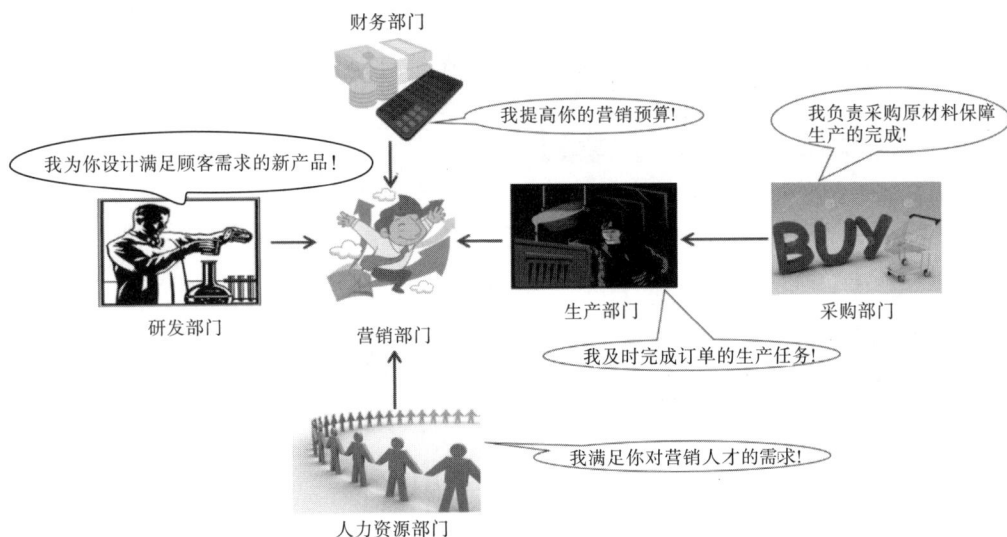

图 2-7 企业内部联系

 讨论 2-4: 企业里有哪些工作是与营销相关的?

2. 供应商

供应商是指向企业提供所需资源的企业和个人,包括提供原材料、零部件、设备、能源、劳务及其他用品等。它决定了产品原料的价格、质量以及供应水平,直接制约着企业产品的成本、利润、销售量及生产进度安排。因此,企业必须注意供应商的资信状况,保证企业生产资源供应的稳定性。同时不能过分依赖一家或少数几家供应商,应努力使自己的供应商多样化,以免当与供应商的关系发生变化时,企业陷入困境。

 讨论 2-5: 零售商在选择供应商的时候要考虑哪些问题?

3. 营销中介

营销中介是指协助企业促销、销售和配送其产品给最终购买者的企业或个人。如图2-8所示。

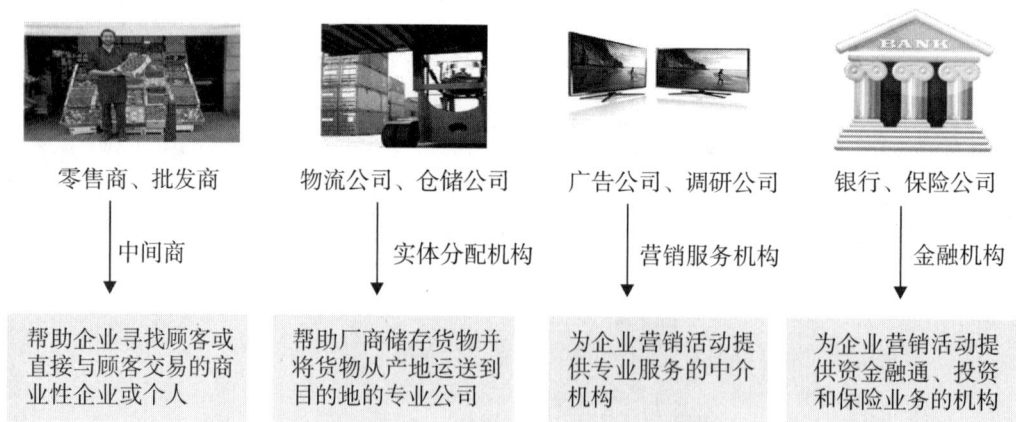

图 2－8　营销中介对企业营销的影响

4. 顾客

顾客是指企业的服务对象，是企业产品与服务的直接购买者和使用者。顾客可以从不同的角度和标准划分为消费者市场、生产者市场、中间商市场、政府市场和国际市场。顾客是企业服务的对象，企业的一切营销活动都是以满足顾客的需求为中心的，市场营销的最终目的就是通过有效地提供产品与服务来满足目标市场的需求。关于对顾客的具体分析将在本章第四节"消费者行为分析"中进行详细阐述。

5. 竞争者

只要存在商品生产和商品交换，就必然存在竞争。每个企业都处在不同的竞争环境中，因此企业的营销活动必然会受到不同竞争者的影响。在现在的市场上，企业的竞争者范围非常广泛，企业必须能发现和识别哪些是竞争者，这样才能有针对性地采取相应的对策（见表 2－1）。

表 2－1　从市场的角度识别竞争者

竞争者	说明	举例
品牌竞争者	同一行业中以相似的价格向相同的顾客提供类似产品或服务的其他企业	如家用空调市场中，生产格力空调、美的空调、三菱空调等厂家之间的关系
行业竞争者	提供同种或同类产品，但规格、型号、款式不同的企业	如生产高档汽车与生产中档汽车厂商之间的关系等
需要竞争者	提供不同种类的产品，但满足和实现消费者同种需要的企业	如航空公司、铁路客运、长途客运汽车公司都可以满足消费者外出旅行的需要
消费竞争者	提供不同产品，满足消费者的不同愿望，但目标消费者相同的企业	如消费者收入水平提高后，可以把钱用于旅游，也可用于购买汽车，或购置房产

6. 公众

公众是指所有实际或潜在地关注、影响着一个企业实现其目标的群体。如政府机构、新闻媒介、融资机构、群众团体、社区组织和居民、国际上的各种公众等，必然会关注、监督、影响、制约企业的营销活动，企业必须处理好与这些公众的关系，善于预见并采取有效措施满足公众的各种需求，塑造企业良好的信誉和公众形象。

讨论 2 - 6：企业该如何处理好公众关系？

二、行业竞争环境分析

波特五力模型是迈克尔·波特（Michael Porter）于 20 世纪 80 年代初提出的一套关于行业竞争影响因素的理论（见图 2 - 9）。用于竞争战略分析，可以有效地分析行业竞争环境。他认为行业中存在着决定竞争规模和程度的五种力量，这五种力量综合起来影响着行业的吸引力、市场前景，以及现有企业的竞争战略决策。这五种力量分别为同行业竞争者的竞争能力、新进入者的威胁、替代品的威胁、购买者的讨价还价能力、供应商的讨价还价能力。从一定意义上来说，隶属于外部环境分析方法中的微观分析，是用来分析一个企业在一个行业中的现状和前景的。

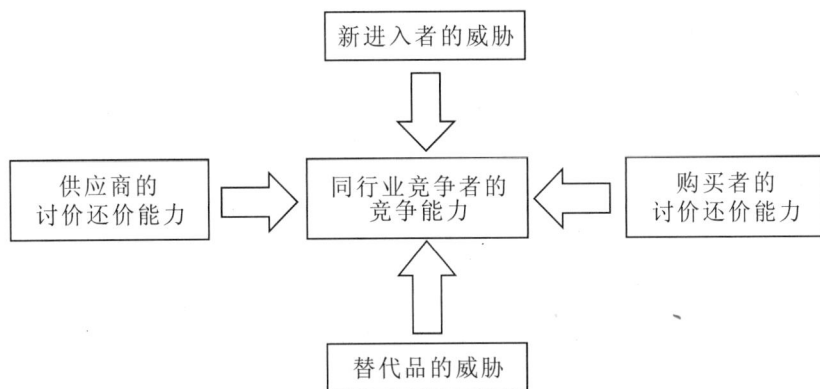

图 2 - 9　波特五力模型

1. 同行业竞争者的竞争能力

大部分行业中的企业，相互之间的利益都是紧密联系在一起的，作为企业整体战略一部分的各企业竞争战略，其目标都在于使得自己的企业获得相对于竞争对手的优势，所以，在实施中就必然会产生冲突与对抗现象，这些冲突与对抗就构成了现有企业之间的竞争。现有企业之间的竞争常常表现在新产品开发、价格调整、广告战、分销渠道争夺、增加顾客服务等方面。竞争各方的情况包括企业自身的固定成本和库存成本、产品差异化程度、产业的市场容量和市场增长速率、竞争对手的复杂程度、退出市场的困难程度等。这些因素通常相互作用，共同决定着竞争的激烈程度。

讨论 2 - 7：除了上述竞争策略，你还能想到其他策略吗？

2. 新进入者的威胁

新进入者也称潜在竞争者，他们在能够给行业带来新生产能力、新资源的同时，希望在已被现有企业瓜分完毕的市场中赢得一席之地，这就有可能会与现有企业发生原材料与市场份额的竞争，最终导致行业中现有企业盈利水平降低，严重的话还有可能危及这些企业的生存。

竞争性进入威胁的严重程度取决于两方面的因素，这就是进入新领域的障碍大小与退出障碍。进入障碍主要包括规模经济、产品差异、资本需要、转换成本、销售渠道开拓、政府行为与政策、不受规模支配的成本劣势、自然资源、地理环境等方面，这其中有些障碍是很难借助复制或仿造的方式来突破的。一个行业进入障碍高、退出障碍低，新竞争者不易进入，经营不善的企业又可以方便退出，留在行业的企业能有较高且稳定的收益；一个行业退出障碍高，进入障碍也高，潜在收益虽高，风险也大，因为新进入者虽然不易进入，但经营不善的企业也难以退出，会留在行业内继续拼搏；一个行业进入障碍、退出障碍都低，可以获得较低但稳定的收益；一个行业进入障碍低而退出障碍高，新竞争者容易进入，形势看好时容易招来大量的竞争者，一旦风云突变，环境恶化，他们又难以撤离，所以风险较大且收益较低。

3. 替代品的威胁

替代品是指与本企业的产品具有相同或类似功能的产品，在质量相等的情况下，替代品价格会比被替代产品的价格更有竞争力，替代品投入市场以后，会使企业原有产品的价格降到较低水平，减少企业的收益，替代品价格越有吸引力，价格限制的作用就越大，对企业构成的威胁也就越大，为了抵制替代品对全行业的威胁，一些企业往往集体行动，如改进质量，提高营销效能等。

决定替代品压力大小的因素主要有：替代品的盈利能力，替代品生产企业的经营策略，购买者的转换成本。总之，替代品价格越低、质量越好、用户转换成本越低，其所能产生的竞争压力就大；而这种来自替代品生产者的竞争压力的强度，可以具体通过考察替代品销售增长率、替代品厂家生产能力与盈利扩张情况来加以描述。

4. 购买者的讨价还价能力

购买者位于行业下游，他们总是希望压低价格，对质量、服务提出更高的要求，设法使供应商之间相互竞争。作为一种重要的竞争力量，购买者不仅影响到一个企业，也影响到整个行业的盈利水平。

影响购买者议价能力的原因主要有以下几个：购买者的总数较少，而每个购买者的购买量较大，占了卖方销售量的很大比例；卖方行业由大量相对来说规模较小的企业所组成；购买者所购买的基本上是一种标准化产品，同时向多个卖主购买产品在经济上完全可行；购买者有能力实现后向一体化，而卖主不可能前向一体化。

企业要设法找出讨价还价能力更弱或转换成本最高的购买者，借以增强竞争优势，最好的办法是提供购买者无法拒绝的优秀产品、品牌，以占领市场。

5. 供应商的讨价还价能力

供应商位于行业的上游,他们为下游的厂商提供经营所需的人、财、物和其他资源,供应商提高价格或降低质量,或减少供应,都会对作为购买者的企业产生一定的影响。

一般来说,满足如下条件的供方集团会具有比较强大的讨价还价力量:供方行业为一些具有比较稳固市场地位而不受市场激烈竞争困扰的企业所控制,其产品的买主很多,以致每一单个买主都不可能成为供方的重要客户;供方各企业的产品各具特色,以致买主难以转换或转换成本太高,或者很难找到可与供方企业产品相竞争的替代品;供方能够方便地实行前向联合或一体化,而买主难以进行后向联合或一体化。

与企业面对购买者时的情况一样,供应商的讨价还价能力也会变化。企业可审时度势,通过战略选择改善自己的处境。

实例2-6 迎战"双十一"绿色物流加速提档升级

随着多家电商平台集中开展"双十一"大促,快递业务量也出现高峰,各方积极迎战物流年度大考。值得注意的是,绿色消费成为2021年"双十一"的突出亮点,不少电商平台打出"低碳"牌,天猫"双十一"正式上线绿色会场,苏宁易购发布"低碳消费力"战报等。与此同时,绿色物流也在加速"破圈",包括绿色包装、绿色配送、绿色回收等在内的全链路绿色物流体系建设不断提档升级。

消费者可在手机淘宝、菜鸟App搜索"快递包装回收"进入"双十一"绿色商城,挑选符合国家绿色认证的绿色商品。商城的"绿色包装"类目中,重点展示采用绿色包装的商品,如无胶带拉链箱、可降解包装和使用原箱发货等。

2021年"双十一",不少电商平台打出"低碳"牌。10月27日,天猫"双十一"正式上线绿色会场,以"绿色、低碳"为主题。同日,苏宁易购发布"低碳消费力"战报,"双十一"启动首周,苏宁易购门店以旧换新业务咨询量增长超300%,订单量同比提升153%。

与此同时,绿色物流也在加速突破。今年"双十一"来临之际,中国快递协会向全行业发出主题为"绿色快递 人人有为"的倡议,包括推广产品包装与快递包装一体化,80%的电商件不再二次包装;推广生鲜快递可循环配送箱、可复用冷藏式快递箱,减少使用一次性塑料泡沫箱等。

根据苏宁易购大数据,"双十一"期间,75%的用户倾向购买环保包装商品,96%的用户对绿色快递表示满意。截至目前,苏宁易购物流已累计投放40万只绿色共享快递盒,累计使用1.5亿次。

从打包发货、中转分拣再到运输送达,菜鸟数智化物流技术正在改变快递的每一个环节,形成绿色物流全链路。

此外,作为绿色物流的关键环节,企业也在加码布局绿色配送。"双十一"期间,全国70个城市200余所高校落地350辆菜鸟无人车小蛮驴送货。相较于传统燃油车,无人车小蛮驴采用电能,通过物流路径规划算法还可选择最优配送路线,有效减少碳排放。顺丰也表示,在深圳、广州等地高校持续投入无人车助力高峰末端派送。

(资料来源:中国物流与采购网,有删改,http://www.chinawuliu.com.cn/zixun/202111/11/564009.shtml)

思考： 1. 结合案例，谈谈什么是绿色物流？

2. 分析绿色物流对于企业营销的价值？

实例2-7 中国新能源汽车市场持续突破

"2021年全球新能源汽车销量再创新高，达到675万辆，同比增长108%。其中，中国新能源汽车市场持续突破，产销同比增长160%以上，销量达352万辆。"全国政协副主席、中国科学技术协会主席万钢在第八届中国电动汽车百人会论坛上说道。

万钢介绍，从全球总趋势来看，新能源汽车保有量突破1 500万辆。近10年来，全球累计推广新能源汽车超过1 800万辆，其中，中国超过900万辆，在全球占比超过半数。

据了解，2021年，中国新能源乘用车基本上实现了车联网功能的全覆盖，部分头部汽车企业已经投放了搭载V2X技术的量产新车，L2级驾驶辅助系统在新能源汽车的市场渗透率达到38%。2021年，中国新上市的新能源车型一共70款，目前在售的新能源汽车车型总量达到了289款，覆盖轿车、SUV、MPV等各种车型。2021年，中国新能源汽车渗透率达到13.4%，并保持快速增长态势。

万钢指出，我国新能源整车技术水平显著提升，关键零部件核心技术再上台阶，电力电气架构创新推动安全效率双提升，但当前新能源汽车市场仍然面临巨大的挑战和机遇。

一是产业链、工业链的安全问题。受多方面因素影响，芯片供应问题成为全世界汽车产业的痛点，阻碍了整个汽车产业的发展。二是有关智能网联汽车的现实问题。如车辆作为储能体往网络输电的时候，用户对用电价格计算的接受度还有待检验；车辆和路侧的系统需要相互信任，路侧系统能不能全覆盖。三是如何实施好国家"双碳"战略。面向碳中和，整个汽车产业界要协同作战，尽快发布汽车产业绿色低碳发展的路线图，明确以低碳为核心的政策标准体系架构，深入全行业的产业链足迹的研究。

（资料来源：光明网，有删改，https：//m.gmw.cn/baijia/2022-03-29/1302871782.html）

思考： 试用波特五力模型分析新能源汽车的行业前景。

第四节 消费者行为分析

根据顾客购买产品或劳务的目的不同，市场可分为消费者市场和组织市场两大类。不同市场，其购买行为特点和购买决策过程也不相同，企业不仅要认真研究宏观环境和微观环境，还要研究顾客的购买行为，根据不同的市场购买行为来制定相关的营销策略，这样才能更好地满足顾客的需求，实现企业自身的营销目标。

一、分析消费者市场

对于消费者也有广义和狭义两种理解。广义的消费者，指直接消费生产资料或生活资料的人，即生产资料或生活资料的直接使用者。狭义的消费者，指直接消费产品的人，即产品的直接使用者。

消费者市场，又称生活资料市场，是人们为了满足个人或家庭生活需要而购买产品和服务所形成的市场，也是商品的最终归宿，因而消费者市场是市场体系的基础，别的市场类型和它有极强的关联性。因此，消费者市场是现代市场营销理论的主要研究对象。

1. 消费者的购买行为模式分析

研究消费者市场的核心就是研究消费者的购买行为。消费者每天都会做出大量的消费决策，企业可以通过征询消费者买什么、在哪买、怎么买、买多少、什么时间买和为什么买等问题，对消费者的购买决定进行研究。但是，要了解消费者为什么买是非常困难的，它往往是消费者复杂的内心作用过程的结果。通过消费者购买行为模式，也称"刺激—反应"模式（见图 2-10），可看到消费者首先接受外部营销（4P）和环境刺激，这些刺激进入消费者黑箱，经过了一系列的心理活动，便产生了人们看得到的消费者反应。

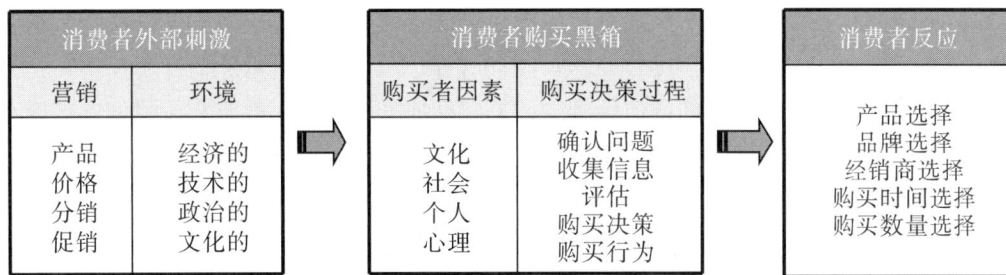

消费者外部刺激		消费者购买黑箱		消费者反应
营销	环境	购买者因素	购买决策过程	
产品 价格 分销 促销	经济的 技术的 政治的 文化的	文化 社会 个人 心理	确认问题 收集信息 评估 购买决策 购买行为	产品选择 品牌选择 经销商选择 购买时间选择 购买数量选择

图 2-10　消费者购买行为模式

因此，企业营销者研究分析消费者购买行为就是分析影响消费者购买行为的各种因素和做出的购买决策过程。

关于消费者的外部刺激中的"环境"，本章第二节已阐述过；另一种外部刺激"营销"，将会在本教材的后续章节——详述。

讨论 2-8：试分析市场营销组合因素与消费者行为的关系：是谁影响谁？还是相互影响？

本节任务将重点放在消费者的"黑箱"。企业营销者关注的关键是购买者的黑箱中影响购买行为的因素和购买决策过程，以及企业可以采取什么样相应的营销决策。

2. 影响消费者购买行为的因素

从消费者购买行为模式可看出，影响消费者购买行为的主要因素是文化因素、社会因素、个人因素和心理因素（见图 2-11）。

```
                        ┌──────────┐
                        │  消费者  │
                        └────┬─────┘
         ┌───────────┬───────┴───────┬───────────────┐
    ┌────┴────┐ ┌────┴────┐   ┌──────┴──────┐  ┌──────┴──────┐
    │ 文化因素 │ │ 社会因素 │   │   个人因素   │  │   心理因素   │
    │         │ │         │   │             │  │             │
    │  文化   │ │ 参考群体 │   │年龄和家庭生命周期│  │    个性     │
    │ 亚文化  │ │  家庭   │   │职业和受教育程度 │  │  感觉和知觉  │
    │社会阶层  │ │角色和地位│   │   经济状况   │  │    学习     │
    │         │ │         │   │             │  │  信念和态度  │
    └─────────┘ └─────────┘   └─────────────┘  └─────────────┘
```

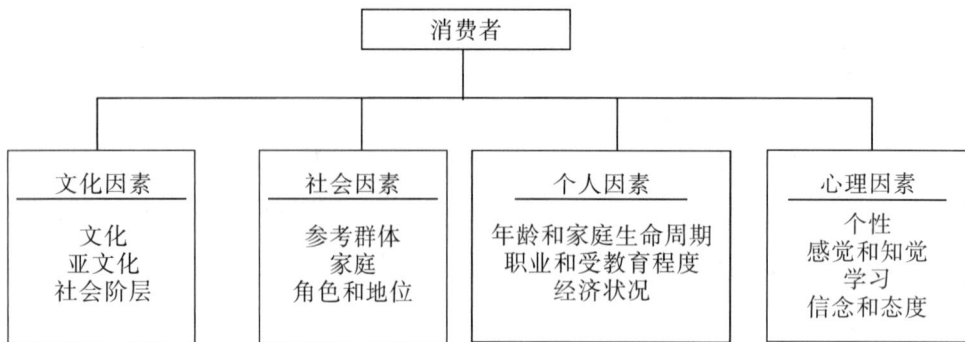

图 2-11 影响消费者购买行为的因素

（1）文化因素。文化因素对消费者需求和购买行为有着广泛而深远的影响。其中，最主要的有文化、亚文化和社会阶层三个方面。

①文化。文化是消费者的欲望和行为的最基本决定因素，是在人们的社会实践中逐渐形成的，包括价值观、伦理道德、风俗习惯、宗教信仰、语言文字等。每一位消费者行为的背后，都隐含着许多文化因素的影响。

②亚文化。所谓亚文化，是指某一文化群体所属次级群体的成员共有的语言、信念、价值观和生活习惯，通常包括民族、宗教、地理、种族等。亚文化提供给消费者更特定的认同对象和更直接的影响。

③社会阶层。社会阶层是一种普遍存在的社会现象。它是指具有相似社会经济地位、价值观念和生活方式的人们组成的群体。其主要是根据职业、收入、教育和价值倾向等因素进行划分。不同阶层的人具有不同的产品与品牌偏好，而同一阶层的人倾向于表现出类似的购买行为。不同社会阶层消费者在支出模式、消费信息接收和处理、购物方式等方面都存在差异。

（2）社会因素。消费者行为同样也受到诸如参考群体、家庭、角色和地位等一系列社会性因素的影响。

①参考群体。能直接或间接影响个人的态度、意见和价值观的所有团体，我们就称其为参考群体。它可分为三种：成员团体、理想团体和隔离团体。成员团体即自己身为成员之一，如家庭、亲朋好友、同事等；理想团体即自己虽非成员，但愿意归属；隔离团体即自己不是其成员，同时拒绝接受这个团体的价值观和行为。

讨论 2-9： 举例说明"口碑营销""意见领袖"和"社交网络"对消费者行为的影响。

②家庭。家庭是消费者最基本的相关群体，因而家庭成员对消费者购买行为的影响是最强烈的。例如，父母对子女的影响，子女对父母的影响，夫妻之间的影响等。

③角色。消费者大都以家庭或个人为单位，从事购买活动的通常是家庭中的一个或几个成员。根据购买决策的参与者在购买活动中所起的作用，人们一般会扮演下列一种或几种角色（见表 2-2）。

表2-2　消费者在购买决策中扮演的角色

发起者	首先想到或提议购买某种产品或者劳务的人
影响者	其看法或建议对最终决策具有一定影响的人
决策者	能够对买不买、买什么、买多少、何时买、何处买等问题做出全部或部分决策的人
购买者	实施实际采购行动的人
使用者	直接消费或使用所购商品或者劳务的人

五种角色都是消费者购买决策的参与者，也都是消费者行为研究中所指的"消费者"。营销人员研究消费者在购买决策中扮演的角色，并针对其角色的地位与特性安排市场营销策略，有助于较好地实现营销目标。

讨论2-10：以上五种角色中，营销人员最关心的会是哪种？为什么？

（3）个人因素。消费者的购买行为也会受到个人特征的影响，特别是受年龄和家庭生命周期、职业和受教育程度、经济状况、个性和生活方式的影响。

①年龄和家庭生命周期。不同年龄的人有不同的消费心理和行为，在不同的年龄段对产品的需求会不同。而家庭生命周期是指从家庭筹组到家庭解体所经历的整个阶段。处在不同的家庭生命周期阶段，消费者的购买行为也会出现差异（见表2-3）。

表2-3　家庭生命周期对消费者购买行为的影响

家庭生命周期阶段	购买行为
单身阶段	关心时尚，崇尚娱乐和休闲，新观念的带头人
新婚阶段：年轻、无子女	购买力强，耐用消费品购买力高，如住房、高档家具、旅游度假
满巢一期：子女不满6岁	家庭用品采购高峰期，如购买婴儿食品、服装、玩具等产品
满巢二期：子女尚未独立	购买经济实惠的产品，购买行为日趋理性化，孩子教育培养花费增加
满巢三期：子女已独立，同住	经济状况改善，家庭会更新一些大件商品
空巢阶段：子女不同住	外出旅游，参加老年人俱乐部等，对医疗服务和保健品的需求较强烈
鳏寡阶段：已退休，一人已离世	收入减少，生活节俭，对医疗服务和保健品的需求更强烈

讨论2-11：你现在属于哪个阶段？你的消费特点是什么？

②职业和受教育程度。不同职业的人对不同产品及品牌会表现出不同的看法和购买意向，有不同的消费习惯。而受教育程度较高的消费者对书籍、报刊等文化用品的需求量较大，且购买商品时较理智。

③经济状况。个人经济状况是决定消费者购买行为的首要因素。消费者能否发生购买行为以及发生何种规模的购买行为，取决于其经济状况，这也决定着消费者购买商品的种类和

档次。收入较低的消费者往往比收入较高的消费者更关心价格。

（4）心理因素。心理因素不仅影响甚至在某种程度上决定了消费者的决策行为，而且对于外部营销环境刺激的影响起着放大或抑制的作用。

①个性。个性指人的整个心理面貌，是个人心理活动稳定的心理倾向和心理特征的总和。个性心理结构包括个性倾向性和个性心理特征两个方面（见图2－12）。

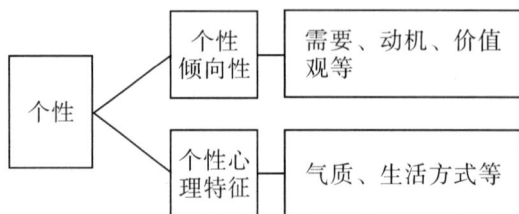

图2－12　消费者的个性

而个性倾向性，指人所具有的意识倾向性，主要包括需要、动机、兴趣、理想、信念、世界观等。个性决定着人对现实的态度，决定着人对认识活动的对象的趋向和选择。个性倾向性是个性系统的动力结构。个性倾向性特征又包括需要和动机、价值观等。其中需要是指消费者生理和心理上的匮乏状态。美国心理学家马斯洛提出的需要层次理论，就把人的基本需要分为五个层次（见图2－13）。

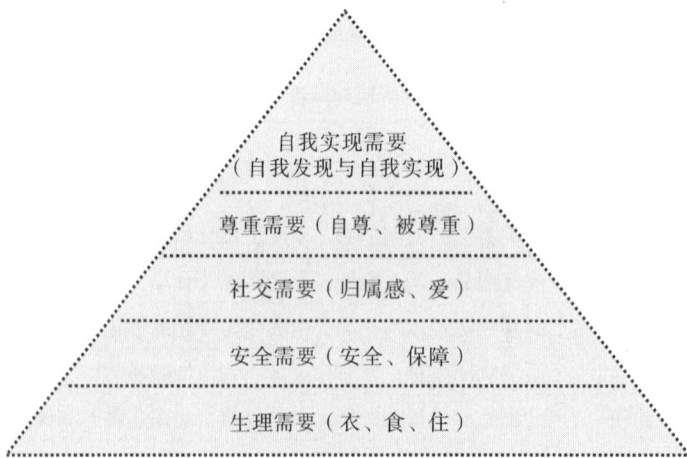

图2－13　马斯洛需要层次理论

根据马斯洛的需要层次理论，人类的需要是按层次排列的。从最迫切的需要到最不迫切的需要，消费者总是先寻求满足最重要的需要，当最重要的需要得到满足之后，其就会寻求满足下一个最迫切的需要。马斯洛的理论可以帮助营销者了解各种产品如何适应消费者的计划、目标和生活。

现实生活中，每个人在特定的时间里都有许多需要，但大部分需要不会形成动机，不能激发人们为满足需要而采取行动，只有当需要达到很强烈的紧张程度时，才会转化为动机。可见，动机是一种足以强迫人们去满足的需要。

消费者的价值观。主要指的是使用完该商品或者品牌后，可以帮助消费者实现自身价值。价值观可分为工具性价值观，如雄心勃勃、心胸广阔等，以及终极价值观，如舒适、令人激动的生活等。

消费者的气质。气质是人典型、稳定的心理特征，是指一个人心理活动动力上的、个体独有的心理特征。由于气质是由人的高级神经系统的生理特点所决定的，因此，气质具有稳定性、持久性的特点。

消费者有各自不同的气质类型，这使他们的消费行为表现出特有的活动方式和表现方法。

多血质的消费者善于交际，有较强的灵活性，能以较多的渠道得到商品信息。这类消费者对购物环境及各方面的人物有较强的适应能力。因而在购物时观察敏锐，反应敏捷，易于与营业员进行沟通。但有时其兴趣与目标往往因为可选择的商品过多而容易转移，或一时不能取舍，行为中常带有浓厚的感情色彩，兴趣常发生变化。

胆汁质的消费者在购物中，喜欢标新立异，追求新颖奇特、具有刺激性的流行商品。他们一旦感到需要，就很快产生购买动机并干脆利落地迅速成交，但又往往不善比较，缺乏深思熟虑。如果遇到营业员怠慢，也会激起他们烦躁的情绪和激烈的反应。

黏液型的消费者在购物中比较谨慎、细致认真，大都比较冷静，善于控制自己，不易受广告宣传、商标、包装等干扰，也较少受他人的影响，对商品比较了解，喜欢通过自己的观察、比较做出购买决定。对自己熟悉的商品会积极购买，并持续一段时间，对新商品往往持审慎态度。

抑郁型的消费者，在购物中往往考虑比较周到，对周围的事物很敏感，能够观察到别人不易察觉的细枝末节，其购买行为拘谨，拖泥带水，谋而不断。一方面表现出缺乏购物的主动性；另一方面表现出对别人介绍的不感兴趣或不信任。

上述是几种典型气质的心理行为的表现。当然在现实中属于典型类型的人很少，多数人是属于混合型的。一般是以某种气质类型为主，同时兼有其他气质类型的特点（见图2-14）。

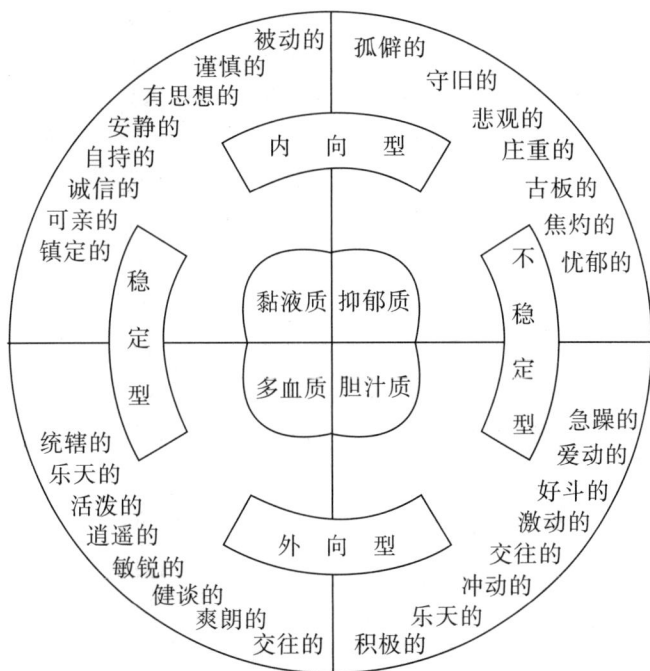

图 2 - 14 消费者的气质

? 讨论2－12：如何根据消费者的不同气质，更好地与他们进行沟通？

　　人们根据自己的价值观念等安排生活的模式，并通过其活动、兴趣和意见表现出来。生活方式是影响个人行为的心理、社会、文化、经济等各种因素的综合反映。具有不同生活方式的消费者对商品和品牌具有各自不同的偏好。比如LV产品，它代表的就是一个特定阶层人士的生活方式——他们受人尊重，追求优雅和高品质的生活。一提到LV，大多数人头脑中都是一个上流社会、贵族、奢华的形象。LV成功地为消费者制造了对奢侈的渴望。常见的五种购买动机如图2－15所示。

哇，这么便宜啊，我买！　求廉动机

它的质量好，耐用！　求实动机

这顶帽子的造型和颜色都非常有艺术性！　求美动机

名牌产品！不错！　求名动机

这是新款，我喜欢！　求新动机

图2－15　常见的五种购买动机

　　②感觉和知觉。当消费者有了购买动机后，就要采取行动。至于怎样采取行动，则受到认识过程的影响。消费者的认识过程，是对商品等刺激物和店面环境等情境的反应过程。知觉不仅取决于刺激物本身，而且取决于刺激物同周围环境的关系以及个人自身的条件。不同的人对相同的事物会有不同的看法，这是因为认知过程有选择性注意、选择性扭曲和选择性保留（见表2－4）。

表2－4　认知过程三种现象

选择性注意	人们面对诸如广告等众多日常刺激物，这些刺激物大部分会被筛选掉。因此，营销者不得不努力去吸引消费者的注意
选择性扭曲	即使是被注意到的刺激物，也不一定与营销者设想的方式相吻合。消费者经常对信息加以扭曲以使其与先前的产品和品牌信念相吻合
选择性保留	人们会忘记他们所知道的许多信息，但他们倾向于保留那些能够支持其态度和信念的信息

③学习。人类的有些行为是与生俱来的，但大多数行为是从后天经验中得来的，这种通过实践并由经验而引起的行为变化的过程，就是学习。通过学习，消费者获得了丰富的知识和经验，提高了对环境的适应能力。同时，在学习过程中，其行为也在不断地调整和改变。

④态度和信念。消费者在购买和使用商品的过程中形成了信念和态度，这些信念和态度又反过来影响人们的购买行为。信念是指人们对某种事物所持的认为可以确信的看法，如相信"汽车越小越省油"。信念的形成对消费者的态度有很大的影响。态度会导致人们喜欢或厌恶、接近或远离特定事物，从而影响消费者的行为。

3. 消费者购买决策过程分析

在了解影响消费者购买行为的主要因素之外，企业的营销者还应了解哪些人会参与决策，购买决策的过程是怎样的。

一般来说，消费者在购买某一产品时，会有一个决策过程，这个决策过程包含五个阶段（见图2-16）。

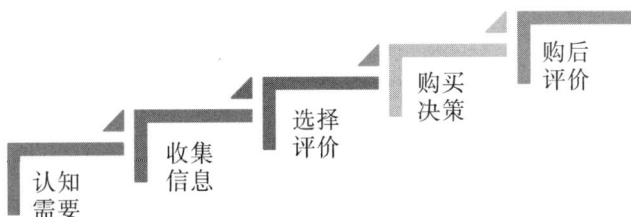

图2-16 消费者购买决策过程

（1）认知需要。购买过程从购买者对某一问题或需求的认识开始。这一需求由内在的刺激因素（如感到饥饿或口渴）或外在的刺激因素（如看到一个广告）引发，然后转变为驱动力。通过从大量消费者那里收集的信息，营销者可以确定能激发其对某种产品类型的兴趣最常见的刺激因素，进而制定激发消费者兴趣的营销战略，引导他们进入购买过程的第二阶段。

讨论2-13：在此阶段，营销者该如何刺激消费者的购买欲望？

（2）收集信息。消费者一旦产生强烈的需要，他们就需要收集充分的信息，以便进行购买决策。消费者的信息来源主要有如下四个方面（见表2-5）。

表2-5 消费者的信息来源

个人来源	指家庭成员、朋友、邻居或同事等提供信息
商业来源	指从推销员、广告、零售商、商品包装、展示会、商品说明书等方面获得的信息
大众来源	指大众传播媒介、消费者评估组织等提供的有关信息
经验来源	指消费者本人通过以前购买使用或当前试验中获得的感觉

讨论2-14：消费者最信任哪种信息来源？

（3）选择评价。消费者掌握了一定的相关信息后，就会对此加以对比评价。这种对比和评价往往是围绕产品属性展开的。如果消费者认为某种品牌的产品在各方面的属性都好于其他品牌的同类产品，而且容易买到，则无疑会购买此品牌的产品。在大多数情况下，消费者都要着重考虑产品的几种属性。通过对这些属性的判断和评价，最后决定选择某一品牌的产品。

相关链接：消费者的评价

消费者在获得相关信息后，会对不同产品加以评价并做出选择。一般而言，消费者的评价内容包括以下三个方面（见表2-6）。

表2-6　消费者的评价内容

产品属性	指产品具有的能够满足消费者需要的特性
品牌信念	指消费者对某品牌优劣程度的总的看法
效用要求	指消费对该品牌每一种属性的效用功能应当达到何种水准的要求

消费者通常明确了上述三个问题后，会有意或者无意地运用一些评价方法对不同的品牌进行评价和选择。

（4）购买决策。当消费者对收集的信息进行综合评价，并根据一定的选购模式进行判断后，就会形成明确的购买意向。但购买决策的最后确定，除了消费者自己的喜好外，还有其他因素，如参考群体（亲朋好友）的态度和意外情况（失业、收入减少、家庭变故、商品涨价等）的影响。

讨论2-15：消费者一旦决定实现购买意向，必须做出哪些与产品相关的决策？企业从中有何启示？

（5）购后评价。消费者购买商品或服务后，通过自己的消费与使用及他人的评价，会对购买的商品或服务产生不同程度的满意或不满意，由此形成购后评价，这将影响消费者以后的购买行为，并对相关群体产生影响。因此，对企业而言，消费者的购后评价是一种极其重要的信息反馈，关系到企业及其产品在市场上的命运。企业要注意及时、有效地加强售后服务，收集消费者的购后评价，以便采取相应的营销措施，成功地开展市场营销活动。

学以致用

以购买矿泉水和购买手机为例，分析自己亲身经历的购买决策过程，并比较说明这两种经历有何差异。

二、分析组织市场

1. 组织市场的构成及特点

（1）组织市场的构成。组织市场是各种为了实现组织目标而进行产品和劳务购买的购买者的集合。它主要由生产者市场、中间商市场、政府市场构成（见表2-7）。

表2-7　组织市场的构成

生产者市场	又称为工业市场或产业市场，是指所购买的产品或服务是为了进一步生产其他产品或服务，以供出售、租赁或提供给其他消费者的个人或组织。它主要是由各种营利性的农业、林业、渔业、制造业和服务业等买主构成，这些用户所购买的商品称为生产资料
中间商市场	又称为转卖者市场，是由所有以营利为目的而从事转卖或租赁业务的个人和组织。它主要由批发商和零售商构成
政府市场	为了执行政府职能而采购或租用产品或劳务的各级政府单位。它主要是由该国各级政府的采购机构组成。由于各国政府掌握了相当大一部分国民收入，因此，政府市场是一个潜力巨大的市场。与其他市场不同的是，它的采购政策要受到公众的监督，以竞价投标为主

（2）组织市场的特点如表2-8所示。

表2-8　组织市场的特点

特点	说明
购买者数目较少，但购买规模较大	公司营销者所服务的购买者通常比消费品营销者所服务的购买者少得多，但规模要大得多
供需双方合作关系较为密切	由于较少的顾客数量以及大顾客的重要性和实力，供应商经常被要求对产品、业务和行为进行定制，以满足各个顾客不同的需求
专业人员采购	受过训练的采购代理按照组织的采购政策、约束和要求购买工业产品。许多购买手段（如采购方案和采购合同）在消费者购买中并不常见
决策过程复杂	由于组织市场的采购人员具有专业性，其参与决策的人员也较多，涉及的因素也较多，这就使得它的采购过程复杂、时间长
直接采购	组织机构市场的购买者大多向生产者直接采购所需的生产资料，而不通过中间商采购

（续上表）

特点	说明
衍生需求，需求波动大	组织市场的购买者对产业用品的需求，归根结底是从消费者对消费品的需求衍生出来的，企业购买生产资料是为了用来作为劳动对象和劳动资料以便生产出消费资料，因此，组织市场的需求会随着消费品需求的变化而变化。正是因为这种"衍生需求"，消费者需求的少量增加就会导致组织市场的购买需求的大幅增加
需求缺乏弹性	企业为了保证正常的连续生产，一般不会因为价格变动而改变生产方向，另外如果原材料的价值很小，这种成本在整个成本中所占的比重也会很小，因此，在组织市场上，购买者对产品和服务的需求总量受价格变动的影响不大。
购买者地理位置相对集中	组织市场购买者往往集中在某些密集的产业市场地区，各种工业品的购买量较大，因此，占全国购买总量的比重也明显较大

2. 组织市场购买决策的参与者

在组织市场上，所有参与购买决策过程的人员构成采购组织的决策单位，称为"采购中心"，采购中心的组织成员在购买决策过程中扮演着七种角色中的某几种（见表2-9）。

表2-9　组织市场购买决策的参与者

发起者	请求购买物品的人，包括使用者或其他人
使用者	使用产品或服务的人。使用者常常率先提出购买建议，并协助确定对产品的要求
影响者	所有影响购买决策的人，例如企业内部的技术人员，他们经常协助确定产品规格，并为评价方案提供信息
决定者	决定产品要求和供应商的人
批准者	有权批准决定者和购买者所提供行动方案的人
购买者	正式有权选择供应商并安排购买条件的人，包括高级别的经理。购买者可以帮助制定产品规格，但他们的主要角色是选择卖主和进行谈判
看守者	有权力阻拦销售人员和接近采购中心成员的人，如采购代理、接待人员和电话接线员

3. 组织市场购买决策过程

组织市场的购买决策过程主要经过八个阶段，如图2-17所示。

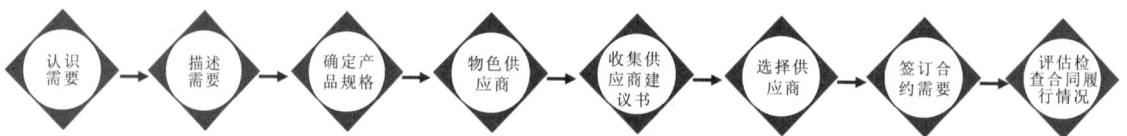

图2-17　组织市场购买决策过程

认识需要 → 描述需要 → 确定产品规格 → 物色供应商 → 收集供应商建议书 → 选择供应商 → 签订合约需要 → 评估检查合同履行情况

组织市场的购买决策过程具体如表2-10所示。

表2-10　组织市场的购买决策过程

认识需要	企业因为内部因素（如推出新产品、新的生产计划）和外部因素（如广告、竞争）考虑购买新的生产资料即产品
描述需要	企业采购组确定需要以后，列出需要，做出详细的技术说明，作为采购人员取舍的标准
确定产品规格	由企业的采购人员和技术人员共同决定产品的规格要求
物色供应商	根据产品的规格，通过多种渠道寻找候选供应商
收集供应商建议书	邀请合格的供应商提交供应建议书或提出报价单
选择供应商	采购中心的成员将建议书进行审查并选出一个或几个供应商
签订合约需要	采购者开具订货单给选定的供应商，在订货单上列举技术说明、需要数量、交货期、退货手续、品质保证等条件
评估检查合同履行情况	采购者最后还要向使用者征求意见，以便决定以后是否继续，还是更改，或放弃与该供应商的采购合作

学以致用

> 小王是某家电连锁超市的采购主管，他准备为家里购买一台空调，也为单位购买一批空调，试问这两种购买行为有何不同？

实例2-8　华为倡导健康使用手机

"手机里的世界很大，而孩子的世界可能只有你"，这是华为在新出的广告视频里说的一句话，也是所有家长都面临的教育问题。"孩子与手机"之间的衡量，孩子的教育问题，对于家长而言，是人生中的一场大考。华为新推出的广告，希望从"手机"的角度出发，从孩子的视角切入，倡导每位家长都能够健康使用手机，把时间多用来陪伴孩子。在广告视频里，由一群孩子假扮大人的模样，在他们眼中爱玩手机的并不是自己，而是他们的爸爸妈妈。并且通过问答的形式来反映当下教育的问题所在。"孩子们需要的真的是手机吗？"孩子们最后给出这样的答案："爸爸，别打游戏了，我还是更喜欢和你们在一起。"

作为一家手机品牌，却在倡导"放下手机"的理念，像是一件自相矛盾的事情。其中的原因很简单。在这个广告中，华为想要告诉消费者：华为手机可以进行屏幕时间管理设置，并且倡导健康使用手机，合理规划用机时间。华为以这种反其道而行之的方式，先提出生活中密切相关的教育问题，将孩子、家长与手机之间的关系串联在一起，营造出情感共鸣的氛围。最后再给出问题的解决方案，以此来突出产品的特点，更好地将产品记忆点植入消费者的心中。

现在不少品牌都喜欢用讲故事的方式，去阐述品牌或者产品带来的理念，比起硬广这种方式更能够起到作用。解读消费者的日常生活，通过一些场景的描述与之产生情感共鸣，更能树立起一个良好的品牌形象。在这一点的运用上，华为一直都是佼佼者！

（资料来源：鸟哥笔记，有删改，https：//www.niaogebiji.com/article-23921-1.html）

思考： 华为公司为何不强调自身产品功能的优势，而打起了"健康使用手机"的广告？

实例2-9　一份报告带你了解"盲盒经济"

近年来，盲盒已成为新一代年轻人娱乐、交流、交换以及购买的物品，占据着年轻群体的惊喜经济、孤独经济、社交经济等。艾媒咨询数据显示，"95后"最"烧钱"的爱好中，盲盒手办排名第一。盲盒市场的火热也让各行各业的商家都赶来分一杯羹。目前，除最初的玩具领域外，餐饮、美妆、文具、图书等诸多消费领域也都掀起了"盲盒风"。消费市场上随处可见盲盒的身影，让人感到"万物皆可盲盒"，而购买盲盒也被爱好者们戏称为"只有零次和无数次"。"出圈"的盲盒，如何才能走上康庄大道，越走越远？未来，"小盒子"还能带来多少"大惊喜"？由此，艾媒咨询发布了《2020年中国盲盒行业发展现状及市场调研分析报告》。（本报告研究涉及企业/品牌/案例：泡泡玛特，奥飞娱乐，52Toys。）

以下为报告核心内容节选：

1.2020年中国盲盒行业网络热度监测分析

艾媒商情舆情数据监测系统显示，2020年"盲盒"的热度指数一直保持稳定向上增长的趋势，并在2020年12月11日和12月24日两次达到峰值，这都与泡泡玛特有关，其上市并随后爆出负面新闻，引起了盲盒用户、资本方等主体的关注。"盲盒"话题被广泛探讨，其中各行业进军盲盒与盲盒的饥饿营销模式成为网民重点探讨的内容。

2. 中国盲盒发展驱动力：中国潮玩市场

中国潮玩市场仍处于早期阶段，并在过去数年获得了较快的发展。数据显示，2019年中国潮玩市场规模为204.7亿元，同比增长了71.3%，2020年中国潮玩市场规模增速有所下降，市场规模增至294.8亿元。艾媒咨询分析师认为，受惊喜经济和社交情感需求等影响，中国潮玩受欢迎程度不断上升，预计中国潮玩市场规模将保持扩张态势。

3. 中国盲盒行业产业结构分析

随着入局玩家增多，中国盲盒市场供需两端都在发力，产业结构趋于合理，当前主要包括设计生产、传播销售以及延伸市场等环节。在延伸市场，改娃（改造娃娃的服装、妆容等）等二次创作，使终端消费意见与设计生产环节产生关联，有一定的循环效应。

4. 中国盲盒行业发展挑战分析：用户流失风险

中国网民普遍认为盲盒行业噱头过大。数据显示，超过三成受访网民认为盲盒噱头过大，产品本身缺乏实用性，超过两成用户认为价格不合理。艾媒咨询分析师认为，当前盲盒企业多半仅满足消费者对"颜值"等显性需求，但用户对IP等的喜爱带有一定的偶然和随机性，加上品牌忠诚度不高，一旦市场红利消退，存在用户流失的风险。此外，当前盲盒商家虽然拥有知名 IP，但是缺乏创意和更加能触动消费者的点，也很难提高用户黏性。

5. 年轻群体带动盲盒发展

年轻群体对盲盒的兴趣，正转化为庞大的消费力。数据显示，95 后最"烧钱"的爱好中，盲盒手办排名第一。95 后成为盲盒的重要消费用户，占比近 4 成，其中 8.6% 的用户可以接受盲盒单价在 1 000 元以上，接近 20% 的倾向于一次性购买全套盲盒，这都凸显了年轻群体旺盛的消费力。

（资料来源：微信公众号"艾媒咨询"，有删改，https：//mp. weixin. qq. com/s/S64OTHT2vKyItSy0RQxXFg）

思考： 试用本章所学内容，分析盲盒市场的营销环境和行业前景。

测试你掌握的知识

1. 简单解释什么是营销环境。
2. 简单解释宏观环境、微观环境分别包含哪些因素。
3. 学会运用波特五力模型分析某行业。
4. 消费者行为会受到哪些因素影响？
5. 消费者购买决策过程包含哪几个阶段？企业如何根据各阶段购买行为的特点来引导和刺激消费者行为？

实训模块 2 市场营销环境分析及对策

以 4 ~ 6 人为一组，自选一个企业，分析该企业所在行业的宏观环境及微观环境，结合企业自身的优势与劣势，用 SWOT 法归纳，寻找机遇，给企业提出营销对策。

外部环境	内部能力	
	优点	缺点
	了解公司的优点	了解公司的缺点
机会 掌握外部环境的机会因素	SO 发挥优势，利用机会 （成长型）	WO 利用机会，克服弱点 （巩固/增长型）

（续上表）

外部环境	内部能力	
	优点	缺点
	了解公司的优点	了解公司的缺点
风险	**ST**	**WT**
掌握外部环境的风险因素	利用优势，回避威胁 （多样化型）	减少劣势，回避威胁 （收缩型）

数字扩展资源 2

课程思政
课程思政元素及融入方式

课前/课后小测
配套的选择题题库

案例讨论
补充的综合案例讨论

泛媒阅读App
扫链码获取数
字扩展资源

实训指导
实训模块的具体步骤和评价标准

课堂游戏
按教学目标设计的
课堂小游戏

第三章 发现价值——市场调查

信息是驱动市场引擎的燃料。为了做出好决策，营销者必须掌握精准、最新且相关的信息。

——迈克尔·R. 所罗门

【知识目标】

1. 学生能够描述市场调查的内涵，并说明其对企业经营的意义；
2. 学生能够区分不同的调查方式和方法，并对其适用情形做出比较；
3. 学生能够描述市场调查的程序和调查报告的结构；
4. 学生能够描述问卷的结构和问卷设计的原则。

【能力目标】

1. 学生能够结合具体情境，选择恰当的调查方式和方法，设计严谨的调查问卷；
2. 学生能够运用所学市场调查知识，为调查项目设计合理的调查方案；
3. 学生能够将选定的调查方式和方法运用于具体的市场调查项目；
4. 学生能够对调查资料进行分析与预测，撰写调查报告。

【价值目标】

1. 通过调查方式、调查方法以及问卷设计的学习，学生能够形成以科学严谨的调查方法展开调查才能全面客观地认识事物的认知，形成实事求是的学习和工作态度；
2. 通过市场调查知识和理论的学习，学生能够形成保护消费者隐私和企业商业秘密的职业道德规范，明辨德治与法治之间的辩证统一关系。

【思维导图】

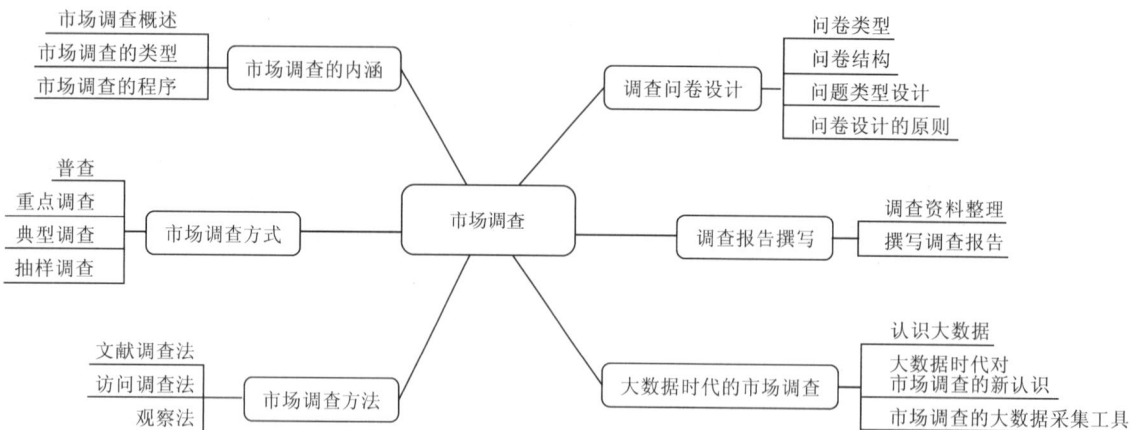

【营销实战】

95 后、00 后喜欢什么样的 T 恤?

"织识"是一个成立于 2018 年的专注于 T 恤的针织类服饰品牌。"织识"创始人深耕于该领域 17 年，最终将针织品的质感调回到快时尚开始前的 80、90 年代，用优质的针织品面料，80、90 年代的车缝工艺设备，织造出当下生活的极致好 T。2020 年 9 月，"织识"第一家门店在广州塔下 TIT 创意园试营业，在几乎没有做推广的情况下两个月成交金额达到 24 万元。2021 年 4 月，"织识"正式开业，生意异常红火。

目前，95 后、00 后已成为 T 恤消费市场的主力军，该趋势也将持续至未来 10 年。如何将"织识"打造成为 95 后、00 后喜欢并乐于长期购买的品牌成为困扰经营者的一大难题。假设在这样的背景下，"织识"委托你进行市场调查，想要了解 95 后、00 后对 T 恤的需求、消费心理以及行为等，你会如何展开调查?

（资料来源：微信公众号"织识"，有删改，https：//mp. weixin. qq. com/s/hzuBgrLI2Pe_LC4uHgAQzw）

思考：你理解的市场调查是什么？你认为上述信息应该从哪里获得？应该如何获得？

第一节 市场调查的内涵

一、市场调查概述

市场调查是指运用科学的方法，有目的、系统性地搜集、记录、整理有关市场营销的信息和资料，分析市场情况，了解市场现状及其发展趋势，为市场预测和营销决策提供客观的、准确的资料。

市场调查有广义和狭义之分。广义的市场调查范围非常广，涵盖了市场营销的全过程，从消费者需求分析、市场细分、市场定位到产品设计、价格、渠道和促销等一系列营销活动都需要进行市场调查。狭义的市场调查通常就是指对消费者的调查。常见的狭义市场调查包括消费者需求调查、产品概念测试、销售预测、客户满意度调查、价格调整测试、品牌测试等。

市场调查在营销实践中具有非常重要的作用，是企业进行营销决策的客观依据。营销人员要针对市场问题进行分析，提出可行的解决方案，就离不开市场调查。诸如应该生产什么样的产品、预计可以达到多少销售数量、怎样可以扩大消费规模、如何制定产品的价格、什么样的广告渠道最有效等问题通常都需要进行市场调查，才能做出正确的决策。

二、市场调查的类型

1. 按调查性质分类

按调查性质可以将市场调查分为探索性调查、描述性调查、因果关系调查、预测性调查四种类型（见表 3 - 1）。

表 3 - 1　市场调查类型（按调查性质分类）

类别	内涵	说明/举例
探索性调查	一般是在调查内容与性质不太明确时，为了了解问题的性质或确定调研的方向与范围而进行的搜集初步资料的调查	例如，某公司某品牌的洗发水市场份额比去年下降了 0.5%，公司需要通过探索性调查来确定调查的主题和内容
描述性调查	是针对"谁""什么""何时""何地""为什么""什么方式"等问题的调查，这些问题被称为市场调查的六要素，即"5W1H"	上例中假如通过探索性调查，发现洗发水市场份额下降主要是因为消费者的需求发生变化，而公司产品没做出相应的调整，这时需要进行描述性调查，了解消费者的需求变化

（续上表）

类别	内涵	说明/举例
因果关系调查	通常要利用各种统计技术去了解、说明各种市场问题与环境因素之间的关系，尤其是变量间的因果关系	例如，消费者购买一款手机考虑的因素非常多，若要知道哪些因素能够导致消费者购买或者不购买手机，就需要进行因果关系的调查
预测性调查	是为了预测未来市场的变化趋势而进行的调查，它着眼于对未来市场状况的调查研究	例如，对公司开发的即将推向市场的新产品进行销量的预测

2. 按消费目的划分

按消费目的来对市场调查进行分类，则有消费者市场调查和生产资料市场调查两类（见表3-2）。

表3-2 市场调查类型（按消费目的分类）

类别	内涵	说明/举例
消费者市场调查	主要是了解消费者需求数量和结构及其变化；还要对诸如人口、经济、社会文化、购买心理和购买行为等因素进行调查	消费者市场的购买目的是满足个人或家庭的生活需要。例如，某品牌发起一项对目标消费人群某产品消费需求的调查就属于这类调查
生产资料市场调查	也称为产业市场调查，主要是指对产业市场商品供应量、产品的寿命周期、商品流通渠道等方面的内容进行调查	例如，某品牌要开拓华东市场，对华东市场某品类产品的供应量、经销网络等进行调查，就属于生产资料市场调查

3. 按商品流通环节划分

按商品的流通环节来划分市场调查，可以分为批发市场调查和零售市场调查两类（见表3-3）。

表3-3 市场调查类型（按商品流通环节分类）

类别	内涵	说明
批发市场调查	是指对不同层次的批发商进行市场调查，了解渠道运营的基本状况	批发市场调查着重掌握批发市场的商品交易状况，分析商品批发市场的流通数量、流通渠道、与社会生产的关系、与零售市场的关系等
零售市场调查	是指为了了解商品在零售领域的流通和交易情况所进行的市场调查	主要是对零售市场的数量、规模、分布及零售商品的供求总量、结构等情况进行的调查

另外，市场调查也可以按照产品、地域空间或者时间等维度来进行划分。例如按产品可

以分为食品类，文娱类等；按地域空间可以分为国内、国外等；按时间周期可以分为一次性、经常性和长期性市场调查。

三、市场调查的程序

市场调查要想取得成功，必须有一套严谨的调查程序。一般来说，一项完整的市场调查要经过这样几个阶段：调查前的准备、市场调查的实施、调查资料的整理与分析、调查报告的撰写，如图 3 - 1 所示。

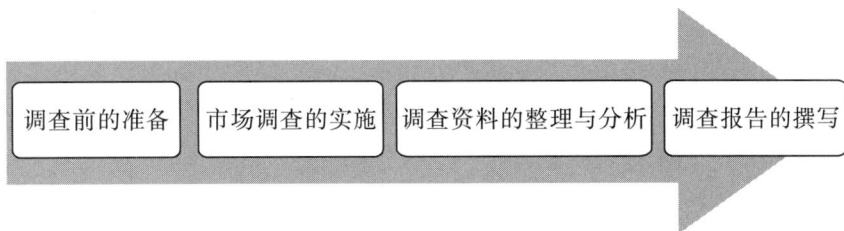

图 3 - 1　市场调研的程序

1. 调查前的准备

在实施市场调查之前，调查人员必须做好以下几个方面的准备工作。

（1）确定调查目标。调研目标是指特定的调查项目所要解决的问题，即为何要调查，要了解和解决什么问题，调查结果有什么用处。这是市场调查的首要问题和关键步骤。

（2）拟定调查内容。确定了调查目标以后，需要进一步明确调查内容。调查内容是调查目标的具体展开，是市场调查活动必须解决的具体问题，它需要明确而具体地书写出来，具有可操作性。常见的调查内容包括宏观环境、市场需求、产品包装与价格、竞争对手、渠道等。

（3）确定所需信息及调查对象。根据上述调查内容确定调查所需的信息及其来源，即调查所需信息有哪些？这些信息可以从哪里获得？

（4）选择调查方式与方法。调查方式是指市场调查的样本组织形式，通常有普查、重点调查、典型调查、抽样调查等。调查方法是指调查过程中收集数据的方法，通常有文献调查、访问调查、观察、实验等。不同的调查方法需要与相应的调查方式相匹配才能更好地收集调查资料。具体见本章第三、四节。

（5）制订调查方案。详尽的调查方案能够指导市场调查项目的顺利进行，有利于调查目的的实现。调查方案是指导整个调查项目实施的方针，它包括调查目标、调查内容、调查对象、调查方法、抽样方案、调查的时间进度、人员安排以及有关经费预算等。

2. 市场调查的实施

市场调查准备工作完成以后，就可以开始实施市场调查了。经过培训的调查人员，按照调查方案中确定的内容、时间、地点、方式、方法等对调查对象进行信息收集，从而获取大量调查资料。能否收集到真实有用的资料，是市场调查能否取得成功的根本条件。

3. 调查资料的整理与分析

通过市场调查收集来的资料是分散而凌乱的，需要对其进行整理和分析，包括以下内容：①资料的审核；②资料编码与录入；③制表、作图并进行统计分析。

4. 调查报告的撰写

整理和分析完数据后，调查人员必须撰写调查报告，它是市场调查的最终成果，目的在于为企业的生产经营、战略决策等提供依据。

实例 3－1　某市居民轿车需求与用户反馈调查方案

1. 项目背景

轿车经销商 A 在 C 市从事轿车代理经销多年，有一定的经营实力，商誉较好，知名度较高。但近两年，C 市又新成立了几家轿车经销商，这对经销商 A 的经营造成了一定的冲击，轿车销售量有所下降。为了应对市场竞争，经销商 A 急需了解 C 市居民私家车的市场普及率和市场需求潜力，了解居民对轿车的购买欲望、动机和行为，了解现有私家车用户有关轿车使用方面的各种信息，以便调整公司的市场营销策略。为此，经销商 A 要求市场调查部门组织一次以 C 市居民轿车需求与用户反馈为主题的市场调查。

2. 调查目的与意义

此次调查的目的在于获取居民轿车需求与现有用户使用等方面的信息，为公司调整、完善市场营销策略提供信息支持。任务在于准确、系统地搜集该市私家车市场普及率、市场需求潜力、购买动机与行为、用户使用状况等方面的信息，以及本公司经销店的商圈情况与竞争对手的经营情况，并进行分析研究，从中发掘出一些对调整经营结构和市场营销策略有价值的结论与建议。

3. 调查内容与具体项目

（1）被调查家庭的基本情况。项目包括户主的年龄、性别、文化程度、职业；家庭人口、就业人口、人均年收入、住房面积、停车位等。

（2）居民家庭是否拥有私家车。如果有，则私家车的类型、品牌、价位、购入时间等是什么？

（3）用户车况与使用测评。主要包括节能性能、加速性能、制动性能、外观造型、平稳性、故障率、零件供应、售后服务等项目的满意度测评。

（4）私家车市场需求情况调查。包括第一次购车或重新购车的购买意愿、购买时间、品牌、价位、购买目的、选择因素、轿车信息获取等方面的测评。

（5）经销店商圈研究。包括本经销店顾客的地理分布、职业分布、收入阶层分布、文化程度分布、行业分布及商圈构成要素等项目。

（6）竞争对手调查。包括竞争对手的数量、经营情况和经营策略等。

4. 调查对象和范围

调查对象：该市的全部市区居民家庭，不包括市辖县的居民家庭。调查单位：每户居民家庭。据市统计局提供的资料，市区内共有居民家庭 20 万户，拟采用抽样调查的组织方式。

5. 调查方式和方法

（1）调查方式。居民私家车需求与用户调查采用抽样调查方式，样本量为 1 000 户。本经销店商圈研究采用本经销店建立的用户信息库做全面的调研分析。

（2）调查方法。

①居民私家车需求与用户调查采用调查员上门访问的方式。

②竞争对手调查采用现场暗访（神秘顾客）调查及用户测评等获取相关信息。

③居民私家车的社会拥有量和普及率通过走访统计局、交通大队了解。

④居民的消费收支情况及社会经济发展状况通过统计年鉴来了解。

⑤利用本经销店的用户信息库进行分类统计和信息开发。

⑥召开一次用户焦点座谈会。

6. 调查表和问卷设计

（1）居民私家车需求与用户调查问卷（略）。

（2）经销商商圈研究调查表（略）。

（3）竞争对手调查访问提纲（略）。

7. 资料分析方法

（1）进行用户分布及满意度分析。重点揭示用户的特征，为调整营销目标提供信息支持；用户满意与否的分析是为改进营销工作提供依据的，也作为选择供货商的依据。

（2）需求潜力、需求特征、需求分布、需求决定因素研究，这是为市场营销策略的制订、调整和完善提供信息支持的，应重点揭示向谁营销、营销什么、怎样营销的问题。

（3）本经销店竞争优势与劣势研究、提高市场竞争力的策略研究。

（4）编写市场调查报告。重点揭示调研所得的启示，并提出相应的对策建议。

8. 调查时间进度安排

调查时间：私家车拥有量的调查标准时点为本月末，私家车需求量的调查时距为近3年。

期限：从本月1日到下月30日共计60天完成，包括调查策划、实施和结果处理等，并提交调查报告。

9. 经费预算开支情况（略）

10. 调查结果的表达形式

本次调查的成果形式为调研书面报告，具体内容包括前言、摘要、研究目的、研究方法、调查结果、结论与建议、附录7个部分，交给客户两份书面材料。

（资料来源：豆丁网，有删改，https：//www.docin.com/p-110318020.html）

思考：1. 为什么确定调查目标是市场调查项目的首要问题和关键步骤？

2. 结合上述案例，说说市场调查方案应该包含哪些内容？

3. 你认为同一个调查项目是否只能使用一种调查方式和方法？

4. 结合本章所学，说说本案例的调查方案中使用了哪些调查方法？

学以致用

消费者调查的目的是了解消费者需求。你作为消费者，有哪些方面的需求？哪些需求可以通过市场调查分析出来？

第二节　市场调查方式

市场调查方式是指根据调查目标和内容来确定调查对象的过程。一般来说，调查方式可以分为普查、重点调查、典型调查和抽样调查，其中抽样调查是最常见和最常用的调查方式。

一、普查

普查又称为全面调查，是指在某一时点上对所有的调查对象逐一进行的调查。其优点是所取得的资料全面、准确，标准化程度高；缺点是调查费用较高，调查工作所需时间较长，组织管理工作难度较大。在营销调研实践中很少会用到这种调查方式来进行调查。

二、重点调查

重点调查指从调查对象总体中选取少数重点单位进行调查，并以此推断总体基本特征的一种非全面调查方法。重点单位指在调查对象总体中单位数量较少，但某一标识值占总体标识值的比重很大。例如，要调查 18~23 岁的女性对化妆品的需求，调查者直接把女子职业院校作为调查对象，就是一种重点调查的方式，因为女子职业院校的女性年纪正好符合调查的要求，而且女性集中。

三、典型调查

典型调查是指在对调查总体深入细致了解的基础上，选择具有代表性的单位进行调查，并对总体进行推断的一种非全面调查。其在进行样本挑选的时候具有主观性。例如，我们要调查大学生对某类产品的消费需求时，由于全国学校太多，调查的时候可以对院校进行分类，然后在每一个类别中抽取一些比较有代表性的院校作为调查对象。

讨论 3-1：重点调查和典型调查有什么区别？

四、抽样调查

抽样调查是按照一定的方式，从调查总体中抽取部分单位进行调查，并根据调查结果推断总体的一种非全面调查。抽样分为随机抽样和非随机抽样两种。

1. 随机抽样

随机抽样是指按照随机原则从调查对象总体中抽取一定数量的单位作为样本进行调查的一种调查方式。随机抽样强调每个个体被抽中的概率是事先可以确定的。根据操作方法的不同，随机抽样可以分为简单随机抽样、等距随机抽样、分层随机抽样和整群随机抽样四种类型（见表3-4）。

表3-4 随机抽样类别

类别	内涵	说明/举例
简单随机抽样	也称SRS抽样，是指从总体N个单位中任意抽取n个单位作为样本，使每个可能的样本单位被抽中的概率相等的一种抽样方式	例如，要调查了解初中生课外阅读的兴趣时，我们可以根据学生的学号，利用计算机随机抽取n个学生作为调查对象
等距随机抽样	先将调查总体按某一标识顺序排列，编上序号，然后用调查总体数除以样本单位数求得抽样间隔，并在第一个抽样间隔内随机抽取一个单位作为样本单位；最后按计算的抽样距离做等距抽样，直到抽满n个单位	假设要用等距随机从100名学生中抽出20名学生，先把成绩由低到高排列，计算抽样间隔就是5，然后从1~5号随机抽取一名，假设是3，那么样本就为3、8、13、18、23、28……
分层随机抽样	根据调查总体已有的某些特征，将总体分成几个不同的部分（每一部分叫一个层），再分别在每一部分中按照随机原则进行抽样	例如，要调查大学生消费习惯，我们先按照学校的性质、办学层次等把我国的大学进行分类，然后再从每一类别中随机抽取部分学校进行调查
整群随机抽样	是指将调查总体按一定标准划分成群或集体，以群或集体为单位按随机原则从总体中抽取若干群或集体	应用整群随机抽样时，要求各群有较好的代表性，即群内各单位的差异要大，群间差异要小，应区别于分层随机抽样

在某些大范围调查中，由于调查对象总体非常庞大，因此在实际抽样中往往采用多阶段抽样。例如，为了了解全国高中生的课内外培训需求，培训机构可以先按照地理区域将全国市场划分为华东、华南、华北、华中、西南、东北、西北七个区域，再在每个市场区域中抽取若干个城市，接着在抽取的城市样本中抽取一定数量的高中，最后在抽取的高中学校中随机抽取部分学生进行需求调查。

讨论3-2：分层随机抽样和整群随机抽样有什么区别？

2. 非随机抽样

非随机抽样是指抽样时不是遵循随机原则，而是按照研究人员的主观经验或其他条件来抽取样本的一种抽样方法。非随机抽样又分为任意抽样、判断抽样、配额抽样和滚雪球抽样四种类型（见表3-5）。

表3-5　非随机抽样类别

类别	内涵	说明/举例
任意抽样	也叫方便抽样，是调查者利用时间、空间等方面的便利性快速获取样本的一种抽样方法	如在街头路口任选若干位行人进行访问调查；在人流聚集区如剧院、车站、码头等公共场所，任意选择某些人进行调查
判断抽样	是根据调查者的主观经验来选择那些最具代表性的单位进行调查的一种抽样方法	当调查人员对自己的研究问题十分熟悉，对调查总体比较了解时可采用这种抽样方法
配额抽样	是指调查人员将调查总体按一定标识分类或分层，确定各类（层）单位的样本数额，然后在各类（层）中按照任意抽样或判断抽样的方法抽取样本的调查方式	例如，要调查年轻人的电子产品消费习惯，先按年龄标准把年轻人分类，确定每个类别样本数额，再用一种非随机抽样方式来抽取样本
滚雪球抽样	是指先任意选择一些被访者并对其实施访问，再请他们提供另外一些属于所研究目标总体的调查对象，根据所形成的线索选择此后的调查对象	例如，要调查退休老人的生活习惯，可以到公园去结识几位散步老人，对其进行调查，再通过他们结识其他的老年人来进一步调查。该调查方式更适合对那些平时很少接触到的调查对象进行的调查

实例3-2　广府文化旅游调查应该使用何种调查方式

广府文化旅游嘉年华是广州北京路文化旅游区的品牌节庆活动之一。自2009年至今，广府嘉年华围绕"吃住行游娱购"六大旅游元素，每年推出一系列具有广府特色的城市文化推广、旅游资源推介、美食体验、特色商品展销等活动。精彩的舞台活动、特色手工艺品的制作等打造出一场永不落幕的文化旅游欢乐盛宴，吸引了大量来自世界各地的游客以及本地市民争相观光参与。为了了解广府文化以及嘉年华活动对游客的吸引力，打造广东省文化旅游创意产业，塑造知名广府文化旅游品牌，需要对游客进行旅游消费需求、心理、行为、满意度等方面的调查。调查方式可以有以下几种：

（1）对全体参与广府文化旅游嘉年华的游客进行调查。

（2）对全体参与广府文化旅游嘉年华的游客进行编号，采用等距随机抽样的方式，随机选择一个起点，按间距100进行等距抽样。对抽到的样本单位进行调查。

（3）在广府文化旅游嘉年华举办期间，在附近随意拦截足够数量的游客作为样本，并对各样本单位进行调查。

（资料来源：广之旅国际会展官网，有删改，http：//www.gzlmice.cn/cantonfestival/416.html）

思考：1. 以上的三种调查方式中，哪种方式最好？还有更好的调查方式吗？
　　　2. 你认为市场调查对广府文化旅游品牌的塑造有何价值？

学以致用

　　调查方式就是指如何确定调查对象。如果你要对大学生消费行为进行调查，应该采用哪种调查方式比较合适？为什么？

第三节　市场调查方法

　　市场调查方法是指如何进行资料的收集，也就是根据市场调查的任务和要求，运用科学的方法，有计划、有组织地搜集调查资料的工作过程。调查方法一般有以下几种：文献调查法、访问调查法和观察法。

一、文献调查法

　　文献调查又称间接调查法，是指通过查看、阅读、检索、筛选、购买、复制等手段收集二手资料的一种调查方法。文献调查法也需要制订严密的调查计划，并对将要利用的文献进行真实性、可用性、时效性的检查，这样才能保证调查的系统性和可靠性。

　　文献调查法的应用非常广泛，实际上任何形式的市场调查都离不开文献调查法。通过文献调查法我们能够了解到前人在同一个问题上做了哪些研究，采用了什么研究方法，有哪些有用的结论，等等，为调查者节省大量的时间和精力，也为我们进一步的研究提供了方向和思路。

　　文献的一般来源包括：

　　（1）国家统计局和各级地方统计部门定期发布的统计公报、定期出版的各类统计年鉴，这些都是权威性的一般综合性资料文献。

　　（2）各种经济信息部门、各行业协会和联合会提供的定期或不定期信息公报。这类文献或数据定向性较强，是市场调查中文献的重要来源。

　　（3）国内外有关报纸、杂志、电视等大众传播媒介。这些传媒提供种类繁多、形式多样的各种直接或间接的市场信息，它们是文献调查中主要的查找对象。

　　（4）国内外各种博览会、交易会、展销订货会等营销性会议，以及专业性、学术性会议上所发放的文件和资料。

　　（5）企业内部资料，如销售记录、进货单、统计报表、财务报表等。

　　（6）研究机构、高等院校发表的学术论文和调查报告等。

二、访问调查法

访问调查法，又称询问法或者采访法，是收集一手资料时最常用、最基本的一种方法。访问调查法是将所要调查的事项以访问的方式向被调查者提出询问，以获得所需要资料的一种方法，它需要借助访问提纲或者调查问卷来进行。根据具体形式，访问调查法又分为面谈访问法、电话访问法、邮寄访问法、留置问卷法和网络问卷法五种类型（见表3-6）。

表3-6　访问调查法的类型

类别	内涵	优缺点	适用性
面谈访问法	通过调查者与被调查者面对面交谈以获取市场信息的一种调查方法。一般有街头访问、入户调查、预约访谈等	优点：回答率高、能深入了解情况、可以直接观察被调查者的反应 缺点：调查成本高、时间长、对访问员的要求高、调查质量无法保证	适用于调查范围较小而调查项目比较复杂的情况
电话访问法	是指调查者通过电话与被调查者进行交谈，获取信息的一种方式	优点：信息回收快速，获取样本快速，调查时间短、费用不高 缺点：拒访率较高，访问时间较短	适用于对某些特定问题的消费者调查，或者已经拥有了相当的信息，只需进一步验证情况的调查
邮寄访问法	是由调查人员将设计好的问卷，通过邮寄的方式送达被调查者手中，请他们答完后寄回，以获取信息的方法	优点：调查范围大，被调查者回答问题时间充裕，并可避免面谈中受调查者倾向性意见的影响，适合隐私性或敏感性问题的调查 缺点：问卷回收率低，回收时间长	时效性要求不高，受访者个人信息完整，与顾客有良好合作关系
留置问卷法	是指将调查问卷当面交给被调查者，说明填写的要求，并留下问卷，让被调查者自行填写，由调查人员定期收回的一种市场调查方法	优点：问卷回收率较高，被调查者回答问题时间充裕，避免受到调查者倾向性影响 缺点：调查范围受限，费用高	调查者可以在留置问卷时先把问卷填写的相关说明告诉被调查者，避免理解错误
网络问卷法	是指调查人员将设计好的问卷，通过 E-mail、web 站点、Net-meeting、BBS 等途径发布出来选择网民进行调查。该方法要求问卷发放对象与调查对象高度重合	优点：速度快，成本低，便于统计，可插入图片等素材，视觉效果好 缺点：调查对象仅限于网民，且信息真实性不高，问卷填写者可能不符合调查对象要求	适用于时间紧、地域跨度大、调研费用少、研究对象年轻的调查项目

三、观察法

观察法是研究者根据一定的研究目的、研究提纲或观察表，用自己的感官和辅助工具去直接观察被研究对象，从而获得资料的一种方法。按参与观察的程度来分，可以分为三种类型：完全参与观察、不完全参与观察、非参与观察。

观察法应用比较广泛，如测定商场顾客流量或车站码头顾客流量，测定主要交通道口车流量，对竞争对手进行跟踪或暗访观察，对商场购物环境、商品陈列、服务态度等进行调查，都会用到观察法。在市场营销中，比较常见的一种观察法叫作神秘顾客法，常用于服务行业，如银行、餐馆、商场、加油站等。所谓"神秘顾客法"是指由一些身份特殊的顾客以普通消费者的身份，通过实地体验，了解被调查对象的服务和管理等各方面情况，然后将收集到的信息资料整理成报告的调查方法。

除以上的调查方法外，还有投影法和实验法等调查方法，每一种调查方法都有优点和缺点，要根据调查的实际需要选用不同的调查方法。

实例 3 - 3　医药仪器的信息资料来源

某企业发明了一种能够对假牙在口腔中的活动情况进行三维测定的仪器。将这种仪器批量生产推向市场之前需确定市场的销售潜力。因此决定开展市场调查，由于目的十分明确，所需的各种资料也就十分清楚了。所需资料主要有：

（1）国内牙医诊所的绝对数；

（2）全国每 10 万人口拥有牙医的平均数；

（3）即将开业的牙医诊所数；

（4）未来 10 年新增牙医数；

（5）现有牙医年龄结构；

（6）全国牙医诊所在各省的分布情况。

为获得上述有关资料，经分析确定出资料来源的途径为：

（1）全国卫生部门的年度统计；

（2）全国牙医卫生状况普查资料；

（3）有关牙医医学发展动态的学术会议、论文等；

（4）行业协会的调查和研究报告。

（资料来源：陈惠源．市场调查与统计［M］．北京：北京大学出版社，2017．）

思考：使用文献调查法收集信息，需要注意哪些问题？

实例 3 - 4　如何正确使用网络问卷调查

随着网络的普及，越来越多的人喜欢使用网络问卷进行市场调查。但是网络问卷调查的结果一定是真实有效有价值的吗？如何正确使用问卷调查呢？我们来看看下面两个例子。

（1）大学生调查团队 A 参加了一次关于旅游需求及产品设计的市场调查与策划比赛。经过多次讨论，该团队确定了其调查与研究的细分领域——广州市亲子游需求调查与产品设计。在规定的时间内，该团队提交了调查报告与线路设计方案。报告显示，该次市场调查主要采用网络问卷法，具体操作如下：首先，设计了一份相对较为严谨的调查问卷并将其免费发布于问卷星平台；其次，复制问卷链接，并将链接转发在团队成员的微信朋友圈、微信群、微博等社交平台；再次，根据问卷星平台获取的少量问卷结果进行分析，撰写调查报告。

（2）大学生调查团队 B 进行了一项关于广州市大学生学习积极性的调查。该团队将设计好的问卷免费发布于问卷星平台，之后复制问卷链接，并将链接转发在团队成员的微信朋友圈、微信群、微博等社交平台。一周之后，该团队发现问卷填写量非常少，尚不足 50 份。经过讨论，该团队决定打印出问卷的二维码，然后到广州大学城附近进行街头拦截访问，请被访者扫码填写问卷。经过两天的街头拦访，回收问卷数量达到了 600 份。剔除作答时间 60 秒以下，以及 IP 地址重复的 80 份问卷，该团队对调查资料进行了整理和分析，并撰写调查报告。

思考： 1. 你认为上述哪个团队的做法更为恰当？为什么？使用网络问卷调查应该注意哪些问题？

2. 当收集的网络问卷数量不足时，应该怎么做？结合案例，谈谈如何理解实事求是？

学以致用

调查方法就是指收集资料的方法，而文案调查法是应用最广泛的调查方法。应该如何去判断一份通过文案调查收集回来的资料是否有价值？

第四节　调查问卷设计

在市场调查中必须借助一定的数据收集工具来完成调查，其中调查问卷是最常用的一种工具。例如，我们要进行街头拦截访问，或者要进行入户调查，以实现与消费者面对面的沟通，一般都需要借助问卷进行市场调查，因此我们必须学会设计一份合格的调查问卷。

一、问卷类型

按问题的类型来划分，我们可以把问卷分为结构式问卷、半开放式问卷和开放式问卷三种。结构式问卷是指问卷中问题的类型为封闭式问题，让消费者在有限的答案中选择一个或多个答案。而开放式问卷的问题类型则为开放性的问题，消费者可以按照自己的想法自由发挥。一般来说，调查问卷通常指的是结构式问卷，它适用于大规模、内容较多的描述性的市场调查。而开放式的问卷比较适合小规模的深度访谈，故而又叫作访谈提纲。半开放式问卷是指一份问卷既有封闭式的问题又有开放式的问题，它也是市场调查经常采用的一种问卷形式。

二、问卷结构

一份完整的调查问卷（结构式问卷）应该包括问卷标题、说明词、填表说明、正文和作业记录。

1. 标题

主要是用来概括说明本次调查的研究主题，使被访者对所要回答的问题有一个大致的了解。例如，"关于大学生电子产品消费习惯的调查"，能够让被访者对调查的大致问题有一个初步的判断。

2. 说明词

主要是用来说明调查的目的、需要了解的问题及调查结果的用途等。有些问卷还要有问候语，以引起被访者的重视。同时，说明词还要向被访者介绍调查组织单位、请求被访者合作、向被访者表示感谢等，主要目的是获取被调查者的信任与合作。

3. 填表说明

填表说明主要是用来规范和帮助被访者准确回答问卷问题。填表说明可以集中放在问卷前面，也可以分散到各有关问题之前。对于自填式问卷，填表说明一定要详细清楚，而且格式位置要醒目。

4. 正文

正文是问卷的核心部分。它主要是以问题和选项的形式，依据一定的逻辑顺序呈现给被访者，让被访者进行选择和回答。这部分内容设计的好坏关系到整个问卷的成败，也关系到调查者能否很好地完成信息收集任务、实现调查目标。

5. 作业记录

作业记录主要是记录调查人员姓名、访问日期、访问时间、访问地点等，有些调查还需记录调查过程中的特殊事件以及被访者的配合情况等。有些特别的网络问卷会自动生成填写时间、登录地点、IP、时长等信息，无须专门的作业记录。

三、问题类型设计

一份完整的问卷包括五个方面的内容，但是其中最重要的还是正文部分，也就是问题的设计。一般来说，一份问卷可能包含以下五种问题类型。

1. 单项选择题

单项选择题顾名思义就是一个问题只能有一个答案。优点是可求得明确的判断，并在短暂的时间内求得受访者的回答，条目简单，易于统计，比较适合于简单的、事实性的问题。例如："您的性别是？""您使用过某某品牌的洗发水吗？"诸如此类的事实性问题可以采用单项选择题。对于单项选择题，选项与选项之间不能出现交叉，即对同一个被调查者，不能出现选 A 合适，选 B 也合适的情况。例如，"您的职业是？A. 教育工作者 B. 中小学老师 C. 大学老师"，如果被调查者是大学老师，那么就会出现选 A 合适，选 C 也合适的情况。

2. 多项选择题

多项选择题指的是一个问题有多个选项和多个答案可供选择。一般适用于较复杂的态度性问题或者有多个答案的事实性问题。例如："你购买某某产品时会注重哪些功能？""你使用过下列哪些品牌的产品？"这类问题可以采用多项选择题。

3. 顺序题

顺序题又称排队题，是指问卷设计者列出若干个项目，由被调查者按重要性进行排列顺序的一种方法。与多项选择题相比，它不仅能反映被调查者的意见、动机、态度、行为等方面的因素，同时还能比较出各因素的先后顺序，便于被调查者回答。例如：

在您购买某产品时，您觉得以下哪些方面对您最重要？请将以下选项按重要程度由高到低排列（   ）①品牌　②价格　③包装　④促销　⑤亲朋影响　⑥方便快捷

4. 比较题

比较题是指采用对比的方式，将具有可比性的事物进行对比并做出选择的方法。当我们需要测量消费者对不同品牌产品的感知或者态度时，可以设置比较题来对消费者的态度进行测量。例如：

请您逐一比较下列各组不同品牌的洗衣机质量，在您认为质量好的牌子后面打"√"：

①三星□　海尔□　　②三星□　美菱□
③三星□　小天鹅□　④海尔□　美菱□
⑤海尔□　小天鹅□　⑥美菱□　小天鹅□

5. 量表题

量表题是指由问卷设计者列出评价性的询问语句和备选答案，备选答案只是消费者的态度，按不同程度给出。答案没有对或错之分，只是程度不同。一般适用于测量消费者对某件事物的态度。

常见的产品测试项目主要有：质量、式样、价格、满意度、耐用性、可靠性。例如，下列问题就是采用量表题对消费者的态度进行测量。

购买手机时，您认为下列因素重要吗？（请按照您认为的重要程度在相应的表格中打"√"）

因素	重要程度				
	非常重要	重要	一般	不重要	非常不重要
品牌知名度高					
外观造型优美					
内置功能强大					
质量好					
性价比高					

四、问卷设计的原则

1. 避免使用一般性问题进行提问

一般性问题对调查并无实质性的意义，所问的问题过于笼统或者含糊不清，其结果就没有多少用处。例如："您对某百货商场的印象如何？"这个问题就应该分解为"品种是否齐全""价格是否合理""服务是否周到""购物环境是否宽松"等一系列问题。

2. 避免不确切的问题与选项

例如用"经常""普通""一些"等词语，因为不同的人理解并不相同，所以容易产生信息偏差。例如："您是否经常购买洗涤液？"回答者不知"经常"究竟是一周、一天还是一个月，就不如问："您多长时间购买一次洗涤液？"来得准确。同样地，如果选项中出现"A. 经常 B. 偶尔 C. 很少 D. 有时"等不确切的词语也会造成同样的信息偏差。

3. 避免使用含糊不清的句子

问卷的问题应该是清晰没有歧义的。例如："您最近是出门旅游，还是休息？"有些人认为旅游就是一种休息，二者之间并不存在选择关系，就不如问："您最近是出门旅游，还是在家休息？"

4. 避免引导性提问

如果问题带有明显的观点引导或者暗示，力求被调查对象做跟这些观点相近的回答，这就是引导性提问。引导性提问有主观引导和从众引导之分，无论哪类引导性提问均容易导致被调查对象不能做出真实的回答，收集的资料并非事实。例如："消费者普遍认为这种冰箱好，您认为如何？""我觉得XX品牌的牙膏在美白牙齿方面非常有效，您认为如何？"这种问题本身就带有诱导性。

5. 避免主观断定性问题

问卷设计者若已经为被调查对象做好角色假设，然后再来提问，这种问题就会带来强烈的主观性。例如："您一天抽多少支烟？"要是被调查对象不抽烟怎么办？这时应该设置一个"您抽烟吗？"这样的中间问题，如果回答是肯定的，再接着往下提问。

6. 要避免问题使人难堪

如果有些问题非问不可，也不能强行发问，应考虑到回答者的自尊心。例如，女士的年龄，被调查对象的学历、收入水平等，这种问题可设置一定的范围，让被调查对象选择。比如学历信息可给出"高中及以下、本科、硕士及以上"等选项，有些问题没有必要问得过细。

7. 设计问题要考虑被调查对象回答的难度

例如，"您家庭近三年每年的生活支出是多少？"多数人根本回忆不出来；再如："您家上月的水电费是多少？"多数人回答不出来。此外，有些专业性问题也不能抽取非专业人士进行调查。例如，我们不能针对普通消费者调查某品牌消费品的渠道问题。

8. 避免问题与答案不一致

不能在问卷的问题中出现逻辑问题错误。例如："您经常看哪个栏目的电视节目：A. 生活 B. 商务电视 C. 电视购物 D. 经常看 E. 偶尔看 F. 根本不看"这个题目的选项在逻辑上就出现了问题，让被调查者无法回答。

9. 选择题的选项设计应该具备完备性

选择题的选项应该包含被调查对象所有可能的选择，如果无法罗列所有可能，应该设置"其他"这一选项。例如，在"您家庭目前使用的牙膏品牌是什么？A. 云南白药 B. 舒适达 C. 高露洁 D. 佳洁士 E. 黑妹 F. 两面针"这种给定具体选项的情况下，如果被调查对象家里用的是"舒客"牙膏，就没有办法对这一问题做出选择。这时只要在问题选项中设置"G. 其他"就可以了。

实例 3-5 大学生图书馆使用情况调查问卷

同学您好！我们是 XX 学院的调查员，正在做关于我校图书馆使用情况方面的调查。您的意见和见解对我们的调查项目至关重要，请如实填写。调查信息仅供课程作业使用，问卷以匿名方式填写，我们会对您的信息保密。感谢您的积极参与。

注：除题目注明以外，下列题目均为单项选择。

1. 请问您一周去几次图书馆？（　　　）
　　A. 不去　　　　　B. 偶尔　　　　　C. 有时　　　　　D. 经常
2. 请问您大约什么时间段去图书馆？（　　　）
　　A. 上午　　　　　B. 下午　　　　　C. 晚上
3. 请问您每次去图书馆平均会在此停留多长时间？（　　　）
　　A. 半小时内　　B. 1 小时左右　　C. 1~2 小时　　D. 2 小时以上
4. 请问您去图书馆的主要目的是什么？（　　　）
　　A. 借书　　　　　　　　　　　　　B. 自习
　　C. 在电子阅览室上网　　　　　　　D. 蹭 Wi-Fi
5. 请问您经常在什么情况下去图书馆学习？（　　　）（可多选）
　　A. 考试前复习　　　　　　　　　　B. 借阅、归还图书
　　C. 做作业　　　　　　　　　　　　D. 无事可做
6. 请问您在图书馆看课外书和写作业的效率如何？（　　　）
　　A. 非常高　　　　　　　　　　　　B. 高
　　C. 一般　　　　　　　　　　　　　D. 低
　　E. 非常低
7. 请问您在图书馆借阅哪类书籍？（　　　）
　　A. 文学、历史类　　　　　　　　　B. 军事、政治、哲学等
　　C. 经济、贸易、管理、金融等　　　D. 语言及语言工具书等
　　E. 自然、生活、娱乐百科　　　　　F. 电子电气技术、设计与工程
　　G. 土木、建筑技术、设计与工程　　H. 其他（请填写）
8. 您使用馆藏图书的情况是怎样的？（　　　）
　　A. 带出图书馆阅读完归还　　　　　B. 带出图书馆未阅读完归还
　　C. 带出图书馆阅读完归还（续借）　D. 带出图书馆未阅读完归还（续借）
9. 请根据您的经历，对下列有关图书馆书库的描述打分。

项目	非常不同意（1分）	不同意（2分）	一般（3分）	同意（4分）	非常同意（5分）
(1) 图书馆书库的藏书品类齐全，内容丰富					
(2) 图书馆书库书架布局合理，使用方便					
(3) 在图书馆书库中能够很快找到想要的图书					
(4) 书籍保存完整、整洁、版本更新快					
(5) 图书馆书库桌椅数量合适，容易找到座位					
(6) 图书馆书库环境好，安静，同学互不干扰					

10. 请问您在图书馆占座时持有的是下列哪种态度？（　　）
    A. 占座方便，我在图书馆随时可找到座位　　B. 偶尔占座位，对其他人没什么影响
    C. 虽然占座了，但是会不好意思　　　　　　D. 看到别人占座，我也要占座

11. 请问您认为图书馆有哪些需要改进的地方？（　　）（多选）
    A. 延长自习室开放时间　　　　　　B. 延长外借书库借阅时间
    C. 增加书籍种类，更新图书版本　　D. 及时整理书架和已归还图书
    E. 增加阅览室桌椅数量　　　　　　F. 增加存放东西的柜子
    G. 提供饮用热水　　　　　　　　　H. 增设考研考证专用自习室
    I. 增设自习室专用投诉点　　　　　J. 其他（请填写）

12. 请问您对我校图书馆还有哪些意见或建议？

13. 请问您的性别是（　　）？
    A. 男　　　　　　B. 女

14. 请问您的年级是（　　）？
    A. 大一　　　　B. 大二　　　　　C. 大三　　　　D. 大四

15. 请问您自上大学以来挂科多少门？（　　）
    A. 无挂科记录　　B. 1～3门　　　C. 4～7门　　　D. 8门及以上

16. 请问您自上大学以来获得多少次奖学金？（　　）
    A. 1次　　　　　B. 2次　　　　　C. 3次　　　　D. 4次

问卷到此结束，谢谢配合！

问卷编号：157　调查员姓名：张三　调查时间：6月1日下午　地点：图书馆门口

思考：1. 分析上述问卷的问卷结构。

　　　2. 该问卷中的问题是否恰当？为什么？请逐一分析。如果有问题，应该如何修改？

实例 3-6 国内旅游抽样调查

一、项目基本情况

项目名称：国内旅游抽样调查

二、服务需求

通过开展游客抽样调查，了解国内来穗游客及广州居民在穗游客（包括都市游、穗郊游）的人口特征、旅游行为特征、旅游消费特征和满意度情况，取得人均消费水平、消费结构、平均停留时间等数据，测算来穗游客及广州居民在穗游客总人数和旅游总收入。

根据实时情况，开展文旅企业调查，为本市旅游市场分析、产品开发及政策制定提供指导依据。

1. 调查时间

××××年2季度—××××年1季度（共4个季度）及国庆、春节两个黄金周。

2. 调查内容

内容包括游客人口特征、行为特征、消费特征、满意度等。

(1) 游客人口特征包括客源地、性别、年龄、职业、文化程度、家庭收入等。

(2) 游客行为特征包括游客出游目的、停留时间、住宿设施选择、出游方式、长途交通工具选择、游览景点个数、重游率等。

(3) 游客消费特征包括人均花费及结构、购物偏好、旅游产品偏好等。

(4) 来穗游客对广州旅游公共服务或企业的满意度状况。

3. 调查方式、调查对象和调查地点

本项调查为抽样调查，建议采用随机拦截式访问。具体要求如下：

(1) 国内来穗旅游调查对象为国内来穗旅游游客。调查地点以机场、火车客运站、长途汽车客运站为主，以住宿设施、重点旅游景区和主要商业街区等为辅。要求将样本配额在投标方案中详细说明。住宿设施：访问对象为即将结账离店的国内来穗游客。景点：访问对象为在景区逗留的国内来穗游客。交通口岸：访问对象为候车（或候机）的即将离开广州的国内游客。

(2) 广州居民在穗游调查对象为广州市常住居民。样本采集地点应覆盖各类型居民住宿区、重点旅游景区、重点商业区等。投标方应制订科学合理的抽样方案，调查样本结构分布应与广州市民出游人口结构一致。

4. 样本量

国内旅游调查全年有效样本量共计33 000份。其中，国内来穗游客样本22 000份，本地居民在穗旅游样本11 000份，以上包含黄金周样本，应考虑季度及黄金周样本的合理分配。

5. 项目提交成果

主要成果共有7项，包括：4份季度数据、2份黄金周数据及1份年度报告。

(1) 季度调查成果包括季度评估数据及季度报告。每季度末提供。

(2) 国庆及春节黄金周调查成果包括数据报告及黄金周快报。黄金周成果于黄金周假期结束前2日提交数据报告及简报。

（3）年度调查成果包括年度评估数据及年度分析报告。年末提交年度评估数据，次年1月提交年度分析报告。

（资料来源：中国政府采购网招标公告，有删改，http：//www. ccgp. gov. cn/cggg/dfgg/zbgg/202106/t20210610_16402522. htm）

思考：1. 根据上述服务需求中的调查内容，确定所需的调查信息与调查对象。

2. 根据上述案例信息，结合所学知识，制订市场调查方案。

3. 为本调查项目设计一份调查问卷。

学以致用

问卷是应用广泛而且非常有效的调查工具。请思考如何保证一份问卷有效且可靠？

第五节 调查报告撰写

在撰写调查报告之前，需要先对收集回来的市场调查资料进行整理分析，再把整理分析的结果以调查报告的形式呈现出来。调查报告是对调查结果的一种书面陈述，也是市场调查的最终产品。

一、调查资料整理

1. 调查资料的审核

对收集回来的资料，我们第一步要做的就是对市场调查资料的审核。审核主要从四个方面展开，准确性、完整性、有效性和时效性。

（1）准确性。准确性是指检验二手资料、问卷或调查表的真实性，抽检和复检访问员是否到访。若访问员伪造问卷，应对问卷做废弃处理，并派员重访。

（2）完整性。检查二手资料是否收集齐全。如果是问卷，则检查问卷的份数是否齐全、问卷填答的项目是否完整，并做出处理。大量问题无回答应视为废卷处理；个别问题无回答，归入"暂未决定"或"其他答案"中；个别问题大量无回答，可删除此问题。总的来说要按实际情况对问卷做出处理。

（3）有效性。检查二手资料的来源是否可靠。如果是问卷，则检查问卷或调查表中的项目是否存在填答错误。逻辑性错误答案，再次核实或按"不详值"对待；答非所问的答案，再次询问或按"不详值"对待；缺乏回答答案，若个别问卷则抛弃，若同一问题有不少问卷缺乏回答，可将其看作子样本。

（4）时效性。检查二手资料的各种数据统计的时间和问卷调查的访问时间等。如果二手资料的统计信息年代太久，即使很权威也失去了意义。问卷等一手资料收集，若延迟访问对调查结果无影响，则问卷有效；若延迟访有影响，则废弃此问卷。

2. 资料的编码与录入

（1）资料编码。编码就是将原始资料转化为计算机可以识别的数据或符号的过程。它包括预编码和后编码两种类型。预编码是在问卷设计的同时就对问题设计出编码，主要是针对客观题。后编码是先把问卷的结果进行分类，再对它们进行编码，主要针对开放式问题。

（2）数据录入。一般包括手工录入和计算机自动录入两种方式。最常用的手工录入方式是通过键盘录入到专门的统计分析软件中（如 Excel、SPSS）。随着计算机技术的高速发展和计算机应用的迅速普及，数据的录入工作已逐渐从手工处理转变为计算机操作（见表 3 - 7）。

表 3 - 7　数据录入

A	B	C	D	E	F
问卷编号	Q1（性别）	Q2（收入）	Q3（职业）	Q4（喜欢类型）	Q5（购买价格）
1011120101	1	1	1	1	1
1011120102	2	2	2	2	2
1011120103	1	3	1	5	5
1011120104	1	4	1	4	3
1011120105	2	1	2	2	1

3. 数据处理与列示

（1）数据处理。通过编码之后，录入的数据就构成了一个数据矩阵。调查人员的任务就是数据压缩，把隐藏在这些大量分散数据中的重要信息揭示出来。这些有用信息的揭示，对统计分析原始数据的作用很大。最常见的一些分析方法包括频数、平均值、百分比、因子分析、标准差、方差分析、回归分析等。

（2）数据列示。数据列示是指对加工整理后的数据用统计表、统计图、数据库、数据报告等形式表现出来，能够最直观地反映出调查的结果。常用的数据列示有统计表、柱形图、条形图、饼形图、线形图和雷达图等。在严格的书面报告中，各类统计表与统计图有着严谨的格式要求。统计表与统计图均要有标号、标题、资料来源等信息，并且统计表的表号和标题在表的上方，统计图的图号和标题在图的下方，资料来源在图标的下方。具体形式如表 3 - 8 和图 3 - 2 所示。

表 3 - 8　购买手机品牌的频数分布

手机品牌	频数
华为	14
OPPO	12

（续上表）

手机品牌	频数
小米	9
苹果	13
三星	2
总计	50

资料来源：笔者根据调查结果整理所得。

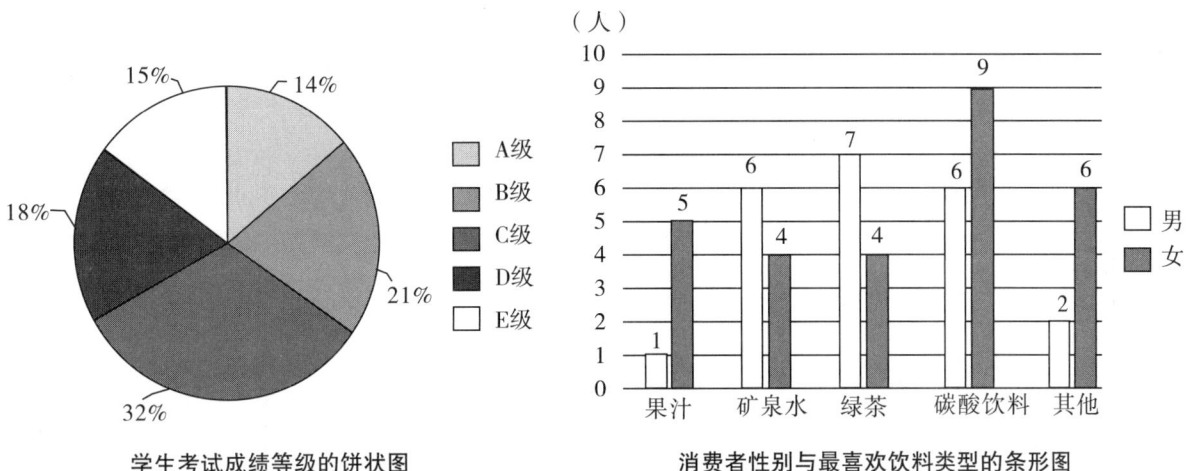

学生考试成绩等级的饼状图

资料来源：笔者根据调查结果整理所得。

消费者性别与最喜欢饮料类型的条形图

图 3 - 2　统计图示例

二、撰写调查报告

市场调查报告就是以书面表达的形式把市场调查的过程和调查结果展示出来，它是市场调查成果的集中体现。一般是由封面、目录、摘要、正文和附件等部分组成。

1. 设计调查报告封面

封面包括报告的题目、报告的使用者、报告的编写者及提交报告的日期等内容。作为一种习惯做法，调查分析报告题目的下方应注明报告人或单位、通信地址、电话、报告日期，然后另起一行注明报告呈交的对象。

2. 确定调查报告标题

标题要求简洁明了，把调查的主题概括出来。调查报告的标题有两种，一种是单标题，一种是复标题。相较而言，单标题的应用较为广泛。单标题的常见写法有：①直叙式，即直接陈述，如"广州市家居经营企业经营状况的调查报告"；②观点式，又称为判断评价式、判断警句式，如"空调企业在 2009 年将经营维艰"；③提问式，一般用于对外公开发布的报告，目的在于吸引读者的注意，如"广州零售企业还能再等待吗?"

3. 制作目录和编写摘要

目录可以运用 word 自带的目录工具生成。报告摘要具体包括以下几个方面的内容：简要说明调查目的，即简要说明调查的原因；介绍调查对象和调查内容，包括调查时间、地点、对象、范围、调查要点及所要解答的问题；简要介绍调查研究的方法；简要说明调查结论与建议。

4. 编写正文

正文一般由前言、主体（数据分析）、结论和建议三部分构成。

（1）前言。前言部分一般应包括调查项目的背景、调查的必要性和意义、调查的主要内容、调查的主要方式方法、调查的主要过程和调查的结果等内容。

（2）主体（数据分析）。主体即调查数据分析部分，包括原因分析、利弊分析、发展规律或趋势分析。一般按照调查设计的项目、内容一项项分析，从数据、现状分析，到得出小结论或发现问题，并进一步探寻原因，提出对策等。数据可通过各种图表来展示，但一般应交叉配合运用多种图表。

（3）结论和建议。调查报告的结论和建议部分说明调查获得了哪些重要结论，根据调查的结论建议采取什么措施，这是阅读者最为关注的部分。主体部分进行单项或多项的结合分析出了一系列的结论，本部分要求对以上小结论进行综合、归纳，并结合企业或客户实际情况提出你的看法和建议。

实例 3-7 哈尔滨市液态奶市场调查报告——摘要

本研究使用街头访问的方法对哈尔滨市液态奶市场进行了调查访问，通过分析 382 个液态奶消费样本的购买行为和习惯，从而推断出目标消费群体总体购买和饮用液态奶的规律。本研究首次从真正意义上通过科学的方法和数据，揭示哈尔滨市液态奶市场面临的基础性问题，帮助企业从消费者实际需求和意愿出发，实施有效地进行市场营销管理，并且能够对消费者今后的购买行为起到积极的引导作用。

本研究的主要结论如下：

（1）总体消费水平。

家庭月收入在 1 000~3 000 元的家庭为液态奶的主要消费群体。本次研究分析中，哈尔滨市市民每人每月消费纯鲜奶 1.53 千克，果味奶（包括酸奶）消费量为每人每月 0.38 千克。

（2）消费群体购买和使用习惯。

购买地点选择：连锁超市 35%，中小型仓买 32.5%，大型超市 14.3%。

购买品种选择：最多的袋装纯鲜牛奶为 36.9%，最喜欢的程度为 62.3%。

购买或饮用者选择品种原因分析：消费者对液态奶产品的选择非常直接，认为口味最重要的占 30.5%，有营养的占 28.4%，食用方便的占 20.8%。

各品种液态奶的消费者购买比例：纯鲜牛奶 79.22%，酸奶 17.32%，果味奶 3.46%。

（3）品牌竞争格局。

完达山的品牌提及率为 35.5%，喜欢程度为 36.57%，知名度为 32.5%；龙丹的品牌提及率为 30.8%，喜欢程度为 29.5%，知名度为 30%；伊利的品牌提及率为 13.7%，喜欢程度为 7.83%，知名度为 9.7%；

综合因素（包括质量、价格、口味、促销、广告、包装等）对比评分，满分为 10 分。

完达山得分为 7.46，龙丹得分为 7.33，伊利得分为 6.64。

（资料来源：MBA 智库文档，有删改，https：//doc. mbalib. com/view/0ded1c23171fe933dc 9c903a8b554ee3. html）

思考：1. 市场调查报告的摘要包含哪些要点？
　　　2. 市场调查报告中摘要的作用是什么？

第六节　大数据时代的市场调查

一、认识大数据

1. 大数据的内涵

随着现代科学技术的发展，特别是在大数据、云计算、物联网、移动互联网等新型技术的助推下，新的产业模式不断涌现，大数据时代已然到来。从国内外的应用实例来看，最早大范围的大数据应用始于零售行业。通过对客户的消费习惯、地理位置、销售时间以及客户的社交信息等的大数据分析，实施精准营销，取得了显著的效果，如 Google，Amazon，Facebook 等。随之而来的影响是，大数据技术正在迅速渗透、革新甚至颠覆传统的领域和工具。市场调查行业也不例外，大数据时代的研究方法也给传统市场调查行业带来了巨大挑战。

究竟如何理解大数据的内涵呢？维基百科从处理方法的角度给出了大数据的定义，即大数据是指利用常用软件工具捕获管理和处理数据所耗时间超过可容忍时间限制的数据集。麦肯锡公司认为将数据规模超出传统数据库管理软件的获取存储管理以及分析能力的数据集称为大数据；高德纳咨询公司则将大数据归纳为需要新处理模式才能增强决策力、洞察发现力和流程优化能力的海量高增长率和多样化的信息资产，将大数据定义为不能够集中存储并且难以在可接受时间内分析处理，其中个体或部分数据呈现低价值性而数据整体呈现高价值性的海量复杂数据集。

在以上对大数据的定义中，已经涉及了大数据的一些特性，其中包括数据量、产生过程和价值等。目前对于大数据的特性认可度较高的是"4V"特性：数据的规模性（Volume）、数据结构的多样性（Variety）、数据传播的高速性（Velocity）及数据的价值特性（Value）。

（1）数据的规模性。是大数据的首要特征，包括采集、存储和计算的数据量非常大。大数据的起始计量单位至少是 100TB，通过各种设备产生的海量数据，其数据规模极为庞大，远大于目前互联网上的信息流量，PB 级别将是常态。

（2）数据结构的多样性。表示大数据种类和来源多样化，具体表现为网络日志、音频、视频、图片、地理位置信息等多类型的数据，多样化对数据的处理能力提出了更高的要求，由于编码方式、数据格式、应用特征等多个方面都存在差异性，多信息源并发形成大量的异构数据。

（3）数据传播的高速性。随着互联网的发展，数据的增长速度非常快，处理速度也较快，时效性要求也更高。例如，搜索引擎要求几分钟的新闻能够被用户查询到，个性化推荐算法要求实时完成推荐，这些都是大数据区别于传统数据挖掘的显著特征。

（4）数据的价值特性。我们已经知道，大数据含有巨大的价值，但大数据的价值通常很难被发现。这就是大数据具有的价值密度低的特性，只有通过很多的过程才能把它的价值挖掘出来。随着互联网和物联网的广泛应用，信息感知无处不在，信息量大，但价值密度较低，如何结合业务逻辑并通过强大的机器算法挖掘数据价值，是大数据时代最需要解决的问题。

以上是大数据的四个基本特性，除此以外，随着人们对大数据的进一步认识，更多的特性也迅速显现出来，如真实性（Veracity）及易变性（Variability）等。

大数据的真实性是它的另一个特性。现在谈到的大数据不仅大，更重要的是大部分数据是在线或通过现代化的传感器获得的，这是互联网高速发展的特点和趋势。与传统途径获得的数据相比，本质区别在于数据的记录不是由第三者人为记录，如历史学家、科学家或其他人的观察和记录，而是由传感器或本人进行记录，在数据真实性方面更具有客观性和真实性。这些真实的数据更具有商业价值。

大数据的易变性是指大数据由不定的数据结构和多层次的结构组成。这给我们对大数据的分析和挖掘带来了巨大的挑战。

因此大数据是相对概念，科技的发展日新月异，更使大数据从定量方面很难定义。以上大多是对大数据的定性描述。虽说这些关于大数据定义的定义方式、角度及侧重点不同，但是所传递的信息基本一致，即大数据归根结底是一种数据集，其特性通过与传统的数据管理及处理技术对比来凸显，并且在不同需求下，其要求的时间处理范围具有差异性，最重要的一点是大数据的价值并非来自数据本身，而是由大数据所带来的"新思维"和"新机遇"，以及通过大数据挖掘提供的"数据导向的新决策"。大数据的核心在于为客户从数据中挖掘出蕴藏的价值，而不是软硬件的堆砌。"大数据"并不等同于"大量的数据"，应该从更广义层面理解大数据。所以大数据带来的是一种新的思维、新技术的集成以及新的生态。

总之，无所遁形的大数据时代已经到来，并快速渗透到每个职能领域。如何借助大数据持续创新发展，使企业成功转型，具有非凡的意义。

2. 大数据的生成

在大数据营销的流程中，数据采集是其中的重要一环，而数据采集与市场调查密切相关。因此，要进行大数据时代的市场调查就必须深刻理解数据的生成过程。"大数据"并不是一个凭空出现的概念，它的出现对应了数据产生方式的变革，正是由于技术发展到了一定的阶段才导致海量数据被源源不断地生产出来，并使当前的技术面临重大挑战。从数据技术诞生以来，产生大数据的方式主要经过了三个发展阶段。

（1）被动式生成数据。数据库技术使得数据的保存和管理变得简单，业务系统在运行时产生的数据可以直接保存到数据库中，由于数据是随业务系统运行而产生的，因此该阶段所产生的数据是被动的。

（2）主动式生成数据。物联网的诞生使得移动互联网的发展大大加速了数据的产生概率，如人们可以通过手机等移动终端随时随地产生数据。大量移动终端设备的出现，使用户不仅主动提交自己的行为，还和自己的社交圈进行实时互动，因此数据大量产生出来，且具有极强的传播性。显然，如此生成的数据是主动的。

（3）感知式生成数据。物联网的发展使得数据生成方式得以彻底地改变。例如，遍布在城市各个角落的摄像头等数据采集设备源源不断地自动采集并生成数据。

3. 大数据出现在现在的原因

归纳起来大数据出现在现在的原因有以下几点：

（1）数据生产方式变得自动化。数据的生产方式经历了从结绳记事到现在的完全自动化，人类的数据生产能力已不可同日而语。物联网技术、智能城市、工业控制技术的广泛应用使数据的生产完全实现了自动化，自动化的数据生产必然会产生大量的数据，甚至当前人们所使用的绝大多数数字设备都可以被认为是一个自动化的数据生产设备：我们的手机会不断与数据中心进行联系，通话记录、位置记录、费用记录都会被服务器记录下来；我们用计算机访问网页时的访问历史、访问习惯也会被服务器记录并分析；我们生活的城市、小区遍布的传感器、摄像头会不断产生数据并保证我们的安全；天上的卫星、地面的雷达、空中的飞机也都在不断地自动产生数据。

（2）数据生产融入每个人的日常生活。在计算机出现的早期，数据的生产往往只是由专业人员来完成，能够有机会使用计算机的人员通常都是因为工作的需要，物理学家、数学家是最早一批使用计算机的人员。随着计算机技术的高速发展，计算机得到迅速普及，特别是手机和移动互联网的出现使数据的生产和每个人的日常生活结合起来，每个人都成为数据的生产者：当你发出一条微博时，你在生产数据；当你拍出一张照片时，你在生产数据；当你使用手中的市民卡和银行卡时，你在生产数据；当你在 QQ 上聊天时，你在生产数据；当你使用微信时，你在生产数据；当你玩游戏时，你在生产数据。数据的生产已完全融入人们的生活：在地铁上，你在生产数据；在工作单位，你在生产数据；在家里，你也在生产数据。个人数据的生产呈现出随时、随地、移动化的趋势，我们的生活已经是数字化的生活。

（3）图像、音频和视频数据所占比例越来越大。人类在过去几千年主要靠文字记录信息，而随着人们生活中生产数据技术的发展，人类越来越多地采用视频、图像和音频这类占用空间更大、更形象的手段来记录和传播信息。从前聊天我们用文字，现在用微信和视频，人们越来越习惯利用多媒体方式进行交流，城市中的摄像头每天都会产生大量视频数据，而且由于技术的进步，图像和视频的分辨率变得越来越高，数据也变得越来越大。

（4）网络技术的发展为数据的生产提供了极大的方便。前面说到的几个大数据产生的原因中还缺乏一个重要的引子：网络。网络技术的高速发展是大数据出现的重要催化剂：没有网络的发展就没有移动互联网，我们就不能随时随地实现数据生产；没有网络的发展就不可能实现大数据视频数据的传输和存储；没有网络的发展就不会有现在大量数据的自动化生产和传输。网络的发展催生了云计算等网络化应用的出现，使数据的生产触角延伸到网络的各个终端，使任何终端所产生的数据都能快速有效地被传输并存储。很难想象在一个网络条件很差的环境下能出现大数据，所以，可以这么认为：大数据的出现依赖于集成电路技术和网络技术的发展，集成电路为大数据的生产和处理提供了计算能力的基础，网络技术为大数据的传输提供了可能。

（5）云计算概念的出现进一步促进了大数据的发展。云计算这一概念是在 2008 年左右进入我国的，而最早可以追溯到 1960 年人工智能之父麦卡锡所预言的"今后计算机将会作为公共设施提供给公众"。云计算的出现使计算和服务都可以通过网络向用户交付，而用户的数据也可以方便地利用网络传递，云计算这一模式使网络的作用被进一步凸显出来，数据的生产、处理和传输可以利用网络快速地进行，改变传统的数据生产模式，这一变化大大加快了数据的产生速度，对大数据的出现起到了至关重要的作用。

4. 数据的来源

大数据的来源非常多，如信息管理系统、网络信息系统、物联网系统、科学实验系统等。

（1）信息管理系统。企业内部使用的信息系统，包括办公自动化系统、业务管理系统等。信息管理系统主要通过用户输入和系统二次加工的方式产生数据，其产生的大数据大多数为结构化数据，通常存储在数据库中。

（2）网络信息系统。基于网络运行的信息系统即网络信息系统是大数据产生的重要方式，如电子商务系统、社交网络、社会媒体、搜索引擎等都是常见的网络信息系统。网络信息系统产生的大数据多为半结构化或非结构化的数据，在本质上，网络信息系统是信息管理系统的延伸，是专属于某个领域的应用，具备某个特定的目的。因此，网络信息系统有着更独特的应用。

（3）物联网系统。物联网是新一代信息技术，其核心和基础仍然是互联网，是在互联网基础上延伸和扩展的网络，其用户端延伸和扩展到了任何物品与物品之间，进行信息交换和通信，而其具体实现是通过传感技术获取外界的物理、化学、生物等数据信息。

（4）科学实验系统。主要用于科学技术研究，可以由真实的实验产生数据，也可以通过模拟方式获取仿真数据。

5. 数据的分类

在大数据时代，数据极为复杂，多样性是大数据的重要特性之一。例如，从高度结构化的财务数据，到商品的文本描述和评论、多媒体文件和人口地理环境数据，都是属于大数据的范畴，并且与我们关注的市场调查对象密切相关。根据数据的组成结构，通常把数据分为结构化数据、半结构化数据和非结构化数据三种数据类型。

（1）结构化数据。这种数据实质上是预定义的数据类型、格式和结构，一般可以在关系数据库中找到，多年来一直主导着IT应用，是关键任务OLTP（联机事务处理过程）系统业务所依赖的数据。更进一步，这也是传统商务智能的主要数据基础，通过对数据的查询、排序、综合、切割分块和分析，提供智能化的商务报告。

（2）半结构化数据。包括电子邮件、文字处理文件及大量保存和发布在网络上的数据，是一种可识别的模式和可以解析的文本数据。半结构化数据是以内容为基础的，可以用于搜索，这也是Google等搜索引擎存在的理由。例如，自描述和具有定义模式的HTML、XML、JSON等数据文件。

（3）非结构化数据。该数据在本质形式上可认为是没有固定结构的原始记录数据，并且处于一种可感知的形式（如可在音频、视频和多媒体文件中被听到或看到）。许多大数据都是非结构化的，其庞大的规模和复杂性需要高级分析工具来创建或利用一种更易于人们感知和交互的结构来解析。

二、大数据时代对市场调查的新认识

1. 大数据时代的社会科学研究方法论的演化

自然科学研究历程经历了经验科学、使用模型或归纳法进行研究的理论科学、通过计算机模拟复杂现象的仿真科学和基于数据探索实现实验、理论、仿真融合的数据科学等四种研究范式。与自然科学研究相似，对于社会科学来讲，人类对社会领域的认知要更为久远和复杂，大致经历了：①与自然科学浑然一体的自然哲学阶段；②向自然科学学习却又不断分化的阶段；③对第二阶段进行反思与批判；④基于复杂性科学的重新融合阶段。因此，根据社会科学四个研究阶段的主要方法论，也可分为四种范式。第一范式是哲学思辨和定性研究阶段；第二范式是基于实证主义传统形成的定量研究阶段；第三范式是基于仿真研究的阶段；第四范式是基于数据科学的大数据研究阶段。故此，在社会科学领域的研究范式与自然科学研究范式的比较如图3-3所示。

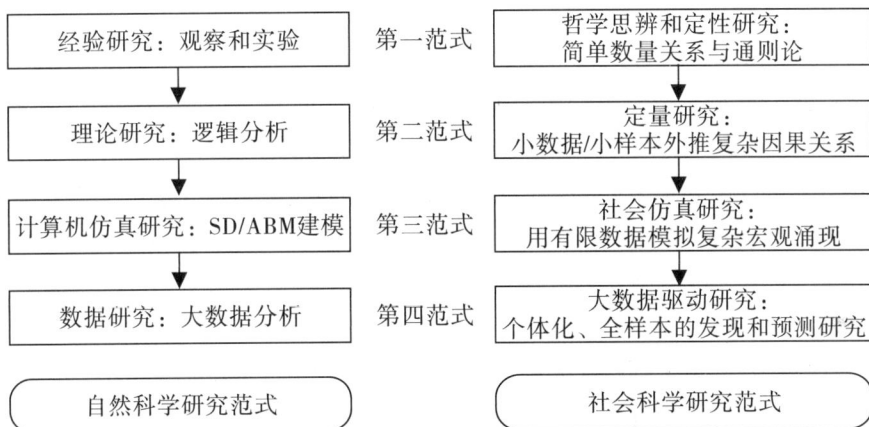

图3-3　自然科学与社会科学研究范式的演化比较

四种范式中，第四范式就是大数据时代的主要研究范式。就研究思路而言，认为世界即是由数据构成的，一切事物皆可"量化"并由编码或数据来表示；而且关注点也从因果关系的探求，转移到相关关系的研究。大数据通过对数量巨大的数据做统计性的搜索、比较、聚类、分类等分析，找到数据之间的关联。而数据的关联性可能是进一步研究因果关系的新基础，甚至可能在相关性发现之前都不存在的新关系。从研究路径看，大数据偏向于归纳逻辑。相关分析在市场调查中并不是一个新鲜的名词，但与传统市场调查中采用的"假设—验证"的实证主义研究路径和演绎式逻辑不同，大数据不需要任何预设和模型，期望在大量无序个体的集合中呈现出有序的趋势，对其进行归纳。大数据为市场调查带来了诸多可能性。首先，大数据条件下可以直接跨越样本数量障碍，对数据整体进行分析；其次，不介入调研内容或调研对象的日常行为，呈现出调研对象真实客观的行为轨迹；再次，数据沉积为长期过程，可以进行历时研究；最后，大数据的即时性有利于监测和解决瞬息万变的市场问题。事实上，大数据目前的发展和使用还存在很多不确定性。例如，数据量过大，合适的运算方法和硬件条件还不够完善；不同平台之间的数据无法打通；如何做到利用大数据分析消费者行为同时保护消费者的隐私不被侵犯；等等。

因此，在大数据时代聚焦市场营销，大数据的新手段是对传统市场调查的重要补充，市场调查在大数据时代的营销管理中仍然非常重要。虽然市场调查与大数据方法论之间存在明显的差异，甚至乍看之下互相对立，但是从数据分析思维的视角来看，两者之间更多存在的是并行与互补的辩证关系。事实上，市场调查与大数据这两种方法论之间并非互斥或取而代之的关系，而是辩证的，适用于不同场景以应对不同需求，同时又存在着互补与借鉴的整合趋势——将人们所说的与所做的结合起来，才能更好地理解人们所想的，从而根据不同的原因，在消费者未来行为的可能路径中提供他们最需要的信息。大数据可以帮助市场调研者更好地检测和发现消费者的消费行为和原因。其最终的目标是要利用大数据跟踪消费者的整个消费轨迹——从最初的消费冲动、权衡阶段，到最终的购买阶段，再通过市场调查发现消费者之所以没有购买的原因是什么、是在哪个环节出现了问题以及营销人员应该如何解决。

2. 大数据时代识别消费者的新途径

大数据时代的市场营销将是以"消费者洞察"为主导的。市场调查将成为大数据的一部分，其相对成熟、系统的方法论也将在数据分析环节作为对大数据方法论的补充，从而完成定性与定量的合体。未来的市场调查将会基于消费者行为类大数据，更多聚焦对"人"的深度研究。因此，市场调查中对消费者的识别尤为重要。基于现代科技，特别是通信技术的日益发展，市场调查中对消费者的识别技术已经有了全方位的改变。例如，从消费者的手机开机的那一刹起，其身份及位置等信息便可以通过通信系统进行识别。API技术可以识别消费者的手机号码、IP、MAC（物理地址）、User、Cookie ID、E-mail、IMEI、IDFA、安卓ID、人脸等；其他识别技术如DPI也能识别消费者的大多数信息，此外，爬虫技术、Cookie分析、智能探头、摄像头等也可以识别消费者的部分信息。

3. 大数据时代市场调查的新渠道

除了对消费者的识别，大数据技术为市场调查提供了更多的渠道，而这些渠道往往是全新的。例如，传统的人流量调查，需要测试人员拿测量仪去蹲点，定时测量。在该地点进行实际测量以获得原始的观察数据后，再通过相关的分析、计算就可以预判该地点的人流量。当然，上述的方法尤为传统和古老。新型的统计方式也有，从视频中分析出人数也是一个测算人流量的统计方法之一，但是这个方案非常复杂，要有强大的计算机视觉与人工智能技术。还有一些比较先进的调查方法，是采用运动区域检测算法来实现的。其基本原理是在固定摄像头里提取出运动区域，对这些运动区域进行统计。当运动区域和人的大小相似的时候，就可以认为有一个人通过。当多个人距离较近的时候，采用人体大小的先验知识，把一个运动区域分割为多个单人区域，从而实现对人流量的估计。当然，视频流是实时连续的，运动区域的检测和分割需要在每一帧内不停地计算。此外还要对每一帧间的运动区域进行跟踪，把不同时间的运动区域连接起来，从而给出正确的人流量和行人运动方向。还有一种基于图像特征和神经元网络的算法。其基本原理是在图像中采集一些反映人体特点的比较粗糙的特征，比如图像边缘密度，然后通过神经元网络学习人数与图像特征之间的非线性关系。

大数据时代电子商务的崛起，也为市场调查提供了一个崭新的渠道。现在许多行业通过电子商务平台的服务，都非常容易获得相关行业的大数据，而且相对成本较低。例如，家用电器企业可以通过京东或天猫（含淘宝）平台获取大数据，在一定程度上替代了传统抽样调查，不仅提高了调查效率，而且调查覆盖面也比传统抽样调查广泛得多。

实际上，大数据市场调查的新渠道与数据的生成和来源渠道相对应。主要包括本企业的信息管理系统、第三方网络信息平台系统和物联网系统等。

4. 大数据时代市场调查更真实广泛

在生成研究中如何扩大抽样调查范围、提高样本真实客观性一直是市场调查的一个重要话题。市场研究多年来的统计测量都建立在抽样选取的基础上，而大数据使得直接提取母本成为可能。这在现实层面对于减少研究周期、人力与经费有着较大作用；在科学层面也保证了数据的多样性、代表性、完整性和客观性。大数据可以帮助市场调查克服大规模抽样调查的缺陷，与市场调查模式中的数据采集环节相对应的，是大数据模式中对全样本数据库的筛选环节。大数据通过用户计算机 Cookies、IP 地址、浏览路径、地理位置等维度，真实客观地记录用户的行为与文本生成内容，并根据指令搜索筛选出符合要求的数据以供后续研究，这为数据采集带来了重大突破。因此，市场调查的"全样本"与"客观性"在大数据时代得到了跨越性的提高。

5. 大数据时代市场调查更及时

大数据的数据采集技术不仅提高了数据的全面性和真实性，而且能够及时地反映市场的变化。在大数据时代到来以前，不管采用何种调查方式，基本没办法实现对变化的市场信息实时监控。正是因为随着互联网和物联网的广泛应用，大数据的数据传播高速性以及大数据处理和分析技术的进步，大数据时代的企业对市场信息实施实时监控才成为可能。例如，遍布全国的便利店在 24 小时内产生的 POS 机数据，电商网站中由用户访问所产生的网站点击流数据，高峰时达到每秒近万条的微信短文，全国公路上安装的交通堵塞探测传感器和路面状况传感器（可检测结冰、积雪等路面状态）等庞大的数据，都可以及时地处理和展现。

6. 大数据时代市场调查更精准

在大数据技术的助力下，"计算广告学"与市场调查的整合不仅将在实践中发挥巨大威力，更将缔造新的理论体系与交叉学科。计算广告学领域研究的发展，将传统无法定向投放、无法度量的广告变得可以度量效果，它能够收集和分析大规模的人类行为数据并从中发现个人和群体行为的模式，能够构建出更好的大数据分析产品，帮助实现市场调查的精准效果。大数据能够描绘出每一类潜在用户的画像与其行为路径；而市场调查则会充分利用这些数据，找出影响每一类用户路径的关键原因，有效地提高转化率，使其转化为真正的消费者。随着市场调查理论和计算机技术的发展，在大数据领域系统的研究逻辑等问题逐渐成熟时，社会科学乃至市场调查领域将迎来更令人瞩目的发展。

三、市场调查的大数据采集工具

传统市场调查的方式和方法已在本章第二节和第三节做了详细论述。随着大数据技术的发展，不仅数据的产生呈现出多样化和快速变化的特性，而且大数据分析手段也在日益更新。因此，在市场调查中对数据抓取和信息采集的要求也越来越高，这促进了满足现代市场调查需求的数据采集工具的开发。本小节主要介绍在市场调查业务中，利用大数据技术进行信息采集和数据抓取的一些常用工具并列出了当前的一些主流产品。

1. Flume（分布式日志收集系统）

Flume 是 Cloudera 公司提供的一个高可用的、高可靠的、分布式的海量日志采集、聚合和传输系统。Flume 支持在多种数据源，如控制台、日志系统、命令执行和文件等各类数据的收集；同时，Flume 能够对数据进行简单处理，并具有写入多种数据接收方的能力。

2. Logstash（日志采集设备）

Logstash 是一个应用程序日志、事件的传输、处理、管理和搜索的平台，可以对应用程序日志进行收集管理、存储和简单分析，并提供 web 界面和接口来搜索和展示所有日志。

3. Kibana（可视化工具）

Kibana 是一个为 Logstash 和 Elasticsearch 提供日志分析的 web 接口，可使用它对日志进行高效的搜索、可视化、分析等各种操作。Kibana 是一个开源和免费的工具，它可以汇总、分析和搜索重要数据日志，还可以为 Logstash 和 Elasticsearch 提供日志分析的 web 界面。

4. Ceilometer（为计费和监控以及其他服务提供数据支撑）

Ceilometer 主要负责监控数据的采集，是 Openstack 中的一个子项目，它像一个漏斗一样，能把 Openstack 内部发生的几乎所有的事件都收集起来，然后为计费和监控以及其他服务提供数据支撑。

5. Zipkin（分布式跟踪系统）

Zipkin 是 Twitter 的一个开源项目，允许开发者收集 Twitter 各个服务上的监控数据，并提供查询接口。该系统让开发者可通过一个 web 前端轻松地收集和分析数据，例如用户每次请求服务的处理时间等，可方便地监测系统中存在的瓶颈。

6. Arachnid（基于 Java 的爬虫技术）

Arachnid 是一个基于 Java 的网络爬虫框架，它包含一个简单的 HTML 剖析器，能够分析包含 HTML 内容的输入流。通过实现 Arachnid 的子类就能够开发一个简单的网络爬虫。

7. Crawlzilla（基于集群的搜索引擎）

Crawlzilla 是一个建立搜索引擎的自由软件，以搜索引擎 Nutch 为核心，并整合更多相关套件。Crawlzilla 除了爬取基本的 HTML 外，还能分析网页上的文件，如 DOC、PDF、PPT 等多种文件格式，使得搜索引擎不只是网页搜索引擎，而是网站的完整资料索引库。它拥有中文分词能力，搜索更精准。Crawlzilla 最主要的特色与目标就是给使用者提供一个方便好用易安装的搜索平台。

8. GooSeeker（集搜客网络爬虫）

GooSeeker 是国内一款大数据抓取软件，致力于提供一套便捷易用的软件，将网页内容进行语义标注和结构化转换，一旦有了语义结构，整个 web 就变成了一个大数据库；一旦内容被赋予了意义（语义），就能从中挖掘出有价值的知识。集搜客创造了以下商业应用场景：

（1）集搜客网络爬虫不是一个简单的网页抓取器，它能够集众人之力把语义标签摘取下来。

（2）每个语义标签代表大数据知识对象的一个维度，可以进行多维度整合，剖析此知识对象。

（3）知识对象可以是多个层面的，如市场竞争、消费者洞察、品牌地图、企业画像。

9. 乐思网络信息采集系统

乐思网络信息采集系统的主要目标就是解决网络信息采集和网络数据抓取问题，可根据用户自定义的任务配置，批量而精确地抽取目标网页中的半结构化与非结构化数据，转化为结构化的记录，保存在本地数据库中，用于内部使用或外网发布，快速实现外部信息的获取。该系统主要用于大数据基础建设、舆情监测、品牌监测、价格监测、门户网站新闻采集、行业资讯采集、竞争情报获取、商业数据整合、市场研究、数据库营销等领域。

10. 火车采集器

火车采集器是一款专业的网络数据采集/信息处理软件，通过灵活的配置，可以很轻松迅速地从网页上抓取结构化的文本、图片、文件等资源信息，可编辑筛选处理后选择发布到网站后台、各类文件或其他数据库系统中。它被广泛应用于数据采集挖掘、垂直搜索、信息汇聚、门户或企业网信息汇聚、商业情报、论坛或博客迁移、智能信息代理、个人信息检索等领域，适用于各类对数据有采集挖掘需求的群体。

11. 狂人采集器

狂人采集器是一套专业的网站内容采集软件，支持各类论坛的帖子和回复采集，网站以及博客文章内容抓取，通过相关配置，能轻松地采集 80% 的网站内容为己所用。根据各建站程序的区别，狂人采集器分论坛采集器、CMS 采集器和博客采集器三类，总计支持近 40 种主流建站程序的上百个版本的数据采集和发布任务，支持图片本地化，支持网站登录采集、分页抓取，全面模拟人工登录发布，软件运行快速安全稳定。

12. 网络矿工

网络矿工数据采集软件是一款集互联网数据采集、清洗、存储、发布为一体的工具软件，它具有高效的采集性能，能够从网络获取最小的数据，从中提取需要的内容，优化核心匹配算法，存储最终的数据。网络矿工可按照用户数量授权，不绑定计算机，可随时切换计算机。

以上简单介绍了 12 款数据采集的工具，各采集工具均可进入官方网站下载免费版或试用版，或者根据用户需求购买专业版，以及跟在线客服人员提出采集需求，采用付费方式由专业人员提供技术支持。市场调查的数据采集是大数据营销分析的重要程序之一，需要说明的是，在数据采集后为了减少或避免后续数据分析和数据挖掘中可能出现的问题，有必要对数据进行预处理，然后建立分析模型对数据进行进一步的分析和挖掘。

实例 3-8 滴滴 80.26 亿元"天价罚单"

2022 年 7 月 21 日，国家互联网信息办公室依据《中华人民共和国网络安全法》《中华人民共和国数据安全法》《中华人民共和国个人信息保护法》《中华人民共和国行政处罚法》等法律法规，对滴滴全球股份有限公司处以人民币 80.26 亿元罚款，对滴滴全球股份有限公司董事长兼 CEO 程维、总裁柳青各处人民币 100 万元罚款。此次处罚力度之大、金额之高，令人咋舌。

事实上，这一次已是滴滴一年以来的第二次受罚。2021 年 7 月 4 日，国家网信办发布通报，因"存在严重违法违规收集使用个人信息问题"，根据《中华人民共和国网络安全法》规定对"滴滴出行"App 实施下架处理。而此次，滴滴更是引得网信办、公安部、国安部、自然资源部、交通运输部、税务总局、市场监督管理总局等七部委联合进驻，一番彻查之后，终于开出这张让市场震惊的"天价罚单"。

国家互联网信息办公室有关负责人就对滴滴全球股份有限公司依法作出网络安全审查相关行政处罚的决定答记者问中提到，"滴滴公司共存在 16 项违法事实，归纳起来主要是 8 个方面"。一是违法收集用户手机相册中的截图信息；二是过度收集用户剪切板信息、应用列表信息；三是过度收集乘客人脸识别信息；四是过度收集乘客评价代驾服务时、App 后台运行时、手机连接桔视记录仪设备时的精准位置（经纬度）信息；五是过度收集司机学历信息，以明文形式存储司机身份证号信息；六是在未明确告知乘客情况下分析乘客出行意图信息；七是在乘客使用顺风车服务时频繁索取无关的"电话权限"；八是未准确、清晰说明用户设备信息等 19 项个人信息处理目的。

（资料来源：微信公众号"销售与市场"，有删改，https：//mp. weixin. qq. com/s/JJSeCiiN5lXUxdSJrsOp_Q）

思考： 1. 在进行市场信息收集时为什么要对被调查者的信息保密？滥用消费者信息有哪些危害？

2. 为什么大数据时代的信息泄露比传统市场市场调查更加严峻？

3. 如何降低市场调查过程中的消费者信息泄露风险？

测试你掌握的知识

1. 简单解释什么是市场调查。
2. 举例说明市场调查的几种类型。
3. 市场调查的方式有哪些？
4. 市场调查的方法有哪些？
5. 应该如何设计一份调查问卷？
6. 调查数据应该如何处理？
7. 请举例说明大数据时代如何进行市场调查。

实训模块3　消费者需求调查

结合本团队研究的企业或某企业的产品，了解该品类产品的消费需求，参考本章实例 3－5，用 5W1H 模型设计调查问卷，撰写调查方案并实施调查，提交调查报告。

数字扩展资源3

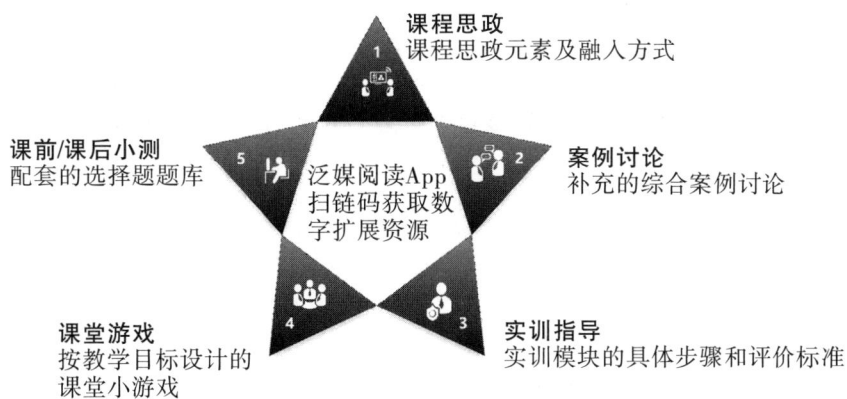

课程思政
课程思政元素及融入方式

案例讨论
补充的综合案例讨论

课前/课后小测
配套的选择题题库

泛媒阅读App
扫链码获取数
字扩展资源

实训指导
实训模块的具体步骤和评价标准

课堂游戏
按教学目标设计的
课堂小游戏

第四章 选择价值——目标市场营销战略

让你的企业和产品与众不同，形成核心竞争力。对受众而言，就是鲜明地建立品牌。

——杰克·特劳特

【知识目标】

1. 学生能够解释市场细分的作用、依据和标准；
2. 学生能够区分不同目标市场模式和目标市场选择战略的适用范围及优劣势；
3. 学生能够描述市场定位的过程与方法。

【能力目标】

1. 学生能够运用相应的市场细分依据和标准来细分市场；
2. 学生能够评估目标市场并选择对当前企业最有利的目标市场模式；
3. 学生能够针对所选择的目标市场需求，分析竞争环境和企业优势设计市场定位策略。

【价值目标】

1. 通过市场细分的学习，学生能够了解我国地区、人口、经济发展水平、生活方式存在的差异。明确不同事物没有优劣之分，只有特色之别，推进事物发展也需不同的方法，进而理解开展精准扶贫的意义。
2. 通过目标市场选择的学习，学生能够明白在互联网时代哪怕是小众产品也能站在舞台的中央，进而激励学生勇于创新创业。
3. 通过定位理论的学习，学生能够明确我国经济目前所处阶段、发展目标，作为大学生的奋斗目标和责任担当。

【思维导图】

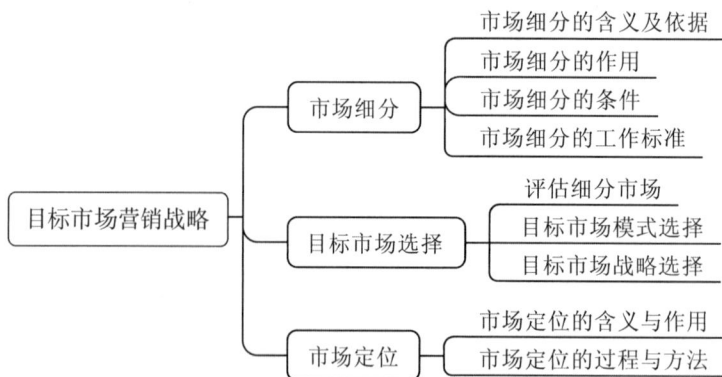

【营销实战】

宝洁公司在中国大陆地区销售的洗发水有如下几种：

1	2	3	4	5	6	7
想头发顺滑	想去除头屑	想增加营养	想专业美发	想天然纯净	想头皮抗氧化	想恢复受损头发活力

Rejoice 飘柔	head&shoulders 海飞丝	PANTENE	VS SASSOON	Herbal Essences	HAIR RECIPE	AUSSIE
飘柔	海飞丝	潘婷	沙宣	植感哲学	发的食谱	澳丝

思考：1. 为什么宝洁公司不生产一种能够满足消费者所有需求的洗发水？
  2. 宝洁公司对洗发水市场进行细分的依据是什么？
  3. 宝洁公司采取的目标市场营销方式是什么？

现代市场是一个庞大而复杂的市场。在这个市场上，顾客人数众多，分布广泛，各种不同的需求和爱好共同存在，无论企业实力有多强，想要满足所有的需求与爱好，几乎是不可能的。因此，企业不应处处与人竞争，而应以自己的优势与他人的劣势竞争，也就是寻找最富吸引力的、本企业能提供最有效服务的子市场，在这样的子市场上确立经营优势。

目标市场营销战略即企业识别各个不同的购买者群体的差别，有选择地确认一个或几个消费者群体作为自己的目标市场，发挥自己的资源优势满足其全部或部分的需要。目标市场营销战略是市场营销理论的重大发展，已成为现代营销的核心战略。

目标市场营销战略包含三大步骤：①市场细分（Segmenting）：确定并描绘需要被提供相对独立的产品或者营销组合的购买者群体；②目标市场选择（Targeting）：选择一个或多个准备进入的市场；③市场定位（Positioning）：在市场上建立和传播产品与众不同的关键利益。所以又被称为"STP营销"。具体如图4-1所示。

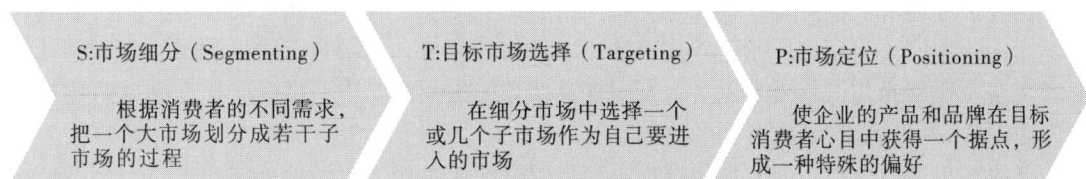

S:市场细分（Segmenting）	T:目标市场选择（Targeting）	P:市场定位（Positioning）
根据消费者的不同需求，把一个大市场划分成若干子市场的过程	在细分市场中选择一个或几个子市场作为自己要进入的市场	使企业的产品和品牌在目标消费者心目中获得一个据点，形成一种特殊的偏好

图4-1 目标市场营销战略的步骤

第一节　市场细分

一、市场细分的含义及依据

市场细分就是营销者通过市场调研，根据消费者对商品的不同欲望与需求、不同的购买行为与购买习惯，把消费者整体市场划分为具有类似性质的若干不同的购买群体——子市场，使企业可以从中认定其目标市场的过程和策略。这里所讲的子市场就是指消费者群。

每一个消费者群就是一个细分市场，每一个细分市场都是由需求倾向类似的消费者构成的群体，所有细分市场之总和便是整体市场。洗发水的市场细分如图 4－2 所示。

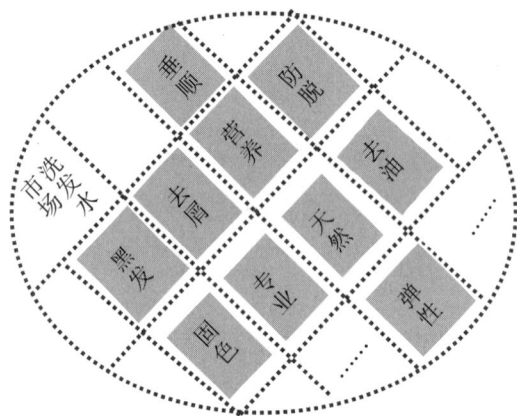

图 4－2　洗发水的市场细分

在企业营销活动中，市场细分是一项常态化的工作。企业进行市场细分，往往是出于对消费者需求变化的主动适应。市场细分工作的依据：

（1）消费者的需求客观上存在着绝对差异性造成了市场细分的必要性。由于人们所处的地理条件、社会环境不同，所受的教育、培训不同，自身所具有的心理素质、价值观不同，所有的经历和所从事的职业也不同，使得他们对商品的品种、款式、色彩、规格、数量、价格乃至购买时间和购买地点的要求也会有所不同。

（2）消费者的需求客观上存在相对同质性使市场细分有了实现的可能。处在同一地理条件、社会环境下，总会有一些人接受相同的教育和培训，并具有相近的心理特征和价值观念，因此，他们对商品的品种、款式、色彩、规格、数量、价格乃至购买时间和购买地点的要求也会大致相同。正是因为消费者需求在某些方面的相对同质，市场上存在绝对差异的消费者才能按一定标准聚合成不同的群体。

因此，市场细分是一个聚集的过程，而不是分解的过程。市场细分在求大同、存小异的基础上，把对某种产品的特点最易做出反应的消费者，根据多种变量连续进行集合，指导形成企业的某一细分市场。需要特别注意的是，细分市场不是根据产品品种、产品系列来进行的，而是从消费者的角度进行划分的，即消费者的需求、动机、购买行为的多元性和差异性来划分的。

二、市场细分的作用

（1）有利于选择目标市场和制定市场营销策略。市场细分后的子市场比较具体，比较容易了解消费者的需求，企业可以根据自己的经营思想、方针及生产技术和营销力量，确定自己的服务对象，即目标市场。针对较小的目标市场，便于制定特殊的营销策略。

（2）有利于发掘市场机会，开拓新市场。通过市场细分，企业可以对每一个细分市场的购买潜力、满足程度、竞争情况等进行分析对比，探索出有利于本企业的市场机会，使企业及时做出新产品开拓计划，进行必要的产品技术储备，掌握产品更新换代的主动权，开拓新市场，更好地适应市场的需要。

（3）有利于集中人力、物力投入目标市场。任何一个企业的资源、人力、物力、资金都是有限的。通过细分市场，选择了适合自己的目标市场，企业可以集中人、财、物及资源，去争取局部市场上的优势，然后再占领自己的目标市场。

（4）有利于企业提高经济效益。上述几个方面的作用都能使企业提高经济效益。除此之外，企业通过市场细分后，可以面对自己的目标市场，生产出适销对路的产品，既能满足市场需要，又可增加企业的收入；产品适销对路可以加速商品流转，加大生产批量，降低企业的生产销售成本，提高生产工人的劳动熟练程度，提高产品质量，全面提高企业的经济效益。

三、市场细分的条件

企业可以根据单一因素，也可根据多个因素对市场进行细分。选用的细分标准越多，相应的子市场也就越多，每一子市场的容量相应就越小。相反，选用的细分标准越少，子市场就越少，每一子市场的容量则相对较大。如何寻找合适的细分标准，对市场进行有效的细分，在营销实践中并非易事。一般而言，成功、有效的市场细分应遵循以下四个基本原则（见表4-1）。

表4-1　有效市场细分的条件

基本原则	具体内容
可衡量性	细分的市场是可以识别和衡量的，即细分出来的市场不仅范围明确，而且对其容量大小也能大致做出判断
可进入性	细分出来的市场应是企业营销活动能够抵达的，即是企业通过努力能够使产品进入并对顾客施加影响的市场
足量性	细分市场的规模和获利能力应大到值得为之服务。如果细分市场的规模过小，市场容量太小，细分工作烦琐，成本耗费大，获利小，就不值得去细分

（续上表）

基本原则	具体内容
能区分	细分市场在概念上能被区分，并且对不同的营销组合有不同的反应。如果不同细分市场顾客对产品需求差异不大，行为上的同质性远大于其异质性，此时，企业就不必费力对市场进行细分

四、市场细分的工作标准

1. 消费者市场细分的工作标准

如前所述，一种产品的整体市场之所以可以细分，是由于消费者或用户的需求存在差异所决定的。引起消费者需求差异的变量很多，在实际市场细分工作中，企业一般是组合运用有关变量来细分市场，而不是单一采用某一变量。概括起来，细分消费者市场的变量主要有四类，即地理因素、家庭因素、心理因素、行为因素（见表 4 - 2）。

表 4 - 2　消费者市场的细分标准及其细分变量

细分标准	细分变量	变量内容
地理因素	地域	东北、华北、西北、西南、华东、华南
	城镇规模	大城市、中等城市、小城市、乡镇
	自然环境	平原、丘陵、山区
家庭因素	年龄	0～5 岁、6～10 岁、11～18 岁、19～34 岁、35～49 岁、50～64 岁、65 岁以上
	性别	男、女
	收入	1 000 元以下、1 000～3 000 元、3 001～6 000 元、6 001～10 000 元、10 000 元以上（以月为基本单位）
	家庭生命周期	年轻单身、年轻已婚无子女、年轻已婚最小子女不到 6 岁、年轻已婚最小子女 6 岁以上、较年长已婚与子女同住、较年长已婚子女都超过 18 岁、较年长单身、其他
	职业	政府和社会行政人员、管理人员、私营企业主、专业技术人员、职员、工人、农民、失业人员等
	受教育情况	小学及以下、初中、高中、专科、本科、硕士及以上
心理因素	生活方式	节俭型、奢侈型、传统型、新潮型
	动机	求美、求廉、求实、求新、求名、求便、炫耀、好胜、嗜好、惠顾
	个性	被动型、交际型、权力型、野心型

（续上表）

细分标准	细分变量	变量内容
行为因素	场合	普通场合、特殊场合
	利益	质量、服务、经济、速度
	使用者状况	从未使用、以前用过、有可能使用、第一次使用、经常使用
	使用率	偶尔使用、适度使用、频繁使用
	忠诚度	没有、适度、强烈、绝对
	准备阶段	未知晓、知晓、已了解、有兴趣、想得到、企图购买
	对产品的态度	热衷、积极、不关心、否定、敌视

（1）按地理因素细分市场。按照消费者所处的地理位置、自然环境来细分市场。比如，根据国家、地区、城市规模、气候、人口密度、地形地貌等方面的差异将整体市场分为不同的小市场。地理因素之所以作为市场细分的依据，是因为处在不同地理环境中的消费者对于同一类产品往往有不同的需求与偏好，他们对企业采取的营销策略与措施会有不同的反应。

（2）按家庭因素细分市场。按家庭因素，如年龄、性别、家庭规模、家庭生命周期、收入、职业、受教育程度、宗教、种族、国籍等为基础来细分市场。消费者需求、偏好与家庭因素有着很密切的关系，比如，只有收入水平很高的消费者才可能成为高档服装、名贵化妆品、高级珠宝等的经常买主。家庭因素比较容易衡量，有关数据相对容易获取，由此构成了企业经常以它作为市场细分依据的重要原因。

（3）按心理因素细分市场。在心理细分中，购买者根据其生活方式、个性特点或价值观被划分成不同的群体。属于不同群体的人可能表现出差异极大的心理特征。生活方式是指一个人怎样生活。人们追求的生活方式各不相同，如有的追求新潮、时髦，有的追求恬静、简朴；有的追求刺激、冒险，有的追求稳定、安逸。

个性是指一个人比较稳定的心理倾向与心理特征，它会导致一个人对其所处环境做出相对一致和持续不断的反应。俗话说"人心不同，各如其面"，每个人的个性都会有所不同。通常，个性会通过自信、自主、支配、顺从、保守、适应等性格特征表现出来。因此，个性可以按这些性格特征进行分类，从而为企业细分市场提供依据。在西方国家，对诸如化妆品、香烟、啤酒、保险之类的商品，有些企业以个性特征为基础进行市场细分并取得了成功。

（4）按行为因素细分市场。根据购买者对产品的了解程度、态度、使用情况及反应等被划分成不同的群体，叫作行为细分。许多人认为，行为变量能更直接地反映消费者的需求差异，因而成为市场细分的最佳起点。按行为变量细分市场如表4-3所示。

表 4 - 3　按行为变量细分市场

行为变量	细分依据
购买场合	根据消费者提出需要、购买和使用产品的不同时机，将他们划分成不同的群体
追求利益	根据消费者所追求的利益对其进行分类
使用者状况	根据消费者是否使用和使用程度来细分市场，通常可分为经常购买者、首次购买者、潜在购买者和非购买者
使用数量	根据消费者使用某一产品的数量大小来细分市场。通常可分为大量使用者、中度使用者和轻度使用者。大量使用者人数可能并不是很多，但他们的消费量在全部消费量中占很大的比重
品牌忠诚程度	企业还可根据消费者对产品的忠诚程度来细分市场。有些消费者经常变换品牌，另外一些消费者则在较长时期内专注于某一或少数几个品牌
购买的准备阶段	消费者对各种产品的了解程度往往因人而异。有的消费者可能对某一产品确有需要，但并不知道该产品的存在；还有的消费者虽已知道产品的存在，但对产品的价值、稳定性等存在疑虑；另外，一些消费者则可能正在考虑购买。针对处于不同购买阶段的消费群体，企业进行市场细分，并采用不同的营销策略
态度	企业还可根据市场上顾客对产品的热心程度来细分市场。不同消费者对同一产品的态度可能有很大差异，如有的持肯定态度，有的持否定态度，还有的则处于既不肯定也不否定的无所谓态度。针对持不同态度的消费群体进行市场细分，并在广告、促销等方面应当有所不同

2. 生产者市场的细分依据

许多用来细分消费者市场的标准，同样可用于细分生产者市场。如根据地理、追求的利益和使用率等变量加以细分。不过，由于生产者与消费者在购买动机与行为上存在差异，所以，除了运用前述消费者市场细分标准外，还可用一些新的标准来细分生产者市场。生产者市场的细分依据如表 4 - 4 所示。

表 4 - 4　生产者市场的细分依据

细分依据	具体内容
用户行业	不同行业用户采购同一种产品的使用目的往往不同。不同行业的最终用户通常会在产品的规格、型号、品质、功能、价格等方面提出不同的要求，追求不同的利益。比如钢材，有的用户用于生产，有的用于造船，有的用于建筑
用户规模	在产业市场，大量用户、中量用户、少量用户的区别，要比消费者市场更为明显。用户或客户规模不同，企业的营销组合方案也应不同。对大客户，宜于直接联系、直接供应，由销售经理亲自负责；而对于小客户，则宜于由批发商或零售商去组织供应
用户地点	产业市场比消费者市场更为集中。企业按用户的地理位置来细分市场，选择用户较为集中的地区作为自己的目标市场，不仅联系方便，信息反馈快，而且可以更为有效地规划运输路线、节省运费，同时能更充分地利用销售力量，降低推销成本

实例 4-1 传音——非洲手机之王

目前，非洲出售的手机当中，有 55% 是功能机，45% 是智能手机。在智能手机市场，中国厂商仍然占据显著优势。2021 年非洲智能手机出货量，第一名是被称为"非洲手机之王"的传音，占 47.9% 的市场份额；第二名是三星，占 19.6% 的市场份额；第三名是小米，占 7.1% 的市场份额。在功能机市场，传音的优势更大，占非洲 78% 的市场份额。

事实上，传音能够成为非洲手机之王，绝不仅仅是眼尖手快地找到了一个低端市场，把自己的产品下沉到那里。这家公司选择进入非洲市场的时候发现，非洲市场与中国市场的差别，甚至远大于非洲的气候、景观跟中国的气候、景观之间的差别。

传音最先进入的非洲国家是尼日利亚。尼日利亚是非洲人口最多的国家，它的人口不到 2 亿人，但是有五家电信运营商，而且电信运营商之间形成了割据的格局。运营商通过各种手段，造成用户选择成本非常高的局面。运营商之间的通话资费是非常昂贵的，尼日利亚毕竟是一个发展中国家，这种昂贵的价格让老百姓望而却步。老百姓给自己的朋友打电话，而朋友使用的是另一家运营商的服务，怎么办呢？他们通常手头有三四张卡，给使用不同运营商服务的人打电话的时候，就会换 SIM 卡，这个过程非常麻烦。在尼日利亚平均每个人拥有 2.39 张 SIM 卡，打电话频率很高的人甚至要买 4~5 张卡。因为如果不频繁换卡，他们就得忍受昂贵的资费。

传音进入这个市场的时候，针对这个特性就开发出了双卡双待功能。今天很多手机都是双卡双待了，但是最早使用双卡双待功能的就是传音，是特定的市场倒逼出来的，甚至传音的部分手机已经能够做到四卡四待。

尼日利亚与非洲其他国家一样，停电对于普通百姓来说是家常便饭。他们一年的季节分为旱季和雨季，他们的生活也有两个季节——有电的季节和没电的季节。第一，那里停电是不可预期的，随时都有可能停电。第二，停电以后，什么时候来电是不可预测的。针对这种情况，传音就研发出了待机时间超长的手机，充电以后待机时间可长达 20 天。

非洲人爱拍照。我们使用的手机都有美化图片的功能，而很多手机的照片美化功能主要是针对白种人和黄种人的，比如说磨皮、美白。但是这个功能对于非洲人民是不管用的，手机必须对黑皮肤的色差非常敏感，否则整个面部看上去就会非常平面化。如何增加摄像头对于黑色的色差敏感度，最大限度地让他们的面孔 3D 化，这是以前的手机拍照一直没有面对、也没有解决的问题。通过技术攻关，传音手机让非洲人在晚上照相的时候还能够拍出立体感来，拍摄效果与其他手机相比高下立判。所以我们可以想象，在一个对拍照如此热衷的市场里，人们对传音手机的趋之若鹜。

由于特定的气候，以及遗传的原因，非洲人汗液的酸性非常大，pH 值能够达到 3.5，这就意味着他们把手机放在口袋里的时候手机外壳很容易被腐蚀。很多手机买来的时候很漂亮，使用一段时间后，外壳就好像是穿上了迷彩服。而传音通过研发，加了一层高度防酸性侵蚀的涂层，使得它的手机不管用多长时间看上去也像新的。另外，人的手指是容易出汗的，在这种情况下，指纹的识别就会遇到很大的障碍。针对这个痛点，传音也开发出了在手指有汗的情况下，也能确保指纹识别精确度的技术。

这是传音针对非洲市场的特定情况解决的四大痛点。非洲用户还有一个共通的特点，那就是对价格极其敏感。他们会因为几块钱的差价而放弃使用某个产品。虽然传音解决了以上四大难题，但它是需要付出成本的，而那些没有解决这四大难题的手机品牌不用付出相应的成本，它们在价格上很可能就是有优势的。所以，在解决这四大难题的同时，还必须解决最大的难题——就是价格。传音做到了极致的低价，它的功能手机的最低价格折合人民币441.7元。

当把种种的特性组合起来之后，它就是一个针对新市场的新物种。所以，它才可能在这个市场上赢得巨大的优势。换言之，它才能够开辟出一个新的市场。

（资料来源：得到《吴伯凡·商业评论》，有删改，https：//www.dedao.cn/share/trial-Reading？trialReadingId＝NW0Kj8o6EAbrzD4GdVpRXm2ygtDNulD62sE6GqAg5aJLYBPv2mY5kyx9XZMJel7n&type＝65）

思考：1. 结合案例，分析传音手机如何细分市场？

2. 结合案例，分析传音手机如何进行创新？怎样才能开拓新市场？

3. 结合案例，思考市场定位的本质是什么？

实例4-2　小罐茶是怎么成为"爆品"的?

早春三月，正是各地春茶采摘上市的时节。俗话说"明前茶，贵如金"，意思是清明节之前采摘的"头春茶"品质最好而产量有限，是市场上的抢手货。今年西湖龙井的春茶市场出现了一些急功近利的现象。

原来，茶商们为了赶在别人之前早一步上市，以便卖出高价，采用了一些可能会牺牲茶叶品质的办法。有的打催生剂让春芽提前发芽；有的不严格按工艺流程来炒制，以便节省时间；还有的从贵州、四川等发芽更早的地方采购鲜叶冒充西湖龙井等。这些做法，都会有损西湖龙井的品牌形象。

杭州市政府于2022年3月1日起，正式施行《杭州市西湖龙井茶保护管理条例》，整顿市场秩序，促进相关产业链的有序发展。其实，西湖龙井遇到的问题并不是特例，而是中国茶叶市场的一个普遍困境。茶叶的原料、采摘、工艺都是非标准化的，消费者除非把自己喝成行家，否则根本搞不清这里头的门道。比如，在你面前摆三包西湖龙井，有300元一斤的，有3000元一斤的，还有30000元一斤的，你能分清楚谁是谁吗？就算你能分出来，那你能说得清楚，凭啥价格差这么多吗？这种高度的信息不对称，导致了茶叶市场是个极为分散的"蚂蚁市场"。3 000多亿元的市场规模，多年来却连一个销售量在10亿级的品牌都没有。也就是说，这个市场中没有一个玩家拥有超过1%的市场份额。

当然，最近几年情况发生了变化，天福茗茶、吴裕泰、张一元等一批头部企业开始跑了出来，年销售额也破10亿元了。另外，还杀出来一匹超级黑马，这就是2016年才推出的小罐茶。上市仅仅两年，小罐茶的年销售额就突破了20亿元，成为当年茶叶市场的最大赢家。那么，小罐茶到底做对了什么？

为啥是"小罐"？商务场合招待客人喝茶，从大罐子里抓一把就泡，也没人洗手，显得很不讲究。也有小袋包装，但质感不是那么好，如果带着出差的话，袋里的茶叶都挤碎了。这就是为什么要用"小罐"装，一罐一泡。

当然，这只是小罐茶解决的浅层痛点。深层痛点，就是我们前面说的，茶叶市场鱼龙混杂，价格没谱。如果你本身是茶道行家，那么这不是问题，反而能从这种高度的丰富性当中享受寻找好茶的乐趣；如果你喝的是"口粮茶"，茶只是和"柴米油盐酱醋"并列的日用品，那么问题也不大，你只需要锁定适合自己的、性价比最高的茶就行了。

但是，在商务场合，这种价格混乱的情况就非常尴尬。想想看，你真心诚意拿出1万元一斤的茶叶招待客人，你要是不说，客人以为这是100元一斤的茶叶；你要是说吧，客人以为你是在忽悠。同样地，你拎一盒茶叶去送人，其实双方在打一场肚皮官司：对方在猜你这盒茶叶值多少钱，而你在猜对方以为你这盒茶叶值多少钱。

针对这个深层痛点，解决方案不是去强调高深莫测的"茶文化"，因为这会进一步增加价格判断的难度；也不是去强调"性价比"，因为商务场合需要"起范儿"。小罐茶的解决方案是标准化：把中国十大名茶，统一品级、统一价格，在市场上形成一个价值共识。

也就是，当你拿出小罐茶来招待客人，不用你多介绍，客人就知道你的茶是什么品质和价格。比如小罐茶金罐，大概是5 000元一斤。针对这个场景，小罐茶的广告语也非常精准，就是"贵客到，小罐茶"。正是因为在市场上成功形成了价值共识，小罐茶无意中也成为商务送礼的好选择。

所以创始人杜国楹说："小罐是形，标准化是神。"做标准化，就是解决茶叶行业里信息不对称的问题，在一个没有价值共识的市场中创造价值共识，这就是小罐茶的"爆品秘诀"。

（资料来源：小罐茶官网，有删改，https：//m.xiaoguantea.com/）

思考：1. 结合案例，谈谈市场细分有什么作用？小罐茶是根据什么标准来细分市场的？

2. 结合案例，思考在进行营销的时候企业应该怎样遵守道德和法规？

3. 如何评估小罐茶选择的目标市场？其选择的目标市场模式是什么？其目标市场战略是什么？

4. 结合案例，分析小罐茶是怎么进行市场定位的？

学以致用

你认为营销者用哪一种细分方案能更有效地销售？观点选择：年龄细分 VS 行为细分。

第二节 目标市场选择

所谓目标市场，就是企业决定要进入的市场。企业在对整体市场进行细分之后，要对各细分市场进行评估，然后根据细分市场的市场潜力、竞争状况、企业资源条件等多种因素决定把哪一个或哪几个细分市场作为目标市场。

如果说市场细分显示了企业所面临的市场机会，目标市场选择则是企业通过评估各种市场机会，决定为多少个细分市场服务的重要营销策略。

一、评估细分市场

评估细分市场是进行目标市场选择的基础。企业可以从以下三个方面对细分市场进行评估。

1. 细分市场的规模和发展潜力

企业进入某一市场是期望有利可图，如果市场规模狭小或者趋于萎缩状态，企业进入后难以获得发展，此时，应审慎考虑，不宜轻易进入。当然，企业也不宜以市场吸引力作为唯一取舍标准，特别是应力求避免"多数谬误"，即与竞争企业遵循同一思维逻辑，将规模最大、吸引力最大的市场作为目标市场。大家争夺同一个顾客群的结果是造成过度竞争和社会资源的浪费，同时使消费者的一些本应得到满足的需求遭受冷落。

2. 细分市场结构的吸引力

细分市场能否给企业带来适当的利润是极为重要的，企业经营的目的最终落实在利润上，只有获得利润，企业才能生存和发展。细分市场可能具备理想的规模和发展特征，然而从赢利的观点来看，它未必有吸引力。根据第二章所述，迈克尔·波特确定了决定整个市场或其中任何一个细分市场的长期内在吸引力的五种力量：同行业竞争者的竞争能力、新进入者的威胁、替代品的威胁、购买者的讨价还价能力和供应商的讨价还价能力。例如，一个细分市场已经拥有了许多强大和激进的竞争对手，或是新的市场竞争者能够很容易地进入该细分市场，那么这个细分市场就显得不那么有吸引力了。许多现存或者潜在的替代品的存在，可能会限制产品价格和可从细分市场中赢得的利润。相关购买者的议价能力同样影响着细分市场的吸引力，如果购买者相对于销售商具备更强的议价能力，那么购买者就会迫使价格降低、要求更多的服务，引发同行间更激烈的竞争。这些都将导致销售商利润的降低。最后，如果细分市场中存在可以控制价格及降低企业订单的数量和质量的强势供应商，其吸引力也会降低。

3. 企业目标和资源

某些细分市场虽然有较大吸引力，但不能推动企业实现发展目标，甚至分散企业的精力，使之无法完成其主要目标，这样的市场应考虑放弃。另外，还应考虑企业的资源条件是否适合在某一细分市场经营。只有选择那些企业有条件进入、能充分发挥其资源优势的市场作为目标市场，企业才能立于不败之地。

学以致用

以中国消费者为例，讨论追逐高端和低端这两个共存的倾向，然后回答：如何紧跟这两种不同的消费者趋势？

二、目标市场模式选择

企业在对不同细分市场评估后，就必须对进入哪些市场和为多少个细分市场服务做出决策。企业可采用的可能目标市场模式一共分为五种（见图4-3）。

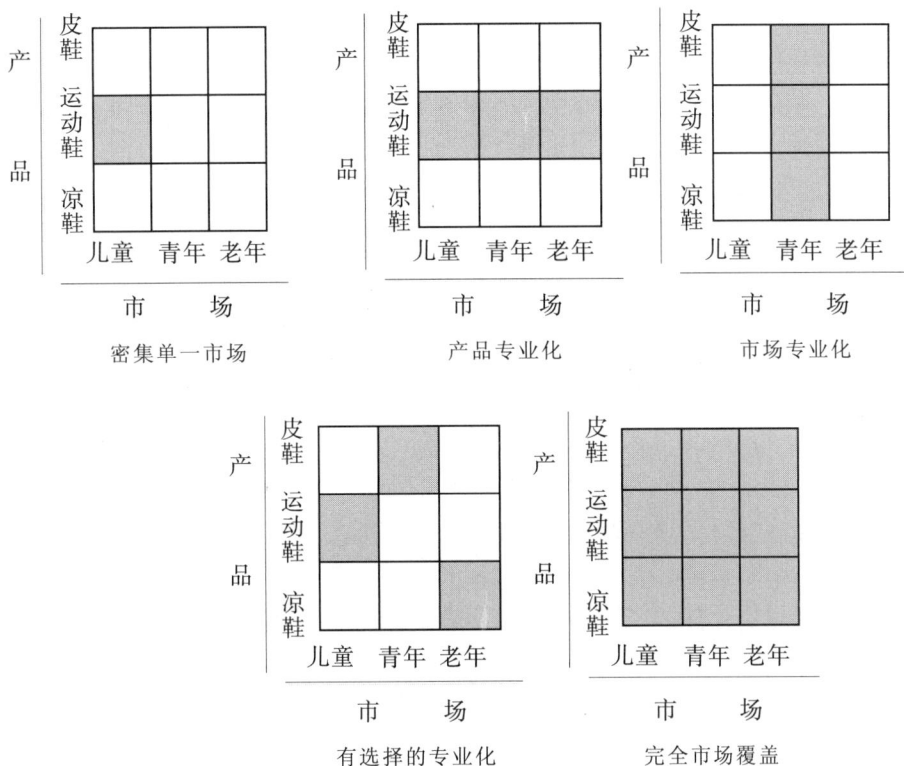

图4-3 目标市场模式选择

1. 密集单一市场

这种方式是企业选择一个细分市场进行集中营销。企业可能具备了在该细分市场成功的必要条件；或者因资金有限，只够在一个细分市场上经营；也可能是这个细分市场上还没有竞争对手等原因使企业采用该模式。企业通过密集营销，更加了解本细分市场的需要，并树立了良好的声誉，因此便可在该细分市场建立巩固的市场地位。但是，密集单一市场覆盖模式风险较大。因为企业的目标市场范围较小，当目标市场发生变化，如出现强人的竞争者，价格下跌，消费者的偏好发生转移等，企业就可能陷入困境。

2. 产品专业化

用此法集中生产一种产品，企业向各类顾客销售这种产品。例如，显微镜生产商向大学实验室、政府实验室和工商企业实验室销售显微镜。企业准备向不同的顾客群体销售不同种类的显微镜，而不去生产各类实验室可能需要的其他仪器。企业通过这种战略，在某个产品领域树立起很高的声誉。

3. 市场专业化

这种模式是指专门为满足某个顾客群体的各种需要而服务。例如，企业可为大学实验室提供一系列产品，包括显微镜、酒精灯、化学烧瓶等。企业专门为这个顾客群体服务，而获得良好的声誉，并成为这个顾客群体所需各种新产品的销售代理商。但如果大学实验室经费预算突然削减，它们就会减少从这个市场专门化企业购买仪器的数量，这就会使企业面临危机。

4. 有选择的专业化

采用此法选择若干个细分市场，其中每个细分市场在客观上都有吸引力，并且符合企业的目标和资源。但在各细分市场之间很少有或者根本没有任何联系，然而每个细分市场都有可能赢利。这种多细分市场目标优于单细分市场目标，可以分散企业的风险，即使某个细分市场失去吸引力，企业仍可继续在其他细分市场获取利润。

5. 完全市场覆盖

这种模式是指企业想用各种产品满足各种顾客群体的需求。显然，只有实力雄厚的大企业才能采用完全市场覆盖战略，如国际商用机器公司（计算机市场）、通用汽车公司（汽车市场）和欧莱雅集团（化妆品市场）。

三、目标市场战略选择

评估了细分市场之后，接下来企业要决定是应该进入一个大的细分市场还是专注于满足一个或多个较小细分市场的需求？有四种基本的目标市场营销方式：无差异营销、差异化营销、集中营销以及定制化营销。选择目标市场方式如图4-4所示。

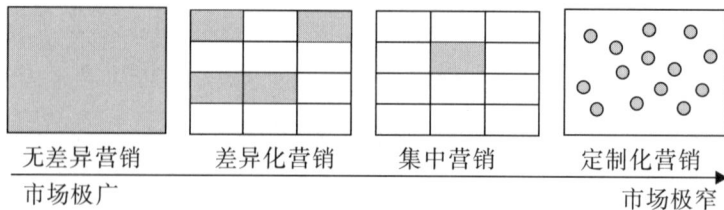

图4-4　目标市场战略选择

1. 无差异营销

无差异营销本质上是单一市场战略，有时也被称为未细分的大众市场。如果成功，这种运作方式很有效率，因为生产、调研和促销成本都可以受益于规模经济效应。无差异营销比选择多个目标市场定位及开发不同的产品和营销信息，开发一种产品或广告活动要便宜得多。但是企业必须明确知道人们都有类似的需求，这样同种产品和信息才能够吸引大量客户。沃尔玛等公司选择的无差异营销，建立在其内部成本优势之上，进而把价格优势传递给大众市场，满足大范围人群的需求。但是大多数公司没有用于维护该种营销方法的成本优势，不得不依靠除价格外的差异化来源。

2. 差异化营销

选择差异化营销的企业，会为拥有不同需求的每一个客户群体开发一种或多种产品。可能的差异化来源有很多，包括创新研发、产品质量，服务领先、雇员、便利性，品牌形象、技术，公司社会责任及其他。采用差异化营销作为核心营销战略，一个很大的挑战就是会不断地有竞争者进入市场中来，而且他们带来的差异来源比现行的更为有效，可能一夜之间竞争者的技术创新或其他战略转变就会使得公司现在的差异来源毫无价值。

3. 集中营销

又称聚焦战略，或者利基战略。当一家企业集中自己的资源，仅针对一个细分市场提供一种或多种产品时，它就是使用集中目标市场战略。那些没有足够的资源来服务于所有人群的企业或小企业通常使用集中战略，通过集中于某个小众市场，可以实现成本及运行效率，并在盈利上胜过许多一开始就采用差异化营销的公司。

4. 定制化营销

理想的情况是营销者极精确的定义细分市场，使企业能够提供准确满足每个人或每个企业的独特需求的产品。随着计算机技术的提高，以及对与消费者建立稳固关系重要性的认知提高，管理人员开始关注设计新的方法，为单个消费者设计产品并提供产品信息，因此一些具有前瞻性，以消费者为中心的企业正在向大规模定制化方向转变。他们对基本产品和服务加以调整来满足个人的需求。

学以致用

> 讨论并总结五种目标市场模式和四种目标市场战略的优缺点和适用条件，画表格说明。

实例4-3　虎邦辣酱如何找到破局点

辣酱行业是一个很分散的行业，全国有将近2万个品牌。"老干妈"是绝对的龙头，品牌认知度非常高，线下铺货能力又强，一家就占了超过20%的市场份额，一年销售额40多亿元。第二名是李锦记，第三名是辣妹子，市场份额都没有超过10%，其他的就更少了。

市面上大多数的辣酱品牌复制老干妈的模式。比如，老干妈的瓶子是上下有一圈突出的哑铃形状，其他辣酱瓶子大多数也是哑铃形状；老干妈的工艺是油泼干辣子，其他辣酱大多数也都是油泼干辣子。

业内有种说法，说老干妈是"辣酱界的价格魔咒"。意思是：如果你定价比老干妈高，那肯定卖不出去；如果你定价比老干妈低，那肯定挣不到钱。老干妈已经做到了极致的性价比，和它正面竞争几乎没有胜算。

这个方向走不通，我们再换条思路。老干妈再厉害，毕竟是来自 20 世纪 90 年代的老品牌，它擅长的营销模式是线下渠道铺货。那么，能不能错位竞争，创立一个纯线上的辣酱品牌，依靠电商流量入局，用互联网营销的新玩法来"降维打击"，就像"三只松鼠"对于坚果行业的颠覆那样。

这个思路确实有人尝试过，比如虎邦辣酱。虎邦辣酱创立于 2015 年，一开始他们想直接绕过线下渠道，走纯电商模式。他们尝试了一圈，包括传统电商、内容电商，以及当时很火的 O2O 模式，但效果都不理想。并不是说在线上买东西，消费者就不认牌子了。恰恰相反，消费者都是"低度决策"的，也就是说，不会花什么心思来分析产品的工艺、技术等，而是什么牌子听说过就买什么。虎邦辣酱想以纯电商模式入局，最终宣告失败。

这个方向也走不通，那还有没有别的思路？

2015 年互联网界有一件大事，就是掀起了轰轰烈烈的外卖大战，美团、饿了么和百度外卖三巨头。大多数的餐饮企业是被动卷入，而虎邦辣酱却看到了一个绝佳的入局机会。

第一，外卖是一个非常契合辣酱的场景。点外卖的时候消费者很少会去点四菜一汤，一般就是一顿简餐，这时候就特别需要辣酱来下饭。第二，外卖是一个封闭式的购买场景，消费者只能选择点餐店铺里的辣酱。这意味着，只要辣酱品牌与外卖商家绑定，就能占领消费者。第三，在这个快速发展的外卖市场中，还没有任何辣酱品牌入局，这是个宝贵的机会。

看到了机会，虎邦辣酱决定放手一试。他们一家一家去找外卖商家谈合作，半年时间做了 2 万多家的终端铺货。一是看看这个商业模式是不是真能跑通，二是观察外卖本身这个市场是不是真能立得住。半年之后，这两点都得到了验证。虎邦辣酱马上决定，放弃其他所有销售渠道，全身心做外卖渠道。

同时，虎邦还做了两件事情。

一是对产品的规格做了改良，推出了 15g、30g 的马口铁小包装，刚好是一顿饭的量。小包装辣酱的单价在 3～5 元，被誉为"凑单神器"，订外卖不够起送价或者想凑够满减，加两个虎邦辣酱就可以了。

二是和外卖商家形成深度绑定的关系。比如，很多餐饮小店做外卖，一开始没有运营经验，虎邦辣酱会派地推人员去帮助他们下载 App、注册店铺，教他们运营社群等。作为回报，商家会在外卖菜单里加上虎邦辣酱的选项。

到现在，虎邦辣酱已经铺货 10 万家外卖商户，与 70 多个连锁餐饮品牌和 3 万多个商家达成了深度合作，成为"外卖标配"。借着这个庞大的渠道优势触达消费者、建立品牌认知之后，虎邦再反杀回线上渠道，成为"第一网红辣酱"。

（资料来源：得到头条，有删改，https：//www.dedao.cn/share/course/article？id＝e-1k8gp2WGMzqJ3m21MK5YmP6DOjxAL）

思考： 1. 结合案例，描述虎邦辣酱选择的目标市场？

2. 结合案例，分析虎邦辣酱的目标市场模式和目标市场战略分别是什么？

3. 结合案例，讨论为什么说"互联网时代哪怕你只是小众也能站在舞台中央"？

第三节　市场定位

在选择好目标细分市场之后，企业也必须选定一个价值主张——企业如何为目标细分市场创造差异化价值以及企业想要在这些细分市场中占据什么位置。定位是在一些重要属性上，消费者对某一特定产品的定义，即特定产品在消费者心目中相对于竞争产品的位置。产品是在工厂中创造的，而品牌则是在人们的心中建立的。

一、市场定位的含义与作用

市场定位就是根据竞争者产品在企业所选目标市场上所处的位置，针对消费者或用户对该种产品某种特征或属性的重视程度，强有力地塑造本企业产品与众不同的、给人印象鲜明的个性或形象，并把这种形象生动地传递给顾客，从而使该产品在市场上确定适当的位置。换句话说，市场定位就是通过营销活动的策划与开展，为企业产品创造出一种明显区别于竞争者的特色性差异，并把这种差异形象生动地展示给顾客，使企业产品在顾客心目中形成一种独特的、深刻的、鲜明的印象，从而企业在目标市场上形成独一无二、不可替代的竞争优势。定位的结果就是成功创造聚焦消费者的价值主张，即目标市场购买该产品的有说服力的理由。这个位置一旦确立起来，就会使人们在需要解决某一特定消费或其他问题时，首先考虑某一定位于此的事物。例如，提到去头屑，人们马上想到海飞丝；提到可乐，人们首先想到可口可乐；提到助消化，人们首先想到江中健胃消食片。这些都是企业定位成功、宣传到位的例证。

定位是现代营销理论中的重要概念，并得到广泛重视和应用：

1. 有助于明确市场营销组合的目标和方向

市场营销组合是一个企业满足目标市场的基本手段，即产品、价格、渠道和促销等的整合与使用，必须聚焦于所选择的定位。一般来说，目标市场选择是界定企业的服务对象和顾客范围；定位则是进一步明确了企业的竞争对手，以及如何以之竞争。各种市场营销手段只有根据定位进行组合才能够明确努力的方向，形成有战略意义的价值。

2. 有利于建立企业及其品牌的战略特色

消费者接触海量的产品和服务的信息，他们不可能在每次做购买决策的时候都重新评估产品。为了简化购买过程，消费者把产品服务和企业在心中进行分类和定位。一个产品的定位是相对于竞争产品而言的，消费者对该产品的一系列复杂的感知、印象和感觉的组合。无论有无营销人员的努力，消费者都会对产品做出定位，但是营销人员并不想让运气来决定其产品定位。因此，他们必须筹划能让自己在选定目标市场上获取最大优势的定位，并设计营销组合来打造计划中的定位。为了获得稳定的市场地位和销量，营销人员需要从各方面为企业、品牌、产品和服务树立一定的特色，打造不一样的市场形象，以期在顾客中形成特殊的偏好，提升不可替代性。

有效的市场定位，可以确定产品在顾客心目中留下适当位置并留下深刻印象，可以塑造一个成功的企业品牌形象，扩大销售，获得更高的市场份额以及更好的竞争优势；而失败的市场定位会导致产品或者品牌的失败。因此，企业应当努力使得企业及其品牌的形象在消费者心目中占据特定的位置，并且树立良好的品牌形象。

二、市场定位的过程与方法

企业必须通过创造对该细分市场的重要群体有足够吸引力的独特利益组合，来实现自己的差异化。最重要的是，品牌的定位必须满足目标市场的需求和偏好。比如，尽管甲乙两家都是咖啡店，他们却锚定了完全不同的消费群体，消费者想从他们那里得到的东西也完全不同。甲锚定了高消费的专业群体，将自己定位成一种高雅的家和办公室之外的"第三场所"，拥有沙发、有所选择的音乐以及有艺术感的空间。乙锚定了消费更为频繁的群体，果断选择了更平民化的定位，其目前主打的是"便捷"。每个品牌的成功都是源于为顾客群体创造了正确的价值主张。

企业市场定位的全过程可以通过以下四个步骤完成（见图4-5）。

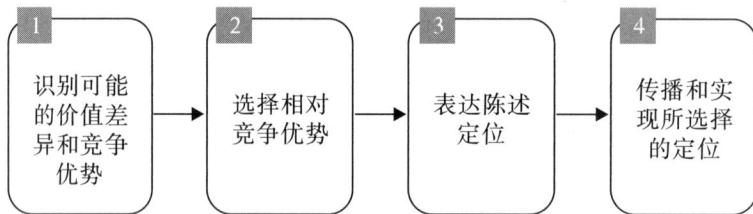

图4-5　市场定位的过程

1. 识别可能的价值差异和竞争优势

为了与目标客户建立营利性的关系，营销人员必须比竞争对手更了解顾客的需求，能够向顾客传递更多的价值，如果企业能够通过提供专业的顾客价值，实现差异化和定位，那么企业就获得了竞争优势。为了找到差异点，营销人员必须考虑顾客与企业产品或服务进行接触的整个过程。一家聪明的企业可以在与顾客的每一个接触点上实现差异化。企业可以采用怎样的方式来使自己或自己的产品区别于竞争对手呢？可以在产品、服务、渠道、人员或形象方面进行差异化（见表4-5）。

表4-5　差异化的变量

产品	服务	员工	渠道	形象
样式	订购的难易程度	能力	覆盖率	符号、颜色、标语
属性	产品投递	礼貌	专业	氛围
质量一致性	安装	可信	绩效	事件
耐久性	顾客培训	可靠		品牌接触
可靠性	顾客咨询	响应能力		

（续上表）

产品	服务	员工	渠道	形象
可维修性	维修和修理	沟通能力		
风格				
设计				
品质				

（1）产品差异化。产品差异可以从产品的样式、属性、质量一致性、耐久性、可靠性、可维修性、风格、设计、品质等方面体现。即使是标准化的产品，同样可以进行差异化以与竞争者区别，如食盐、纯净水、轮胎等。而大多数企业提供的是高度差异化产品，如汽车、家居用品、食品饮料等。比如，饮料"七喜"的定位是"非可乐"，以不含咖啡因区别于"两乐"而拥有一批爱好者。总之，企业可以在产品差异化上确定营销方式，如产品质量是否比竞争者更优质，产品是否更能满足顾客的审美要求，产品是否使用更方便、更舒适，价格是否像产品本身一样吸引顾客等。

（2）服务差异化。在产品差异与品牌差异让消费者难以取舍时，消费者往往将预期得到的服务作为选购的标准。根据对美国最杰出的43家公司的调查发现，无论这些公司是机械制造业，或是高科技工业，还是食品业，它们的一个共同特点是以服务业自居。由此可见，服务差异是企业赢得消费者和市场的关键。服务差异化包括许多行之有效的方法，如在订购货物的难易程度、产品投递、安装、客户培训、客户咨询、维护和修理等方面制造差异化竞争优势。例如，海尔承诺买空调24小时内送货、安装、调试；当顾客打电话要求维修时，保证当天上门，事后跟踪，直到顾客满意为止。

（3）员工差异化。公司也可以通过训练有素的员工来获得竞争优势。训练有素的员工具有能力（知识和技能）、礼貌（尊重和体贴）、可信（值得信赖）、可靠（一贯性和准确的表现）、响应能力强（行动迅速）和良好沟通能力（愿意了解顾客并能清楚地沟通）等特质。例如，新加坡航空公司的声誉主要应归功于空姐出色的服务水平。

（4）渠道差异化。公司还可以根据对自己分销渠道的设计来获得竞争优势，如提高渠道的覆盖率、专业性和效益。例如，娃哈哈成功的一个重要因素来自其遍布全国城乡，拥有无以匹敌的强势销售网络，可以说为消费者提供便利是娃哈哈品牌竞争制胜的关键所在。

（5）形象差异化。购买者对不同公司和品牌形象有不同的反应。品牌识别是公司用来区别或者定位自身或其产品的方法，而形象是指顾客对公司或其产品的感知。有效的形象能够体现产品的特点和价值主张，能够以显著的方式传达这种特点，并且能够在心理形象的基础上，传递情感力量。要树立有效的形象，公司必须通过所有有效的沟通工具和品牌接触传递一致的信息，包括标识、媒体和特殊事件。比如麦当劳的金色拱门、华为的红色莲花、耐克的对勾等。

2. 选择相对竞争优势

相对竞争优势表明企业能够胜过竞争者的能力，这种优势可以是现有的，也可以是潜在的。简而言之是能比竞争对手做得更好的、满足潜在顾客的一种本领。准确地选择相对竞争优势就是一个企业各方面实力与竞争者的实力相比较的过程。例如，在同等条件下，可以比竞争者提供价格更低的产品，或者能够以更多的特色满足用户特定的需要。

推广哪些差异点？并非所有的品牌差异点都是有意义或者有价值的，每个差异点都可能给企业带来成本和利益。一个差异点的价值在于它能在多大程度上满足下列标准，如表4-6所示。

表4-6　差异点的重要标准

重要性	对目标消费者而言，该差异非常有价值
区别性	其他竞争者不能提供这种差异或企业可以用更为与众不同的方式提供该差异
优越性	该差异明显优于顾客达成相同利益可采用的其他方式
可沟通性	对于购买者而言，该差异是可沟通和可见的
领先性	竞争者很难模仿该差异
可支付性	消费者可以承担购买该差异
营利性	企业可以通过该差异获利

许多企业曾经推广过不符合上述一个或多个原则的差异点。例如，新加坡的某酒店曾经宣传自己是世界上最高的酒店，然而对于大多数游客而言，这并不重要，事实上企业的这一定位反而导致许多顾客绕道而行。因此，选择可供产品和服务定位的竞争优势可能会很困难，但这些选择却关乎企业成败，选择合适的差异点可以帮助一个品牌从众多竞争者中脱颖而出。

那么如何选择差异点？许多涉及定位的市场调研是从焦点小组访谈的参与者叙述其使用某产品的经历开始的。通过焦点小组访谈，企业可以得出供进一步分析的一系列产品属性。产品属性代表顾客评价产品时考虑的重要方面。对于像麦当劳这类的快餐店来说，相关产品属性包括餐馆的洁净程度、服务的速度、菜单上食品的多样性、健康的食品选择、服务员的礼貌等方面。

通常，在一系列焦点小组访谈基础上，企业发展或确认了消费者需要的产品属性，定位研究就应该继续调查消费者评价每项属性的重要程度，以及企业和竞争对手在这些消费者看重的属性上的表现。例如，麦当劳可能就餐馆的洁净程度、服务的速度、菜单上食品多样性、健康的食品选择、服务员的礼貌等方面做调查，询问顾客认为每一项的重要性，然后询问他们麦当劳、汉堡王和肯德基等在这些方面各自表现如何。可以采用差距法分析调查结果，差距分析不仅可以反映各属性的重要性以及属性表现方面的情况，而且可以反映各竞争企业实际的属性表现及差别。上述分析可能会揭示麦当劳在健康食品选择和餐馆清洁度上有优势，而汉堡王在菜单上食品的多样性和价格上有优势，如果真是那样，那每家公司都应该考虑是继续投资于这些有优势的属性还是投资于其他相对较弱的属性。

3. 表达陈述定位

品牌的价值主张是指品牌的完整定位，即作为定位基础的全部利益组合。它会回答这一问题："为什么顾客要购买你的品牌？"宝马"驾驶的乐趣"的价值主张强调其性能，但与此同时包含了豪华性和风格，这让其高于平均的价格看上去是符合其利益组合的。

企业和品牌的价值主张都应该被总结在一份定位陈述中，定位陈述阐明了目标市场细分及其需要、定位理念和差异点的独特之处。定位陈述应该遵循下面的形式：对目标市场和需求而言，我们的品牌是具有独特之处的。例如，白加黑感冒药的定位陈述为"白天服白片不瞌睡，晚上服黑片睡得香"，将其与市面上的其他感冒药区隔开来，同时抓住用户的痛点（白天吃感冒药头晕嗜睡），将自己的独特处（白天服白片不瞌睡）清晰地展现出来。加多宝的定位陈述："怕上火喝加多宝。"开创了预防上火的凉茶饮料的新品类，消费者在遇到如炎炎夏日、吃火锅、吃烧烤、吃油炸食品、熬夜等场景，就会想到饮用加多宝。

那什么才是好的定位陈述？

一是清晰，通俗易懂。二是清晰传达用户通过购买和使用你的产品或服务能得到的具体结果。三是清晰表达与竞争对手的不同或先进之处。四是避免炒作（像"从未见过的神奇产品"）、绝对（"最好的"）和商业术语（"增值互动"）。五是确保受众可以在5秒内读懂。

4. 传播和实现所选择的定位

企业一旦确定了自己的定位，就必须通过强有力的措施来传播和实施，企业的所有营销努力都必须支持这个定位策略。

企业定位需要确定具体的行动，不能只是说说而已。如果企业决定根据更高的质量和服务进行定位，就必须首先实现这一定位。设计营销组合（产品、价格、渠道和促销）意味着制定出定位策略的具体战术措施。因此，一个采取高价格高利益策略的企业，要清楚它必须生产高质量产品，收取高价格，通过高质量的经销商进行分销，并要在高质量的媒体上投放广告。它必须雇佣和培训更多的服务人员，与在服务方面与有良好声誉的零售商合作，并设计能够宣传其卓越服务的销售和广告信息。只有这样，才能建立一致可信的高价格高利益定位，从而把企业的定位观念准确地传播给目标市场，在目标市场形成独特的、印象鲜明的形象。

建立和改变一个定位通常需要更长的时间，但摧毁通过长时间建立起来的定位却可以很迅速。一旦企业建立了希望得到的定位，它必须通过一致的表现和宣传，小心维持这种定位。随着时间的推移，企业必须根据消费者需求和竞争战略来密切监控和调整其定位。同时，企业应该避免可能会让消费者困惑的突然的定位变化，一个产品的定位应该在适应不断变化的市场环境的过程中逐步提升。

🔘 学以致用

> 分组分享你们印象深刻的定位陈述，并讨论企业是如何传播这一定位的。

📇 实例4-4 巴奴火锅的差异化定位

从体量上说，巴奴只能算火锅江湖里的"小兄弟"，和海底捞这个"带头大哥"没有可比性。巴奴现在在全国才开了不到100家门店，而海底捞在2021年关了300家门店之后，目前在国内还有1300多家门店。说巴奴叫板海底捞，不太现实。不过，巴奴并不是亦步亦趋，而是闯出了自己的特色。巴奴起家于河南，但它和海底捞一样，都是川渝口味火锅，与海底捞相比，巴奴的差异化定位很清晰：海底捞走大众平价路线，巴奴走高端精品路线；海底捞强调"服务好"，巴奴强调"味道好"。

巴奴甚至专门打出口号："服务不是巴奴的特色，毛肚和菌汤才是。"虽然多少有点

"碰瓷式营销"的嫌疑，但这句口号确实让消费者一下子抓到了巴奴和海底捞的差异点。别看这么简简单单一句话，其实是巴奴踩了一个大坑之后，才摸出来的门道。

当时，海底捞的掌门人张勇认为，火锅是一种标准化程度极高的餐饮品类，每家火锅店的口味大同小异，顾客其实吃不出什么差别。顾客能够明确感知到的差异，不是"吃出来"的口味，而是"看得到"的服务。所以，火锅店只能靠服务取胜——用好服务让客人满意，用更好的服务让客人感动。

火锅店该怎么做，"带头大哥"海底捞已经给定了性、立了规矩，"兄弟们"也只能跟着往服务这条路上"卷"到底了。巴奴开始全面学习海底捞。海底捞送眼镜布、手机袋、老冰棍，巴奴也送；海底捞员工会舞面，巴奴的员工也天天练习舞面。不过，当时业内还流传着一句话——"海底捞你学不会"。据巴奴创始人自己说，他们跟在海底捞后面学了三年，一心想超越，结果连边都没摸着："2012年，海底捞的客单价为70多元，巴奴不到50元；海底捞员工一个月拿3000多元工资，巴奴的员工只有2000多元；海底捞在旺季一天能翻台六次，巴奴最多也只能翻三次多。"巴奴创始人表示，他们当时的感觉就像一只牛犊面对一头巨象，不知道从哪里使劲儿。

后来，是一次意外的"粉丝之争"，让巴奴找到了可以切入的差异点。海底捞的粉丝说："巴奴根本不懂得什么叫服务。"而巴奴的粉丝回应说："我们不需要服务，我们只需要好吃。"粉丝们告诉巴奴："我们不是冲着你们的服务来的，论服务你们咋比得了海底捞？我们是冲着你们家的毛肚、菌汤来的，好吃啊！"

巴奴这才恍然大悟：原来真有不图服务、专为好吃而来的客人，只要服务好这帮"吃货型"顾客，说不定就能闯出另一条路来。这条路，被巴奴总结为"产品主义"——不以服务取胜，而以产品说话。

巴奴把毛肚作为自己代表性的大单品，甚至一咬牙，把名字从"巴奴火锅"改成了"巴奴毛肚火锅"。这其实是有很大风险的。对于非川渝地区的消费者来说，毛肚是个冷门菜品。他们还担心，改名之后，消费者不会以为端上来的就是一锅毛肚吧？

其实，以某个大单品来命名并不是什么新招，在火锅界，就有"××鱼头火锅""××鸭血火锅"等。不过，你去到这些店里，可能觉得它们跟其他火锅店也没多大区别，并不觉得鱼头、鸭血是店里的绝对主角。而巴奴最厉害的地方在于，它不只是打出了毛肚这个单品，而是在所有服务触点上，全部围绕毛肚来做文章。

比如巴奴的服务员，他们不是简单地"取悦客户"，而是要成为"毛肚火锅专家"，拿出专家的专业度和自信去跟顾客交流，让顾客吃得好、更会吃。按巴奴创始人的说法，"如果你是教顾客享受火锅的专家，你不小心踩了顾客的脚都没关系"。

再比如店面装修，巴奴设置了明档厨房，由厨师现场摆盘毛肚，展示食材的新鲜，这在火锅界是前所未有的。在早期，巴奴还把自家用绿色工艺制作的毛肚和传统火碱泡发的毛肚摆在一起做对比，强调食材的安全、健康，也解释了毛肚为什么卖这么贵。

还有菜单的设计。一般的餐馆菜单，是按特色菜、凉菜、热菜、汤类、主食、饮品的顺序来排列的，而巴奴的菜单，看上去就像一张餐桌图，中间居C位的就是巴奴毛肚；围绕毛肚的是"12大护法"，这是巴奴为顾客精心挑选好的12道配菜，有荤有素，而且都是点单率很高、不会出错的菜，顾客基本闭着眼下单就行了。

巴奴从服务上、装修上、菜单上等各个环节突出毛肚这个核心单品，让"巴奴＝毛肚火锅"这个定位在消费者心里反复夯实。这一招非常巧妙。在"火锅原教旨主义者"的心里，毛肚、鸭肠、黄喉是"火锅三大件"，而又以毛肚为重中之重。巴奴把品牌和"毛肚"强关联，实际上就在火锅赛道中抢占下了一块用户印象——"吃火锅涮毛肚，涮毛肚去巴奴"。

（资料来源：得到头条，有删改，https：//www. dedao. cn/share/course/article？id＝dA5eO3NDrGk8KP0O3LK2oxp9MRBzQP）

思考：　1. 结合案例，谈谈巴奴火锅是如何进行市场细分的？
　　　　　2. 结合案例，谈谈如何理解市场定位？
　　　　　3. 分析巴奴火锅定位的四个步骤。
　　　　　4. 新进入市场的火锅店还可以从哪些方面来考虑定位？

实例 4-5　达利食品的跟随战略

好丽友深耕中国市场 20 多年，2016 年在中国的销售收入达到最高峰 77 亿元。但在那之后，业绩就一路下滑。一来是因为受到国内新兴零食品牌的挑战，比如三只松鼠、良品铺子等；二来是因为好丽友的产品线落后，仍然是主打高糖分高热量的零食，不符合目前国内流行的低糖低卡趋势。

就在好丽友陷入增长困境的时候，一个靠模仿好丽友产品起家的国内食品企业却一路高歌猛进。这家企业就是来自福建泉州的达利食品。其发布的 2021 年年报显示，总营收同比增长 6.4%，达 222 亿元，是好丽友在中国市场营收的 3 倍，比三只松鼠和良品铺子的营收加起来还要多。可以说，达利食品进一步坐稳了本土休闲零食龙头企业的位置。有人说达利食品是"中国最低调的隐形冠军"，它确实是把"跟随战略"做到极致的一家公司。

20 世纪 90 年代好丽友进入中国的时候，是以"高端韩流食品"的形象切入市场的。一盒好丽友派要 14 元，那时候全国的平均工资还不到 500 元，显然不是每个人都能实现"好丽友自由"的。达利食品看准机会，推出了好丽友派的"平替"——达利园蛋黄派，一炮走红。

到了 21 世纪初，百事可乐旗下的乐事薯片和宝洁公司旗下的品客薯片相继进入中国市场，在国内大打广告。达利食品马上推出"可比克薯片"，请来周杰伦打广告，但价格只卖乐事薯片的 1/3，很快卖爆。接连两个爆款，让达利食品坚定了把跟随战略执行到底的决心。

接下来，2007 年，达利食品推出凉茶品牌"和其正"，请来陈道明打广告，直接对标王老吉和加多宝。和其正主打"大罐凉茶"，本质上就是加量不加价。后来王老吉和加多宝打官司，让凉茶品类曝光度大增，位于市场老三的和其正也收获了一波增长红利。

2013 年，达利食品推出功能饮料乐虎，价格是红牛的一半。不过这一次，半路杀出个程咬金，即定位相同的功能饮料"东鹏特饮"，并且同样增长强劲。现在，红牛、东鹏特饮和乐虎，是国内功能饮料前三强。

另外，达利食品还推出了对标丹麦皇冠曲奇的饼干品牌蓝帝堡、对标维他奶的植物蛋白饮料豆本豆等，都取得了不错的市场销量。

正是这个庞大的休闲食品品牌矩阵，撑起了达利食品一年 200 多亿元的销售额，以及高达 900 亿元的公司市值，被称为"中国版雀巢"。更厉害的是，虽然达利食品走的是下沉市场，产品相比于对标的头部产品往往价格减半，但达利食品的盈利能力一点儿也不差，如2021年净利润率16.7%。这个利润率有多不可思议呢？对比一下就知道了：2021年的净利润率，康师傅5%、统一6%、良品铺子3%。

"如果你不能第一个进入某个品类，那么就创造一个品类使自己成为第一"，但是，达利食品偏偏不是这么干的。它不是去创造一个新品类，而是在一个已经成熟的品类当中，比如薯片、凉茶、功能饮料，去专攻老三的位置，竟然也活得相当滋润。达利食品是怎么做到的呢？有人把达利食品的成功总结为一个公式：

$$成熟品类 + 顶流明星 + 低价策略 = 下沉市场爆品$$

成熟品类，意味着你不需要告诉消费者，什么叫派，什么叫薯片，什么叫凉茶，这些已经有头部品牌的巨量广告投入帮你普及了。顶流明星宣传本质上是在给产品品质背书，越是下沉市场往往越认明星。有了周杰伦的代言加持，大家未必会觉得可比克与乐事有什么本质区别。而在品质感觉差不多的情况下，价格上的优势被进一步放大，成为抢占市场的撒手锏。

仔细想想，这个公式有一定的道理，但不能说明全部问题。因为成熟品类、顶流明星、低价策略这三点都不是什么难事，这个模式复制起来很容易。但为什么达利食品成为"跟随策略"之王，其他跟随者却没那么成功？在这个爆品公式之外，达利食品一定还有更深的护城河。

其实，凡是能够在快消品领域做到头部的企业，最终的护城河都是渠道。达利食品也不例外，可以说是休闲零售领域的渠道王者。目前达利食品的销售额仍然有2/3是走线下渠道，它的6 000家经销商覆盖了全国两三百万个销售点，可以深入到乡镇集市这样的毛细血管。这就保证了公司推新品可以迅速铺货，和对标产品形成贴身跟随战术。

反观很多新锐消费品牌，一大痛点就是广告打得很热闹，但是终端见不着货，广告打了也白打。因为建立经销商渠道可打不了"闪电战"，是需要一家一家去谈、日复一日去维护的。为了调动经销商的积极性，达利食品给经销商的出货价只占零售价的50%，而业内行规一般是55%~60%。同时，为了离各个区域市场更近，达利食品在全国18个省都建立了食品加工厂，可以快速响应当地市场需求、大大节约物流成本。

（资料来源：得到头条，有删改，https：//www. dedao. cn/share/course/article？id = WqavDm012GolV7O92oVxPjEy8zdk73）

思考：1. 达利食品选择的目标市场模式和战略是什么？
2. 达利食品是怎么进行市场定位的？
3. 结合案例，简析达利食品的定位为什么能成功？

实例 4-6　亚朵酒店的市场定位

你有没有想过有一天你会住进这样一家酒店：

大堂里排放着几列书架，书架间悬挂着的照片给你展示着关于这个城市的温度，去往房间的通道墙被各类唱片或问题填满，房间里有着满墙的体育明星画报和各种篮球元素，甚至你可以直接在酒店里购买喜欢的家居产品……

这是一家充满人文和生活气息的酒店——亚朵酒店。

亚朵创立于 2012 年，只用几年时间就成为中高档连锁酒店的头部品牌。根据市场调研机构沙利文的数据，按 2020 年底的客房数计算，亚朵已经是中国最大的中高档连锁酒店。2017—2020 年，亚朵酒店在中国酒店业协会的中高端连锁酒店排行榜中连续第一。2021 年，在酒店行业普遍不景气的情况下，亚朵营收同比增长 37%，净利润则同比增长 245%。亚朵是怎么成功的？

亚朵酒店准确切中了一块市场空白。在十年前，中国的连锁酒店要么是如家这样的经济连锁品牌，要么是五星级酒店，介于这两者之间的中高档连锁酒店是一个空白。亚朵正好切入了这块市场，面向高频商旅客户，定位中高端，偏向小众奢华风格。

随着新一轮消费升级的到来，消费者在选择酒店时，不仅对入住时的睡眠、沐浴等功能型设施要求更高，对服务的期望值也更高。在此背景下，中端酒店市场飞速发展，市场竞争愈演愈烈。中端品牌迭代升级、百花齐放，同时原有经济连锁酒店集团不断向上拓展市场，高端酒店集团也逐步下沉巩固地位，而处于飞速发展的共享住宿也为酒店行业增添了不少新元素，中端酒店市场竞争日趋白热化。

但目前大多数中端酒店仍以商务为主，同质化现象严重，无法满足当前消费者在功能、服务之外更具个性化的情感需求。

亚朵的解决办法是：给出差异化的体验。它把顾客入住酒店的整个过程，详细分为 12 个节点，在每个节点中去做差异化。

比如进入大堂办入住，怎么做差异化？如给每位客人端上一杯热茶，承诺三分钟内办理完入住手续，时不时为客人做一个免费升舱、制造惊喜。再比如客人在酒店等人或者等车、需要有个地方停留一下的时候，怎么做差异化？五星级酒店的大堂都配有豪华咖啡厅，而亚朵是选择在大堂一角设一个小小的图书馆，不奢华但有格调，可以看书、喝咖啡。亚朵的大堂不叫大堂，而叫"竹居"。这里的每一本书都由专业团队根据新中产的旅游场景精心挑选的，以文学、艺术、历史为主要方向，辅以经典绘本，颜值和内容兼具。同时，竹居还是个免费的流动图书馆，不仅有会员在这里看书、工作，社区里的朋友也可以在此看书聊天。

此外，亚朵的壁画也不叫壁画，而叫"属地摄影"。亚朵的大部分客户都是商旅人群，这些人往往行色匆匆，来不及走进城市的大街小巷去细细品味。因此每当新店开业之始，亚朵都会根据地理位置设定主题并向会员和签约摄影师征集展现当地特色的照片作为酒店的装饰照，让匆忙前行的客户得以概略和直观地了解这个城市。可以说，竹居和属地摄影一方面重构了酒店的物理场景，使得亚朵不再只是一家酒店，还是一家图书馆和摄影艺术馆，另一方面重新赋予了客户出行场景的意义，不再只是行色匆忙的商务出行，而是可以汲取养分和享受人文的新式旅途。

目前，亚朵住宿端已发展出酒店、公寓、IP 酒店等多种形态，有定位超五星品质的亚朵酒店和定位轻生活、轻社交的亚朵轻居，也有定位高端度假的萨和及提供高格调服务的租住空间 A. T. Living，亦有与不同品牌跨界合作的 IP 酒店。通过与不同品牌结合产生的奇妙反应，亚朵 IP 酒店已经成了名副其实的网红酒店。2016 年 11 月，亚朵与吴晓波合作的第一家 IP 酒店——亚朵 S 吴酒店，为中国首家社群酒店，这不仅开辟了国内"IP 酒店"的先河，也开启了亚朵 IP 酒店的扩张步伐。亚朵先后与知乎、同道大叔合作"有问题"酒店和"慢一点"酒店，希望让人们慢下来，去聆听生活的絮语，感受思考和生活的乐趣。与大热的百老汇戏剧《Sleep No More》合作的 The drama 酒店、与网易云音乐合作的"睡音乐"酒店、与虎扑合作的亚朵 S·虎，三大品牌本身拥有的超高粉丝量及受众对他们与亚朵结合奇妙反应的期待，使得这三家酒店从筹备到开业都赚足了关注度，同时借助戏剧迷、音乐迷和篮球迷三大群体，亚朵的知名度火速提升。

亚朵联合网易严选、超级 QQ 探寻未来酒店模式。网易严选酒店的大堂里陈列着多种出自网易严选的家居、服饰、零食等特色商品，同时房间里的寝具、洗护及家居等大部分用品均选自网易严选，而这家酒店最大的特点就是，可以直接购买你看中的商品。"所用即所购"的网易严选酒店，是电商与线下场景消费相结合的新尝试。

而超级 QQ 酒店则采用 Yogo Robot 机器人和腾讯小 Q 机器人分别在大堂和主题房中服务，在提升住宿趣味性的同时将智能生活的概念传递给更多用户。

除此之外，亚朵还与果壳、穷游、日食记等多家品牌尝试轻量化跨界合作，以快闪酒店、主题房间等方式呈现。目前亚朵的 IP 合作阵营中已经有 14 个品牌，通过与这些品牌的合作，亚朵在掀起一次又一次口碑浪潮的同时，不断延伸着自身的品牌内涵和未来发展的可能性。

事实证明，亚朵的差异化体验设计非常成功。据亚朵的招股说明书显示，它的注册会员数在 2015—2020 年的复合年增长率高达 80%，目前已经有超过 3 000 万个人会员，客户复购率比同等级酒店高出 30%。

亚朵不但是酒店，还是零售商。我们可以把它理解为"传统酒店＋宜家"的组合，开一家店、赚两份钱。你在亚朵的房间里住下，觉得它的枕头、床垫、香薰、洗发水不错，就可以顺手买个同款回去。我们可能不相信，亚朵一年光是床垫就能卖几万张，堪比一家天猫大店了。根据沙利文的数据，截至去年底，亚朵酒店共开发了 1 665 个零售 SKU，零售的平均客单价为 403 元。这种场景化的体验式购物，成为亚朵增长的第二曲线。

为什么亚朵能想出这种清奇的增长思路呢？就像亚朵创始人王海军说的："亚朵最终运营的是一个个客户，而不是一个个房间。"

（资料来源：公众号"Social Beta"、得到头条，有删改，https：//socialbeta. com/t/opinion-atour-hotel-marketing-study-2019-05；https：//www. dedao. cn/share/course/article？id＝Ay7GQpR6ndOgX6k47eK8eBvPzMN4lw）

思考：1. 分析亚朵酒店选择的目标市场。

2. 分析亚朵酒店定位的四个步骤。

3. 如何理解亚朵创始人王海军说的"亚朵最终运营的是一个个客户，而不是一个个房间"这句话？

测试你掌握的知识

1. 什么是市场细分？有哪几种划分标准？
2. 细分市场评估应该从哪些方面进行？
3. 目标市场营销方式主要有哪些？有何特点？
4. 什么是市场定位？市场定位的步骤包括哪些？

实训模块4　目标市场选择与定位

结合本团队研究的企业或创业的企业，分析其选择的目标市场及营销方式，分析其定位及如何传播其定位。

数字扩展资源4

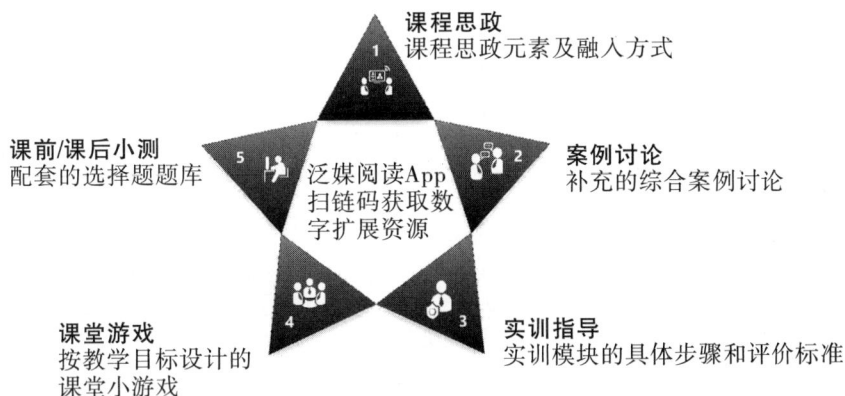

课程思政
1
课程思政元素及融入方式

案例讨论
2
补充的综合案例讨论

课前/课后小测
5
配套的选择题题库

泛媒阅读App
扫链码获取数
字扩展资源

实训指导
3
实训模块的具体步骤和评价标准

课堂游戏
4
按教学目标设计的
课堂小游戏

第五章　创造价值——产品开发与管理

营销不是以精明的方式去兜售自己的产品或服务，而是一门创造真正客户价值的艺术。

——菲利普·科特勒

【知识目标】

1. 学生能够从产品整体概念的五个层次理论来分析具体产品；
2. 学生能够分辨不同类型的新产品；
3. 学生能够区别产品组合的宽度、长度、深度和关联度，并解释四种不同的产品组合的优化策略；
4. 学生能够分析产品生命周期不同阶段的特点及应采取的营销策略。

【能力目标】

1. 学生能够从产品整体概念的五个层次进行新产品的创意构想；
2. 学生能够应用产品组合优化策略来分析企业的产品组合并提出优化建议；
3. 学生能够在实践中培养自主学习能力、创新能力和思辨能力。

【价值目标】

1. 学生能够树立守正创新的观念；
2. 在学习中潜移默化地培养学生的家国情怀，增强民族自豪感；
3. 学生能够明确社会责任是企业发展的使命。

【思维导图】

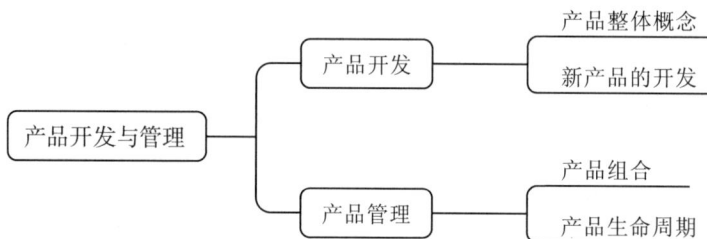

【营销实战】

富士胶片转型化妆品、医药和高功能材料

富士和柯达是胶卷时代的两大巨头，柯达在十年前申请破产后一蹶不振，也多次尝试转型，做过运动摄像机，做过智能手机，甚至做过时尚杂志，但始终不得其法，被认为已经失去了商业想象空间。而柯达的老对手富士公司仍然在世界 500 强之列，而且在光学仪器、医疗设备、生物制药等前沿领域都发展得很好。

其实，当年的富士和柯达一样，也面临转型困境。怎么转？往哪儿转？当时富士公司 CEO 古森重隆没有靠自己拍脑袋，也不是跟风去做智能手机，而是花了两年时间，组织技术部门做盘点和论证：公司的现有技术家底有哪些？未来增长潜力最大的市场有哪些？找出现有技术中可以与未来市场相匹配的部分，这就是富士应该转型去做的领域。最终，富士找到了自己的转型目标市场：化妆品、医药和高功能材料。

在化妆品领域，人的皮肤中有 70% 是胶原蛋白，而胶片的主要成分恰好是从胶原蛋白中提取的明胶；导致皮肤衰老的原因之一是氧化，而这也是照片褪色的主要原因。几十年来，富士开发了 4 000 多种抗氧化的化合物，如果能把这些技术用来做化妆品，那简直是"降维打击"。于是富士推出化妆品品牌艾诗缇（ASTALIFT），主要卖点就是抗氧化，销售额一度超越了 SKⅡ。

在医药领域，有一个需要解决的问题是让药物精准抵达患病部位，而富士的纳米分层渗透技术，在洗印照片时可以让颜色在特定部位显示，这个技术可以用到制药上。同时，富士用胶卷中的纳米乳化技术来缩小药物的颗粒度，可提高药物的吸收效率。

在半导体领域，富士把自己的感光材料技术用来制造光刻胶，成为全球拥有极紫外（EUV）光刻胶专利数最多的企业。

富士公司的转型看起来跨度极大，其实始终是紧盯自己的核心能力在做事。这也是为什么胶卷的产值只占公司的 1%，富士公司的全名还是叫"富士胶片"，富士从来没离开过胶卷技术。

（资料来源：得到 App，有删改，https：//www. dedao. cn/share/course/article？id = a8Q ZdRM1OmLxVvGjAjJG69rgYPjqWp）

思考：1. 结合案例，谈谈什么是产品？富士公司是如何进行产品创新的？

2. 结合案例，谈谈如何理解产品生命周期？衰退期企业可以采取的营销策略有哪些？

第一节　产品开发

一、产品整体概念

市场营销学所讲述的产品概念是一个整体概念，它是指商品交换活动中，企业为消费者提供的能满足消费者需求的所有有形或无形因素的总和。近年来，菲利普·科特勒等学者进一步认为，产品整体概念可以概括为5个层次，即核心产品层、形式产品层、期望产品层、附加产品层和潜在产品层，如图5－1所示。

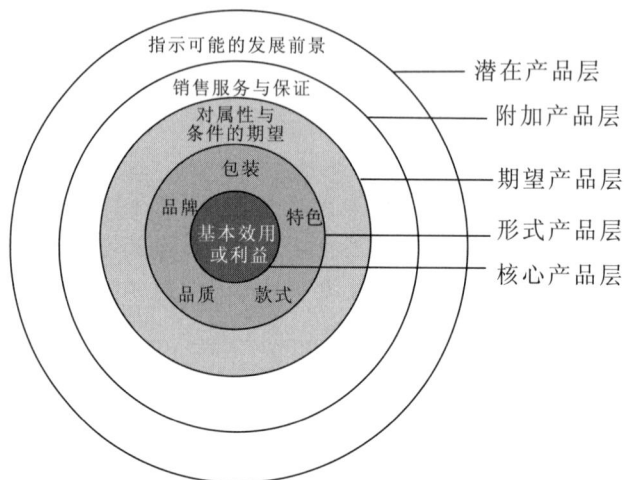

图5－1　产品整体概念层次关系

产品整体概念的提出，清楚地体现了以顾客需求为中心的现代市场营销观念，这一概念的内涵和外延都是以顾客需求为准则，由顾客的需求来决定。就产品本身而言，企业既可以分层次、分内容、分重点地开展与竞争者的竞争，也可以从整体上突出产品的优势。

1. 核心产品层

产品最基本的层次是核心利益，即向消费者提供产品的基本效用和利益，也是消费者真正要购买的利益和服务。消费者购买某种产品并非为了拥有该产品实体，而是为了获得能满足自身某种需要的效用和利益。例如，人们购买鲜花，核心产品是购买者爱的情感的表达。

讨论5－1：请分析一家旅馆的核心产品是什么？

2. 形式产品层

产品核心利益需依附一定的实体来实现，产品实体称为形式产品，即产品所展现在消费者面前的基本形式。对于实体产品，它主要由产品的质量（也称品质、材质）、特色、款式（也称式样）、品牌、包装五大因素构成。对于服务产品，则由服务的程序、服务人员、地点、时间和品牌五大因素构成。

讨论5-2： 请分析一家旅馆的形式产品有哪些？

3. 期望产品层

期望产品是消费者购买产品时期望获得的与产品密切相关的一整套属性和条件。公众的期望产品得不到满足时，会影响消费者对产品的满意程度、购后评价和重复购买率。例如，消费者购买汽车时期望这辆车是安全、舒适、节能以及动力性、操控性好的。

讨论5-3： 根据期望产品的概念，一家旅馆可以为顾客提供的期望产品有哪些？

4. 附加产品层

附加产品是产品包含的全部附加服务和利益，主要包括运送、安装、调试、维修、产品保证、零配件供应、技术人员培训等服务，以及形象与文化等给予顾客的利益。附加产品来源于对消费者需求的综合性和多层次的深入研究，要求营销人员必须正视消费者的整体消费体系，但同时必须注意，消费者是否愿意承担因附加产品的增加而增加的成本问题。

讨论5-4： 附加产品有什么作用？附加产品是不是越多越好？

5. 潜在产品层

潜在产品包括产品在未来可能进行的所有改进和变革。它是在核心产品、形式产品、期望产品、附加产品之外，能满足消费者潜在需求的，尚未被消费者意识到，或者已经被意识到但尚未被消费者重视或消费者不敢奢望的一些产品价值。潜在产品是产品概念中的最高层次，谁能把握住潜在产品的发展方向将取得市场先机，形成绝对竞争优势，但提供潜在产品应根据经济条件和竞争条件采取适当措施，否则有可能对未来产品特点预测失败而丧失市场。例如，胶卷业的柯达因为对未来摄影预测的失误而拱手把大片摄影市场留给了数码业公司，损失惨重。因此企业应加大研发力度，不断推陈出新，走在行业的前端，以长远的眼光与超强的预测能力实现企业的可持续发展。

讨论5-5： 伴随着技术的发展，未来的手机会是什么样的？

🔬 **学以致用**

根据团队选取的创业想法或创业项目，结合相关的环境分析和调研信息，试着从产品整体概念分析其产品（或服务）对应的五个概念层次内容。

二、新产品的开发

企业新产品开发在保持企业利润增长、淘汰落后产品、满足消费者喜新厌旧的心理等方面都发挥着极其重要的作用。索尼公司每年新产品科研经费的投入占销售额的 10% ~ 30%，研发人员超万人；宝洁产品之所以能维持居高不下的市场占有率，就在于其能不断地开发出新产品，宝洁每年在新产品研发上大约投入 13 亿美元，全球有超过 7 000 位科学家投入新产品的研发中。

1. 新产品的含义与分类

市场营销学中所说的新产品是从市场和企业两个角度来认识的，它与因科学技术在某一领域的重大发展所产生的新产品不完全相同。从企业营销的角度来说，新产品是指在某个市场上首次出现的或者是企业首次生产销售的整体产品。产品整体概念中任何一部分的创新、革新和改良，都可称为新产品。具体而言，新产品可以分为全新产品、换代新产品、改进新产品以及仿制新产品四种类型，如表 5 - 1 所示。

表 5 - 1　各类新产品的特点比较

新产品的类型	特点	实例
全新产品	指应用新的技术、新的材料研制出的具有全新功能的产品。新产品的出现一般都是由重大的科学技术突破带来的，具有全新的功能，能够满足消费者新的需求	智能手机、谷歌眼镜、无人机、无人驾驶汽车等产品的问世
换代新产品	指在原有产品的基础上，采用或部分采用新技术、新材料、新工艺研制出来的新产品	手机和电脑等电子产品的更新换代
改进新产品	指在原有老产品的基础上进行改进，使产品在结构、功能、品质、花色、款式或包装上具有新的特点和新的突破，改进后的新产品，其结构更加合理，功能更加齐全，品质更加优质，能更多地满足消费者不断变化的需要	产品包装的改版，或一些商品针对其"普通款"推出的"增强款""升级款"等
仿制新产品	指对国际或国内市场上已经出现的产品进行引进或模仿、研制生产出的产品。开发这种产品不需要太多的资金和尖端的技术，因此比研制全新产品要容易得多	微波炉、电冰箱等电器，经常是厂家之间相互模仿。但企业应注意对原有产品的某些缺陷和不足加以改进，而不应全盘照抄

讨论5-6：你在生活中有了解或使用过哪些新产品？它们分别是从哪些方面进行创新的？

2. 新产品的开发程序

为了提高新产品开发的成功率，必须建立科学的新产品开发管理程序。不同行业的生产条件和产品项目不同，管理程序也有所差异。新产品开发的程序大致经历如下六个阶段（见图5-2）。

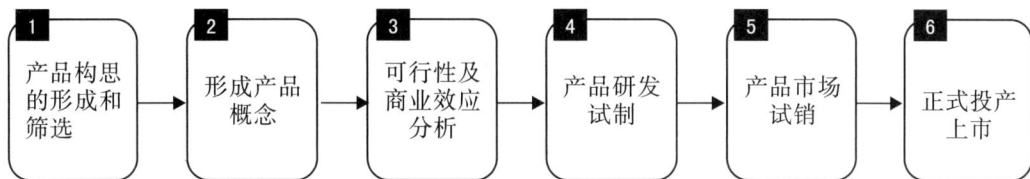

图5-2 新产品的开发程序

（1）产品构思的形成和筛选。新产品的构思也被称为创意，新产品开发过程始于寻找创意。新产品的创意来源有很多，主要来自产品研发人员、消费者、竞争对手、渠道成员、公司员工、高级管理层等。

产品创意初步形成后，还需要对其进行筛选，即运用一系列评价标准，对各种创意进行比较判断，从中找出最有希望成功的创意。进行筛选的主要目的是权衡各创新项目的费用、潜在效益与风险，选出那些符合本公司发展目标和长远利益，并与公司的资源相协调的产品创意，放弃那些可行性较低的产品创意。筛选的标准：①新产品能否满足特定的需求；②是否提供了更高的客户价值；③新产品能否达到期望的销售额和销售利润；④产品创意取得成功的整体概率。

（2）形成产品概念。经过筛选后保留下来的产品构思还要进一步发展成为产品概念。所谓产品概念，是指企业从消费者的角度对产品构思进行详尽的描述。即将新产品创意具体化，描述出产品的性能、具体用途、形状、优点、外形、价格、名称、提供给消费者的利益等，让消费者能一目了然地识别出新产品的特征。

确定最佳产品概念，进行产品和品牌的市场定位后，就应当对产品概念进行试验。所谓产品概念试验，就是用文字、图画描述或者用实物将产品概念展示于目标顾客面前，观察他们的反应。优选最佳的产品概念，选择的依据是未来市场的潜在容量、投资收益率、销售成长率、生产能力以及对公司设备、资源的充分利用等。

（3）可行性及商业效应分析。新产品开发的可行性分析，主要是针对新产品开发的生产条件、技术、资金、市场环境、市场需求、社会评价等方面进行分析，其主要目的在于避免企业盲目进行新产品的开发，在保证新产品成功开发上发挥着较大的作用。

商业效应分析则包括对预期销售量、成本和利润预算等方面进行分析，以确定是否满足公司的目标。如果符合目标，那么产品概念就能进入产品开发阶段，反之，则被淘汰。

（4）产品研发试制。主要是将通过商业分析的新产品概念交送研究开发部门和技术部门试制成为实体产品模型及样品。同时，进行品牌的包装研制和品牌的设计。应当强调，新产品研究和制造必须使模型及样品具有产品概念所规定的所有特征。在此之前，新产品仅是一种语言与符号描述，其评价成本是比较小的。但在本阶段，研制过程中有时要投入大量的资金。研制的过程可能数日，也可能长达几个月甚至几年。

（5）产品市场试销。新产品经过消费者试用满意后，企业通常要制造少量正式产品，投入一定范围的市场进行试销。在这一阶段要重点考核两个指标，一是"试购率"，即第一次购买试销品的比率；二是"再购率"即第二次重复购买的比率。测试形式一般有三种，如图5-3所示。

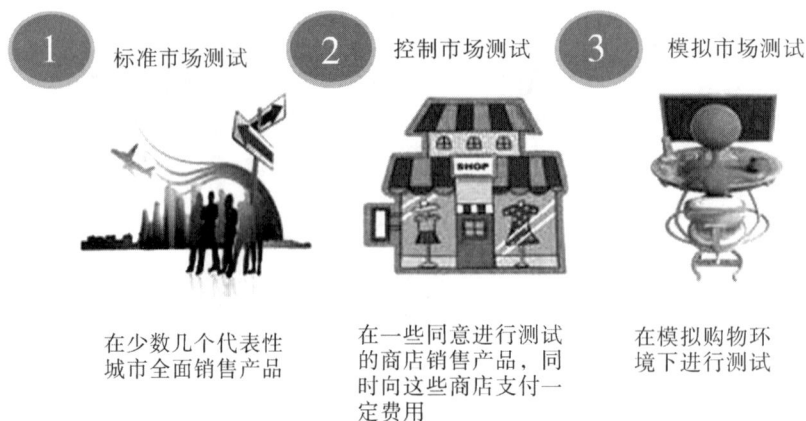

图5-3　产品市场测试的选择

（6）正式投产上市。新产品经市场试销，如果从收集到的资料分析证明是成功的，就应大批量生产，并择机投放市场。为了慎重地投放新产品，企业通常要做出以下四个方面的决策，如表5-2所示。

表5-2　新产品上市策划

新产品上市策划	说明
投放时间	新产品进入市场时间要适当，通常可考虑新产品进入市场的最佳时间
投放地区	在一般情况下，新产品是先在主要地区的市场上集中进行广告宣传，待在这些市场上占有相当的份额，取得了立足点后，再扩大到更为广阔的市场
目标市场	企业应根据新产品的特点，选择最有潜力的消费者群，作为自己新产品销售的目标市场
营销策略	由于新产品首次大规模投向市场需耗费大量的费用，因此企业要拟订新产品在每一市场首次推出的营销策略，分配营销组合策略（特别是促销组合）中各因素的费用预算，有计划地进行各种营销活动

学以致用

根据团队选取的创业想法或创业项目，在现有产品（或服务）基础上，围绕产品整体概念的五个层次，组织开发人员进行新产品构思，小组成员根据对新产品构思进行筛选与评判，用文字、图像、模型等将构思想法转化为新产品概念，选择最有潜力的产品概念。

实例 5-1　怎样从旧品类里长出新品牌

在烘焙领域，2022 年有一个大火的现烤芝士蛋糕品牌，叫 KUMO KUMO，刚刚和喜茶推出了联名款产品，它在小红书上被称为"新晋排队王"。不过，芝士蛋糕成为爆款单品已经不是第一次了，在十年前有一家名为"彻思叔叔"的芝士蛋糕店火遍一、二线城市，当时被誉为"亚洲天王人气排队美食"，吸引了很多跟风创业者。

这似乎印证了业内常说的那句话，"所有的生意都值得重做一遍"。做老品类的好处，是不需要去教育市场，反复告诉用户这是什么、怎么吃，只要唤起用户心中的认知就好了。不过，既然是老品类，这个赛道肯定已经有老品牌盘踞，甚至可能是一片红海。那么，新品牌崛起的机会点在哪里呢？

第一，当老品类出现了新需求。比如低腰裤重新火起来的原因之一是，出现了健身达人秀马甲线的新需求。同样地，已经有几十年历史的椰子饮料，重新火起来的原因是，出现了咖啡爱好者在家自制椰奶拿铁的新需求。

第二，当有了新技术可以解决老痛点。比如传统午餐肉为了延长保质期，一般采用罐头包装，打开不方便，吃不完又很难保存，还往往存在高盐分、高防腐剂等问题，不符合现在的健康理念。现在有了新的保鲜技术、冷藏运输技术，新的午餐肉品牌就可以玩出很多新花样，比如主打低盐、无添加剂，把这些信息直接写在包装上，让消费者一看就放心。再比如，把罐头包装换成纸盒包装，一包就是一顿饭的分量，打进习惯"一人食"的年轻人餐桌。

第三，当老品类可以玩出新体验。比如柠檬茶这个单品，上一轮火起来是 2016 年，当时主打的卖点是"真柠檬"，就是把一整个柠檬切好放进冰红茶里面，给人新鲜实惠的感觉。从 2021 年开始，柠檬茶卷土重来成为新爆品，卖点是"暴打"，就是店员拿木棒连续暴锤杯子里的冰块和柠檬，最大限度地释放柠檬香味，强调的是制作过程中的视觉和嗅觉体验。

芝士蛋糕品牌 KUMO KUMO，出圈是靠做足仪式感：蛋糕出炉后店员会现场在蛋糕上烙上 Logo，并且边烙边摇金色手摇铃，让铃声和香气一起传到排队的人群里。有人调侃说，每当师傅摇响一次铃铛，门外的队伍就得多拐一个弯儿。甚至把蛋糕做成盲盒形式，有些蛋糕上不烙 Logo 而烙满花纹，成为"隐藏款"。总之，消费者买的可能不是产品，而是过程中的体验。

（资料来源：得到头条，有删改，https：//www. dedao. cn/share/course/article？id＝5Mr9mzb36pP4JL5qMgXkWqB2EYNegL）

思考：1. 结合案例，谈谈老品类如何进行产品创新？

2. 分组举例说明在生活中你购买过或者听说过的老品类的产品创新。

实例5-2　"参半"对标口香糖，重新定义漱口水

有一家做漱口水的新品牌，叫"参半"，成立4年，获得了10轮融资，字节跳动连续两轮追投。参半在2020年10月推出漱口水系列产品，上线第二个月的单月销售额便突破5 000万元，上线80天销售超过1亿元，目前在淘宝天猫、拼多多等电商平台均位居类目第一。

口腔护理传统上属于日化领域，多年来被几大国际日化巨头牢牢把控，从广告宣传到线下渠道都铺得密不透风，新品牌很难有突破的机会。那么，像参半这样的"黑马"是怎么跑出来的呢？我们发现，参半的成功，除了像其他新国货那样运用纯熟的互联网营销打法，更重要的是，和老品牌比实现各个方面的差异化定位。可以说，参半几乎重新定义了漱口水。

第一，从产品功能上做差异。传统的漱口水更接近于医疗用品，功效明确为"清洁口腔"。而参半把漱口水定义为像口香糖那样的快消品，主打功效不是"清洁口腔"，而是"口气清新"。不要小看这个定位的区别，"清洁口腔"针对健康需求，而"口气清新"事关个人形象，针对社交需求。显然，对年轻人来说，可能对健康问题不怎么上心，但一定对个人形象非常重视。因此，参半漱口水锚定的消费场景是两大类：一是饭后；二是社交。

第二，从产品设计上做差异。传统的漱口水是那种一成不变的医用蓝色，让人一看就有距离感；口感上，因为添加了酒精，入口之后有辣口的感觉，很多人适应不了；容量上，一般在500mL以上。而参半把漱口水做成了高颜值商品，有粉红、粉蓝、粉紫等各种颜色，怎么好看怎么来；口感上，研制了无酒精的新配方，用起来不会再辣口，而是带来愉悦的使用体验；包装上，推出了条状的小包装，用户可将其替代口香糖，约会前、三餐后就拿出一条来漱口。而在社交场景中身边朋友的正向反馈，则会让用户受到激励，养成高频的使用习惯。为了完成最终清新口气的目标，参半不仅仅生产漱口水和口腔喷雾，未来还会推出更多的产品。

第三，从产品渠道上做差异。线上优势不用说，参半基本超越了老牌漱口水。如果看线下铺货的话，传统漱口水是放在药店里，或者在超市里跟牙膏牙刷等产品摆在一起。而参半新开发了便利店和美妆店路线，铺货到全家、屈臣氏、调色师等。在做超市渠道的时候，参半也争取不放在传统的口腔护理区，而跟口香糖一样放在结账的收银台旁边，便于消费者随手拿取。当消费者想要清新口气时，过去的选择是绿箭，而现在，当看到旁边有一款标识着"漱一漱，三秒钟清新口气"宣传语的漱口水时，消费者很有可能会进行尝试性购买和使用，并有极大的概率转化为复购用户。

参半的联合创始人张轶说，以前的口腔护理产品，大家都是把它当药来卖，更多是一种耐用品，就算是牙膏，消费者也不会经常买。如今，口腔护理赛道最大的机会来自口腔护理消费品的快消化，也就是像矿泉水那样即买即喝，大量消耗。而要成为快消品，就必须想方设法降低用户的使用门槛，使用门槛降低了，购买频次才能上去。参半对漱口水的重新定位，不是为了差异化而差异化，而是在围绕优化用户体验、降低使用门槛做文章。

（资料来源：微信公众号"新经销"、得到头条，有删改，https：//mp. weixin. qq. com/s/Ct9UiWoRLDscaxY7jKr6Qg；https：//www. dedao. cn/share/course/article？ id＝BQe6EGjvO7zRKZqjd6XnDrkMLPgAp9）

思考：1. 结合案例，分析参半漱口水从产品整体的哪几个层次进行了产品创新？
2. 结合案例，分析这些创新给消费者带来了怎样的价值？

实例5-3　"抄水表"也需要高科技

随着"智慧城市"的推进，全国多个城市陆续启动了供水、供热、燃气等市政基础设施改造。除了解决居民的用水问题，供水改造还有一个重要目标，就是实现用水数据的数字化。把居民家中的水表换成智能水表，不再需要抄表员上门抄表计费。

在市政基础设施中，用电几乎已经实现了数字化，智能电表、网上缴费已经普及。但用水、用气还没跟上，这主要是因为水表和气表比电表更难更换，又要入户、动管道，还不能影响居民的正常生活。

想要实现智能读表，其实根本用不着把家家户户的水表都换成智能水表，只需要给传统水表加个表盖就可以了。这个表盖其实是一个AI智能相机，它可以拍下表盘的照片，直接识别读数、回传数据。比如，来自北京的羿娲科技公司，就推出了这样一款可以自动"抄水表"的智能表盖。别看只是"抄水表"这么一个简简单单的功能，背后高科技的支撑，它的核心技术是图像识别算法。我们都知道"人脸识别"很厉害，但是比"人脸识别"更厉害的是"表脸识别"。

首先，在算法层面，人脸识别中五官这个特征是确定的；而表脸识别，仪表分类特别多，有的是直接显示数字，有的是指针，有的是两个圈，有的是七个轮。想让机器学会读表，需要建立复杂的模型。一个仪表数据集上训练出的模型，用在另一个新表型上就不能识别。

其次，在图像层面，人脸识别的环境光线一般比较好，而表脸识别，环境一般都特别黑，表盘可能还有污垢、水泡等各种遮挡，而且，由于电池的限制，表脸识别必须使用低分辨率的图片，这又加大了识别难度。羿娲科技的CEO谷鹄翔和COO贾梓筠说，创业时他们本想来做更加"高大上"的仪表数据分析，结果调查一圈才发现，仪表市场的数字化水平实在是太低了，大部分都还没上智能仪表；就算已经上了的，各个仪表之间的数据标准也不统一。连数据都没有，谈什么数据分析呢？于是他们决定，先放下工业4.0的梦想，老老实实从基础做起，先来解决数据获取，也就是读表问题。

前面说了，"表脸识别"比"人脸识别"更难，他们研发了很久才推出了这款智能表盖，但让人没想到的是，攻克技术难题只是第一步。

第二步，是商业上怎么打，产品主要卖给谁？他们一开始想得很简单，认为主力市场就是民用水务这块。光北京市，就有七八百万户家庭，也就是七八百万个表盖。如果凭借自己的技术优势快速推进，占据尽可能多的物理节点，就能在这个市场站住脚了。但很快，他们发现想得太简单了。民用水务市场看似规模很大，但水务公司每年可以用来投入改造的预算并不多，对智能产品的价格敏感，容易陷入价格战。另外，项目的采购决策和实施周期也比较长。

意识到这些问题后，羿娲科技迅速调整方向，从民用市场转战工业仪表。工业仪表的特点是：第一，表型多，数据杂。很多仪表由于产权归属问题，企业既无权更换也没有数据访问权限，存在严重的数据孤岛问题。第二，安装难。很多工厂没法停工安装，比如玻璃厂的玻璃熔炉一旦开启就不能关闭，否则熔化的玻璃就会凝固。第三，读表频繁，可能需要每天、每小时甚至每15分钟就得读一次表。这些问题既是工业用户的一大痛点，也恰恰是羿娲科技的智能表盖能够大显身手的地方。现在，工业仪表已经成了羿娲最大的应用领域。他们把几万件AI相机投入各类工业应用场景当中，比如通信基站、钢铁厂、玻璃厂、稀土厂、化工厂，解决了表型多、安装难、读表频繁的问题。

当然，民用市场羿娲科技也没有放弃，而是换了一种新打法，推出了一款叫"读表神器"的SaaS产品。"读表神器"不是一个实体表盖，而是一款小程序。只需要在原来的水表上贴一个二维码，二维码相当于水表的身份证。抄表员或者用户自己，用小程序扫二维码识别身份，再拍下表盘照片，系统就会自动把照片回传，读出读数。系统还可以通过AI辅助智能稽查，快速发现异常问题。

他们算了一笔账：原来的人工抄表，每个表一年的抄表成本是15~30元；换智能水表，平摊下来每个表一年的成本是50元；而用这款"读表神器"，每个表一年的抄表成本是6~8元，成本更低、速度更快，还能避免原来的错抄、漏抄、估抄问题，可以说是实现了"既要、又要、还要"。古人说，"千里之行，始于足下"。不管是智慧城市还是工业4.0，都要从最基础的"抄表"开始。

（资料来源：得到头条，有删改，https：//www.dedao.cn/share/course/article？id = 7NqeGmE2w4bnK4E9xoVP31lv5WZ9rj）

思考： 1. 结合案例，分析新产品开发的程序。

2. 结合案例，谈谈新产品上市中需要关注的问题有哪些？

第二节　产品管理

一、产品组合

1. 产品组合的概念

企业在营销活动中经常会遇到这样的问题：向市场提供什么商品？提供多少种商品？营销学把企业所经营的全部商品的整体构成，称为产品项目。那些在使用价值、原材料、销售渠道、销售对象等方面比较接近的商品项目，组成了一个产品类别，我们把它称为"产品线"或"产品系列"。

产品组合是指一个企业生产经营各种不同类型产品之间质的组合和量的比例，它可以通过广度、长度、深度和关联度四个参数反映出来，如图5-4所示。

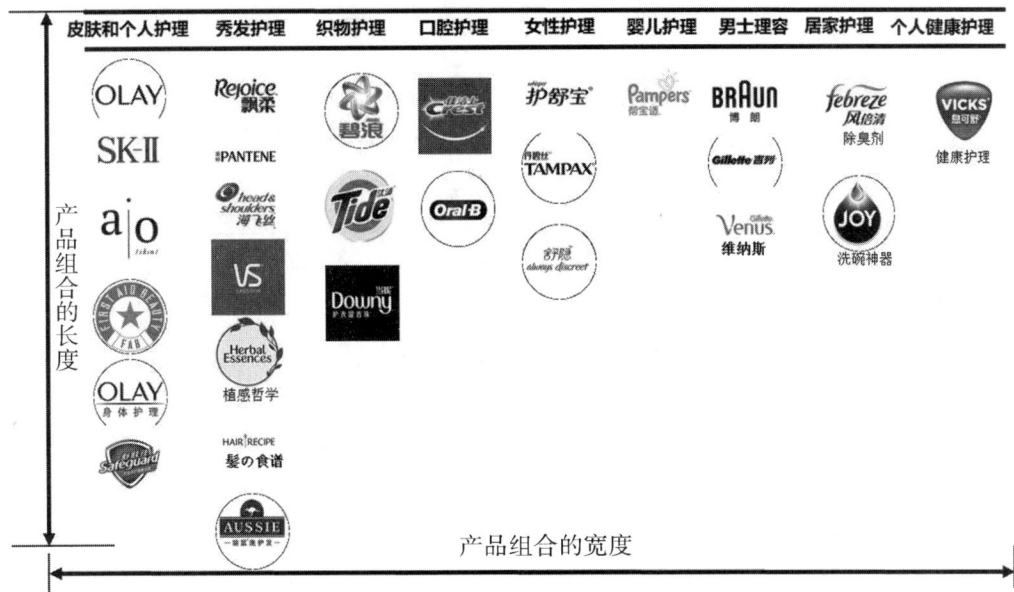

图 5 - 4　宝洁公司（中国）产品组合示意图

（1）产品组合的广度。又称为宽度，是指一个企业所拥有的产品线数目的多少。公式为：

产品组合的广度（宽度）＝产品大类（产品线）的数目

例如，如图 5 - 4 所示，宝洁公司皮肤和个人护理、秀发护理、织物护理、口腔护理产品线关联度就比较大，但男士理容、居家护理和个人健康护理产品线之间关联度就比较小。产品线越多，产品组合就越宽，反之就越窄。拓宽产品组合的宽度，可分散企业的投资风险，有利于扩展企业的经营领域，但同时需要投入更多的资金和技术。

（2）产品组合的长度。是企业产品组合中包含在各条产品线中的所有产品项目的总数。公式为

产品组合的长度＝所有产品项目总数

例如，图 5 - 4 中宝洁公司经营的 9 大类产品中，共有 28 个具体产品项目，因此，其产品组合长度为 28。产品项目内容多则称之为长，少则称之为短。增加产品组合的长度，可以使产品线更丰满充裕。

（3）产品组合的深度。指产品线中每一产品项目有多少品种，所含不同花色、规格、质量产品数目的多少。

例如，飘柔洗发水有 5 种不同的系列（焗油护理、滋润去屑、人参滋养、橄榄油莹润、持久洁净家庭护理系列），3 种规格（200mL、400mL、750mL），则产品深度为 5 × 3 = 15。增加产品组合的深度，可以占领同类产品的更多细分市场，满足更广泛的市场需求，扩大总的销售量。

（4）产品组合的关联度。指产品线之间的关联程度，即在最终用途、生产条件、销售渠道等方面的相关程度。

一条产品线的产品与另一条产品线的产品，它们的最终用途、生产条件、技术要领、分配路线越接近，互相联系越紧密，产品组合的关联度越大，反之就越小。例如，如图5-4所示，宝洁公司1、2、3、4产品线关联度就比较大，但7、8、9产品线之间关联度就比较小。加强产品组合的关联度，可以提高企业在某一地区或某一行业的声誉，有利于企业发挥相关专业上的经营能力，也有利于各种产品之间在产销方面的相互促进。

2. 产品组合的优化调整

企业在调整和优化产品组合时，可根据企业自身资源条件、市场状况和竞争态势对产品组合的广度、长度、深度进行不同的组合，可选择的策略如下：

（1）扩大产品组合策略。该策略也称全线全面型策略，即拓展产品组合的宽度和增强产品组合的深度。前者是在原产品组合中增加产品线，扩大产品经营范围；后者是在原有产品大类中增加新的产品项目。扩大产品组合有利于综合利用企业资源，扩大生产和经营规模，降低生产经营成本，提高企业竞争力；有利于满足顾客的多种需求，进入和占领多个细分市场。

（2）缩减产品组合策略。该策略也称为市场专业型策略，指删除一些产品系列或产品项目，集中力量生产经营一个系列的产品，或少数产品项目，实现高度专业化，减少资金占用，提高产品质量，降低消耗，实施针对性的广告促销，集中拓展有效的分销渠道，提高营销效率。

（3）产品线延伸策略。每一企业的产品线只占所属行业整体范围的一部分，每一产品都有特定的市场定位。当一个企业把自己的产品线长度延伸超过现有范围时，我们称之为产品线延伸。具体有向下延伸、向上延伸和双向延伸三种实现方式。

①向下延伸。向下延伸是在高档产品线中增加低档产品项目。即高档（中高档）→中档（低档）：

五粮液→五粮醇→五粮春→金六福→京酒等。采用该策略可作为反击竞争对手的手段，弥补高档产品减销的损失，及时填补市场空缺，防止竞争对手乘虚而入。

②向上延伸。向上延伸是在原有的产品线上增加高档产品项目，中档（中低档）→高档（中高档）。实行这一策略的主要目的是：高档产品市场具有较大的潜在市场增长率和较高利润率的吸引；企业的技术设备和营销能力已具备加入高档产品市场的条件，能够应付竞争对手的对抗与反击，企业要重新进行产品线定位。

③双向延伸。双向延伸是原定位于中档产品市场的企业掌握了市场优势后，决定向产品线上下两个方向同时延伸，扩大市场阵地。

（4）产品线号召决策。指在产品线中有重点地选择一个或少数几个产品项目进行特别号召，以满足企业的特定营销目标，即利用"畅"销的产品带动"滞"销产品。这种策略一般来说对企业产品的促销有一定的效果。

（5）产品线现代化决策。产品的科技现代化是为了"引诱"顾客转入较高价格的升级换代型产品，改进产品最佳时机的抉择也是企业重大决策之一。过早会使企业现有产品线的销售受到不良影响，过迟则会错失良机。为此，很多现代企业都采取"四代"，即生产一代、储备一代、研究一代、构思一代的做法，当老产品进入成熟期时，第二代产品应开始投放市场，进入导入期；当老产品进入衰退期时，第二代产品应进入成长期，同时着手研制第三代产品，并构思第四代产品。

学以致用

> 　　根据团队选取的创业想法或创业项目，在现有产品（或服务）基础上进行产品组合分析。

二、产品生命周期

1. 产品生命周期的概念

产品的"生命周期"（Product Life Cycle）理论，又称"商品循环"理论（简称"PLC理论"），是市场营销实践的结果。任何生物体都有一个产生、发展到衰亡的过程，产品在市场上同样经历着这一过程，因此称之为产品的"市场生命"。

产品生命周期是指某产品从进入市场到被淘汰退出市场的全部运动过程和经历的全部时间。企业通过分析预测产品的生命周期可以更好地掌握自己企业所经营产品的特点，及时进行产品的更新换代工作。

在营销学中，产品生命周期指的是市场寿命，它与其他几个概念的区别如表5-3所示。

表5-3　产品生命周期相关概念的比较

区别	说明
产品生命周期≠商品的使用寿命	商品的使用寿命是指商品的耐用程度。有的商品使用寿命短，但市场寿命长（如食盐），有的商品使用寿命长，但市场寿命短（如流行服装）
产品生命周期≠行业产品生命周期	行业产品生命周期是指某产品在某个行业（或整个市场）范围内的生命周期。如汽车在交通工具行业中旺盛的寿命期，但产品的款式、型号经常被淘汰，产品寿命期短
产品生命周期≠牌号生命周期	两者之间的生命周期不同，但又有密切的联系。如汽车这种产品的生命周期由市场需求及技术决定，周期较长，"××牌汽车"是具体牌号，周期较短

2. 产品生命周期各阶段的营销策略

产品从投入市场后依次经过引入期、成长期、成熟期和衰退期四个明显的阶段，这一过程的典型形式可以用产品生命周期曲线图来表示，如图5-5所示。

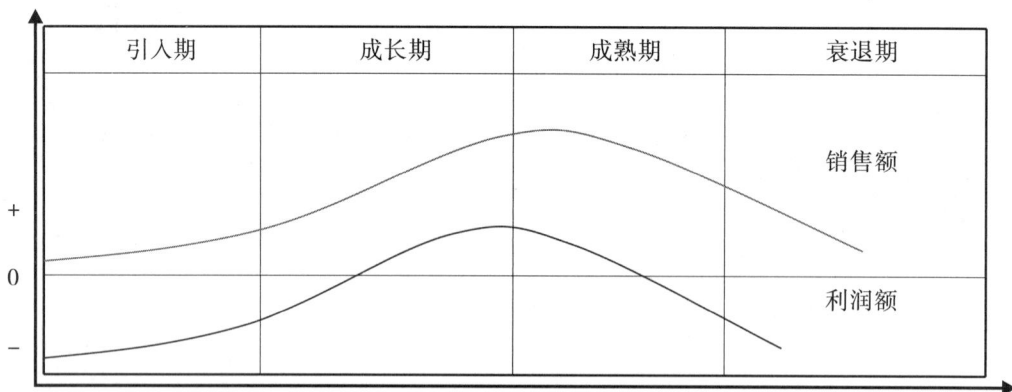

图 5 - 5　典型产品生命周期形态

研究产品的生命周期规律，就是要针对生命周期各阶段的市场特点，采用相应的市场对策，以获得理想的营销效果。产品处在生命周期的不同阶段在销量及其增长、成本、利润以及竞争情况等方面具有不同的特征（见表 5 - 4）。

表 5 - 4　产品生命周期各阶段的特征和营销目标

	导入期	成长期	成熟期	衰退期
销售量	低	剧增	最大	衰退
销售速度	缓慢	快速	减慢	负增长
成本	高	一般	低	回升
价格	高	回落	稳定	回升
利润	亏损	提升	最大	减少
目标顾客	创新者	早期使用者	中间多数	落伍者
竞争者	很少	增多	稳中有降	减少
营销目标	建立知名度，鼓励试用	最大限度地占有市场	保护市场，争取最大利润	压缩开支，榨取最后价值

（1）导入期的营销策略。新产品初上市，由于顾客对它还不熟悉，销售量增长缓慢。在此阶段，为了建立产品的知名度，需要大力促销，广泛宣传，吸引潜在顾客的注意和试用，争取打通分销渠道，占领市场。公司销售的重点是那些更容易使用新产品的购买者。如果把价格与促销两个营销因素结合起来考虑，各设高低两档，则可有四种营销策略供企业选择（见图 5 - 6）。

促销水平

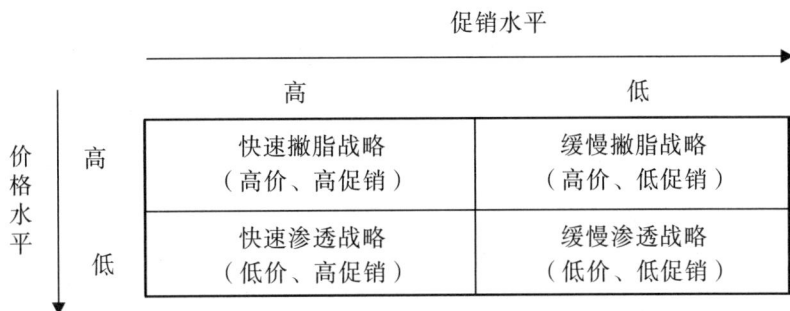

图5-6 导入期价格促销组合策略

（2）成长期的营销策略。成长期是指该产品已经在市场上被消费者所接受、销售额迅速上升的阶段。在购买群体增加的同时，受利润机会的吸引，新的竞争者将进入市场，"成长期"即为"竞争期"。成长期是产品生命周期当中衔接导入期与成熟期的关键一环。企业为了尽可能地维持市场成长，一般会采取下列几种营销策略，如表5-5所示。

表5-5 成长期营销策略

成长期营销策略	说明	目的
产品策略	提高产品质量；增加产品的性能或者改进产品外观；增加新式样和辅助产品；进入新的细分市场	提高产品的竞争能力，吸引更多的顾客，使产品保持更长久的成长期
价格策略	选择适当的时机降低产品价格	既争取那些对价格比较敏感的顾客，又可以冲击竞争对手
促销策略	在成长期，促销重点是宣传产品的特色，运用产品定位策略，树立产品形象，建立品牌偏好	维系老顾客，吸引和发展新顾客
渠道策略	在原有销售渠道的基础上开拓新的销售渠道，增设销售网点和经销代理机构	扩大产品的销售面，加强产品的销售服务工作，提高市场占有率

讨论5-7：请分析产品处于成长期的市场特点。

（3）成熟期的营销策略。成熟期是指大多数购买者已经接受该项产品，市场销售额缓慢增长或下降的阶段。成熟期是四个阶段中持续时间最长的时期，同时是企业获利的最佳时期，大多数产品都处于生命周期的成熟阶段，因此，大部分营销管理者处理的正是这些成熟产品面临的问题。成熟阶段可以采取三种策略，具体如表5-6所示。

表 5-6 成熟期营销策略

成熟期营销策略	说明
市场改良策略	进入新的细分市场→刺激更多消费者更多购买→重新定位吸引新顾客
产品改良策略	提高产品质量→增加产品功能→改进产品款式
营销组合改良策略	降价→加强促销，多种形式相结合→改进渠道，扩大附加利益

（4）衰退期的营销策略。产品衰退期是指产品销售量急剧下降，产品开始逐渐被市场淘汰的阶段。销售下降的原因很多，其中包括技术进步、消费者偏好的改变、国内外竞争的加剧。所有这些都会导致出现生产能力过剩、产品降价和利润侵蚀等情况。衰退阶段可选择的营销策略如表 5-7 所示。

表 5-7 衰退期营销策略

衰退期营销策略	说明	目的
增加策略	增加公司的投资，重新定位	使自己处于市场主导地位或加强竞争地位，开发新的细分市场
持续策略	仍按照原来的细分市场，使用相同的分销渠道、定价和促销方式，直到这种产品完全退出市场	由于此时众多企业已退出市场，企业可以获取部分落伍者的利润
集中策略	集中公司能力和资源，放在最有利的细分市场和分销渠道上，从中获利	有利于缩短产品退出市场的时间，同时又能为公司创造更多的利润
榨取策略	抛弃无希望的顾客群体，大幅度降低促销水平，尽量减少促销费用，以增加目前的利润	这样可能导致产品在市场上的衰退加剧，但也能从忠实于这种产品的顾客中获取利润
放弃策略	对于衰退比较迅速的产品，应该当机立断，放弃经营	将资源转向其他产品

实例 5-4 东阿阿胶是怎么变年轻的

产品老化、经营落后，这是老字号企业普遍遇到的问题。有媒体统计，国内的老字号企业已从最高时的 16 000 多家减少到 1 600 多家，90% 的老字号都消失了。剩下的老字号里，能盈利的只有 10% 左右。

老字号上市公司东阿阿胶在最近十年，经历了跌宕起伏的走势。从 2012 年起，东阿阿胶一直保持高增长，每年的净利润在 10 亿元以上，其中 2017 年和 2018 年的净利润更是超过了 20 亿元。不过，到 2019 年，突然遭遇困境，一下子亏损 4.4 亿元，2020 年继续亏损几千万元。2019—2020 年，东阿阿胶的股票多次跌停，股价比 2017 年巅峰时跌去超过 60%。到 2021 年，东阿阿胶终于缓过劲儿来，扭亏为盈，当年净利润为 3.5 亿元。2022 年上半年继续保持高增长，预计实现净利润2.7亿元~3.4亿元，同比增长80%~127%，上半年的净利润已经接近去年全年的净利润。这个业绩比起2017—2018年的巅峰状态还有差距，不过，可以看到东阿阿胶已经走出低谷，找到了新的增长动力。

可以说，清晰的产品定位，既是东阿阿胶之前保持高利润的法宝，也是它后来陷入困境的原因。既然是"贵妇专用"，那价格当然不能太便宜。据不完全统计，2010—2019年，东阿阿胶一共提价14次，250克一包的产品终端零售价，从162元涨到了1499元，9年涨了9倍，也因此得到了"药中茅台"的称号。不过，这种高增长的态势在2018年出现了转折，到2019年，营业收入大幅下滑60%，业绩由盈转亏。

问题出在哪儿呢？最直接的原因，是出现了库存危机，经销商囤货导致渠道库存积压。在产品畅销、厂家频频提价的情况下，经销商有很强的囤货动机。2017—2019年，东阿阿胶的应收账款占营收比重越来越高，这意味着，这段时间的业绩增长可能只是经销商大量囤货的结果，而并不是真正卖给了消费者。但是，阿胶毕竟与茅台不同。茅台不会过期，可以囤着慢慢卖，而阿胶的保质期只有5年。在高端市场趋于饱和、同时有一大批囤积的阿胶即将到期的情况下，经销商停止进货，而且竞相打折去库存。这相当于放大了市场的波动，导致东阿阿胶的业绩出现暴跌。

库存危机背后更深层的原因是，东阿阿胶一直以来的提价增长模式难以为继。东阿阿胶的产品价格9年涨9倍，但总营业收入只涨了3倍。这说明，在不断涨价的过程中，销售数量是在减少的。换句话说，一部分能够承受得起高价格的高净值核心客户，也就是"贵妇群体"，撑起了东阿阿胶的利润，但更多的消费者被挤出去了，消费群体是在逐渐缩小的。当价格达到了消费者的心理上限，东阿阿胶不能再继续提价，那么业绩增长也就到头了。

怎么办？危机迫使东阿阿胶做了一系列转型措施自救。比如，进行渠道改革，推进渠道扁平化，不再向经销商压货。同时，进行数字化转型，积极拥抱新零售。而最重要的一点，是重新定位产品，实现消费者群体的破圈。具体来说，就是放弃"贵妇专用补品"的产品定位，变成"年轻人都在吃的养生保健品"。

首先是食用的零食化。传统的阿胶食用方法非常麻烦，吃的时候需要加入黑芝麻、核桃仁、桂圆肉等一起熬煮，火候要够，仪式感要足。光是这一点，就可以把怕麻烦的年轻人吓跑。2020年，东阿阿胶推出了重新包装后的桃花姬阿胶糕，即一种高颜值的休闲零食，口味多样，开袋即食，可供年轻人"边造边养生"。

其次是场景的多样化。传统上，阿胶是一种冬季滋补品，夏天是销售淡季。东阿阿胶通过进一步细分场景，消灭淡旺季的波动。比如，针对熬夜场景，推出真颜小分子阿胶，瓶身与SKⅡ大红瓶类似，号称是"真颜大红瓶"；针对健身减脂场景，推出阿胶芝麻丸；针对胶原蛋白流失，推出阿胶红枣汁软糖，猫爪造型非常可爱。

甚至，东阿阿胶愿意"自降身段"，甘当绿叶。东阿阿胶之前的产品形态只有三种：阿胶块、阿胶浆、阿胶糕。他们在2020年推出一种新的产品形态——阿胶粉，可以作为一切饮品的伴侣，比如"酸奶+阿胶粉""冰激凌+阿胶粉""奶茶+阿胶粉"，甚至"咖啡+阿胶粉"等。对年轻人喜欢什么，咖啡茶饮这些新消费品牌最了解不过，东阿阿胶在营销上搭上了它们的快车，做起了各种联名款。

这一套组合拳下来，很快起了效果。东阿阿胶管理层在接受采访时表示，到2021年第三季度，参与营销活动的年轻消费者占比达到70%，不到2年涨了7倍。目前在小红书上，有关东阿阿胶的笔记有2万多篇。曾经只用来"孝敬长辈"的东阿阿胶，变成了年轻女性犒劳自己的养生时尚。

（资料来源：得到头条，有删改，https：//www. dedao. cn/share/course/article？id = 5Mr9mzb36pP4JL5q7PXkWqB2EYNegL)

思考：1. 结合案例，谈谈东阿阿胶是怎样调整其产品组合策略的？

2. 结合案例，谈谈老字号怎么讲出新故事，借新消费大潮重新起飞？

实例 5 - 5　华为停止成长了吗？

华为发布的 2021 年年报显示，2021 年，华为销售收入为 6 368 亿元，相比 2020 年销售收入 8 914 亿元有所下降。华为的业务板块分为三大类：运营商业务，即服务移动、联通等电信运营商；企业业务，即服务企业和政府的数字化转型；终端业务，即面向消费者卖手机等智能硬件。

2021 年华为在运营商业务和企业业务的收入和 2020 年是基本持平的；而终端业务收入因为"缺芯"直接被腰斩，这是造成 2021 年华为销售下降的主要原因。好消息是，虽然销售收入下降，但华为实现了净利润的大幅增长。2021 年华为净利润为 1 137 亿元，比 2020 年同比增长 76%。在这个体量下，实现这种增幅是很吓人的。

其中，主营业务利润率的增长主要归功于，调整产品结构、优化供应链，以及数字化转型带来的"降本增效"。华为首席财务官孟晚舟女士说："我们的规模变小了，但我们的盈利能力和现金流获取能力都在增强，公司应对不确定性的能力在不断提升。"

《华为成长之路》的作者邓斌是曾在华为任职十多年的高管，他在书里提出这样一个问题：对企业来说，什么才是"成长"？成长等于增长吗？在销售收入下降的情况下，华为是在继续"成长"，还是已经进入了衰退曲线？

邓斌把一个完整的企业成长之路分为四个阶段：第一阶段，产品定位期，这时候的成长任务是"做成"；第二阶段，市场复制期，这时候的成长任务是"做大"；第三阶段，管理规范期，这时候的成长任务是"做强"；第四阶段，生态联动期，这时候的成长任务是"做久"。

在第一阶段，产品定位期，最重要的任务是"做成"，也就是活下去。对应到华为，它的产品定位期是从 1987 年创办，到 1994 年华为第一代数字程控交换机的全面商用。

我们现在很感叹，华为在产品定位期，在那么弱小的时候，就定下了那么长远的战略，比如从代理转向自主研发、开拓海外市场、实行员工持股。但据邓斌说，这其实是一种误解。我们以为的"长远战略"，在当时，只是华为为了活下去而采用的权宜之计。

比如，为什么要自主研发？因为做代理不足以让公司活下去。当时交换机代理商的普遍情况是，如果市场行情不好，就会大量积压库存；如果市场行情好，那么很难从厂家那儿拿到货，你得加价从别的代理商那儿抢货，赚不到钱。想要活下去，就必须走自主研发之路。

再如，为什么要实行全员持股？当时华为为了留住人才，给员工高薪许诺；但同时研发也需要大量资金，公司拿不出那么多钱，怎么办？于是，只给员工发一半工资，另外一半算是公司向员工借的，给员工打张白条，算利息。后来，华为就把欠员工的钱按"债转股"的方式，变成员工持股。所以，现在著名的全员持股，一开始只是为了活下去而迫不得已的员工内部集资。

　　还有，华为坚定地走出国门、进军海外市场，最直接的原因是，华为投入高达 1/3 的研发费用做出了 3G 产品，但国内迟迟没有发放 3G 牌照，产品在国内没法卖。幸好当时国外已经有 3G 牌照了，华为只有一条路，就是杀到海外去。

　　邓斌说，在产品定位期，不要奢谈企业战略，也不要想着搭建完备的组织架构，而应该把全部精力都聚焦到产品上，让企业活下去，因为"产品不行，一切归零"。

　　如果说产品定位期是从 0 到 1，最重要的是打磨产品，那么第二阶段，市场复制期，就是从 1 到 N，最重要的是规模化复制、闪电式扩张，目标是"做大"。对应到华为，是 1994—1998 年这段时间。短短 4 年时间，华为的员工从 540 人增加到 8 000 人，销售收入从 5.55 亿元增长到 60 亿元，无论是组织规模还是销售收入都扩张了十几倍。我们现在熟知的"狼性文化"，就是那个时候形成的。

　　为什么企业必须"做大"？无论是华为当时所在的通信行业，还是现在的互联网行业，市场规律就是，只有前几名的企业才能活下去，做不大就得被淘汰。在市场复制期，一切都以"拿下山头"为目的，公司管理往往各路能人各显神通、不按规则出牌，人员流动率很高。但这些都不是问题，千万不要用复杂的管理手段来束缚一线人员的手脚。

　　等公司打出规模来，成为行业头部了，自然会转入下一个阶段，也就是管理规范期，从粗放管理变成精细化管理，核心任务从"做大"变成"做强"。对应到华为，就是 1998—2011 年，华为颁布了《华为公司基本法》，请 IBM 来帮华为建立管理体系，并且追求"高保真复刻"，所谓"先僵化，后优化，再固化"。

　　说个书里提到的细节。华为的内部员工办公平台的名字很奇怪，叫 W3，华为的人也不知道这是什么意思。原来，这就是当年 IBM 辅导管理变革时期留下的，IBM 的内部员工办公平台就叫 W3，为了避免和 IBM 的沟通中需要转化术语的麻烦，任正非要求全部照搬。可以说，这个管理变革的过程，就是一个企业"易筋洗髓"的过程，非常痛苦，却是"做强"的必经之路。

　　再来看第四个阶段，也就是生态联动期，核心任务是"做久"。华为从 2011 年起进入生态联动期，也正是在这一年，华为把单一的运营商业务分成了一开始提到的三大业务板块。更多的业务板块，意味着华为有更大的对抗外部不确定性的能力，不再"靠天吃饭"，而是自建企业的蓄水池，这就是"做久"的能力。

　　我们回到开头的问题，华为还在"成长"吗？邓斌的回答是肯定的。"华为在 2020 年、2021 年进行业务结构性调整、市场区域结构性调整、关键客户结构性调整，为 2022 年、2023 年甚至更长时间的良性成长奠定基础，这种成长设计才是最根本、最有价值的。"也是在这个时期，华为从一家企业，逐渐变成一个平台；从"独善其身"，走向"兼济天下"；从"独狼"，变成带领雁群前进的"头雁"。

　　2021 年，华为在运营商业务领域实现销售收入 2 815 亿元人民币。华为助力全球运营商部署了领先的 5G 网络，据第三方报告显示，在瑞士、德国、芬兰、荷兰、韩国、沙特等 13 个国家，华为承建的 5G 网络用户体验均为最佳。华为和运营商、合作伙伴一起，累计签署了 3 000 多个 5G 行业应用商用合同，5G 在制造、矿山、钢铁、港口、医疗等行业规模商用。

　　在数字化转型浪潮下，华为企业业务取得快速增长，实现销售收入 1 024 亿元人民币。面向政府、交通、金融、能源以及制造等重点行业，华为发布了 11 大场景化解决方案，成立了煤矿、智慧公路、海关和港口等军团，整合资源高效服务客户。全球700多个城市、267家世界500强选择华为开展数字化转型，服务与运营伙伴数量增长到6 000多家。

华为终端业务坚持以消费者为中心，构建万物智联、亿亿连接的全球生态，为全球消费者带来全场景智慧生活体验，实现销售收入2 434亿元人民币。智能穿戴、智慧屏、TWS耳机及消费者云服务均实现持续增长，其中可穿戴设备和智慧屏业务收入同比增长超过30%。搭载HarmonyOS的华为设备超过2.2亿台，成为全球发展速度最快的移动终端操作系统。

在过去的一年中，华为秉承开放、协作、利他的理念，着力打造繁荣的欧拉、昇思、鸿蒙生态，超过800万开发者采用华为开放的平台、开源的软件及丰富的开发工具，探索创新的商业场景和商业模式。

郭平强调："华为将沿着数字化、智能化、低碳化方向前进，依靠人才、科研和创新精神三要素，持续加大投入，力求实现基础理论、架构和软件的技术底座重构，构筑长期竞争力。"

正如邓斌所说："一滴水只有融入大海，才永远不会干涸；一家企业只有联动生态、协同共生，才能基业长青。"

（资料来源：华为官网，有删改，https://www.huawei.com/cn/）

思考： 1. 结合案例，谈谈华为做出了哪些调整？为什么需要做这些调整？

2. 结合案例，谈谈自主创新的重要性。

3. 结合案例，谈谈你对"一滴水只有融入大海，才永远不会干涸；一家企业只有联动生态、协同共生，才能基业长青"这句话的理解。

测试你掌握的知识

1. 观察生活中的某件用品，举例说明其产品整体概念的五个层次。

2. 结合生活中的某件你感兴趣的产品，从产品整体概念的五个层次找灵感，进行相关的产品创新运用。

3. 选择一家熟悉的企业，进行产品组合分析并绘制产品组合示意图。

4. 分析某种产品所处的生命周期，并分析企业采取的相应营销策略。

实训模块5　产品创新训练

结合所研究的企业或在创业企业选取一个产品（或服务），从产品整体概念的五个层次找灵感，小组团队成员通过头脑风暴法，进行新产品构思，可以通过创意构想、图片制作、模型设计、功能创新等转换成产品创新概念，选择最有潜力的产品概念。

数字扩展资源5

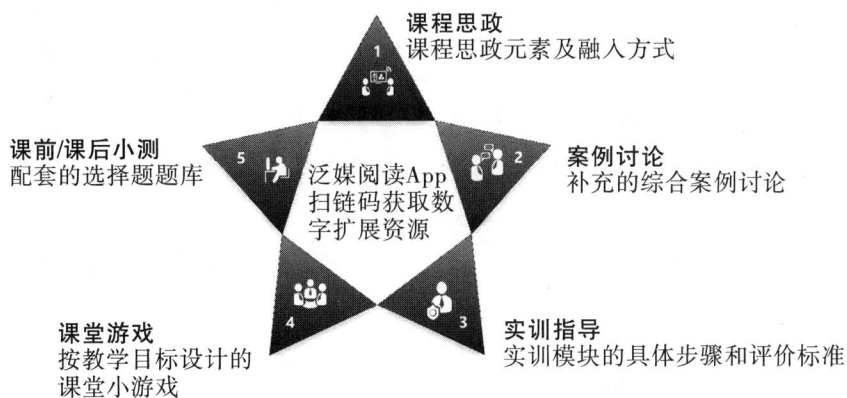

课程思政
课程思政元素及融入方式

课前/课后小测
配套的选择题题库

案例讨论
补充的综合案例讨论

课堂游戏
按教学目标设计的
课堂小游戏

实训指导
实训模块的具体步骤和评价标准

泛媒阅读App
扫链码获取数
字扩展资源

第六章　建立价值——品牌决策

> 品牌是一种错综复杂的象征——它是产品属性、名称、包装、价格、历史、声誉、广告方式的无形总和，品牌同时也因消费者对其使用的印象以及自身的经验而有所界定。
>
> ——大卫·奥格威

【知识目标】

1. 学生能解释品牌的概念和品牌的价值；
2. 学生能解释品牌识别系统；
3. 学生能解释品牌决策的相关过程。

【能力目标】

1. 学生能运用品牌相关的理论知识，为特定企业提出品牌化的合理建议；
2. 学生能运用品牌定位的理论知识，针对实际问题提出品牌定位或品牌更新的合理建议；
3. 学生能运用品牌设计的指导原则，设计品牌名称、标识和口号。

【价值目标】

1. 树立民族品牌自豪感，坚定四个自信和实现品牌强国的理想信念，树立中国品牌建设的责任感；
2. 领会以社会主义核心价值观为基础的中国品牌文化和中国品牌精神，培养大局意识和诚实守信、勤勉敬业的工匠精神。

【思维导图】

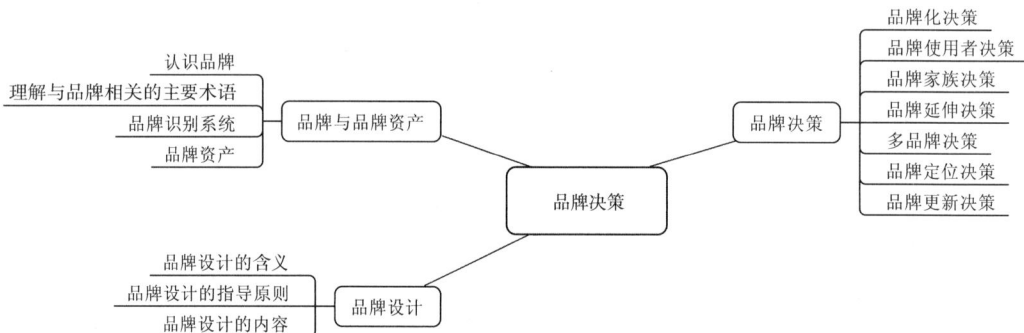

【营销实战】

"可口可乐假设"：企业的核心经营成果是什么？

可口可乐的传奇总裁罗伯特·伍德鲁夫曾说："如果可口可乐的工厂一夜之间全被大火烧掉，给我三个月时间，我就能重建完整的可口可乐。"

你相信罗伯特的这个判断吗？假设灾难升级，一夜之间消失的不仅是工厂，还有全部的供应商和经销商，甚至员工，可口可乐还能够起死回生吗？

要回答这个问题，我们可以先回顾一下王老吉和加多宝的"凉茶大战"。2021年5月，中国国际经济贸易仲裁委员会仲裁，加多宝公司不得再使用王老吉商标。从此，两家公司分道扬镳，开启了市场抢夺战。仅仅收回王老吉商标的广药集团（王老吉母公司）就像上述灾难后的可口可乐一样，没有供应商体系，没有经销商体系，也没有员工队伍，只剩下商标和配方。然而，即使加多宝公司迅速推出了加多宝凉茶，并火速用铺天盖地的广告告诉消费者，原来畅销的红罐凉茶已改名加多宝，其结果还是王老吉品牌重登了市场份额第一的宝座。

既然王老吉在这种极端的情况下都能重回"王座"，那么可口可乐即使遭遇上述假设的灾难，也应当能够重建。毕竟，就算可口可乐工厂毁于大火，消费者也不会把百事可乐误当作可口可乐。这就说明，工厂、供应链、销售渠道甚至员工，都不是企业的核心经营成果。

可以想象，如果可口可乐重建需要资金，那么银行一定会排着队给其贷款，风投会排着队给其投资；如果可口可乐召开订货会，那么供应商、经销商都会迫不及待地找上门……在这背后调动庞大资源的根本动力，是广大消费者对可口可乐重新上架的期盼，这才是大火也烧不掉的核心经营成果。根据定位理论，企业的核心经营成果在顾客的心智中，其左右着顾客的选择。这个核心经营成果就是品牌。

（资料来源：冯卫东. 升级定位［M］. 北京：机械工业出版社，2020：1-2，有修改）

思考： 1. 你相信罗伯特的"可口可乐假设"吗？

2. 你如何理解品牌对企业的重要性？

第一节　品牌与品牌资产

一、认识品牌

1. 品牌的定义

品牌的英文单词"brand"，源自古挪威语"brandr"，意思是"烧灼"，古时人们用这种方式来标记家畜等需要与其他人相区别的私有财产。到了中世纪的欧洲，手工匠们用这种方法在自己的手工艺品上打下烙印，以便顾客识别自己的手工艺品，这就产生了最初的商标。这种做法暗含着对消费者的承诺与法律保护。16世纪早期，蒸馏威士忌的生产商将威士忌装入烙有生产商名字的木桶中，以防他人偷梁换柱。到了1835年，苏格兰的酿酒者使用了"Old Smuggler"这一品牌，以维护采用特殊蒸馏程序酿制的酒的质量声誉。由此可见，最早的品牌主要是用来标识所有权以及证明品质的。

但随着时间的推移和商品市场竞争环境的变化，品牌所承载的含义也越来越丰富，品牌学逐渐形成。

对品牌的定义，近几十年来，国外学者表述各异，具有代表性的有以下几种（见表6-1）。

表6-1　不同国外学者或机构对品牌所下的定义

大卫·奥格威	品牌是产品名称、符号、历史、文化、声誉、属性等的综合体，是使用者的消费体验，以及在传播途径上的认知和传播方式留下的心理感受
戴维·阿克	品牌就是产品、符号、人、企业与消费者之间的联结和沟通。品牌是一个全方位的架构，牵涉到消费者与品牌沟通的方方面面，并且品牌更多地被视为一种"体验"，一种消费者能亲身参与的更深层次的关系，一种与消费者进行理性和感受互动的总和，若不能与消费者形成亲密关系，产品就从根本上丧失了被称为品牌的资格
菲利普·科特勒	品牌是一种名称、术语、标记、符号或图案，或是它们的相互组合，用以识别企业提供给某个或某群消费者的产品或服务，并使之与竞争对手的产品或服务相区别
美国市场营销协会	品牌是一种名称、术语、标记、符号或设计，或是它们的组合运用，其目的是借以辨认某个销售者或某群销售者的产品或服务，并使之同竞争对手的产品或服务区分开来

上述关于品牌定义的几种表述各有特点，据此，笔者对品牌的定义表述如下：品牌就是公众对某种产品或服务区别于其他竞争者的产品或服务的一系列认知的总和。这些认知包括对产品或服务的外观、内涵、传递的价值、文化等方面的感知和知觉的总和。根据这个定义，品牌具有以下特征：

（1）品牌是无形的。品牌不具有物质载体，但可以通过一系列的物质载体、行为载体来体现。直接的载体有标识、图形、文字、声音；间接载体有产品的质量、价格、功能、服务、市场占有率、知名度、美誉度、亲近度等；行为载体有员工的行为、管理者的行为、研发设计行为等。

（2）品牌是独特的。品牌是辨识产品的一种工具。企业通过符号、单词、概念色彩、图案等设计品牌，代表企业的特点，以区别于其他企业品牌，从而吸引公众特别是消费者的注意，使之容易识别。同样，通过品牌人们可以认知产品，并依据品牌来选择购买。例如，人们购买汽车时有这样几种品牌可选：大众、奔驰、宝马、丰田、本田。每一种品牌代表了不同的文化背景、不同的设计理念、不同的产品特性，消费者可以根据自身的需要来进行选择。

（3）品牌是企业的无形资产。品牌是一种资产，其所代表的意义、个性、品质和特征能产生品牌价值，这种价值虽然看不到、摸不着，却能为企业创造利润。比如，据全球领先的品牌咨询机构Interbrand发布的2015年度报告显示，苹果连续4年获得"全球最具价值品牌"称号，其品牌价值高达1 780亿美元，较去年增长5%，领先谷歌、微软和三星等公司。

（4）品牌可以提升企业的竞争优势。在买方市场的今天，消费者选择的空间更大，对产品的要求也更多元化。企业要想在众多的产品中脱颖而出，就应该有过人之处。而品牌就是企业进入市场的通行证。品牌代表了一个企业在市场中的地位和形象，因此，从这种意义上来说，品牌是企业参与市场竞争获胜的法宝。特别在产品功能趋同的今天，人们在选择的时候可能更会去看品牌：谁的品牌过硬，谁就能获胜。比如，人们想买空调，会首选格力；想买电饭锅，会首选苏泊尔；想买豆浆机，会首选九阳。

（5）品牌是动态变化的。品牌不可能一成不变，在市场屹立不倒。随着消费者的需求变化，品牌也应适应消费者的需求变化而有所调整。此外，品牌的潜在价值虽然大，但它只是给企业带来附加价值，一旦企业的产品或服务出现问题，处理不当，品牌也会迅速贬值。所以，品牌具有一定的风险性和不确定性。

讨论6-1： 用你自己的话描述你所理解的品牌包括哪些内容？

2. 品牌的种类

品牌可以依据不同的标准划分为不同的种类，具体有以下几种划分方法。

（1）根据品牌的知名度和辐射区域划分。根据品牌的知名度和辐射区域划分，可以将品牌分为地区品牌、国内品牌和国际品牌三种。

地区品牌是指在某一个地区具有一定知名度和美誉度的品牌，产品辐射范围不大。比如烟台啤酒在山东省内的市场占有率很高。

国内品牌是指在国内具有较高知名度和美誉度的品牌，产品辐射全国。比如青岛啤酒。

国际品牌是指在国际市场有较高知名度和美誉度的品牌，产品辐射全球。比如联想电脑、海尔冰箱以及肯德基、麦当劳等。

（2）根据产品生产经营的不同环节划分。根据产品生产经营的不同环节，可以将品牌分为制造商品牌和经营商品牌。

制造商品牌是指制造商自己为生产制造的产品进行设计的品牌，如海尔、联想等。

经销商品牌是指产品销售商根据目标市场的特点，结合产品的功能和特点，为产品设计的品牌，如阿迪达斯等。此外，还包括销售商根据自己独特的经营管理、销售、服务而创立的品牌，如沃尔玛、大润发等。

（3）根据品牌的来源划分。根据品牌的来源划分，可以将品牌分为自主品牌、外来品牌和嫁接品牌。

自主品牌是企业根据自身需要创立的，如海尔、诺基亚、丰田等。

外来品牌是指企业通过特许经营、并购或其他形式获得的品牌，如联合利华收购的北京"京华"牌。

嫁接品牌是指通过合作、合资方式形成的带有双方品牌的新产品，如琴岛利勃海尔冰箱。

（4）根据品牌产品的行业划分。根据品牌产品所属行业的不同，可以将品牌划分为家电品牌、食品饮料品牌、日用化工品品牌、汽车工业品牌等。

（5）根据品牌与消费者的关系划分。根据品牌与消费者的关系划分，可以将品牌划分为功能型品牌、个性型品牌、开拓型品牌、社区型品牌和标志型品牌。功能型品牌主要突出产品自身的功效，如霸王洗发水主要突出其防脱发功能；个性型品牌主要指赋予品牌的人的特征，如万宝路香烟突出其粗犷的西部牛仔形象；开拓型品牌以动力来推动品牌发展，如耐克的女士运动鞋；社区型品牌主要突出人类的归属需求，如小米的粉丝经济；标志型品牌是当人们想起某种东西时，自然而然会想起这个品牌，就是品牌的最高境界了。

讨论6－2： 根据以上品牌划分方法，请对苹果手机、珠江啤酒、奇瑞汽车、飘柔洗发水、立白洗衣粉进行归类，并说明原因。

二、理解与品牌相关的主要术语

为了更好地理解和掌握品牌的含义，需要弄清楚以下几个概念。

1. 品牌名

品牌名是品牌中可以读出的部分——词语、字母、数字或它们的组合。如海尔、TCL、红双喜1999等。

2. 品牌标识

品牌标识是品牌中不可以发声的部分——包括符号、图案或明显的色彩或字体。如耐克的对钩造型、可口可乐的经典红色瓶子、小天鹅的天鹅造型、IBM的字体和深蓝色的标准色等。

3. 品牌角色

品牌角色是通过拟人化来代表品牌的方式，如海尔兄弟、麦当劳小丑、肯德基爷爷、米老鼠、康师傅等。

4. 品牌商标

品牌商标是一种法律用语，是受到法律保护的整个品牌、品牌标识、品牌角色或者它们的组合。当商标使用时，要用"R"或"注"明示，意指注册商标。商标注册人具有商标使用权。

5. 品牌符号

品牌符号是区别其他产品或服务的基本手段，包括名称、标识、基本色、口号、图案、象征物、代言人、包装等。它是形成品牌概念的基础，成功的品牌符号是公司的重要资产，在品牌与消费者的互动中发挥作用。

6. 品牌识别

品牌识别是品牌营销者希望创造和保持的，能使人们对品牌留下美好印象的联想物。这些联想物暗示着对消费者的某种承诺。比如海尔通过多年的经营，特别是当年张瑞敏怒砸冰箱的故事广泛流传，使得消费者想起海尔，就会联想起"高品质"。

7. 品牌形象

品牌形象是指品牌在社会公众中所留下来的印象总和，反映了公众特别是消费者对品牌的评价与认知。品牌形象与品牌不可分割，形象是品牌表现出来的特征，反映了品牌的实力与本质。品牌形象包括名称、标识、图案、包装、代言人等。

讨论 6-3：品牌识别和品牌形象有何联系与区别？

三、品牌识别系统

品牌识别系统（BIS 系统）有助于消费者去辨认一个企业的品牌形象，是企业进行品牌构建时重要的借鉴模式。品牌识别系统由视觉识别系统、理念识别系统、行为识别系统组成。

1. 视觉识别系统

视觉识别系统是指运用系统的、统一的视觉符号，对外传达品牌的经营理念与形象信息，是品牌识别系统中最具传播力和感染力的系统。视觉识别系统是以品牌标识、标准字、标准色为核心展开的完整的、系统的视觉传达体系。

视觉识别系统又分为基本要素系统和应用要素系统。基本要素系统主要包括品牌名称、品牌标识、标准字、标准色、象征图案、宣传语等。应用要素系统主要包括办公用品、办公环境、办公场所的设计、产品包装、广告媒体、交通工具、衣着制服、招牌、橱窗、陈列展厅等。

2. 理念识别系统

理念识别系统是指可以表述为品牌从事一切经营活动的哲学、思想、价值观等。品牌理念包括品牌定位、品牌使命、经营理念、价值观、品牌精神、服务理念、管理观，以及对外传播的广告语等（见表 6-2）。

表 6-2　理念识别系统的构成要素

要素	解释	举例（以海尔为例）
品牌定位	品牌定位的外显，形象塑造的目标，形象传播的导向	蓝色的 Logo，突出海尔的创新、智慧、充满朝气和拥有无限美好的未来
品牌使命	品牌的外向价值，品牌在社会生存环境中的地位、作用和责任	致力于成为行业主导，用户首选的第一竞争力的美好住居生活解决方案服务商

（续上表）

要素	解释	举例（以海尔为例）
经营理念	品牌的经营哲学、经营方针，品牌追求的经营境界	人人都是自己的 CEO
价值观	为公司、员工、客户、经销商、股东、社会等共享的价值理念	是非观——永远以用户为是，以自己为非；发展观——创业创新的两创精神；利益观——人单合一双赢
品牌精神	全体成员的群体意识，振奋士气的精神口号	创造资源，美誉全球
服务理念	以服务为导向的品牌行为理念，是开展顾客满意活动的动力	一切以用户为中心
管理观	优化品牌管理的管理思想，与人才使用相关的管理观念	人人是人才，赛马不相马
广告语	经营理念、品牌理念、服务理念等的对外传播口号	一个世界一个家，真诚到永远

3. 行为识别系统

行为识别系统是指在理念识别的基础上所形成的、用以规范品牌内部行为，并达到对外统一化（活动统一化）的一系列行为规范和准则。行为识别是非视觉化动态的识别方式。对内负责组织管理，包括工作环境、生产设备、研究发展、生产福利及员工教育（如仪态仪表、员工言行）等；对外包括开展各项活动，如市场调查、促销活动、公共关系、产品开发等。

讨论6-4：除了依靠品牌识别系统去识别一个企业的品牌外，还可以通过哪些方式去识别品牌？

四、品牌资产

1. 品牌资产的定义

品牌资产是20世纪80年代在营销研究和实践领域出现的一个重要概念。不久之后，美国先知品牌战略咨询公司的副总裁戴维·阿克出版著作《管理品牌资产》，品牌资产成为营销研究的热点问题。

品牌资也称品牌权益，是指品牌才能产生的市场效益，往往与品牌名称、品牌标识、品牌形象等相联系。简单来说，就是一个企业的产品在有品牌时与无品牌时的市场效益之差。

品牌资产具有四个特点：

一是品牌资产是无形的。品牌资产看不见，不具有物质载体。

二是品牌资产以品牌名称为核心。

三是品牌资产会对消费者的行为产生影响。因此，品牌资产的维持或提升，需要营销宣传或营销活动的支持。

四是品牌资产的价值来自消费者的认可，而非产品。为此，品牌资产会因消费者的品牌经验或品牌认可而变化。

2. 品牌资产的"五星"模型

戴维·阿克在《管理品牌资产》一书中，根据前人的基础，提炼出品牌资产的"五星"模型，即认为品牌资产是由品牌知名度、品牌认知度、品牌联想度、品牌忠诚度和其他品牌专有资产五部分所组成（见图6-1）。

戴维·阿克[1]

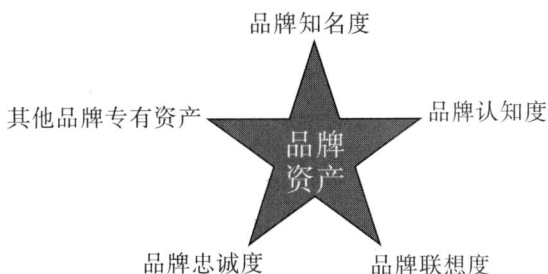

图6-1　品牌资产的"五星"模型

（1）品牌知名度。品牌知名度是品牌为消费者所知晓的程度，也称为品牌知晓度。品牌知名度反映的是一个品牌的影响范围和广度。品牌知名度可分为无知名度、提示知名度、第一未提示知名度和第一提示知名度四个阶段。当一个新产品上市之初，品牌在消费者心目中是无知名度；通过一段时间的广告宣传和促销活动等，品牌在部分消费者心中留下了模糊的印象，通过提示可以记起来，即到了提示知名度阶段；下一阶段，在无提示的情况下，能主动记起该品牌，即第一未提示知名度；当品牌成长壮大，处于市场"领头羊"位置时，消费者会第一个提起或购买时最先想到该品牌，这时品牌就到了知名度的顶峰，即第一提示知名度。

（2）品牌认知度。品牌认知度是指消费者对某一品牌的内涵和价值认识及理解的程度。品牌认知度关系到消费者体验的深度，是消费者长期接受品牌传播，并使用品牌的产品和服务之后，逐渐形成对品牌的认识。

（3）品牌联想度。品牌联想度是指通过品牌而产生的所有联想，是对产品特征、消费者利益、使用场合、产地、人物、个性等的人格化描述。这些联想往往能组合出一些意义，形成品牌形象。它提供了购买的理由和品牌延伸的依据。比如香飘飘奶茶，会联想到"温暖"，这就是香飘飘奶茶长期品牌营销传播的结果。

（4）品牌忠诚度。品牌忠诚度是在购买决策中多次表现出来的对某个品牌有偏向性的（而非随意的）行为反应，也是消费者对某种品牌的心理决策和评估过程。它由五级构成：

---

[1]　https：//baike. sogou. com/v44799. htm？ ch = ww. wap. chain. baike.

无品牌忠诚者、习惯购买者、满意购买者、情感购买者和承诺购买者。品牌忠诚度是品牌资产的核心，如果没有品牌消费者的忠诚，品牌不过是一个几乎没有价值的商标或用于区别的符号。像苹果公司的粉丝经济，其实利用的也是品牌忠诚度。

（5）其他品牌专有资产。其他品牌未有资产是指品牌注册的商标、专利等知识产权，以及品牌所有者拥有的能带来经济利益的资源，比如客户资源、销售渠道、生产网络、管理制度、企业文化、品牌等。

戴维·阿克认为品牌资产的"五星"模型中，品牌知名度、品牌认知度、品牌联想度、其他品牌专有资产有助于品牌忠诚度的建立，其中品牌知名度、品牌认知度、品牌联想度是代表顾客对于品牌的知觉和反应，而品牌忠诚度则是以顾客为基础的忠诚度。戴维·阿克指出品牌权益的核心是品牌认知度和品牌联想度。

实例 6-1　蜜雪冰城：奶茶界"隐形巨头"

2020年6月，蜜雪冰城官方微博宣布"蜜雪冰城全球门店数量首次突破一万家"。自此，蜜雪冰城成为首个门店破万的茶饮品牌。在喜茶、奈雪的茶等网红茶饮品牌的高声量与高热度之外，"隐形巨头"蜜雪冰城如何走出自己的路，又是凭借什么发展逻辑实现品牌的快速扩张呢？

1. 始于刨冰，红于冰激凌

1997年，创始人张红超将刨冰带入郑州，蜜雪冰城的原型是挂着"寒流刨冰"招牌的刨冰摊。2000年前后，张红超把刨冰摊升级成店铺，将店名更改为"蜜雪冰城"。2006年前后，张红超依照"彩虹帽"的配料成分，研制出口感与品质相近的冰激凌产品，并将初始售价定在了2元/支，在市场上大受欢迎。低价冰激凌，不仅让蜜雪冰城借助爆品的力量打开了市场，还成功地实现了为店面引流，形成了在消费者心中"价格便宜"的印象，达到了提升品牌知名度的目的。

2. 继续制造爆款，坚持低价

2012年前后，蜜雪冰城推出继冰激凌之后的第二款爆品——柠檬水（700mL），定价为3元/杯。这一次，张红超抓住了从"瓶装饮料到现制饮料"的升级消费需求。

3. 定位明晰，主攻下沉市场

除了低价策略，多年以来，蜜雪冰城一直将开店重心放在消费潜力更大的下沉市场。蜜雪冰城的门店主要遍布河南、河北、山东、四川等多个省份的三、四线及以下城市。这些地方的学生党、初入社会的年轻群体，就是品牌的目标消费者。

4. 自建供应链体系

2010年，蜜雪冰城通过国家商务部特许经营备案，开启"直营+加盟"的市场经营模式。对于大多数茶饮品牌来说，加盟的营收主要来自加盟费、原料费、管理费用、收入分成等方面。但是，蜜雪冰城这样体量的品牌，加盟费所占营收比重并不高。

5. 品牌视觉设计升级

2018年，蜜雪冰城以"打造超级符号"为核心逻辑，对品牌形象、Logo、IP形象等视觉元素进行了全面升级。门店设计方面，蜜雪冰城的店面升级，将"土土"的气质做到了"极致"。升级过后的店面，招牌从原有的黑色改为亮眼的红色，整体店面也以红色为主题色，摆出了一副誓要做整条街最吸睛的店的架势。IP形象方面，"雪王"作为蜜雪冰城全新的 IP 形象，使消费者把"雪王"与蜜雪冰城强关联起来，形成记忆符号。

6. 极简菜单，快速决策

蜜雪冰城的菜单有三个优点，首先选品非常简单清晰，基本只做精品、爆品；其次会在菜单中将主打产品突出处理，便于消费者快速做出消费决策；最后菜单名称简洁明了，降低了购买沟通成本，也节省了消费者排队等待的时间。

（资料来源：微信公众号"互联网思维"、蜜雪冰城官网，有删改，https：//mp. weix-in. qq. com/s/ikYctYgs09cOjcDWCum9Sg；https：//www. mxbc. com/）

思考： 1. 分析蜜雪冰城的品牌形象和经营理念。
　　　 2. 分析蜜雪冰城的品牌定位策略。

实例 6-2　王老吉：从老字号到世界级品牌

2021 年，广药集团首次上榜《财富》世界 500 强榜单，规模排名第 468 位，成为全球首家以中医药为主业进入世界 500 强的企业。广药集团旗下广州王老吉大健康产业有限公司（以下简称"王老吉大健康"）是其大健康产业板块的核心企业，连续多年保持营收和利润的高速增长，为广药集团迈进世界 500 强发挥了重要作用。

广药集团在中药业务别具特色，拥有包括王老吉在内 12 家中华老字号，有 10 家超过百年历史，数量占据全国医药行业老字号的比重很大，被誉为中医药的"活化石"。其中，有着"凉茶始祖"美誉的王老吉已走过近两百年历史，从 1828 年的一间小小的凉茶铺发展壮大为商标评估价值高达 1 080 亿元的中国饮料品牌。长盛不衰的背后，离不开其对时代需求的积极回应，以及创新求变的精神。

王老吉凉茶起源于岭南地区，依靠其实用功效，以及林则徐赠名的历史美谈，逐渐广为人知。在岁月变迁中，随着人们消费需求的不断演变，王老吉凉茶的产品形态不断调整升级，从街边凉茶铺的水碗凉茶，发展为凉茶包、凉茶精、凉茶冲剂，以及盒装和罐装凉茶。老字号产品的创新与守正同样重要。在 2016 年，王老吉大健康就开启了多元化进程，在做强做大凉茶主业的基础上，积极布局单品多元化和品类多元化，为未来发展注入新动力。多年来陆续推出的无糖凉茶、黑凉茶、茉莉凉茶、爆冰凉茶等凉茶新单品，满足了消费者个性化、多样化的健康需求，打造"王老吉＋"效应。另外，刺柠吉、椰柔生榨椰汁和大寨核桃露三个品类多元化新品，进军不同的饮料细分品类，打造企业可持续发展新动力。

作为家喻户晓的民族品牌，王老吉将"济世利人"的理念融入企业社会责任中，在企业高质量发展的同时，不忘回报社会，打造出包括"造血"公益、社会公益、校园公益在内的企业公益体系，为社会发展持续贡献力量。

响应国家号召，王老吉积极投入到脱贫攻坚、乡村振兴之中，与国家、时代发展同频共振。在这一过程中，王老吉创新打造"输血＋造血式"产业帮扶模式，多年来累计投资 15 亿元，先后在四川雅安、广东梅州、甘肃兰州建立生产基地，带动当地经济发展、产业升级和就业增长。

到 2021 年，王老吉销售网络已覆盖全球，拥有超千万个终端网点，年销量达到 200 多亿，牢牢占据凉茶行业 7 成的市场份额，呈现出强劲的发展态势。

（资料来源：百家号"人民科技官方账号"，有删改，https：//baijiahao. baidu. com/s?
id = 1707259941761766729&wfr = spider&for = pc）

思考：结合案例，谈谈王老吉这一老字号民族品牌如何走向世界级品牌？

学以致用

营销，不仅仅营销产品，更重要的是营销个人品牌。如果把你自己当做一个品牌来对待，你将如何来进行设计和营销？

第二节　品牌决策

品牌决策是品牌管理的基础。

品牌决策是指决定企业是否使用品牌、采用哪种类型的品牌，以及使用什么形式的品牌等一系列决策的过程。

品牌决策的内容包括：品牌化决策、品牌使用者决策、品牌家族决策、品牌延伸决策、多品牌决策、品牌定位决策、品牌更新决策。

一、品牌化决策

所谓品牌化，就是企业给其销售的产品确定相应的品牌。是否需要创立品牌，这是企业首先需要考虑的问题。在历史上大多数产品是没有品牌的，但在商品经济发达的今天，实行品牌化，是企业在激烈的市场竞争中增强竞争力的一种重要手段。

那么企业在什么时候进行品牌化比较合适呢？主要考虑以下几点：

（1）产品所在领域是新兴的还是成熟的。如果产品所在的领域是新兴的，可以暂时不用进行品牌化，当然如果想快速打开市场，方便消费者记忆和传播，也可以进行品牌命名；如果产品所在的领域是成熟的，市场上品牌林立，为了区别于其他产品，最好进行品牌命名。

（2）目标顾客的消费习惯及消费行为。如果目标顾客只在意能满足最低的使用需求，希望能以较低的价格购买到产品，可以暂时不进行品牌化。但是，如果目标顾客希望产品除了满足最低的使用需求外，还希望购买的产品能满足其情感需求或者地位需求，最好进行品牌化。

（3）产品特性。虽然目前很多产品都广泛品牌化，但并非所有的产品都必须使用品牌。产品是否适合使用品牌，还应该根据产品的特性而定。比如下列情况，可以不使用品牌：一是当产品的同质性较好时，如煤炭、钢铁、自来水、石油等，一般都无须实行品牌化。二是不需要加工的原材料。如矿砂、棉花、大豆、花生，大多是作为原材料加工使用的，无须实行品牌化。三是消费者已经习惯不使用品牌的产品，比如大米、面粉、食用油、盐等。四是某些生产比较简单，选择性不大的小商品。五是临时性、一次性出售的商品，如一次性手套、碗碟等。

（4）企业在市场中的相对地位以及自身实力。当企业在市场中的相对地位比较高，自身实力很强，可以不用进行品牌化。

（5）品牌营销能力。如果企业不具备一定的品牌营销能力，那么可以暂时不需要考虑进行品牌化。

讨论6-5：在我们的日常生活当中，哪些产品是不需要品牌化的？

二、品牌使用者决策

品牌使用者决策，是考虑采用谁的品牌的问题。一般来说，会面临三种品牌所有权选择：一是使用制造商品牌；二是使用经销商品牌；三是混合使用品牌。

1. 使用制造商品牌

大多数制造商都创立了自己的品牌，比如苹果手机、奔驰汽车等，并使用自己的品牌组织产品销售。如果使用制造商自己的品牌，由于制造商对产品的设计理念、功能、价值内涵等都了解得比较清楚，更加方便进行品牌设计和品牌宣传，可省去不少品牌建设和推广费用，在价格方面更具有优势。当然，如果制造商自己生产自己销售，那么进行品牌化可能会增加成本。

2. 使用经销商品牌

经销商品牌是指制造商将自己生产的产品卖给经销商，经销商利用自己的品牌将产品转卖出去，又称私人品牌。比如，大润发的面巾纸等。经销商自设品牌的好处是可以加强对价格的控制，并在一定程度上控制提供产品的制造商。此外，经销商自设品牌也存在一些问题，如增加了品牌的营销费用，以及因为经销商自己不生产，而向制造者订货，可能会导致资金的大量占用，增加了财务风险。

3. 混合使用品牌

制造商也可以决定部分产品采用自己的品牌，部分产品采用经销商的品牌。混合使用品牌又分三种情况。

（1）制造者部分产品使用自己的品牌，部分卖给经销商，使用经销商品牌。既保持本企业品牌特色，又扩大了销路。

（2）为进入新市场，先使用经销商品牌，取得一定市场地位后改用自己的品牌，即制造商品牌。

（3）两种并用。即一种制造商品牌与一种经销商品牌或另一种制造商品牌，同时用于一种产品，集两种品牌的优点，或说明某些不同特点。

? 讨论 6-6：在"互联网＋"的今天，还可以采用哪种品牌使用者策略？

三、品牌家族决策

如果制造商决定使用自己的品牌，那么，还面临着进一步的品牌策略选择，即品牌家族策略。所谓品牌家族策略就是选择品牌名称的决策，企业所生产的各种不同种类、不同规格质量的产品，是全部用一种品牌，还是分别用不同的品牌，一般有以下几种策略可供选择：

（1）统一品牌策略。即企业对其全部产品使用同一个品牌，如康师傅、长城、海尔等公司。这种策略的好处是推出新产品时，免去了命名的麻烦；可以尽快建立品牌信誉，有利于新产品开拓市场，在统一品牌下的各种产品可以相互支援、扩大销售，并且可以节约广告宣传费用。但也存在一定的风险，如果其中有某一种产品营销失败，可能会影响整个企业的声誉，波及其他产品的营销，如三鹿奶粉。因此，使用统一品牌的企业，必须对所有产品的质量实行严格控制。

（2）个别品牌策略。即一个企业的各种产品分别采用不同的品牌名称，如联合利华公司下的产品品牌有清扬、金纺、多芬、夏士莲、立顿、旁氏、中华、凡士林、舒耐、和路雪等，不仔细看都不知道原来这些产品品牌都来自同一家公司。这种策略可以分散产品营销的市场风险，可把个别产品的成败同企业的声誉分开，不会因个别产品的失败而败坏整个企业的形象，同时有利于企业发展不同档次的产品，满足不同层次消费者的需要。但采取个别品牌策略，企业要增加品牌设计和品牌销售方面的投入，开支较大。个别品牌策略也可以是不同的产品大类采用不同的品牌，即一类产品使用一个品牌。

（3）统一品牌策略和个别品牌策略并行。采用这种策略的出发点是兼收两者的优点。

（4）企业名称加产品品牌策略。即在每一品牌名称之前均冠以企业名称，以企业名称表明产品出处，以品牌名称表明产品的特点。这样做可以降低每个品牌的市场促销费用，可以利用企业的形象和声誉来对新产品品牌进行促销，可以有效防止偶尔某个品牌出了问题而对其他产品项目发生的连带影响。一些市场形象较好，知名度较高的企业，都采用这种品牌策略，如日本的丰田、尼桑公司，美国的通用汽车公司，均在其不同品牌的汽车产品上，标上企业的名称。对于有些企业来说，这样做还有一个明显的好处：利用已经知名的品牌来树立企业良好形象或宣传企业本身。

? 讨论 6-7：请分别从手机行业、汽车行业、房地产行业找一家企业，讨论其采用的是哪一种品牌家族决策？

四、品牌延伸决策

品牌延伸决策也是品牌扩展决策，是指利用企业在市场上具有一定影响力的某一成功品牌来推出改良产品或新产品的决策。品牌延伸又分为纵向延伸和横向延伸两种（见表6-3）。

进行品牌延伸有利也有弊，且具有较大的风险，需要谨慎决策。其利在于知名的品牌可以使新产品容易被识别，从而得到消费者的认同，加快消费者的接受程度，企业还可以节省有关的新产品促销费用。如"阿玛尼"不仅有服装，还扩展到香水、配饰、钢笔等，再如"娃哈哈"从儿童营养液开始，扩展到果奶、果汁、可乐等。但这种策略也有一定的风险，容易因新产品的失败而损害原有品牌在消费者心目中的形象。

表6-3　品牌纵向延伸和横向延伸

类型	解释	举例
品牌纵向延伸	把现有的品牌名称使用到相同类别的新产品上，推陈出新，从而推出新款式、新口味、新色彩、新配方、新包装的产品	娃哈哈的营养快线系列，有幸福牵线、营养快线升级版等
品牌横向延伸	把现有的品牌名称运用到不同类别的产品上或一个新的领域上	本田有本田汽车、本田摩托车、本田割草机

五、多品牌决策

多品牌决策是指对企业内的同一类产品是否采用不同品牌，即是否根据不同的目标市场采用不同品牌的决策。多品牌策略是由宝洁公司首创。该公司在其经营的三种清洁剂上同时使用了八个品牌进行经销。欧莱雅也是多品牌战略的赢家，旗下的高端化妆品品牌有赫莲娜、兰蔻、碧欧泉、圣罗兰美妆、阿玛尼、植村秀、羽西、科颜氏等；大众化妆品牌有巴黎欧莱雅、美宝莲纽约、卡尼尔、美即面膜等；专业美发产品有欧莱雅PRO、巴黎卡诗、美奇丝等。

采用多品牌的好处有以下几个：

一是可以抢占更多的货架面积。经销商在经销产品时，一般以按不同的品牌为单位而不是以生产厂家为单位来分配产品的货架面积的。因此，同一个产品项目使用多个品牌，其获得的货架面积的总和就比使用单个品牌要大。

二是多品牌可使企业多争取不同消费级别的消费者。即使各品牌之间的差别不大，也能各自吸引一群消费者。

三是可以多争取"品牌转换者"。许多消费者都是品牌转换者，有求新求奇的心理，喜好试用新产品，抓住这类消费者的最好的办法就是多推出几个品牌。

四是多品牌可把竞争机制引进企业内部，使各品牌之间相互竞争，有利于提高产品质量和经济效益。

此外，在国际营销中，由于国家、民族、宗教信仰等的不同，为了避免品牌命名不当而引起的市场抵触，适应不同市场的消费习惯，多品牌也是一种适用策略。当然多品牌策略也会造成一定的问题，即品牌之间的竞争在企业的同一个产品项目之中发生，而可能不是在竞争者之间发生，所以，企业需要进行分析，使用多品牌后，是否单个品牌的销量减少，而总的销量增加，只要总的销量增加，单个品牌的销量少也是值得做的，否则就是得不偿失。

讨论6-8：除了上面举的例子，还有哪些公司采用了多品牌决策？

六、品牌定位决策

品牌定位就是确定企业某品牌产品在目标消费者心目中的形象，使品牌具有自己的特色，能帮助消费者与其他品牌区分开来。在进行品牌定位决策时，可以考虑以下问题再做决定：品牌识别中哪些元素应该成为定位的元素？哪些部分可以引起消费者的共鸣，同时将该品牌与竞争者区分？谁是主要的目标对象？谁是次要的目标对象？传播的目标是什么？目前的形象需要被放大、强化、开发，还是应该被缓和或者消除？优势点是什么？品牌定位和产品的市场定位需要区分开来。对于采用统一品牌策略的企业而言，品牌定位等于市场定位。而对于采用个别品牌策略的企业而言，这两者是不同的。

品牌定位策略可以归结为以下几种：

（1）独一性定位。独一性是广告诉求的方式，可以作为品牌长期坚持的定位。这实际是从品牌的产品性能、效果出发，以寻找这种定位主张的支点。如飘柔"护理头发"，海飞丝"去头屑"，潘婷"滋养头发"，霸王"防脱发"等。再如劳斯莱斯汽车具有车窗除霜开关，它控制着1 360条看不见的热线网，开关一开，玻璃内的热线网发热，达到除霜目的，此种定位塑造了品牌特色形象。

（2）使用者定位。可以根据使用者的性别、年龄、收入、职业等标准划分不同的消费群体；按性格又可以分为坚强与懦弱、外向与内向、独立与依赖等。从使用者角度出发确定品牌的定位，给予使用者一种关怀，使其对品牌产生归属感，如"男人的衣柜，海澜之家"。

（3）使用形态定位。在不同的生活情景或时间下有不同的商品需求，从而形成不同的使用形态。如果当消费者在某个生活情景下，就想起该品牌的产品，那么这个品牌就是成功的。如"累了困了，喝东鹏特饮"。

（4）比附定位。即一个品牌与其他品牌相比，没有特殊的优势时，可以依附于市场的领导品牌来定位。这样可以避免硬碰硬，也能增加自己的知名度。经典案例如"我们是老二，所以我们更努力"的艾维斯租车行。

（5）反类别定位。当同类产品中其他品牌已广泛为消费者所接受和所习惯时，仍以相同的品类形象出现，则会被淹没在众多品牌之中。这时应该反其道而行之，喊出不同的声音，往往能够有效刺激消费者。如在可口可乐、百事可乐垄断市场的情况下，七喜汽水提出饮料有"可乐型"与"非可乐型"之分，那些对"可乐型"饮料不满意的消费者便会尝试着喝"非可乐型"的七喜，这种定位提出了新产品分类的新概念，使品牌处于创新的领先地位，同时又能借助老产品的声誉扩大影响。

（6）价格定位。对某些产品来讲，价格可表明使用者身份，可成为地位的代表。如水井坊"中国最贵的酒"。长期坚持，价格也可凸显差异性，如沃尔玛"天天平价"。

讨论6-9：请分别从手机领域、空调领域、化妆品领域、汽车领域举一些品牌定位决策成功的例子，讨论它们分别是按照哪些方式进行定位的？

七、品牌更新决策

由于原品牌出现了问题，毁坏了声誉，品牌难以翻身；或者消费者的需求发生改变，品牌偏好转移，原品牌陈旧过时，与产品的新特点或者市场的变化不相符；抑或是原品牌在市场竞争中遇到了强有力的对手，节节败退。在这些时候，企业不得不去做决策，对品牌进行更新，对品牌进行重新定位。

针对上述情况，品牌更新通常有两种选择：

一是全部更新，即企业重新设计全新的品牌，抛弃原品牌，这种方法能充分显示企业的新特色，但耗费及风险均较大。

二是部分更新，即在原品牌基础上进行部分改进，这样既可以保留原品牌的影响力，又能纠正原品牌设计上的不足。许多企业在保留品牌名称的基础上对品牌标识等进行改进，既保持了品牌名称的一致性，又使新的标识更引人入胜，取得了良好的营销效果。

实例6-3　做"小"品牌

过去10年，有4 000多家小公司获得了170亿美元的风险投资，新生品牌如雨后春笋，快速崛起。

与之对应的则是陷入困境的大品牌，康师傅、统一、娃哈哈、汇源……这些曾经辉煌无比的大品牌，最近几年都经历了业绩持续下滑或徘徊不前，就连曾经居于主导地位的品牌和渠道操作方式也面临质疑。

以娃哈哈为例，2017年9月由中国企业联合会、中国企业家协会正式发布的"2017中国企业500强"中显示，娃哈哈集团营业收入排名第327位，比上年下降56位。业绩上更加明显，2013—2016年，娃哈哈的营业收入分别为782.8亿元、720亿元、494亿元、529亿元，2017年营收则缩减至456亿元，5年营收缩水超过300亿元。

到底哪里出了问题？其实，统一茶饮料业务的尝试更能说明问题。

2014年统一茶饮料业务收入同比下滑10.05%，而2016年，则实现逆势增长，将市场占有率由2015年的24.8%提升至27.8%，其中就与统一新推出的"小茗同学"等网红品牌的贡献密不可分。

这些大品牌过去基本采取"公司品牌+产品品类"的方式，并强调公司品牌的主导地位，如康师傅的老坛酸菜面、娃哈哈的营养快线等，再通过铺天盖地的媒体投入，掌握了话语权，在品牌认知、渠道拓展、市场覆盖及销量上都取得了良好的成绩。但进入互联网时代，营销环境和消费行为都发生了很大的变化，这种方式的效率和效果都受到了挑战。

统一推出的"小茗同学"，则一改"大品牌"策略，力图建立"又好喝又好玩"的更加鲜明、更加独立的品牌形象。品牌操作上，以"95后"族群为目标用户，以"认真搞笑"为品牌主轴，极力进行娱乐社交营销尝试，与QQ family、爱奇艺、秒拍等网络媒体深度绑定，并基于核心诉求在内容上持续创新，像"搞笑剧场32幕"系列漫画、"666牛牛牛"主题活动，以及"五官消失，只留下脸部轮廓"的"不要脸"的恶搞包装，号召用户模仿小茗同学的鬼畜表情和动作，上传到秒拍……一系列的创意，充分渗透年轻消费者的语境，产生了很好的互动和共鸣，不断提升品牌黏度。品牌一面市，就创下5个月销售额5亿元的行业奇迹。

可以看出，用户选择不再满足于品牌知名度这一基本品牌要素，传统的从品牌知名度到品牌忠诚度的"品牌认知理论"，是从品牌出发，而不是用户。现在的用户更加关注品牌的价值观及品牌与自我的关系，尤其是年青一代的崛起，他们正在从消费某一品牌从而归属某一群体，向哪个品牌能够彰显自我个性就选哪个品牌发展，甚至拒绝大众化的品牌，因为在他们看来，大众就是"随大流"。

所以为了满足更加多样化的需求，品牌也必将更加多样化，这也是更多"小"品牌崛起的原因，即使高端强势的品牌也面临这一困境。2017 年，Coach 连续收购 Kate Spade 和 Stuart Weitzman 两个品牌，从之前的单品牌转变为多品牌运营，其中 Kate Spade 一改 Coach 高端稳重的形象，定位轻奢，追求简洁灵动的造型，鲜亮大胆的颜色以及活泼有趣的生活态度，以更好地覆盖年轻用户。

（资料来源：搜狐网，有删改，https://www.sohu.com/a/256846459_465378）

思考："小"品牌的出现，为大品牌来进行产品延伸有哪些可借鉴之处？

实例 6 - 4　李宁的品牌重塑之路

2010 年 6 月 30 日，李宁在新闻发布会上高调宣布更换新标识和口号，新的 Logo 更抽象化，运用了"人"形创意，耳熟能详的"一切皆有可能"也变成了英文"Make the change"。李宁公司除发布全新的标识和口号之外，更对品牌 DNA、目标人群、产品定位、品牌内涵及开发体系等做了相应调整。李宁公司品牌负责人解释："鼓励每个人通过运动表达自我、实现自我。新的标识线条更利落，廓形更硬朗，更富动感和力量感。"李宁成为"90 后李宁"。尽管如此，市场反响并不好。2012—2014 年公司连续亏损，总亏损达 30 亿元。

2014 年底，没能逆转李宁局势的职业经理人金珍君黯然退任，创始人李宁回归，担任 CEO，李宁回归后，将公司口号由"Make the change"改回"一切皆有可能"，确立"提供李宁品牌体验价值"的目标，公司由体育装备提供商转型为"互联网＋运动生活体验提供商"；开通微博，与消费者密切互动，提升用户黏性；重启多品牌战略，获得"Danskin"在中国内地和澳门地区的独家经营权，推出自营品牌"李宁 YOUNG"，并与小米合作推出新一代智能跑鞋。总之，李宁回归后公司向"互联网＋运动生活体验提供商"转型：以产品、渠道、零售运营能力为三大支柱，辅以多维度的营销策略，致力于提供与数字化结合的李宁体验式价值。

产品方面，如 2018 年 6 月 21 日，以"中国李宁"为主题，李宁公司在巴黎办了一场大秀，距离上一次在纽约亮相，仅仅过去 4 个月。显然，从纽约的"悟道"，到本季的"中国李宁"，昭示这个历经 28 年风雨的体育品牌，正以一种全新的气质回归年轻人的视野。两次走秀的成功，部分归于李宁"年轻化"战略的实施。比如，产品设计前卫而富有现代感，街头感十足的廓形和有冲击力的撞色设计。李宁个人也借助社交媒体与年轻消费者互动，在微博上，55 岁的他自称"李叔"，曾晒出 20 多年前拿着"大哥大"的照片，并称："20 多年前也号称'潮人'。"李宁公司将"Make the change"的理念一以贯之，并在国际品牌的冲击下为其做出了新的诠释。李宁品牌的重组崛起同样在财报中有所体现。财报显示，2017年，李宁归属于母公司股东的净利润为5.15亿元人民币。公司表示，核心品牌李宁牌的收入占公司总收入的99%，达88.19亿元人民币，较去年同比增长11%。

就销售渠道而言，李宁电商业务持续扩展，收入占总收入的比重持续上升，其中，李宁品牌收入占比达19%。根据2021年财报显示，李宁全年营收突破225亿元人民币，同比增长56%，这是李宁品牌营收首次突破200亿元。

（资料来源：邦巨纺织官网、中国日报网，有删改，https：//www.bonjun.cn/news/60316.html；http：//caijing.chinadaily.com.cn/a/202203/21/WS62380853a3101c3ee7acc8e1.html）

思考：李宁的品牌重塑给了我们哪些启示？

学以致用

> 无论是在国外还是在国内，目前人们购买商品的眼光越来越挑剔，人们对名牌的追求持续狂热。试讨论，在大家习惯消费国外名牌的今天，中国的企业品牌应如何发展成名牌？

第三节 品牌设计

品牌是企业无形资产的重要组成部分，是企业所拥有的无可替代的竞争力。拥有品牌就拥有市场。当我们看到可口可乐、百事可乐、肯德基以迅雷不及掩耳之势席卷全球市场时，都会惊叹品牌之威力。甚至有人说"如果可口可乐全世界的工厂一夜之间被大火烧掉，世界上各大银行都会争相给它贷款"。而这一切都基于它们强大的品牌影响力。

一、品牌设计的含义

关于品牌设计，仁者见仁智者见智，有广义和狭义之分。

广义的品牌设计包括战略设计（如品牌理念、品牌核心价值、品牌个性）、产品设计、形象设计、企业形象设计等。

狭义的品牌设计是指对品牌名称、品牌标识、品牌形象、包装、平面广告等方面结合品牌的属性、理念、文化、表现进行的设计。

简言之，品牌设计就是指利用品牌元素或元素组合形成风格，表达品牌主题，从而进行品牌塑造的过程。

二、品牌设计的指导原则

1. 整体性原则

企业采用品牌战略，会关系到企业的方方面面，甚至会威胁品牌的生存情况。因此，品牌设计必须从企业的内外部环境、内容结构、组织实施、组织管理、传播媒介、企业历史、产品结构等方面综合考虑，以利于全面地贯彻落实。具体而言，就是说品牌设计要适应企业内外环境，符合企业的长远发展战略，在实施时具体措施要配套合理，以免因为某一环节的失误影响全局。

2. 以消费者为中心的原则

品牌设计的目的是勾画品牌形象，方便消费者接受和认可。因此，成功的品牌设计必须能得到目标顾客的接受和认可，否则，即使吹得天花乱坠也没有任何意义。以消费者为中心就要做到以下几点：

（1）对目标市场进行调查和了解。通过有效的市场分析，进行准确的市场定位，否则品牌设计就是"无的放矢"。

（2）以满足消费者的需要为核心。消费者的需要是企业一切活动包括品牌设计的出发点和归宿，海尔成功的最大奥秘即在于其一切以顾客为中心的企业理念。

（3）尽量尊重消费者的习俗。习俗是一种约定俗成的东西，很难改变。进行品牌设计时应该要考虑消费者的习俗，利用得当，就是一种机会。

（4）正确引导消费者的观念。以消费者为中心并不表明一切都迎合消费者的需要，企业坚持自我原则，科学合理地进行引导也是品牌设计的一大功能。

3. 实事求是的原则

品牌设计应立足于企业的现实条件，依据品牌定位的目标市场和品牌形象的传播要求来进行。要记住，品牌设计不是建空中楼阁。品牌设计需要突出企业的竞争优势和产品优势，但绝非杜撰或编排子虚乌有的故事。坚持实事求是的原则，做到不过分夸张，也不隐瞒问题和回避矛盾，扬长避短，努力突出企业的独特优势，并将其真实地展现给公众。

4. 求异创新的原则

求异创新就是要塑造个性鲜明的品牌形象和独特的品牌文化。为此，品牌设计需要充分了解竞争对手的品牌情况，以及全面深入地了解企业的历史和现状，挖掘企业独特的文化观念，设计与众不同的标识，采用新颖别致的传播手段。当年纯净水刚开始盛行时，所有纯净水品牌的广告都说自己的水纯净。消费者不知道哪个品牌的水是真的纯净，或者更纯净的时候，乐百氏突出其纯净水经过 27 层净化，对其纯净水的"纯净度"提出了一个有力的支持点。这个系列广告在众多同类产品广告中迅速脱颖而出，乐百氏纯净水的纯净感给受众留下了深刻印象，"乐百氏纯净水经过 27 层净化"很快家喻户晓。"27 层净化"给消费者一种"很纯净，可以信赖"的印象。

5. 两个效益兼顾的原则

在进行品牌设计时，要做到经济效益和社会效益兼顾。虽然很多人认为，追求社会效益会有损企业的经济效益，是"花钱买名声"，但从长远来看，企业在追求经济效益的同时，也努力追求良好的社会效益，反而不会有损经济效益，而是走得更远，所谓"不以赚钱为目的的企业最后都赚得盆满钵满"。企业在追逐利润的同时要注意环境的保护、生存的平衡；在发展生产的同时要注意提高员工的生活水平和综合素质，维护社会稳定，在品牌理念设计中体现社会公德、职业道德，坚持一定的道德准则。

讨论6-10：品牌设计除了遵循以上原则外，还要注意哪些问题？

三、品牌设计的内容

品牌设计的内容很多，包括品牌名称命名、品牌标识设计、品牌口号设计、品牌平面设计、品牌广告设计等。下面主要介绍品牌名称命名、品牌标识设计和品牌口号设计。

（一）品牌名称命名

对于品牌而言，好的名称等于成功的一半。据调查，全美只有12%的品牌名称对销售有帮助；有36%的品牌名称对销售有阻碍；而对销售谈不上贡献者，则高达52%。品牌名称作为品牌的核心要素会直接导致一个品牌的兴衰。品牌大师艾·里斯说："实际上被灌输到顾客心目中的根本不是产品，而只是产品名称，它成了潜在顾客亲近产品的挂钩。"

好的品牌名称的特征有：①一定要体现出与定位相关，如飘柔；②易记、易传播，如娃哈哈、小米、苹果；③有好的寓意，符合目标消费群的心理特征。如日本三菱汽车公司在欧洲销售Pajero（帕杰罗）越野车，由于该名称十分接近西班牙语中的"鸟"字，有卑鄙的含义，经历数月的麻烦后，只好改名为Montero（圆猎帽）；④朗朗上口，如可口可乐。

总结前人常用的命名方法，有以下十种，如表6-4所示。

表6-4 常用的品牌名称命名方法

类型	解释	举例
企业名称法	将企业名称作为产品品牌来命名	飞利浦电器、索尼电器、三洋电器、海尔电器
地域法	以产品生产地的地名来命名	青岛啤酒、贵州茅台、蒙牛纯牛奶、宁夏红枸杞酒等
时间法	以与产品相关的历史时间命名	道光廿五、国窖1573
人名法	以名人、明星或企业首创人的名字命名	李宁、阿玛尼、乔丹、福特汽车
目标法	将品牌与目标客户联系起来命名	太太乐鸡精、太子奶、好孩子婴儿车
数字法	以数字来给品牌命名	三九药业、7-11、七喜、58同城、百草味
功效法	以产品功效为品牌命名	飘柔、六必治、快易通、泻立停、脑黄金
价值法	凝结企业的愿景或追求来命名	盛大网络、远大企业、兴业银行、同仁堂
形象法	运用动物、植物和自然景观来为品牌命名	七匹狼、三只松鼠、圣象、小天鹅

（续上表）

类型	解释	举例
中外法	运用中文和字母或两者结合来命名	雅戈尔（YOUNGOR）、海信（Hisense）、TCL、宝马（BMW）

讨论6-11： 企业在给产品品牌进行命名时，还要注意哪些问题？

（二）品牌标识设计

品牌标识能引发人们对品牌的联想，尤其能使消费者产生有关的联想，便于企业进行宣传。因此，品牌标识设计就显得尤为重要。品牌标识可以是纯文字的，也可以是纯图形的，还可以是文字、图形兼具的，如表6-5所示。

表6-5　品牌标识的种类

类型	解释	举例
纯文字	纯粹以文字作为Logo	SONY　SAMSUNG　lenovo
纯图形	纯粹以图案形式作为Logo	（奔驰标志）（苹果标志）（标志）
文字、图形兼具	文字、图形巧妙兼具作为Logo	BMW　Baidu百度　LittleSwan

品牌标识设计原则有以下几个：

（1）简洁富有创意。品牌标识设计须简洁、新颖独特、一目了然，带给消费者强烈的视觉冲击。苹果（Apple）电脑是全球五十大驰名商标之一，其"被咬了一口的苹果"的图形非常简单，却让人过目不忘。创业者当时以苹果为标志，是为纪念自己在大学读书时，一边研究电脑技术，一边在苹果园打工的生活，但这个无意中偶然得来的标识恰恰非常有趣，独具特色。苹果电脑作为最早进入个人电脑市场的品牌之一，一经面市便大获成功，这与其简洁明了、过目不忘的标识设计密不可分。

（2）准确表达品牌特征。从营销的视角来看，品牌标识的设计要以产品特质为基础，准确传递产品信息，彰显品牌利益，体现品牌价值和理念，树立品牌形象。"M"只是个非常普通的字母，但是在许多人的眼里，它不只是一个字母，还代表着麦当劳（McDonald's），代表着美味、干净、舒适。同样是以"M"为标识，与麦当劳标识圆润的棱角、柔和的色调不一样，摩托罗拉（Motorola）的"M"标识棱角分明、双峰突出，以充分表达品牌的高科技属性。

（3）设计布局合理，富有美感。品牌标识设计在在线条和色彩搭配上应遵循布局合理、对比鲜明、平衡对称、清晰简化、隐喻象征恰当的原则。百事可乐的圆球标识，是成功的设计典范，圆球上半部分是红色，下半部分是蓝色，中间是一根白色的飘带，给人极为舒服顺畅的感觉，白色的飘带好像一直在流动着，使人产生一种飘飘欲飞的感觉，这与喝了百事可乐后舒畅、飞扬的感官享受相一致。

（4）设计要通俗易懂，符合认知习惯。品牌标识在图案和色彩上的运用要做到简洁明了、通俗易懂、鲜明醒目、容易记忆，并符合消费者的风俗习惯和审美价值。

首先，若有字体，字体要体现产品特征，如食品品牌多用明快流畅的字体，以表现食品带给人的美味与快乐；高科技品牌多用锐利、庄重的字体，以体现其技术与实力。其次，字体要容易辨认，不能留给消费者去猜，否则不利于传播。最后，字体要体现个性，与同类品牌形成区别。

在色彩的运用上，首先，明白不同的色彩会有不同的含义，给人不同的联想，适用于不同的产品。当然，作为个体的人，对于色彩的感觉有时差异会很大，这是因为人们的生活经历不同，如红色也可以联想到暴力和恐怖，白色也可以联想到生病、死亡等。其次，相同的颜色也会因为地区、文化、风俗习惯的差异而使人产生不同的联想。因此，进入不同的国家和地区，有时需要对标识色彩因地制宜，进行调整。

（5）满足情感诉求。设计时要考虑人们的情感诉求，可以给人们带来美好的感受。比如，具有浓郁的现代气息，极强的感染力，给人以美的享受或产生丰富美好的联想。

（三）品牌口号设计

品牌口号是用来传递有关品牌的描述性或说服性信息的短语，常出现在广告中，有一些品牌也会将口号印在包装上。品牌口号对一个品牌而言起着非常重要的作用，如品牌口号可以宣传品牌精神、反映品牌定位、丰富品牌联想、清晰品牌名称和标识等。

品牌口号对于建立品牌资产、加深消费者对于品牌的认知和记忆有非常重要的作用。对于企业而言，口号能反映品牌文化，如飞利浦公司的"让我们做得更好"、李宁的"一切皆有可能"，这些口号都担负着塑造品牌形象、代言品牌文化、演绎品牌精神的重任。除此之后，口号还能很好地宣传产品的特色、定位，如海飞丝的"头屑去无踪，秀发更出众"、海澜之家的"男人的衣柜"，很好地体现了产品的主要功能和人群定位。

品牌口号经常出现在企业的各项营销活动中，如产品包装、渠道宣传物料、广告信息等。品牌口号通常与广告活动紧密结合，在影视广告的末尾、平面广告的显眼处经常可以看到品牌口号。品牌通常通过多渠道的重复性宣传，来强化消费者对于品牌口号的记忆。

1. 口号设计

品牌口号的设计一般要遵循以下原则。一是具有内涵性。品牌口号作为品牌价值主张，是推广品牌价值观念的直接载体，应当蕴含品牌所能提供的价值和所持有的信念，这样才能让消费者与品牌产生共鸣。二是具有独特性。品牌口号要能和其他竞争对手或品牌的口号区分开来，体现出与众不同的差异性，避免重复与相似。三是具有易记性。口号应简洁、易懂、顺口，这样才有助于消费者记住该品牌。

常见的口号设计来源类型如表6-6所示。

表 6-6　常见口号设计来源类型

口号设计来源类型	举例品牌	举例品牌口号
品牌名称演化而来	网易	轻松上网，易如反掌
表现产品特点	M&M's 巧克力	只溶在口，不溶在手
表现目标消费群体	百事可乐	新一代的选择
表现企业发展愿景	海尔	真诚到永远
表现企业价值观	微信公众号	再小的个体，也有自己品牌

2. 口号更新

品牌口号的创作，更多的是结合自身企业的成长经历，不同阶段突出不同的诉求。比如创业初期，在品牌知名度不高，产品受众客户不多的情况下，品牌口号要倾向于使用功能和价值体现，给顾客一目了然的感觉；当品牌发展跨越了初级阶段，上升到一定的高度，在实行多元化的同时树立良好的企业形象，品牌口号将会承担更高层次的责任，如社会责任等。当人们听到该品牌口号时候，不但联想到该产品，更会想到该企业所从事的社会和公益行为。

实例 6-5　为什么品牌 Logo 花大钱做微调?

为什么品牌 Logo 花大钱做微调？我们从移动办公平台钉钉更换 Logo 说起：

2022 年 3 月，移动办公平台钉钉召开发布会，宣布品牌升级，并且 7 年来首次更换了 Logo。你可能对钉钉的 Logo 还有印象，它是一个简单的蓝白配色图形，主体形象是一只翅膀，下方拼接了一道闪电。这次 Logo 更新，钉钉稍微调整了图案的角度，使视觉中心从闪电挪到了翅膀上，并且把羽毛的形状调得更圆润了一点。

很多人说，新 Logo 看起来更轻盈，翅膀更舒展，也显得更有活力了。不过，也有不少人表示，这个 Logo 与之前的 Logo 差别并不大，不把两张图放在一起仔细对比的话，很难看出差别。

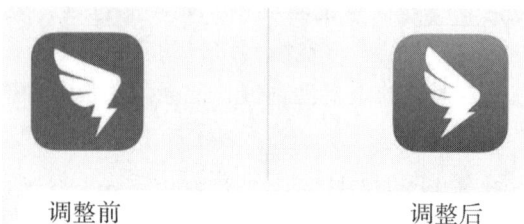

调整前　　　　　　　　　调整后

钉钉新旧 Logo 对比

我们还可以想到很多类似的例子。比如，小米 2021 年发布的新 Logo，由日本著名设计师原研哉操刀。跟旧 Logo 比起来，肉眼能看到的唯一区别就是边框的直角变成了圆角。再比如英国广播公司 BBC，新 Logo 只是调整了三个字母的间距，然后换了小一点的字体。再往前，IBM 更新 Logo 的时候，仅仅是把三个字母上的条纹，从 12 条改到了 8 条，等等。这样的案例每年都有很多。

要知道，品牌换 Logo，是一项费时费力的大工程。从开始设计到定稿，要花三到六个月的时间，而商标注册，耗时一年左右。接下来，设计方案落地，所有的产品、包装、门店、网站，甚至工作人员的服装等，都要同步换成新 Logo，这是花钱的大头。比如，英国石油公司在 2000 年更换 Logo 的时候，总共花费了大约 13 亿元人民币，其中设计费只有4 000 万元左右，剩下的主要就花在了各种应用场景的更新上。

这样看来，投入了大量的时间和金钱，却只对 Logo 做了点儿小改动，难道不是浪费资源吗？

首先看来，品牌为什么要更新 Logo？换 Logo 本身不是目的，而是为了配合品牌的战略调整。当一个品牌有重大的战略调整并想向公众传达出自己进行战略调整的决心时，最好的办法肯定不是发布长篇累牍的文字说明，而是通过更换 Logo 的方式，用视觉来向公众传达。就像美国传播学家李普曼曾说的："图像是最可靠的观念传达方法。"比如，钉钉这次更换Logo，就是为了配合它的品牌定位的转变，从强调效率，到表达价值。品牌口号也从原来的"钉钉，让工作学习更简单"，变成了"钉钉，让进步发生"。

但是，品牌更新 Logo 也会有风险，可能会扰乱用户记忆，削弱品牌认知度。所以，一方面品牌需要通过更新 Logo 来表达决心，一方面又不敢对 Logo 动"大手术"，这么一来，就只能做小调整了。就像雷军说的，一个成熟的成功品牌，Logo 只能小改。

那么，在这些小改里，主要是在改什么？仔细观察会发现，大部分品牌换 Logo 的核心思想就是简化——化繁为简、突出重点。具体来说有以下几个方向。

第一，从写实走向抽象。前互联网时代的 Logo 设计比较写实，而现在的 Logo 更偏向几何线条风。如百事可乐，早期的 Logo 是一个写实的玻璃瓶盖。后来，Logo 上去掉了瓶盖，只留下瓶盖上的图案，再后来又对线条做了简化。再如，Instagram 最早的 Logo，是一个写实的拍立得相机，后来简化成了由白色线条组成的相机图标。

第二，减少细节。因为现在的 Logo 需要在各种大大小小的屏幕上出现，很多设计细节在小屏幕上很难体现出来。为了保持 Logo 在各种屏幕上的一致性，就干脆去掉不必要的细节。比如微信换 Logo 时，缩小了聊天气泡；华为的新 Logo 取消了花瓣上的渐变色。

第三，简化字体。原来很多国外品牌喜欢用花体字、手写字，或者对字体做一些额外的装饰，在视觉效果上显得庄重优雅，而现在，像 YSL、BURBERRY、BALMAIN 等奢侈品大牌，都把 Logo 改成了没有额外修饰、粗细统一的字体，虽不如原来优雅，但识别度更高。

当代极简主义设计师哈姆斯把自己的设计理念凝结成一句话：Less，but better。少，但更好。

（资料来源：得到头条，有删改，https：//www. dedao. cn/share/course/article？id＝RQ-LYWyjMZoa0J1v42kXp4wvzDbO26B）

思考：

1. 结合案例，谈谈目前品牌 Logo 微调的趋势有什么特点？
2. 结合案例，思考品牌 Logo 调整对品牌的意义是什么？

学以致用

从日常生活中寻找一个品牌，对该公司的品牌名称命名、品牌标识设计、品牌口号设计等方面进行调查与评价，并提出自己的建议。

测试你掌握的知识

1. 简单解释什么是品牌。
2. 举例说明品牌的种类。
3. 从日常生活中以某一品牌来解释品牌的识别体系。
4. 什么是品牌资产？品牌资产的"五星"模型中，哪个要素是最重要的？
5. 品牌决策包括哪些方面？
6. 列出并解释品牌定位的方法。
7. 如何进行品牌名称命名？需要注意哪些问题？
8. 品牌标识设计需要注意哪些问题？

实训模块6　设计品牌名称及品牌标识

结合本团队研究的企业或创业的企业，设计品牌名称及品牌标识；编写品牌故事，描述品牌个性及品牌的核心价值。

数字扩展资源6

课程思政
课程思政元素及融入方式

案例讨论
补充的综合案例讨论

实训指导
实训模块的具体步骤和评价标准

课堂游戏
按教学目标设计的课堂小游戏

课前/课后小测
配套的选择题题库

泛媒阅读App
扫链码获取数字扩展资源

第七章　量化价值——定价策略

不是用价格去销售，而是要销售价格。

——菲利普·科特勒

【知识目标】

1. 学生能够理解企业目标与定价目标的关系；
2. 学生能够区分不同定价方法之间的区别；
3. 学生能够描述不同定价技巧的适用条件；
4. 学生能理解价格变更的策略。

【能力目标】

1. 学生能根据企业目标合理制定定价目标；
2. 学生能够根据定价目标合理选择定价方法；
3. 学生能针对目标消费人群的特点，采用不同的定价技巧；
4. 学生能够根据市场环境变化制定合理的价格变更策略。

【价值目标】

1. 通过案例学习培养学生的法治观念，明确企业行为要遵守国家法律、法规和政府有关政策；
2. 通过案例学习，学生正确认识价格歧视行为，能够正确判断不同的歧视行为是否违反国家相关法律法规；
3. 正确认识价格欺诈行为，培养诚信守法、公平竞争的商业意识。

【思维导图】

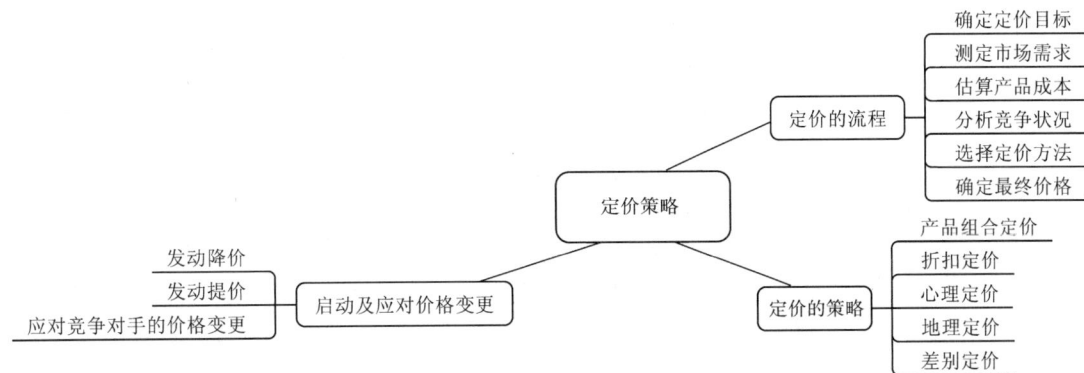

【营销实战】

直播带货告别"拼最低价"时代

2021 年"双十一"，巴黎欧莱雅或许迎来了在中国进行大型促销活动的最大一次滑铁卢——"双十一"优惠翻车。当时，淘宝两大头部主播直播间上线欧莱雅安瓶面膜后，号称的"全年最大力度（促销）"却名不副实：预售价为 429 元，买 20 片送 30 片；而在欧莱雅官方直播间，同类产品却只需 257.5 元。于是，一波消费者集体投诉行动开始了。黑猫投诉平台显示，短短 10 天，对巴黎欧莱雅的集体投诉量已超 3 万余条。由于投诉量过大，集体处理率还不到 10%。"消费者不买账的原因很简单，他们这么相信主播是最低价，结果发现不是，肯定是不开心的，对主播和品牌两方都会有意见。"一位电商从业者表示。更重要的是，"欧莱雅事件"的背后，折射着另一个市场变化——直播间低价优势正在消失，直播带货的"拼最低价"时代正在过去。

（资料来源：新晚报，有删改，http://xwb.joyhua.cn/xwb/20211119/html/content_20211119009002.htm）

思考：1. 品牌商为什么不再给头部主播最低价优惠？
2. 直播带货"拼最低价"为什么不灵了？
3. 直播带货未来的出路在哪里？

在营销组合中，价格是带来收入的唯一要素，其他要素只产生成本。价格可以非常迅速地变化，可以向市场传递企业所期望的价值定位。然而，定价决策是很复杂的，需要考虑一系列的因素：企业及其营销战略、目标市场和定位；顾客；竞争和营销环境。有效地设计和实施定价战略要求理解消费者的定价心理，还要求掌握制定、调整和改变价格的系统方法。

第一节　定价的流程

企业制定价格一般可以分为六个步骤，如图 7-1 所示。

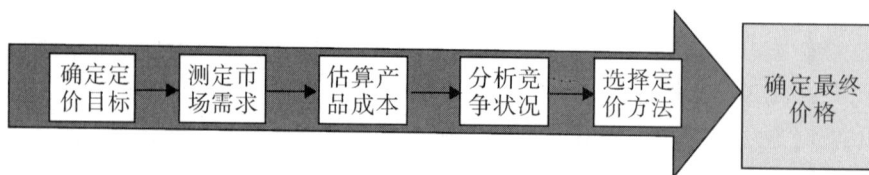

图 7-1　定价的流程

一、确定定价目标

企业价格的制定是一种有计划有步骤的活动，是实现企业营销目标（见表7-1）和总战略的具体工作。利润、竞争、投资收益率等都是企业常见的定价目标，值得注意的是，每种目标都有其适用的状况，企业应视自己所处的情况与条件来选择恰当的定价目标，以便在定价的过程中能有所依据，且在整体环境有所变化时能机动地运用，而非静观其变、错失良机。

表7-1　企业营销目标

企业目标	说明
生存目标	当企业受到生产能力过剩、激烈竞争和顾客需求变化的困扰时，往往会把生存作为主要的追求目标。此时生存比利润更重要，只要价格能补偿变动成本和部分固定成本，就可以继续生产经营，以等到情况改变或其他问题得到克服后再求发展
投资收益率目标	企业在估算费用和期望利润的基础上，计算出毛利（或纯利）标准，加在产品的成本上作为销售价格。企业通过定价，使其投资在一定时期里能够获得一定的投资报酬
市场占有率目标	把保持和提高企业的市场占有率作为一定时期的定价目标。市场占有率的高低，比投资收益率更能说明企业的营销状况。企业希望用较长时间的低价策略来扩充目标市场，尽量提高企业的市场占有率
应对和阻止竞争目标	企业为了阻止新的竞争对手进入同一市场，往往采取定低价的办法，使竞争者意识到如进入此市场，所得将非常微薄，而且会被卷入价格战而不能自拔，这样可尽量减少竞争对手
塑造形象目标	新企业为塑造良好的市场形象或老企业欲改善自身的市场形象而确定的定价目标。企业的产品价格或为维护企业的重信誉、高质量形象而定得高，或为树立企业产品物美价廉的形象而定得低

二、测定市场需求

市场需求是指一定的顾客在一定的地区、一定的时间、一定的市场营销环境和一定的市场营销计划下，对某种商品或服务愿意且能够购买的数量。可见，市场需求是消费者需求的总和。市场需求量不仅取决于一种物品的价格，而且还取决于买者的数量、收入、嗜好、预期，以及相关物品的价格。

每种价格都会导致不同水平的需求，因此会对企业的营销目标产生不同的影响。价格变动与需求变动之间的关系可以通过需求曲线获得。一般情况下，需求和价格存在反向关系：价格越高，需求越低；反之亦然。但对于某些高声望的商品来说，需求曲线有时会有正斜率，这是因为消费者认为较高的价格意味着更好的品质。如果价格定得太高，需求水平也会降低。营销者必须知道需求量对于价格变动是如何反应的，或者说弹性是多少。当需求价格弹性大于1时，称为需求富有弹性。当需求价格弹性小于1时，称为需求缺乏弹性。不同的商品其需求价格弹性系数的大小不同。影响需求价格弹性系数的因素很多，如表 7－2 所示。

表 7－2 影响需求价格弹性的因素

影响因素	说明
商品的可替代性	一种商品的可替代品越多，替代程度越高，则该商品的需求价格弹性往往越大；相反，一种商品的可替代品越少，替代程度越低，该商品的需求价格弹性就越小
商品用途的广泛性	一种商品的用途越广泛，它的需求价格弹性就可能越大；用途越狭窄，它的需求价格弹性就可能越小。如果一种商品具有多种用途，当它的价格较高时，消费者只购买较少的数量用于最重要的用途；当它的价格下降时，消费者会增加购买，将商品越来越多地用于其他用途
消费者需求程度	生活必需品的需求价格弹性较小，而非生活必需品的需求价格弹性较大
使用时间的长短	非耐用品的需求价格弹性较大，而耐用品的需求价格弹性较小
该商品支出在总支出中所占的比重	消费者对该商品的支出在消费者整个总支出中占的比重越低，该商品的需求价格弹性就越小；若对该商品支出在整个总支出中占的比重越高，该商品的需求价格弹性就越大
消费者收入水平	同一商品对不同收入水平的人来说，需求弹性是不同的如对于高收入水平的人来说可能是必需品，需求价格弹性小，但对于低收入水平的人来说则可能是奢侈品，需求价格弹性大

一种商品需求价格弹性的大小是各种因素综合作用的结果，所以，在分析一种商品的需求价格弹性大小的时候，要根据具体情况进行综合分析。

讨论 7－1： 讨论对于缺乏需求价格弹性的商品和富有需求价格弹性的商品，企业应该分别采用怎样的价格策略才能提高销售收入？为什么？

三、估算产品成本

任何企业在制定商品价格时，都要进行成本估算。企业商品价格的最高限度取决于市场需求及有关限制因素，而最低价格不能低于商品的经营成本费用，这是企业价格的下限（这里不包括短期的、由于某种原因个别品种的价格低于费用的情况），低于这个限度，企业无法维持再生产和继续经营。因此，制定价格要在企业目标已定、市场需求已摸清的情况下进行。

1. 产品成本的基本构成

产品成本是指在产品生产过程和流通过程中所消耗的物质资料和支付劳动报酬的总和。一般由固定成本和变动成本两部分构成。

$$总成本（TC）＝固定成本（FC）＋变动成本（VC）$$

固定成本是与企业的产量无关的费用，不随产品生产或销售收入的变化而变化。变动成本是企业直接用于产品生产和销售的各种费用之总和，随生产水平的变化而直接发生变化。

2. 企业定价时考虑的成本问题

产品成本是企业经济核算的临界点，一般来说，价格必须高于平均总成本，这是企业再生产最基本的条件。在特殊情况下，当高于平均总成本的价格难以被顾客接受时，产品价格可以低于平均总成本，但必须高于平均变动成本。这种做法暂时不考虑固定成本，仅考虑变动成本；当销售量增加到一定数量时，价格高出变动成本部分（边际贡献）足以抵偿产品的固定成本，以后销量继续增加，企业就会盈利。企业在定价时，不应当将成本孤立地对待，而应当将产量、销量、效率、价格、成本综合起来考虑。同时，还应当与其他不同产品的价格进行比较，合理地确定不同产品间的比价，反映它们社会价值之间的比例关系，以符合等价交换的原则。

四、分析竞争状况

在由市场需求和公司成本所决定的价格范围内，企业还必须考虑竞争对手的成本、价格和可能的价格反应。对竞争状况的分析，主要包括三个方面的内容，具体如表 7 - 3 所示。

表 7 - 3　分析竞争状况考虑的问题

分析竞争状况	说明
分析企业竞争地位	企业及其产品在市场上的竞争地位对最后制定价格有重要的意义，要在企业的主要市场和竞争能力方面做出基本的估计，列出企业目前处于何种状况，并在分析过程中考虑有关重要的非商品竞争能力，如服务质量、渠道状况、定价方法等
协调企业的定价方向	企业要从各种公开发表的财务资料或其他材料中，或从以购物者身份索要而来的价目表中了解竞争对手产品的价格，以使本企业价格的制定更主动。这方面工作要考虑到企业的定价目标及策略。如企业为了避免风险，可采用"随行就市"的方法，跟着行业中主导企业的价格、主要竞争对手的价格走；也可以在与竞争企业中主导企业的产品做全面比较后，决定价格高于或低于竞争企业。但要注意，当企业在一个行业中单独制定较高或较低的价格、提价或降价，都应意识到风险的存在，应做全面的分析，并配合以各项有力措施
估计竞争企业的反应	企业要把可能采用的价格及策略排列出来，进行分析，估计和预测采用某些具体价格策略可能引起的主要竞争企业的反应，如财务、技术、管理方面的优势和劣势，非价格因素的优点与缺点，现行的营销策略以及竞争对手的反应的历史资料，使企业的有关决策人员知己知彼，从而制定相应的策略和采用适当的方法

讨论 7 - 2：走进超市，500 毫升的矿泉水有的售价 1.5 元，有的售价 2 元，有些甚至售价十几元，同品种的商品为什么价格会不同？

五、选择定价方法

在制定价格时，需要考虑成本、竞争对手的价格和顾客需求等因素。首先，成本是最低价格；其次，竞争对手的价格提供了制定价格的参考点；最后，消费者对产品独特属性的评价，决定了产品的最高价格。用于定价的模型如图 7 - 2 所示。

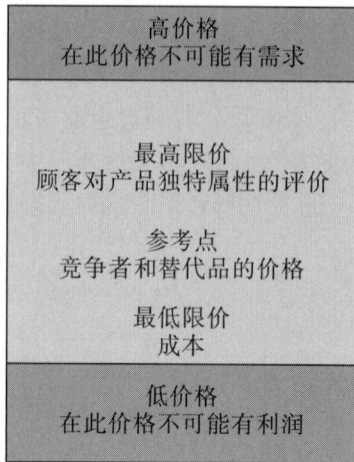

```
┌─────────────────────────────┐
│          高价格              │
│     在此价格不可能有需求       │
├─────────────────────────────┤
│                             │
│          最高限价            │
│     顾客对产品独特属性的评价    │
│                             │
│          参考点              │
│     竞争者和替代品的价格       │
│                             │
│          最低限价            │
│           成本              │
├─────────────────────────────┤
│          低价格              │
│     在此价格不可能有利润       │
└─────────────────────────────┘
```

图 7 - 2　用于定价的模型

1. 成本导向定价法

成本导向定价法是以企业的生产成本作为定价基础的定价方法。其主要理论依据是，在定价时，首先要考虑收回企业在生产经营中投入的全部成本，再考虑获得一定的利润。

（1）成本加成定价法。指按照单位成本加上一定百分比的加成来制定产品销售价格。加成的含义就是一定比率的利润。其计算公式如下：

$$单位产品价格 = 单位产品成本 \times （1 + 加成率）$$

其中，加成率指预期利润占产品成本的百分比。

讨论 7 - 3：某企业生产的电视机，年产销量可达 8 000 台，总固定成本为 800 万元，每台电视机的可变成本为 2 000 元。如果该电视机厂商欲获取 20% 的加成率，请计算电视机的单价（不含税）。

（2）目标收益定价法。指企业通过决定目标投资回报率确定产品的价格，许多企业都在使用这种方法。其计算公式如下：

$$单位产品价格 = \frac{总固定成本 + 总目标利润}{预期销售量} + 单位产品变动成本$$

2. 需求导向定价法

这是根据市场需求强度不同、消费者对价格的心理反应不同来确定产品价格的一种新型定价方法。在现代，价格被看作是企业为消费者提供的一种选择，只有这种选择与消费者的承受能力、价格心理相一致时，价格才为消费者所接受，商品的交易才会产生。这种定价方法的具体做法有：

（1）感知价值定价法。感知价值定价法是以消费者对产品价值的理解和感受程度来确定产品价格的一种方法。企业必须传递价值主张所承诺的价值，消费者也必须认识到这些价值。企业利用营销组合中的非价格变量如广告等在消费者心目中建立和增强感知价值。消费者对于产品性能质量的印象、渠道的可交付性、保修以及供应商的品牌可信度等因素都会影响其感知价值。此外，每位潜在消费者对这些因素会赋予不同的权重，从而划分为价格型消费者、价值型消费者、忠诚型消费者三类。对于这三类群体，企业需要制定不同的战略。对于价格型消费者，企业需要提供简易型产品和较少的服务；对于价值型消费者，企业必须不断创造新的价值并积极重申其价值；对于忠诚型消费者，企业要增进与消费者的联系。感知价值定价法的关键是传递比竞争对手更多的价值，并展现给潜在消费者。

（2）需求差异定价法。这种定价的方法是以需求对象、需求地点、需求时间，特别是需求强度的差异为依据来进行产品定价的方法（见表7-4）。

表7-4 需求差异定价法

需求不同	举例
需求对象不同	消费者收入有明显差别，对同一产品的价格看法也有差别，因此企业可以根据高、中、低不同收入的消费者制定不同的价格。例如，出租同一套房，对本国人和外国人制定不同的价格
需求地点不同	各地消费者的生活水平不一致，对同一产品愿意出的价格也不一样，企业应区别对待，给予不同的价格优惠。例如，城市和农村、发达地区和落后地区的区别对待
需求时间不同	旺季价格应高些，淡季价格应低些
需求强度不同	如果一些消费者对某一产品有强烈需求，寻找了相当长的时间，一见到有这一产品出售，如饥似渴地马上购买，甚至抢着购买，则应定较高价格，相反应定较低价格

3. 竞争导向定价法

竞争导向定价法是以竞争品的价格为基础来制定本企业产品价格的定价方法。一般有三种情况：第一是与竞争品价格一样；第二是高于竞争品价格；第三是低于竞争品价格。具体采用哪一种，要根据产品特性、产品所处的生命周期以及企业的定价目标来决定。具体方法有以下三种：

（1）行情定价法。行情定价法又称为随行就市定价法。它是以同行业竞争品现行的平均价格水平为基础，再适当考虑本企业产品的质量、成本等方面因素，来确定产品价格的定价方法。这种方法是最简单、最常见的方法。这种方法定价风险小，因为它的价格随行就市，消费者容易接受，竞争对手能卖出去，本企业也能卖出去；同时能与竞争对手"和平共处"，避免发生激烈的价格竞争。

（2）竞争价格定价法。这种定价的方法是企业立足于市场竞争而对自己产品进行定价的方法。它一般为实力雄厚、产品具有特色的大企业所采用。这种定价方法一般采用低价以抢占市场，提高自己产品的市场占有率，甚至排斥和兼并中小企业。实行这种定价方法的企业一定要慎重行事，要充分分析市场形势和竞争对手的实力和特点，然后确定自己的价格。

（3）投标定价法。招标人通过引导卖方竞争的方法来寻找最佳合作者的一种有效途径。拍卖的一项主要用途是处置多余的存货或使用过的物品，另一项用途是低价采购产品和服务。如表7-5所示，是各类拍卖方法及其定价程序。

表7-5　拍卖方法及其定价程序

拍卖的方法	定价程序
英式拍卖（升价出价）	在拍卖过程中，拍卖人宣布拍卖标的的起叫价及最低增幅，竞买人以起叫价为起点，由低至高竞相应价，最后以最高竞价者以三次报价无人应价后，响槌成交。但成交价不得低于保留价
荷兰式拍卖（降价出价）	也称"高估价拍卖"。是指在拍卖过程中，拍卖人宣布拍卖标的的起叫价及降幅，并依次叫价，第一位应价人响槌成交，但成交价不得低于保留价
投标式拍卖	又称"密封式递价拍卖"。拍卖人事先公布拍卖标的相关情况以及拍卖条件，其中又有公开底价和不公开底价两种形式，但竞买人均在规定时间内将其竞价载入密封标单交拍卖人，再由拍卖人在规定时间内统一开标，择优选取中标者
计划在线拍卖	利用互联网在网站上公开发布将要招标的物品或者服务的信息，通过竞争投标的方式将它出售给出价最高或最低的投标者。在线拍卖能降低成本，并可扩大其供应商和顾客的数量

讨论7-4：有关《瑞丽》杂志征订，电子版：每年99元；印刷版：每年199元；电子版＋印刷版套餐：每年199元，消费者一般会以哪一种形式去征订杂志？

六、确定最终价格

定价方法缩小了最终价格的选择范围。在选定最终价格时，企业必须考虑其他的一些附加因素，例如，其他营销活动的影响，企业的定价政策，收益与风险分担定价以及价格对其他企业的影响。此外，营销人员需要知道与制定价格相关的法规。如《中华人民共和国价格法》和《中华人民共和国反不正当竞争法》等都是企业定价的重要依据。

实例7-1　ROSEONLY——一朵玫瑰花的奢侈品梦想

中国鲜花消费市场起步于20世纪80年代，主要是会议、婚庆、节日礼品等。随着鲜花消费市场的不断扩大，营销方式也在不断发生变化，具有代表性的是鲜花电商始祖野兽派，其特色是有专门的花艺师根据顾客自己的故事、想表达的情感，量身定做花艺。野兽派之后，鲜花市场上杀出了 ROSEONLY 这一重要的竞争对手，它把花塑造为爱情信物。它设计了"一生只爱一人"的营销概念，客户一生只能赠送玫瑰花给一个女生，以此表达坚贞不渝的爱情。它的独特使得即使 12 朵玫瑰花要花超过 1 000 块钱才能买到，也有许多消费者趋之若鹜。ROSEONLY 作为国内的一家高端鲜花品牌，价格从 520 起步，礼盒装多为 1 314 元，最便宜的礼盒为 699 元，盒子里只有一枝花。ROSEONLY 的玫瑰花是厄瓜多尔进口玫瑰，与本土玫瑰相比，厄瓜多尔玫瑰每朵足有一个红酒杯那么大，放入礼盒显得很大气，而且进口玫瑰花期长，即使凋谢，花瓣也不会掉，因此运送费用也达到了一盒花 100 块钱。北京市内则由 ROSEONLY 专爱花店员工开 Mini Cooper 运送，派送员颜值在线，圣诞期间还曾请人气极旺的男模张亮来代班送花。

（资料来源：36 氪，有删改，https：//36kr.com/p/1641696886785）

思考： 1. 面对我国如此激烈的鲜花市场竞争，ROSEONLY 这样定价的原因是什么？

2. 设想面对竞争对手"花点时间"的定价方式，ROSEONLY 会有什么反应？

实例 7 - 2 对标"BBA"的蔚来如何撑起未来？

蔚来，作为中国高端汽车制造的先行者，近年来在中国消费者心目中已经逐步树立了高端品牌的形象。"一分价钱一分货，吃金枪鱼的价格肯定和吃鲫鱼不一样。"2021 年 2 月，蔚来的创始人李斌在参加央视财经频道《遇见大咖》节目时，解释了为何在特斯拉等竞争对手降价之时，蔚来始终坚持不降价的原因。作为蔚来汽车的创始人，李斌对自家的产品无疑是十分自信的。在李斌看来，定位高端市场，对标"BBA"的蔚来汽车，值得这个价格。

但李斌坚持住了不降价，却没能够坚持住不涨价。今年 4 月，蔚来宣布旗下部分车型售价上调 1 万元。而在涨价的前一天，蔚来还公布了整车生产暂停的消息。这对于本就面临"销量危机"的蔚来来说，无疑是雪上加霜。无论是涨价还是停产，无疑都会对接下来的交付量产生不利影响。有行业人士指出，疫情持续之下，人们消费意愿保守，相较于蔚来平均售价 44 万元的"高端车"，消费者可能更倾向于其他性价比高的汽车品牌。与此同时，蔚来还面临着亏损和安全问题。据蔚来财报显示，2021 年蔚来净亏损 40.2 亿元，而近三年已经累计亏损超 200 亿元。

李斌谈到蔚来的小目标时表示："我们瞄准的市场，是奔驰、宝马、奥迪的市场……看有没有机会在五年时间里，能够实现三分天下有其一。"但新能源车的赛道越来越拥挤，竞争越来越激烈。在销量反超，净利润持续亏损，安全问题频出的情况下，蔚来又凭何撑起未来呢？

（资料来源：易车网，有删改，https：//news. m. yiche. com/hao/wenzhang/42123715；图片来源：蔚来汽车官网，https：//www. nio. cn/et5）

思考： 蔚来汽车采用的是哪种定价方法？对于蔚来汽车的未来你有何看法？

实例 7 - 3　南方航空"快乐飞"

2021 年 10 月 8 日，南航低调发售"快乐飞 3.0"，与此前公开销售不同，这次南航采取定向邀请制，仅限部分受邀会员参与购买，转赠无效。南航"快乐飞 1.0"和"快乐飞 2.0"主打卖点就是"打卡美好中国"，"快乐飞 3.0"也延续该核心，取名为"畅游中国——无限飞行，打卡美好中国"，共包含四个版本套餐产品。其中，4 日版指定出行周期为周一到周四；"4 + 1"版指定出行周期为周一至周四，周五至周日指定一日；"4 + 2"版指定出行周期为周一到周四，周五到周日指定两日；畅行版则一周七天均可出行。与前两期相比，第三期主要的变化体现在适用期限缩短一半，航班日期为 2021 年 10 月 15 日至 2022 年 1 月 15 日，从原先 6 个月减少至 3 个月。此外，同一航线依然是最多可往返 2 次，瞄准四处旅行打卡的需求；每天提供不少于 2 万个经济舱座位，可兑换航班及可兑换座位数以实际查询为准。

（资料来源：腾讯网，有删改，https：//view. inews. qq. com/k/20211009A09VJ800？web_channel = wap&openApp = false）

思考： 南方航空"快乐飞"产品采用了哪种定价方法？为什么同样的服务可以有不同的价格？

学以致用

某企业投入固定成本为 600 万元，单位产品变动成本为 5 元，预计销售量为 80 万件，若企业定价目标为实现目标利润 200 万元，请计算该产品的销售价格。

第二节　定价的策略

企业通常不会制定单一的价格，而是通过价格体系反映以下方面的差异：细分市场需求、购买时间、订购等级、送货频率、地域需求与成本、服务与担保等。另外，由于存在折扣、折让和促销，企业很少能从所售的每件产品上获得相同的利润。因此，我们要进行价格修订。

一、产品组合定价

当产品只是某一产品组合的一部分时，企业必须对定价方法进行调整。这时候，企业要定出一系列价格，使整个产品组合和利润实现最大化。因为各种产品之间存在需求和成本的相互联系，而且会带来不同程度的竞争，所以组合定价十分困难。

1. 产品大类定价策略

通常，企业开发出来的是产品大类而不是单一产品。当企业生产的系列产品存在需求和成本的内在关联性时，为了充分发挥这种内在关联性的积极效应，需要采用产品大类定价策略。在定价时，首先确定某种产品的最低价格，它在产品大类中充当领袖角色，以吸引消费者购买产品大类中的其他产品；其次，确定产品大类中某种商品的最高价格，它在产品大类中充当品牌质量和收回投资的角色；再次，产品大类中的其他产品也分别依据其在产品大类中的角色不同而定价不同。

2. 选择产品定价策略

所谓选择产品定价策略是指在消费者购买相关商品时，提供多种议案以供消费者挑选，以鼓励消费者更多地购买商品，比如真功夫的优惠套餐。

3. 互补产品定价策略

互补产品是在功能上互相补充、需要配套使用的产品，如剃须刀与刀片、打印机与墨盒。耐用性强的产品称为"基础产品"或"互补产品中的主件"，而发挥辅助功效、易耗损的产品称为"辅助产品"或"互补产品中的次件"。互补产品的价格相关性表现在它们之间需求的同向变动上，制造商经常为主要产品（剃须刀、打印机）制定较低的价格，而为附属产品制定较高的加成。

（1）分部定价策略。服务性企业经常收取一笔固定费用和可变的使用费。一般来说，固定费用应足够低以吸引消费者购买，而利润可以通过收取较高的使用费来弥补。

（2）副产品定价策略。在许多行业中，在生产主产品的过程中常常会生产副产品，如生产肉类、化工品等。如果副产品价值很低，处理费用高，就会影响到主产品的定价。制造商确定的价格必须能够弥补副产品的处理费用。如果副产品对某一消费群体有价值，就应该按其价值定价。副产品如果能带来收入，将有助于企业在迫于竞争压力时制定较低的价格。

（3）产品包定价策略。企业通常将产品捆绑在一起，然后制定一个价格。这一组产品的价格低于单独购买其中每一种产品的费用总和。因为消费者可能并不打算购买产品包中所有的产品，所以这一组合的价格必须有较大的降幅，以促使消费者购买。

讨论7-5： 讨论并分别举例说明本节所述的产品组合定价策略。

二、折扣定价

企业为了鼓励尽早付清货款、大量购买、淡季购买，还可以酌情降低其基本价格。这种价格调整叫作折扣定价。常见的折扣定价策略有六种（见表7-6）。

表7-6　折扣定价策略

折扣定价策略	说明
现金折扣策略	也称"付款期折扣"，其目的在于鼓励消费者尽早付款以加速企业资金周转。消费者如以现金付款或提前付款，可以在原商品价格的基础上享受一定的价格优惠折扣
数量折扣策略	这种折扣是企业为那些大量购买某种产品的消费者提供的一种折扣形式，以鼓励消费者购买更多的产品。数量折扣包括累计数量折扣和一次性数量折扣两种形式
功能折扣策略	也称"贸易折扣"，是制造商给某些批发商或零售商的一种额外折扣，促使他们执行某种市场营销功能（如推销、储存、服务等）
季节折扣策略	是企业为那些购买过季商品或服务的消费者提供的一种减价形式，使企业的生产和销售在一年四季保持相对稳定
价格折让策略	折让是为了促使经销商参与某个特殊活动而设计的额外优惠政策，分为抵换折让和促销折让。抵换折让是指在购买新产品时，把用旧的产品交回厂商换取新产品的折扣，促销折让是针对愿意配合企业做产品促销活动的经销商所给予的一种价格折让

三、心理定价

心理定价策略是指在进行价格决策时，以消费者心理状况为主要因素进行定价，一般在零售企业中对最终消费者应用得比较多。常见的心理定价策略有以下五种（见表7-7）。

表7-7　心理定价策略

心理定价策略	说明
声望定价策略	企业利用消费者仰慕名牌商品或名店的声望所产生的某种心理来制定商品的价格，故意把价格定高。该定价策略主要有两种目的：一是能提高产品形象，二是能满足某些消费者对地位和自我价值的追求

（续上表）

心理定价策略	说明
尾数定价策略	这种策略常常以一些奇数和吉利数字结尾，或者定价时保留小数点后的尾数，使消费者产生价格低廉和卖主经过认真的成本核算才定价的感觉，从而使消费者对企业产品及其定价产生信任感
整数定价策略	高档名贵的产品宜采用整数定价策略。把产品价格定为整数，会使消费者感到产品的档次高、价值大，以满足某些消费者追求高消费或显示身份的心理
招徕定价	零售商利用部分消费者求廉的心理，特意将某几种商品的价格定得较低以吸引消费者
习惯定价	许多产品，尤其是日用消费品，其价格一旦固定下来，习惯了这一价格的消费者在心理上会形成一种价格倾向和定势。对这类产品的价格一般不宜轻易变动，否则，价格高了会引起涨价的社会影响，价格低了会引起消费者对产品质量的怀疑

四、地理定价

一般来说，一个企业的产品，不仅要卖给当地消费者，还要卖给外地消费者。而卖给外地消费者，把产品从产地运到消费者所在地，就需要支付运费。所谓地理定价策略，就是企业要决定是否对边远地区的消费者收取较高的价格以弥补较高的运输成本。另外，要决定好收款方式，尤其是对国外消费者。常见的地理定价策略有以下五种（见表7-8）。

表7-8　地理定价策略

地理定价策略	说明
FOB原产地定价策略	消费者（买方）按照出厂价购买某种产品。企业（卖方）只负责将这种产品运到产地或某运输工具（如卡车、火车、船舶、飞机等）上交货。交货后，从产地到目的地的一切风险和费用概由消费者承担
统一交货定价策略	企业对于卖给不同地区消费者的某种产品，都按照相同的出厂价加相同的运费（按平均运费计算）定价。也就是说，对全国不同地区的消费者，不论远近，都实行一个价
分区定价策略	企业把全国（或某些地区）分为若干价格区，对于卖给不同价格地区消费者的某种产品，分别制定不同的地区价格。距离企业远的价格区，价格定得较高；距离企业近的价格区，价格定得较低。在各个价格区范围内实行一个价
基点定价策略	企业选定某些城市作为基点，然后按一定的出厂价加从基点城市到消费者所在地的运费来定价，而不管货实际上是从哪个城市起运的。有些公司为了提高灵活性，选定许多个基点城市，按照离消费者最近的基点计算运费
运费免收定价策略	企业替买方负责全部或部分运费。企业采用运费免收定价，一般是为了与消费者加强联系或开拓市场，通过扩大销量来抵补运费开支

五、差别定价

所谓差别定价，也叫价格歧视。价格歧视是指商品或服务的提供者在提供相同等级、质量的商品或服务时，在消费者之间实行不同的销售价格或收费标准。企业按照两种或两种以上不反映成本费用的比例差异的价格销售某种产品或服务。差别定价主要有以下四种形式（见表7-9）。

表7-9　差别定价策略

差别定价策略	说明
消费者差别定价策略	企业对不同的消费者群体关于同样的产品或服务制定不同的价格
产品形式差别定价策略	企业对不同型号或形式的产品分别制定不同的价格。但是，不同型号或形式产品的价格之间的差额和成本费用之间的差额并不成比例
位置差别定价策略	企业对于处在不同位置的产品或服务分别制定不同的价格，即使这些产品或服务的成本费用没有任何差异
时间差别定价策略	企业对于不同季节、不同时期甚至不同钟点的产品或服务分别制定不同的价格

按照定价的差异程度，价格歧视从理论上可以分为三个等级，包括一级价格歧视、二级价格歧视、三级价格歧视。具体如表7-10所示。

表7-10　价格歧视的三个等级

价格歧视等级	说明
一级价格歧视	又称为"完全价格歧视"，指每一单位产品都有不同的价格，即商家完全掌握消费者的消费意愿，将商品价格定为每个消费者能够承受的最高价格
二级价格歧视	商家按照消费者的购买数量给出不同的定价，对相同场景提供的同质的商品进行差别定价
三级价格歧视	可视为市场细分后的定价结果，即根据消费者所处的地域、会员等级等个人属性进行差别定价，但是对于同一细分市场的消费者定价一致

二、三级价格歧视在市场营销中的常见形式有：折扣定价、会员优惠定价、分段定价、地理定价、"双十一"购物节降价、机票实时调整等。

以往商家缺乏对消费者需求的了解，一级价格歧视在现实中难以实施。但是随着大数据技术的发展，消费者的浏览记录、购买历史等信息可以用来分析其特征、偏好，使按照每一个消费者的最高支付意愿进行一级价格歧视成为可能。在企业与消费者信息不对称的情况下依托大数据向客户进行差别定价，是企业利用其信息优势对消费者剩余价值的获取。

实例 7-4　全网缉拿"雪糕刺客"

2022 年的夏天，"雪糕刺客"火了。最近或许不少人都听到这样善意的忠告：不认识的雪糕不要随便拿，会变得不幸。不然前段时间从车厘子、榴莲省下来的钱，可能就要拱手送给雪糕老板了。"雪糕刺客"指的是那些隐藏在冰柜里其貌不扬，当你去付款时却会用高价"刺"你一剑的雪糕。

2018 年，钟薛高突然杀入雪糕界，定位"中国高端雪糕"，走中国风，大举营销，价格在 13~20 元。同时，一些超高端雪糕相继推出，如在 2018 年天猫"双十一"促销节中，推出了一款 66 元的当日限定款"厄瓜多尔粉钻"雪糕，并在 15 小时内售罄 2 万支。紧接着，就是近期刷屏网络的钟薛高"杏余年"，定价 160 元。钟薛高的成功"出圈"瞬间引发了整个雪糕界的"效仿"，复刻其营销打法的中式高价雪糕如雨后春笋般涌出。"中街 1946"脱胎于传统雪糕品牌中街冰点，推出"零添加"以及"极简化"冰激凌。同年，光明也推出高端雪糕品牌"熊小白"。2019 年伊利推出"须尽欢"，定价均在 10 元以上……

（资料来源：网易新闻，有删改，https：//c. m. 163. com/news/a/HBJPV7N805118O92. html？referFrom = ）

思考： 1. 钟薛高之类的高价雪糕采用的是什么定价方法？
　　　　2. 商家把高价雪糕隐藏在普通雪糕中的做法是否涉嫌违法？违法了国家哪些法律法规？

实例 7-5　价格欺诈

由国家市场监督管理总局公布的《明码标价和禁止价格欺诈规定》（以下简称《规定》）自 2022 年 7 月起施行。《规定》明确七种典型价格欺诈行为、不再过多限制经营者的标价方式、灵活规定网络交易明码标价的形式，对于明码标价规则和价格欺诈行为的认定更加科学合理。

明码标价不能简单理解为仅标示价格，经营者还应当标示与价格密切相关的其他信息，尽可能减少信息不对称，使消费者和其他经营者对价格所对应的商品或者服务价值有更为清晰的认识，减少价格欺诈的发生。

如某饭店宣称某菜品打八折销售，但消费者结账时才被告知须"达到最低消费标准"方可享受八折优惠。根据《规定》，经营者的此类行为属于不标示或者显著弱化标示对消费者不利的价格条件的表现，属于价格欺诈。

《规定》明确七种典型价格欺诈行为：

（1）谎称商品和服务价格为政府定价或者政府指导价；

（2）以低价诱骗消费者或者其他经营者，以高价进行结算；

（3）通过虚假折价、减价或者价格比较等方式销售商品或者提供服务；

（4）销售商品或者提供服务时，使用欺骗性、误导性的语言、文字、数字、图片或者视频等标示价格及其他价格信息；

（5）无正当理由拒绝履行或者不完全履行价格承诺；

（6）不标示或者显著弱化标示对消费者或者其他经营者不利的价格条件，诱骗消费者或者其他经营者与其进行交易；

（7）通过积分、礼券、兑换券、代金券等折抵价款时，拒不按约定折抵价款。

（资料来源：光明网，https：//m. gmw. cn/baijia/2022-07/05/1303028468. html）

思考： 1. 你在生活遇到过哪些价格欺诈的案例？

2. 国家有哪些法律法规对价格欺诈进行界定？

3. 消费者应该如何应对商家的价格欺诈行为？

实例7-6　常见的价格歧视实例

1. 时间歧视

"早买早享受，晚买有折扣！"无论是电商还是线下商家，都是认为有一批人想要优先享受到最新品，因此商品首发时会被一帮拥趸和不差钱的消费者争相购买，比如某品牌的处理器首发价格从3 999元涨到4 299元，且限购，依然很多人买。

2. 熬夜歧视（上班歧视）

这一种歧视也是时间上的区分，如阿迪达斯的活动经常安排在半夜0：00—2：00，或者上午的10：00—11：00。有些人认为这些活动不值得破坏自己的作息时间或者是影响自己的上班时间，所以宁愿多花钱购买；也有一部分人则宁愿牺牲一定的休息时间购买。

3. "反感"歧视

"反感"歧视即故意设计一些让消费者"感觉很闹心"的功能，来实现价格的更便宜。比如说拼多多的拉人拼团、京东的拉15人拼券，以此区分出哪些人是真的想便宜买，哪些人对这种优惠不是"非常在意"。

4. 在意者歧视

这是大家经常会忽略的隐性优惠，我们在电商支付的时候可能显示支付的钱都不是购买商品的最终价格，实际上还需要考虑其他的官方"返点"，比如京东的晒单返e卡、类别商品购买返京豆、评价返京豆等，这些其实都算是"购后"的价格影响。

5. 换皮歧视

"科技，以换壳为本！"有些商品因为"事件"赋予其特殊性，让其成为"限量款"，这些限量款通常会以首发价甚至更高的价格售卖，只因为商家不甘只是用同一价格售卖这款商品，所以稍加"换皮"之后量产，加价卖出，这也就像平装书和精装书的差异，二者本质上都是用来读的，但是价格会相差1~2倍之多，有人喜欢高价的精装，有人则喜欢更经济实惠的平装。

6. 折腾歧视

折腾歧视针对的就是那些喜欢"薅羊毛"的用户，比如京东的签到领京豆、每天关注店铺领京豆，天猫的盖楼大挑战等。

7. 熟人歧视

"老用户与狗不能参与"。电商为了维持新鲜血液的补充，他们愿意对新人充分示好，让他们感受到各种福利，于是乎页面上各种限新人领取的优惠券、新人折扣活动、新人拼团活动等，老用户（熟人）是看不到的。

8. 陌生者歧视

电商平台会通过其复杂的购物逻辑，让陌生者（新人）无法完全摸清门路，同时会对其"小白"身份设置一定的门槛，让其不能一上手就只买最便宜的商品。比如，常见的优惠券领取方式，陌生者可能顶多到领券中心翻一翻、到商品页面翻一翻，实际上领券的路径十分复杂。

9. 学习歧视

商家在优惠券的基础上增加各种叠加规则，用户如果没有对这个电商 App 深入研究、使用的话，很难摸清其中的套路。而这个"学习"的过程也是电商设计的一种"价格歧视"模型，研究有多深，可能获取到的低价下限就更大。

10. 信用歧视

"我被优惠券歧视了？"无论是京东还是天猫，都有各自的信用评价体系（其他信用相关评价体系），这套体系是不公开的，但是一些优惠券的领取算法就和信用评价体系相关。如在某电商 App 上有人可以领取生鲜买满 129 减 30 的券，但是自己找不到的。

11. 数量歧视

"什么值得批发？"数量歧视就是指多买优惠，就像买某零食可能 90 克装比 3 袋 30 克装要便宜一样，商家希望通过此"歧视"产生的低价激励消费者多购买。

（资料来源：什么值得买，有删改，https：//post. smzdm. com/p/ag870qxd/）

思考：　1. 你在生活遇到过哪些价格歧视的案例？
　　　　　2. 价格歧视合法吗？为什么？

学以致用

在超市定价时，经常采用的是"541"策略。即保证超市内 50% 的商品盈利，40% 的商品持平或者微利，而留有 10% 的商品为亏本销售。这 10% 的商品就是超市用来当作吸引消费者的鱼饵。试分析采用这种定价策略的好处，它与渗透定价有何区别？

第三节　启动及应对价格变更

一、发动降价

1. 企业降价的原因

企业降价的原因如表 7-11 所示。

表 7-11　企业降价的原因

企业降价原因	说明
生产能力过剩	企业的生产能力过剩，因而需要扩大销售，但是企业又不能通过改进产品和加强销售工作等来扩大销售，在这种情况下，就需要考虑降价
竞争激烈	在强大的竞争者的压力之下，企业的市场占有率降低，在这种情况下，通过降价来扩大市场份额从而降低成本
成本优势	因企业的成本费用比竞争者低，企图通过降价来掌握市场或提高市场占有率，从而扩大生产和销售量，在这种情况下，企业也往往发动降价攻势。在市场营销实践中，有实力的企业率先降价往往能给弱小的竞争者以致命的打击

2. 企业降价的策略

企业采用降价策略时，应注意降价的幅度、频率和降价时机的选择。

（1）降价幅度要适宜。根据经验，消费者对价格降低 10%～30% 能够接受和理解。当然这一知觉阈限依据商品特性及经济环境的不同而有差异。

（2）降价不宜过频。为避免由于商品价格降低幅度把握不准，造成多次降价，使消费者产生不信任的心理效应，必须保持降价后的相对稳定。

（3）准确选择降价时机。当流行高峰一过，流行性商品就要马上采取降价策略，否则，失去时机后即使降价也难以达到预期效果。对于季节性商品，在快过季时若依然库存量过大，应采取适当的降价措施；对于一般性商品，降价的最佳时机在进入成熟期后的峰点临近时，此时消费者对产品评价尚高，降价有可能刺激需求，使峰点后移，延长成熟期。

二、发动提价

在很多情况下，企业提价的一个原因是为了在成本膨胀的情况下维持已有的利润，另一个原因是供不应求。无论是什么原因造成的提价，对消费者利益总是不利的。因此，必须注意消费者的心理反应并及时采取合适的提价策略。企业提价的原因及策略如表 7-12 所示。

表7-12　企业提价的原因及策略

企业提价原因	策略
成本上升而造成的提价	要尽量降低提价幅度，同时努力改善经营管理，减少费用开支
供不应求而造成的提价	要在充分考虑消费者承受能力的前提下适当提价，切忌哄抬物价招致消费者抱怨
国家政策调整而提价	要多做宣传解释，以消除消费者的不满，并积极开发替代品以更好地满足消费者的需求
为获利而提价	要做好销售服务，改善销售环境，增加服务项目，靠良好的声誉适当提价

大多数企业更愿意选择间接提价的方式，因为这种方式较为隐蔽，消费者的反应也可能会相对温和。常用的间接提价方式有以下几种：一是取消原有的价格折扣或是使获取价格折扣的条件更加苛刻；二是目录价格不变，减少产品的量以及附赠产品，或降低产品质量、减少功能、简化包装等；三是目录价格不变，但减少产品的附加服务或是对原来免费的服务收取服务费；四是在通货膨胀的情况下推迟报价，等产品制成或交货时再给出最后价格（工业建筑领域常采用该种方法）；五是在产品组合中取消利润低的产品或增加利润高的产品的比重。

三、应对竞争对手的价格变更

在现代市场经济条件下，企业经常会面临竞争对手的变价挑战。如何对竞争对手的变价做出及时、正确的反应，是企业定价策略的一项重要内容。

1. 不同市场环境下的企业反应

一般来说，在同质产品的市场上，如果竞争对手降价，企业应该采取各种措施强化自己的产品，但是如果做不到这一点，企业就不得不降价。当一个企业在同质产品市场上提高价格时，如果提价对全行业都有好处，其他企业也会采取同样的措施；但是如果其他企业认为自身或本行业不会获得好处，则可能对提价不予理会，领先者不得不取消这次提价。

在异质产品市场上，企业对竞争对手变价的反应有更多的选择余地，因为在这种市场上，消费者选择卖主时不仅会考虑产品的价格因素，还会考虑产品的质量、服务、性能、外观、可靠性等多方面的因素。因而，消费者对于较小的价格差异并不在意。

面对竞争对手的变价，企业必须认真调查研究如下问题：一是为什么竞争对手变价？二是竞争对手打算暂时变价还是永久变价？三是如果对竞争对手的变价置之不理，对企业的市场占有率和利润有何影响？四是其他企业是否会做出反应？五是竞争对手和其他企业对于本企业的每一个可能的反应又会有什么反应？

2. 市场领导者的反应

在市场中，市场领导者往往容易遭到其他企业的进攻。这些企业的产品可以与市场领导者的产品相媲美，且往往能通过进攻性的降价行为来争夺市场领导者的阵地。在这种情况下，市场领导者有以下三种策略可供选择，如表7-13所示。

表7-13　市场领导者反应策略

市场领导者反应策略	说明
维持价格不变策略	市场领导者认为，如果降价就会减少利润收入，而维持价格不变，仅对市场占有率有一定的影响，但以后还能恢复市场阵地。当然，维持价格不变的同时，还要改进产品质量、提高服务水平、加强促销沟通等，运用非价格手段来反击竞争者。许多企业的市场营销实践证明，采取这种策略比降价和低利经营更合算
降价策略	市场领导者之所以采取这种策略，主要是因为：降价可以使促销量和产量增加，从而使成本费用下降；市场对价格很敏感，不降价就会使市场占有率下降，市场占有率下降之后难以恢复。但是，企业降价以后，仍应尽力保持产品质量和服务水平
提价策略	提价的同时，还要致力于提高产品质量，或推出某些品牌，以便与竞争对手争夺市场

讨论7-6： 讨论企业如何阻击低成本竞争者？

实例7-7　告别30元时代，喜茶全面下调饮品价格

2022年2月24日，喜茶宣布完成今年1月以来开展的全面产品调价，今年内不再推出29元以上的饮品类新品，并且承诺现有产品在今年内绝不涨价。目前，除少量特殊产品外，喜茶的饮品价格已全面低于30元，其中"纯绿妍茶后"和"纯玫影"调价后仅为8元。

据了解，此前喜茶下调了产品价格，调价后，除了个别城市限定产品、周边，以及LAB店、手造店少量产品外，喜茶主流门店的产品价格已全面低于30元，且售价在15~25元的产品已占据喜茶全部产品的60%以上。喜茶方面称，此轮价格下调，得益于其品牌势能、规模优势，以及在供应链上的不断积累，将为更多的用户带去更高品质的产品。

喜茶方面称，早在2022年1月，喜茶就开始了一轮价格下调。对比菜单发现，此次价格调整覆盖喜茶在售的芝士茶、果茶、奶茶、纯茶、咖啡等全品类绝大多数产品，调价幅度1~10元不等，单品调价幅度最高达10元。"本次价格下调是喜茶在产品主流价格带中的正常调整。"喜茶方面称，喜茶从来不是高价茶饮，在喜茶成长和发展的时间里，主流产品价格带长期维持在十几元到二十几元。

除下调价格以外，喜茶还对产品矩阵进行了整体调整。最新的喜茶菜单分类呈现为"时令鲜果""清爽小果茶""清爽茗茶""经典果茶""浓郁牛乳茶"等不同栏目。此外，喜茶针对消费者更多元的消费需求，还推出了轻盈版产品和更多杯型供选择。

（资料来源：腾讯新闻，有删改，https://view.inews.qq.com/a/20220224A0BFU800）

思考： 1. 结合案例，你认为本轮喜茶全线产品降价的原因是什么？

2. 你如何看待企业的降价行为？

实例 7-8　奢侈品涨价常态化

Cartier、Tiffany & Co. 等高奢品牌发布涨价预告，表示从 7 月底开始将全线提价。轻奢品牌 Coach 也宣布加入本轮提价潮，平均涨幅 7% ~8%，部分女士手袋则提价 10%。从今年年初到年中，不同品牌奢侈品已多轮提价。奢侈品涨价并非新鲜事，但自 2020 年疫情暴发以来，奢侈品的提价变得更为频繁，品牌范围也更广了。

在此之前，Prada、Chanel、LV、Dior 等已在今年上半年迎来了新一轮提价。到下半年，除了上述 Cartier、Tiffany & Co. 等"硬奢"涨价，就连 Coach 等轻奢品牌也加入"涨价者联盟"。Coach 公司方面对媒体称："由于受到生产材料和运输成本等多方面的影响，集团于 7 月 15 日起逐步对产品进行价格调整，综合各产品线和分类，平均涨幅在 7% ~8%，部分女士手袋提价 10%。"

事实上，"一涨再涨"已成为奢侈品营销中的惯用策略。近年来，品牌提价变得更为频繁。2022 年 2 月 16 日，LV 迎来自 2020 年以来的第六次涨价。此次涨价幅度 10% 左右，涉及 LV 品牌全球范围内的全线产品。LV 中国官网上，就连一向以"高性价比"著称、被视为"LV 入门款"的 Speedy 25 手袋，也由原本的四位数价格步入了"身价过万"的行列。

一手市场涨价也在搅动近年来风头正劲的奢侈品二手市场。看过 Hermès 柏金包的价格变化，有网友感叹"买基金不如买包"。花相对低一些的价格买到大牌，是不少人选择二手奢侈品的原因。优奢易拍创始人兼 CEO 王天驰告诉记者，"二手奢侈品产业链日趋完善，养护得当，有些商品与专柜全新产品无太大差异，但支出上能省下更多的成本，为更多消费者所接受"。从数据端来看，我国消费者对于二手奢侈品需求十分旺盛。王天驰进一步表示："我们上半年的统计数据显示，二手奢侈品整体交易量同比上涨 14.3%，且已连续 5 年保持稳步增长态势。"

（资料来源：百家号"潇湘晨报"，有删改，https：//baijiahao. baidu. com/s？id = 17391 27796608954534&wfr = spider&for = pc）

思考： 1. 你认为奢侈品能够频繁涨价的原因是什么？

2. 涨价会不会带来一些不利的影响？有哪些具体策略可以消除这些不利影响？

学以致用

假定你是一家糖果公司的营销总监，老板根据目前的经济状况要求提高糖果的价格。请制订一个计算糖果的需求价格弹性的计划。什么因素会促使你同意产品提价或重新考虑提价的决定？在课堂上做一介绍，并描述以下要点：需求弹性的概念是什么？不考虑弹性的提价为什么不对？对于弹性的计算你有什么建议？对于弹性需求和无弹性需求的计算你有什么建议？弹性需求和无弹性需求对利润的潜在影响？

测试你掌握的知识

1. 在原材料价格上涨得很厉害，产品确实需要提价的情况下，你的老板因为各种顾虑不想把销售价格提高，你会给老板什么建议？

2. 选择某一品牌的汽车，分析其如何针对不同的细分市场制定不同的价格。

3. 某企业投入固定成本 20 万元，单位产品变动成本 15 元，预计销售量达 5 万件。

（1）如果企业以保本为定价目标，其保本价格为多少？

（2）若企业定价目标为实现目标利润 10 万元，则销售价格应定为多少？

（3）当 5 万件企业产品售完后，销路一直不畅，受此影响，企业一直不景气，现有人发来订单，最高报价 16 元，需 1 万件，试问企业是否该接受此订单，并说出理由。

4. 指出下列产品的定价策略。

（1）新产品上市单位产品总成本 50 元，销售价 200 元。

（2）单位产品销售价格 60 元，七折出售。

（3）一套产品八件，分别购买价格累计 150 元，成套购买 130 元。

（4）某产品定价 3.98 元。

（5）某产品定价 1 188 元。

实训模块 7　制定价格策略

根据研究的企业或创业企业的实际情况及目前市场状况，为本公司的新产品制定具体的价格策略。分析影响本企业价格变动的原因，并根据企业的目标提出相应的价格调整对策。

数字扩展资源7

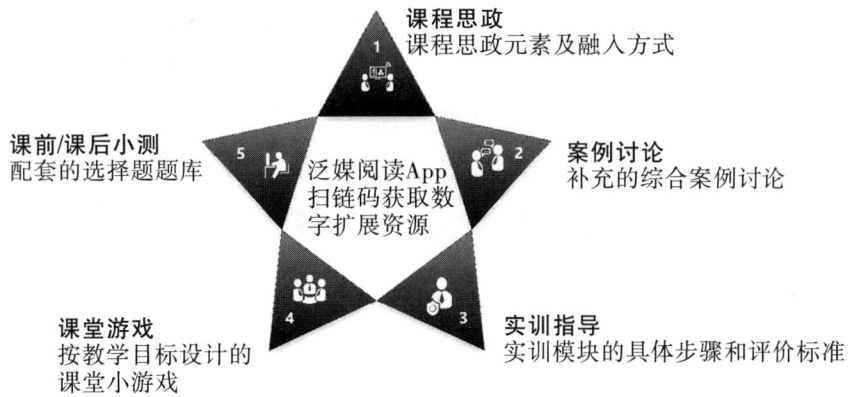

课程思政
课程思政元素及融入方式
1

课前/课后小测
配套的选择题题库
5

泛媒阅读App
扫链码获取数
字扩展资源

案例讨论
补充的综合案例讨论
2

课堂游戏
按教学目标设计的
课堂小游戏
4

实训指导
实训模块的具体步骤和评价标准
3

第八章 传递价值——分销渠道

企业应该全力以赴地发现分销渠道，分销渠道越多，企业离市场越近。

——菲利普·科特勒

【知识目标】

1. 学生能解释分销渠道的基本含义、功能及特征；
2. 学生能区分分销渠道的类型以及特征；
3. 学生能正确识读企业分销渠道的结构维度以及设计影响因素；
4. 学生能正确认识"互联网＋"环境下分销渠道裂变的多样性。

【能力目标】

1. 学生能结合市场环境，分析企业分销渠道现状，设计适合企业产品的有效分销通路；
2. 学生能基于环境的变化，结合所学的分销渠道知识，对企业的分销渠道在结构设计、中间商选择以及具体的渠道管理等方面展开变革和创新；
3. 学生能客观地对企业产品的现有分销渠道展开分析评价，同时要求能够结合当下环境的变化，进行渠道的创新设计构想。

【价值目标】

1. 培养学生正确认识产品分销渠道在企业市场营销中的作用，没有好的渠道，势必货流不畅，通路堵塞；
2. 培养学生正确认知环境变化下的分销渠道变革和创新，正确认识产品分销有无中间商参与的优势和不足，从而针对不同产品设计出合适有效的分销渠道通路；
3. 培养学生正确认识电商互联网大环境下的社群营销，正确认识及运用社交营销下的分享经济、倍增学原理，并且基于法理，运用法理，能正确区分传销和直销，做一个有责任、有担当、有爱国情怀的社会创新型人才。

【思维导图】

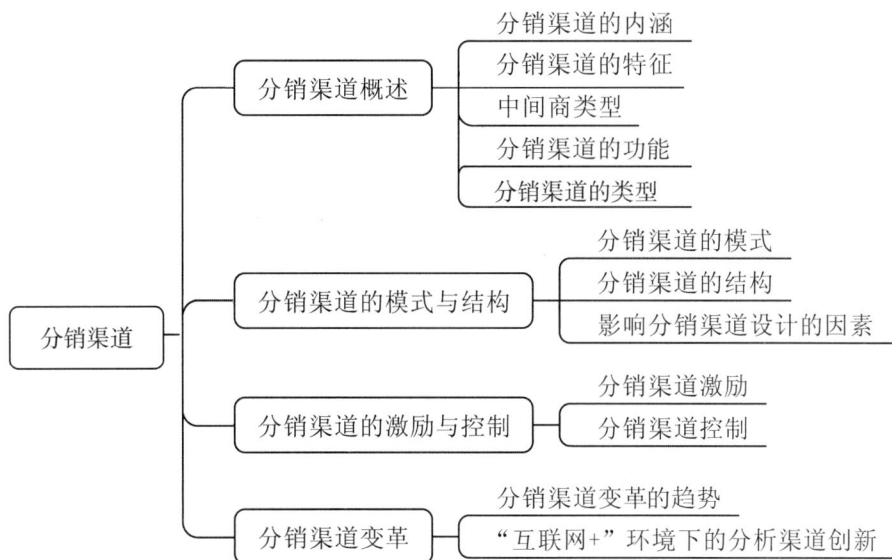

【营销实战】

国民品牌娃哈哈的渠道创新

杭州娃哈哈集团创建于 1987 年，自成立以来，集团不断开拓，锐意进取。在 30 余年间，娃哈哈不断完善业务能力、延伸产品线，如今产品种类达 200 多个。

对于食品饮料企业而言，产品和渠道是相辅相成的两股力量。高知名度的产品及品牌将带动渠道销量，强势的渠道也更容易扶植新产品、打造品牌的多触点。娃哈哈一直奉行"渠道为王"的战略，依靠自创的"联销体"管理模式组织经销商进行渠道铺货。基于强关系管理，娃哈哈的新品能够在一周内从冰封的东北小镇覆盖到海南的小渔村。娃哈哈的产品借助上万的代理商、根植于强势渠道，在三、四线市场及下沉市场拥有了无法匹敌的优势。

面对新零售的崛起，2018 年，娃哈哈集团品牌公关部部长正式提出了年轻化战略，娃哈哈开始全面触网。2019 年，升级渠道，打造了集"线上商城 + 社群运营 + 线下实体店"为一体的社区新零售大健康产业平台——娃哈哈健康生活馆。2020 年 5 月 1 日，娃哈哈在江苏淮安开了第一家线下奶茶店。

娃哈哈在渠道通路方面的不断创新，为顾客打造了立体化的全新购物体验。

[资料来源：刘洋. 顺势而为，国民品牌娃哈哈的焕新之路 [J]. 国际品牌观察，2020 (30)：47 – 51.]

思考：谈谈你对娃哈哈产品分销渠道创新的基本认识。

第一节　分销渠道概述

一、分销渠道的内涵

菲利普·科特勒认为："一条分销渠道是指某种货物或劳务从生产者向消费者移动时，取得这种货物或劳务的所有权或帮助转移其所有权的所有企业和个人。因此，一条分销渠道主要包括生产商、中间商（因为他们取得所有权）和代理中间商（因为他们帮助转移所有权）。此外，它还包括作为分销渠道的起点和终点的生产者和消费者，但是，它不包括供应商、辅助商等。"①

梳理国内公开出版的文献书籍，大家对分销渠道的定义多种多样。有人强调它是一种将产品从生产者转移到最终消费者手中的通道；有人认为它是产品通过各种经营代理环节的过程；有人认为它是商业企业之间为共同实现某种交易目的而形成的一种松散型的联盟。

各种定义的差异源于研究视角的不同。出于自身的利益，制造商更可能把分销渠道定义为将产品传递到最终消费者手中的各类中间商，以及产品在这些中间商之间的流通过程。各类中间商关心的是自己的利润和风险，更可能把分销渠道定义为商品的交换流通过程。消费者更可能把分销渠道看作介于自身和制造商之间的众多中间商。

本书定义，分销渠道是指产品或服务从生产者（或厂商）向消费者（或用户）转移过程中所经过的、由各中间环节所联结而成的整个路径。这些中间环节包括生产者自设的销售机构、批发商、零售商、代理商等。

二、分销渠道的特征

1. 分销渠道一般由制造商、中间商和消费者三者共同构成

在分销渠道的通路中，制造商、中间商各自承担的角色不同，当然目的存在趋同性，就是让消费者对制造商、中间商的产品和服务满意。还有一种情况，即不经过中间商，直接由制造商和消费者构成，如网络购物等，制造商直接通过网络或者人员推销把商品卖给消费者。

2. 分销渠道引发转移商品所有权行为

伴随着商品实体从制造商手中转移至消费者手中，商品所有权也从制造商手中转移至消费者手中，尽管在转移过程中，实体与所有权可能发生分离，但方向与终点是一致的。

在直接销售渠道，即零层级分销渠道的情况下，商品从制造商手中直达消费者手中，仅转移一次所有权。在非直接销售渠道，即一层级或多层级分销渠道的情况下，商品从制造商

---

①　转引自张远昌．销售物流与渠道物流［M］．北京：中国纺织出版社，2004：239 - 240.

手中经过中间商，再到达消费者手中，需多次转移商品所有权。

当然，制造商通过代理商销售商品，制造商与代理商之间、代理商与消费者之间不发生所有权转移，因为代理商对商品没有所有权，只是代买代卖，帮助他人转移商品所有权。

3. 分销渠道通常是一个网状的结构

制造商处在分销渠道的最顶端，负责产品的设计、生产、仓储和配送等业务。中间商的多少与制造商追求分销渠道的覆盖面积有关，如果想尽可能方便消费者购买，那中间商就必须尽可能多，如纸巾等日常用品，需要许多中间商来分销产品。分销渠道就像人体的毛细血管输送血液到人体各个部位一样，把制造商的产品运送到消费者的手中。

4. 分销渠道中介环节的介入是必不可少的

尽管制造商可以直接与消费者进行沟通，实现零渠道运作，但对大多数制造商来讲，中介环节介入是产品分销成功所不可缺少的。这些中介环节主要包括批发环节、零售环节、物流环节以及平台的介入等。

? 讨论 8 - 1： 食品饮料类生产商的分销渠道为什么常常有中间商的参与？

三、中间商类型

中间商是指介于制造商与消费者之间，专门从事商品流通活动的经济组织或个人，或者说，中间商是制造商向消费者出售产品时的中介机构。按照中间商在流通转让过程中所处的地位和所起的作用不同，可以划分为零售商和批发商两类。

1. 零售商

零售商是指向最终消费者直接销售商品的，从事零售业务的企业或个人。任何组织只要将产品销售给最终消费者，就属于零售行为，与商品或服务的销售方式（无论通过人员、信件、电话、自动售货机还是互联网销售）或者销售地点（无论在商店、街头还是消费者家里）无关。国内学者通常将零售分为有店铺零售和无店铺零售两种。如表8-1、表8-2所示，分别介绍了有店铺零售业态的主要形式和无店铺零售业态的主要形式。

表 8 - 1　有店铺零售业态的主要形式

有店铺零售业态形式	说明
专业商店	经营一条窄产品线，而该产品线所含的花色品种却较多。如服饰商店、运动用品商店、家具店、花店、书店等
百货商店	要经营几条产品线，通常有服装、家庭用具和家常用品，每一条产品线都作为一个独立的部门，由一名进货专家或者商品专家管理。如王府井百货、天河城百货等
超级市场（大卖场）	是一种相对规模大、低成本、低毛利、高销售量、自助服务式，为满足消费者对食品、家庭日常用品的种种需求和服务而形成的零售组织。如百佳超市、家乐福等

（续上表）

有店铺零售业态	形式
便利商店	相对较小，位于住宅区附近，每天都营业且时间长，多经营周转较快的方便商品，但是其种类有限。这类商店主要满足消费者的不时之需，而商品的价格相对高些。如7-11便利店、喜士多便利店等
折扣商店	出售标准商品，价格低于一般商店，毛利较少，薄利多销，销售量较大
工厂门市部	由制造商自己拥有和经营，销售多余的、不正常和不规范的商品。这些门市部有时联合起来在工厂门市部大厅联销
仓储式商店	销售有限的有品牌名的杂货、器具、服饰及其他，参加者每年缴纳一定额度的会费，便可得到高折扣。这种形式的仓库俱乐部主要为小企业服务，并为政府机构、非营利组织和某些大公司服务。通常比超级市场（大卖场）和折扣商店低20%～40%，如沃尔玛的山姆会员店
超级商店	有比超级市场（大卖场）大得多的场地，主要满足消费者日常购买的食品和非食品类商品方面的全部需要
目录商店	应用于大量可供选择的毛利高、周转快的有品牌商品的销售，包括珠宝、电动工具、照相机、皮包、小型设备、玩具和运动器材等。消费者在陈列室里开出商品订单，在该商店的发货点为消费者送货上门。样品目录陈列室利用减少成本和毛利的方式吸引大量消费者

表8-2　无店铺零售业态的主要形式

无店铺零售业态形式	说明
直销	销售员挨家挨户地上门推销，如雅芳、安利
直复营销	起源于邮购和目录营销，但今天还包括了其他能接触人的形式，如电话营销、电视直复营销（家庭购买程序和信息商品）以及电子购买等
自动售货	自动售货已经用于多种商品，包括带有很大方便价值的冲动型商品（香烟、软饮料、糖果、报纸、热饮料等）
网上商店	通过互联网进行买卖活动的零售业态，如淘宝、京东、当当等

讨论8-2：请就相对熟悉的某零售业态的具体产品，探讨分析其营销渠道通路。

2. 批发商

批发商是指主要从事批发业务的企业。批发是指将购进的商品批量转售给各类组织购买者的业务，是将商品转售给为了转卖或者用于商业用途而进行购买的人的活动。批发商的主要四种类型如表8－3所示。

表8－3 批发商的主要类型

批发商类型	说明
商人批发商	指自己进货，取得产品所有权后再批发出售的商业企业，也就是人们通常所说的独立批发商。商人批发商是批发商最主要的类型，又可分为执行全部批发职能的完全服务批发商和执行部分批发职能的有限服务批发商
经纪人和代理商	与商人批发商的主要区别在于其没有商品所有权，只是在买卖双方之间起媒介作用，促成交易，从中赚取佣金。经纪人和代理商一般都是专业化的，专门经营某一方面的业务。经纪人多见于房地产业、证券交易以及保险业务、广告业务等；代理商有制造业代理商、销售代理商、采购代理商和佣金商等
制造商的销售分销部或销售办事处	制造商的分销部有一定的商品储存，其形式如同商人批发商，只不过隶属关系不同，它是属于制造商的；制造商的销售办事处没有存货，是企业驻外的业务代办机构。制造商自己设立分销部和销售办事处，有利于掌握当地市场信息和加强促销活动
零售商采购办事处	有些零售商也在中心城市及商品集散地设立采购办事处，其职能与经纪人和代理商类似，但其隶属关系是购买方

讨论8－3：商人批发商、经纪人和代理商有何区别？

四、分销渠道的功能

在理解分销渠道的内涵时我们说过，分销渠道要发挥分销产品的作用，实际上还需要其他营销中介的参与。制造商通过分销渠道将商品转移到消费者手里，必须发挥分销渠道的各个功能，分销渠道才能正常运转（见表8－4）。

表8－4 分销渠道的功能

分销渠道功能	说明
物流	使实体产品或者服务从制造商转移到最终消费者手中
产品配组	调节生产和消费之间在产品花色、品种和等级上的差异性
调节时间差异	调节生产时间和消费时间的差异性

（续上表）

分销渠道功能	说明
市场调研与信息传递	中间商通过开展市场调研预测工作，了解消费者的需求变化情况，然后把有关信息传递给制造商
融资	当制造商要大批量购买原材料时，中间商通过提前付款等方式给予一定的资金援助；当中间商大批量进货时，制造商通过赊销等方式支持中间商
风险分担	制造商与中间商之间联合共同承担风险，使新产品的开发和某种业务的经营能顺利进行
促销	即制造商和中间商携手合作，通过各种途径将有关产品和服务的信息传递给消费者，以促进产品的销售

五、分销渠道的类型

根据有无中间商参与交换活动，分销渠道可以分为两种最基本的渠道类型，即直接渠道和间接渠道。

1. 直接渠道

直接渠道是指产品从生产端转移到消费端时，不经过任何中间商环节的分销渠道，是企业采用的产销合一的方式。直接渠道是工业品分销渠道的重要类型，大约80%的生产资料是直接销售的。消费品分销有时也采用直接渠道，这主要表现在传统产业和新兴服务业这两大领域中。

直接渠道有利于制造商掌握市场状况与发展趋势，减小产品在流通过程中的损耗。但直接渠道在生产集中、消费需求分散的情况下，就不能胜任。生产企业若缺乏销售方面的经验，自己承担分销业务，则会加重制造商的工作负荷，分散制造商的精力。

2. 间接渠道

间接渠道是指产品从生产端转移到消费端时，需经过有中间商参与的环节的分销渠道，它是产销分离的方式。间接渠道是消费品分销渠道的主要类型，大约95%的消费品通过间接渠道销售，工业品也可通过间接渠道进行销售。

大多数制造商缺乏直接销售的财力和经验，而采用间接渠道。制造商利用中间商的销售网络、业务经验、专业化和规模经济优势，可以获得高于直接销售所能取得的利润。同时，制造商利用中间商进行产品分销，能减少交易次数，达到降低成本的目的。此外，间接渠道的运用还有助于制造商降低风险，加快资金回笼。

实例 8-1 一个因忽视渠道规划带来的难题

A公司大区经理李东接到福建市场老林（永连公司老板，经销商）的订货电话，说要订一大批货。如果是平时，李东肯定是迫不及待地告诉他账号和订货方式，但现在李东怎么也高兴不起来，因为这里面发生了这样一件事。

对专做汽车防盗产品的A公司来说，如果能顺利拿下福建市场，它的战旗也就顺利地插遍了江南地区。这一棋子能否最终落定，公司上下都在关注着。因为，这决定了公司下一步的战略步骤能否按计划推进。

A公司的大区经理李东来到福建市场，第一个拜见的就是永连公司老板老林。李东和永连公司老板老林是老熟人了，老林在福建市场是元老级的经销商。听完李东对产品、市场策略的介绍后，老林有强烈的合作意愿，并做东请客。李东本以为很快就能让老林投资了，最后得到的话却是："我这里品牌多，对我支持也很大，我不想得罪其他几个厂家，与他们竞争和冲突的产品我不做，你手头上的U1和U2这两款产品很有特色，我就只做这两款吧。"

李东也知道，在这个市场中老林一支独大，如果他做他们的产品，能很快起量。但是，这两年老林被一些厂家宠得有点骄横，养成了客大欺主的习惯，好多厂家都抱怨老林越来越不讲道理了，要的费用越来越多，克扣厂家广告费等市场小动作更是家常便饭。但是由于销量有保证，多数厂家睁只眼闭只眼。

李东推测：老林是在试探我的底线！

既然这样，那就开门见山地谈吧："林总，我们也是多年的朋友了，我也不想绕弯子了，你既然看到了产品的特点，你还想让我们怎么来配合你？"

……………

一番博弈之后，老林最终做出了让步：两款特色产品现金拿货，其余产品铺货月结。

这样的要求依然相当苛刻。李东不敢做主，于是马上打电话请示销售总监。销售总监提出两点意见：一是认同李东的推测，老林是有合作意愿的，所以必须坚守"要做就必须全做"的底线；二是抽时间再去联系一下福州和闽南地区的其他代理商，名为给老林一点考虑时间，实为施加压力。

经过一再筛选，福州没有找到合适的，于是李东将目光聚焦在了闽南地区，原因如下：

尽管闽北一直是汽车用品市场的批发集散地，当地的商家可以辐射到整个福建省，但是，最近几年闽南（以厦门、漳州、泉州为主）的经济发展迅速，车辆保有量明显加大，所以闽南地区的零售市场呈现欣欣向荣的局面，有好几家公司在闽南市场已经有了相当大的影响力。而且，由于销售量的加大，闽南地区的商家早已经不满足于扮演受批发商制约的零售商角色，渴望直接与厂家合作，赚取更多的利润。

李东找到厦门、漳州、泉州最大的商家精诚公司。精诚公司在闽南地区开有六家大型汽车用品连锁店，还向十多家4S店供应大量产品。

李东与精诚公司的谈判非常顺利，精诚公司很有把握地承诺：接下A公司的全线产品。

李东分析：老林是大批发商，主要靠产品力，有绝对优势的产品能很快流进渠道并出货。但是，没有优势的产品就会"半死不活"，所以，他只卖自己十多款产品中的两款优势产品，销售量肯定受限。

而由精诚公司来代理全线产品，对终端精耕细作，前期销售量不会比老林差。

于是，李东根据精诚公司的短板和市场状况，帮助其制订了三大步跨越计划：第一步，精诚公司将产品迅速在自己的终端中全面铺开；第二步，加大批发业务团队的建设，利用两款具有绝对优势的产品带动其他产品快速渗透到闽南市场；第三步，在福州建立办事处，推广A公司的产品，进而辐射整个福建市场。

这一设想大受精诚老板的赞许。因为他以前就是福州的一个小批发商，由于受到当地大批发商（包括老林）的排挤和竞争，所以才来到泉州"卧薪尝胆"、自建零售店。如今，刚好可以借A公司产品了却心愿："杀"回福州，重拾批发渠道，夺回自己的根据地。

于是，精诚公司集中了大部分人力、物力和财力，在短短三个月的时间内，将市场做得红红火火。

A公司产品在闽南市场畅销的信息很快传到了老林的耳朵里，老林主动而且不止一次地拨通了李东的电话。

第一次接到老林电话，李东很开心。一方面，福建的龙头老大终于低下了高贵的头；另一方面，李东在打着这样一个算盘：如果老林现在又想重新合作，那么就让他从精诚公司拿货，而且只做闽北市场，这时只要将批发和零售价格控制好，整个福建市场就会加速启动起来了，这要比帮助精诚公司重新攻打福州市场容易得多，而且到时候总代与二批之间也能相互推动和牵制。

于是，李东明确告诉老林，精诚公司已是福建省的独家总代理，你要想代理，就只能从精诚公司拿货。

老林根本就不吃这一套。他认为：各有各的网络，互不干涉，也不会扰乱市场秩序，所以，坚决要从A公司出货。同时他扬言，如果李东不给货，同样可以从其他渠道拿到货。

老林"说到做到"是当地出了名的。他曾经为了与一个经销商抢产品代理，倚仗在行业内的人脉，从不同地方窜货（反窜货的管理难度很大），以搭配捆绑的方式，不赚钱就出货，最后把市场做乱了，逼得厂家找上门来谈代理权。

老林一旦采取窜货方式来做市场，则肯定不会按规矩出牌，而如果市场被做乱、产品没利润，到时候不但精诚公司不再主推A公司产品了，而且就算让老林接手，已成夹生饭的市场也很难恢复原貌了。

可是，撕毁与精诚公司的合同，强行调整市场，结果注定是结束与精诚公司的合作。李东实在舍不得这么有潜力的客户，更重要的是，老林的销售量不一定能做得更好，而"死"在老林手里的产品也不在少数。

李东心里没了底！

（资料来源：百度文库，有删改，https：//wenku.baidu.com/view/b059e6d04b649b6648d7c1c708a1284ac850058d.html？_wkts_=1691142308129）

思考：上述实例中的永连公司和精诚公司在分销渠道中分别扮演的是何种渠道成员角色？如果你是李东，现在该怎么解除困局？

学以致用

对于哪些行业而言，渠道起着至关重要的作用？哪些行业渠道可能并不是决定因素？为什么？

第二节 分销渠道的模式与结构

一、分销渠道的模式

商品分销渠道的模式随着环境的变化呈现出多样化，根据渠道成员的相互关系和协作的密切程度等基本特征，分销渠道的模式可分为以下四种。

1. 松散型分销渠道模式

松散型分销渠道模式在市场经济不甚发达，大量生产体制尚未形成规模时极为盛行。在当今较为发达的市场经济国家，这样的模式也仍然存在。例如，农产品由于其生产的分散性和季节性，需要通过各种销售组织进入市场；众多中小企业由于其财力和销售力量有限，也必须依靠市场和各种销售组织来推销产品；某些特定行业由于其行业产品特点和传统，仍沿袭松散型分销渠道模式。松散型分销渠道模式具有如下特征：

（1）成员在产权和管理上独立。在松散型分销渠道模式里，其成员由一个个独立的制造商、批发商和零售商组成，每一个成员都作为一个独立的企业实体来追求自己利益的最大化。

（2）相互间缺乏信任感，且有不稳定性。在这种模式中，成员常以自我为中心进行决策，决策中也只考虑自身的成本、规模、投资效率等。整个渠道缺乏统一目标，决策权分散在每一位成员或每一级渠道上，各成员之间并没有形成确切的分工结构。

（3）成员间靠谈判和讨价还价建立联系。在这种模式中，每一个成员关心的都是商品能否进入下一个分销环节，很少考虑渠道的整体利益。为此，各成员之间的联系是通过谈判和讨价还价建立的。由于成员之间缺乏信任感，进出相应的分销渠道系统极其随意。

2. 公司型分销渠道模式

公司型分销渠道模式是指一家公司拥有并控制若干生产机构、批发机构、零售机构等，控制着分销的若干渠道乃至全部渠道，综合经营和统一管理商品的生产、批发和零售业务。公司型分销渠道模式具有如下特征：

（1）产权、管理一体化。分销渠道成员的联系是建立在产权统一基础上的相互分工协作关系，通过企业组织内部的管理组织及其管理制度和方法，各部门或机构间有着长期而稳定的层级结构，从生产到消费的各个环节都十分紧密，统一按照企业的计划目标和管理要求进行着内部的商品交换和转移。

（2）通过厂商投资或兼并建立。公司型分销渠道模式形成途径主要有两个：一是通过企业投资建立新的分销机构，如生产企业投资建立销售公司；二是通过企业间兼并、合并等形式将其他组织并入本企业系统下而形成，如大型零售企业购买生产企业股权，生产企业兼并各种批发、零售机构等。

（3）厂商在渠道通路中的权力视情况而定。公司型分销渠道模式中的权力有两种基本类型：第一种是由生产企业拥有和管理，采用生产商业一体化经营方式；第二种是由商业企业拥有和管理。如美国罗伯克·希尔思公司在全球拥有 3 000 多家零售商店，其约30％的商品是由该公司拥有一定股权的生产性企业制造的。

3. 管理型分销渠道模式

管理型分销渠道模式介于松散型分销渠道模式和公司型分销渠道模式之间。一方面，它是由相互独立的经营实体构成的；另一方面，渠道成员之间存在着紧密的联系和共同协调。

与松散型、公司型分销渠道模式相比，管理型分销渠道模式有其自身的特点和竞争优势。

（1）渠道成员的地位相差悬殊。在管理型分销渠道模式中，通常存在一个或少数几个核心企业，这些企业自身拥有的强大的资产实力、生产规模、良好信誉及品牌声望，使其在渠道体系中具有优越的地位，构成对其他网络成员的巨大影响力。正因为如此，使一批中间商愿意接受核心企业的指导，成为渠道成员，围绕核心企业及其产品展开分销活动。

（2）渠道成员具有相对的独立性。管理型分销渠道模式各成员在产权上是相互独立的实体，他们都有自己的物质利益。为此，核心企业可以避免公司型分销渠道模式构建渠道的巨大投资和灵活性差的问题。

（3）渠道成员间的相互关系相对稳定性。管理型分销渠道模式成员的相互关系是建立在由核心企业统一管理和协调的分工协作基础上的，在遵从核心企业的管理、协调和指导的前提下，能建立较高程度的合作关系，统一分销目标和共享信息资源，使渠道具有相对稳定性。

（4）分销目标趋向协调。

由于核心企业的影响以及各成员相互关系的稳定，成员间的利益目标将由分散、相互矛盾的个体利益最大化，转向分销渠道的长期利益最大化，各成员的利益目标服从于整体利益最大化的目标。

4. 特许经营型分销渠道模式

特许经营是指特许商按照合同要求和约束条件给予加盟商一定的权利，允许加盟商使用特许商的品牌、商标、专利产品、经营技术以及经营模式的商业活动和经营方式。

一个特许经营系统一般是由一个特许人和若干受许人组成。二者之间关系的核心是特许权的转让，通过特许人和受许人一对一地签订合同形成，而各受许人（或分店）之间没有横向联系。在特许经营中，各受许人对自己的店铺拥有自主权，即自己仍是老板，人事和财务均是独立的，特许人无权干涉。特许人根据协议规定，在特许期间提供给受许人开展经营活动所必要的信息、技术、知识和培训等，同时授予受许人在一定区域内独家使用其商号、商标、产品或经营技术等方面的权力。

特许经营所包括的范围极为广泛，根据业务内容的不同，特许经营可划分为不同的种类，不同种类的特许经营意味着双方当事人的基本权利和义务的不同。

（1）产品、商标型特许经营。产品、商标型特许经营也被称为"传统特许经营"方式或"第一代特许经营"方式。在这种形式中，特许人通常是一个制造商，同意授权受许人对特许产品或商标进行商业开发或经营。特许人可以提供广告、培训、管理咨询等方面的帮助，但受许人仍作为独立主体经营业务。比如汽车制造商授权经销商经营汽车销售业务；可口可乐授权有关瓶装商（批发商）购买浓缩液，然后充二氧化碳装瓶再分销给零售商。

（2）经营模式型特许经营。这种形式被称为"第二代特许经营"方式。相比第一种的特许人与受许人之间的关系更为密切，受许人不仅被授权使用特许人的商号，而且要接受全套经营方式的培训，包括商店选址、产品或服务的质量控制、人员培训、广告及商品供应等。这种特许经营方式常见于餐饮、酒店等行业。比如麦当劳经营模式的特许经营。

（3）制造加工业特许经营。该模式中，受许人要自己投资建厂，加工或制造从特许人那里取得特许权的产品，然后向批发商或零售商出售，受许人不与消费者直接联系。特许人有权维护其企业的声誉，要求受许人按照规定的技术和方法从事生产加工，以保证产品的质量及始终一致性，以保护其商标及商号的信誉。同时特许人有权过问受许人对产品的广告宣传及营销方法。

早期的特许经营是产品、商标型特许经营，在这一阶段，特许商向加盟商提供的仅仅是产品和商标的使用权，作为回报，加盟商需定期支付费用。

但是，"第一代特许经营"方式在有些行业的实践中遇到了一些问题。比如，20世纪20年代初，麦当劳利用特许经营形式建立自己的经营体系。一开始，他们采取的是"第一代特许经营"方式。后来，在实际执行运作中，许多加盟商按照自己的理解改变了汉堡口味，有的甚至增加了许多复杂的品种，这是对麦当劳经营方式的"腐蚀"。1955年麦当劳在芝加哥东北部开设了第一家"样板店"，并建立了一套严格的运营制度，涵盖优质服务、质佳味美、清洁卫生、提供价值等特点。麦当劳借助这样的经营模式推行了"第二代特许经营"方式，全世界所有麦当劳使用的调味品、肉和蔬菜均由公司统一规定标准，制作工艺也完全一样，每推出一个新品种，都有一套规定。麦当劳正是依靠这样的经营获得迅速发展。

不管是松散型、公司型、管理型还是特许经营型分销渠道模式，在今天都存在，企业应参考各种影响因素予以合适的选择。

二、分销渠道的结构

1. 分销渠道的长度结构

分销渠道的长度是指产品流通过程中所经过的不同层次中间环节的多少。显然，产品流通所经过的中间环节愈多，渠道愈长；反之，则愈短。从渠道长度来看，具体可分为零层级渠道、一层级渠道、二层级渠道，以此类推。在消费品领域和工业品领域，消费品领域的渠道层级相对而言要多。消费品市场常见分销渠道长度结构如图8-1所示。

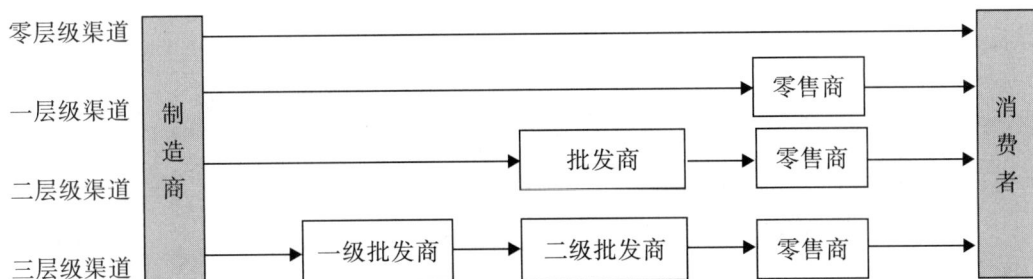

图8-1 消费品市场常见分销渠道长度结构

2. 分销渠道的宽度结构

分销渠道的宽度是指渠道同一个层次中间环节使用同种类型中间商数目的多少。一般而言，按照渠道的宽窄，企业的分销渠道宽度结构可以分成三种模式（见图 8-2）。

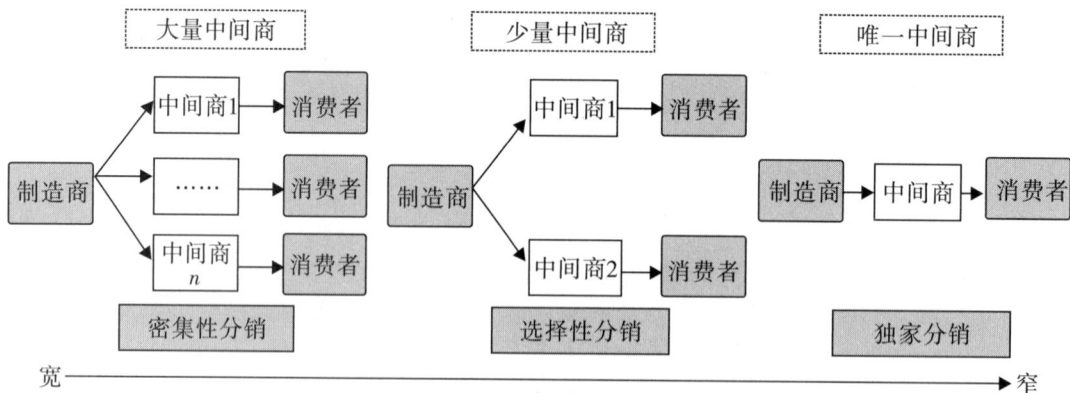

图 8-2 分销渠道的宽度结构

（1）密集性分销。指制造商尽可能多地通过许多负责任的批发商、零售商推销其产品，使渠道尽可能地加宽。

（2）选择性分销。指制造商在某一地区仅仅通过少数几个精心挑选的，最合适的中间商推销其产品。

（3）独家分销。指制造商在某一地区仅仅选择一家中间商推销其产品，通常双方协商签订独家经销合同，规定经销商不得经营竞争对手的产品，以便控制经销商的业务经营，调动其经营积极性，以有效占领市场。

3. 分销渠道的广度结构

分销渠道的广度可根据制造商选用渠道模式的多少来划分为单渠道与多渠道。

（1）单渠道。如果制造商在一定的时空条件下，只选择一种类型的分销渠道，就叫单一的分销渠道。

（2）多渠道。如果制造商在一定的时空条件下，同时选择两个或两个以上模式的分销渠道，就叫复合型的多渠道。

讨论 8-4：分销渠道的模式和结构有什么不同？为什么？

三、影响分销渠道设计的因素

在进行分销渠道结构设计时，我们要综合考虑影响渠道设计的各种因素，选择一个最优的渠道结构。影响分销渠道设计的因素如表 8-5 所示。

表 8-5 影响分销渠道设计的因素

影响因素	说明
产品因素	产品的单价。产品的单价越低，分销渠道可以越长
	产品的体积和重量。体积越大、重量越大越宜采用短渠道
	产品的自然属性。属性稳定的宜采用长渠道
	产品的技术性和复杂性。产品的技术性越强，复杂性越大，渠道越短
	产品生命周期阶段。在投入期一般采用短渠道，随着产品的成熟，渠道一般越来越长
市场因素	潜在市场的分布。消费者集中宜用短渠道；反之宜用长渠道
	潜在消费者的数量。潜在消费者数量多，宜用长渠道；反之宜用短渠道
	消费者的购买习惯。便利品一般是长渠道；选购品可用短渠道流通
	消费的季节性。季节性较强的产品，需要批发商提供储存功能，调节产品生产和消费由于时间的背离而引起的矛盾，宜用长渠道；反之宜用短渠道
企业自身因素	企业资源。资源丰富的生产企业可以实行产销一体化；而资源较少的企业只能依靠中间商，以长渠道销售其产品
	企业对分销渠道的管理能力和经验。如果企业对分销渠道管理能力强，则用短渠道推销产品；反之用长渠道
	企业控制渠道的愿望。控制渠道的愿望越强越宜用短渠道；反之宜用长渠道
中间商因素	中间商的经销积极性。积极性高用长渠道；反之用短渠道
	中间商的经销条件。条件好用长渠道；反之用短渠道
	中间商的开拓能力。开拓能力强用短渠道；反之用长渠道
环境因素	总体经济形势。总体经济形势好用长渠道；反之用短渠道
	国家的政策法规。有些特殊产品国家政策法规有规定，必须按照国家要求设计分销渠道

实例 8-2 晨光文具稳筑线下渠道，创新文创新业态

2021 年 7 月 1 日晚间，晨光文具发布了该年上半年度业绩预增公告，预计上半年实现归母净利润 6.1 亿元至 7 亿元，与上年同期相比，增加 1.46 亿元至 2.36 亿元，同比增加 31% 到 50%。

在文具这个小而美的市场里，想要占据一席之地并非易事。

晨光文具凭借线下渠道"构筑护城河"。

2004 年开始，晨光推出"样板店工程"，筛选学校周边商圈的普通文具店，免费提供晨光文具店招牌，并传授产品搭配、货架合理摆放等经营经验，协助提高单店盈利能力，从而吸引更多小店面加入，扩大终端品牌的影响力。

在渠道管理上，晨光文具采用了"晨光伙伴金字塔"的营销模式。晨光直接对接一级

经销商，一级对接二级，二级对接三级，最终由晨光与各级经销合作伙伴共同管理零售终端。

各级经销商分别在自己的分管区域内开展下一级经销商管理、终端网络扩充工作，投入人员、资金、软硬件等，所得收益无需分成，在晨光标准价格体系的基准下由经销商独享。晨光文具仅从一级经销商处获得出货收入。在该渠道结构模式下，经销商积极性被充分调动。

值得注意的是，不论一级、二级还是三级经销商，均是各自区域唯一的晨光文具产品经销商；同时，晨光要求一级经销商只能经销晨光产品，保证利益共同体的稳固性。

晨光文具独特的渠道拓展方式使其能够高效快捷地占领市场，零售终端数量逐年递增。

截至 2020 年末，晨光文具线下渠道在全国共有 36 家一级合作伙伴、覆盖 1 200 个城市的二、三级合作伙伴和大客户，零售终端超过 8 万家。

2012 年，晨光文具已经谋求渠道多样化，战略布局拓展到 B 端，于当年年底推出科力普业务。上海晨光科力普办公用品有限公司，成立于 2012 年，是晨光集团重点打造的综合电商平台。晨光科力普作为公司办公直销业务的平台，主要为政府、企事业单位提供办公一站式采购服务。科力普产品包括晨光自有产品和代理产品，涵盖办公物资、MRO（生产物料采购）工业品、营销礼品、员工福利以及企业服务等。

晨光文具 2015 年再创新，开始布局线上 C 端渠道，由子公司晨光科技负责运营，主要包括天猫和京东两个板块。

在无纸化阅读和新零售的驱动下，文具市场也在悄然变革。传统文具的天花板伸手可及。个体消费者对于传统文具的需求缩减，文具消费向创意化、个性化和高端化方向演进。

为顺应文具精品化升级趋势，晨光文具在渠道方面接连推出了"晨光生活馆"和"九木杂物社"两种渠道新业态。

晨光生活馆起初定位于全品类一站式文化时尚购物场所，而后变更为精品文具店，销售的产品仍以文具品类为主，店铺主要集中在新华书店及复合型书店。九木杂物社是经过晨光生活馆的探索后迭代形成的一个相对独立的零售品牌，以 15～29 岁的品质女生作为目标消费群体，销售的产品主要为文具文创、益智文娱、实用家居等品类，店铺分布在各城市核心商圈的优质购物中心。

截至 2020 年底，晨光文具推出的创新渠道"九木杂物社"361 家（其中直营 237 家，加盟 124 家），"晨光生活馆"80 家。

（资料来源：搜狐财经，有删改，https：//www.sohu.com/a/475635751_ 100001551）

思考：结合实例，分析探讨晨光文具的分销渠道结构。

学以致用

奢侈品一般会采用哪种渠道模式来进行分销？为什么？一般的生活用品呢？为什么会有这种差异？

第三节　分销渠道的激励与控制

一、分销渠道激励

分销渠道建立起来之后，还需要进行日常的监督、维护和激励，使之不断提高业务经营水平。每隔一段时间，制造商就必须考核和评估中间商的配额完成情况、平均库存水平、装运时间、对受损货物的处理、促销方面的合作，以及为消费者提供服务的情况。对表现好的予以奖励；对表现不好的予以批评，必要时可更换渠道成员，以保证营销活动顺利而有效地进行。制造商主要是通过制定渠道政策，与中间商签订渠道合作协议的方式来对渠道成员进行激励。渠道政策是指制造商为了鼓励渠道成员积极扮演好渠道角色所采取的一系列奖励措施。这些措施总的说来可以分为以下三种类型。

1. 政策性激励

主要包括销售专营权、返利政策、价格折扣等。

（1）销售专营权。销售专营权的激励主要包括区域限定、期限限定、分销规模限定等。区域限定是指规定中间商的销售范围，如某啤酒企业规定广州其中一家二级经销商只能在天河区进行销售，目的是防止中间商之间恶意竞争，保护经销商的利益；期限限定是指规定中间商的经营期限，授权经营期限过长或者过短都会出现问题；分销规模限定是指制造商规定中间商要达成某个分销业绩才能成为某个等级的经销商，分销业绩主要包括市场占有率、销售量和销售额等指标，如厂商规定一级分销商年销售额须在 2 000 万元以上，市场占有率达到 4% 等。

（2）返利政策。返利政策是制造商最常见的一种渠道激励政策，但是如果返利政策制定得不好也会带来非常严重的后果。制造商在制定返利政策时，需要注意返利标准、返利时间、返利形式和返利附属条件四个问题，其中返利标准和返利附属条件最为关键。返利标准一般是根据业绩来制定的，分清品种、数量、次级、返利额度等。例如，某品牌某型号产品完成销售额 300 万返利销售额的 3%，完成 500 万返利销售额的 3.5%，要注意返利标准间的梯度，防止中间商为了达到某个返利标准而大量造假（低价抛售、囤货或者倒卖）。而为了使返利这种形式能促进销售，一定要加上一些附属条件，比如严禁跨区域销售、严禁擅自降价、严禁拖欠货款等，一经发现，取消返利。

（3）价格折扣。一般来说价格折扣主要按货款回收快慢、订货数量、季节、协作力度和品种搭配等几种形式来给予一定的优惠。在实际运用价格折扣的时候一定要和返利政策结合起来考虑，也是作为返利政策的一种补充。

2. 直接经济激励

主要包括费用补贴和实物激励两种类型。

（1）费用补贴。费用补贴主要包括广告补贴、陈列展示补贴、示范表演或咨询补贴、特定时间存货补贴以及恢复库存补贴等。广告补贴是指制造商对中间商在宣传本公司产品的开支方面给予一定的经济补助。陈列展示补贴是指制造商为了鼓励中间商把自己的产品展示在专柜、大型商场的重要区域等，给予承担该业务的中间商经济补助。示范表演或咨询补贴是指对中间商举办的现场促销活动实施补贴。特定时间存货补贴是指在销售旺季时鼓励中间商多进货，给予进货量大的中间商一定的补贴。恢复库存补贴则是指促销活动结束后，给予中间商一定的补贴，让中间商库存恢复正常水平。

（2）实物激励。实物激励的类型是比较多样的，一般比较常见的有赠品券、代价券、抽奖券、陈列附赠等。消费者能经常接触到的实物激励如某品牌饮料开盖有奖活动，打开饮料瓶盖，印有一等奖字样将获得三亚三天游的旅游券，或者买一包某品牌洗衣粉赠送一个脸盆等。实物激励更多是针对消费者，提高消费者的购买欲望，消费者买得多了，中间商也受益。陈列附赠是指制造商给中间商提供展示的样品以及宣传资料等。

直接经济激励与政策性激励最大的不同是政策性激励一般比较稳定，在较长的时间内都不会改变，而直接经济激励则大部分时候属于短期性质的激励措施，而且灵活多变，在销售旺季或者销售淡季采用不同的短期激励手段，能够让激励政策更加丰富多样，起到最大的渠道激励效果。

3. 服务型激励

服务型激励包括以下四种类型。

（1）为经销商提供各类人员培训活动。例如，产品知识培训、销售实战培训、服务技巧培训等。

（2）为经销商提供咨询服务。例如，帮助经销商建立和完善客户管理制度、售后服务措施、配送制度或者订发货制度等。

（3）为经销商提供技术援助和支持。例如，提供先进的库存管理、运输管理和配送管理等技术，电子信息交换系统、电子订货系统、POS 系统等。

（4）对经销商的促销援助和支持。例如，派促销人员帮助经销商进行现场促销，为经销商提供各种物料支持等。

花最少的钱达到最大的激励效果是渠道政策的最终目的。渠道政策没有好坏之分，不同的行业、企业有不同的渠道政策。企业需要通过在实践中不断检验和完善自己的渠道政策。

讨论 8-5：不管哪种激励措施，最终都是通过让利来提高中间商的积极性，那为什么不直接用现金激励而要让激励措施多样化呢？

二、分销渠道控制

分销渠道控制是一个渠道成员对另一个渠道成员的行为与决策变相施加影响的过程。渠道政策如果没有进行管理控制，也无法起到预期的激励效果。

1. 分销渠道控制的特点

（1）施控者与被控者之间各自独立。施控者既有可能是制造商也有可能是中间商，但是不管是谁在控制整个渠道，这两者在法人资格、利益、文化、企业战略和行为方式等方面都有显著的差别。例如，美的和国美电器，美的作为制造商和国美作为一个大型家电连锁零售商之间，在利益、文化和战略上都会有很大的区别，这也增加了渠道合作的难度。

（2）相互依赖、互惠互利。这是渠道这一"超级组织"得以建立、发展和维持的基础，也是渠道控制的前提。渠道成员之间的合作就是互相协调适应的过程，也是利益重新分配的过程。

（3）渠道成员常常互为施控者与被控者。施控者在某一种或几种渠道功能上往往有较大的话语权，又叫渠道领袖；被控者在渠道功能上往往少有或没有话语权。

（4）平等原则。一个渠道成员对于另一个或一些渠道成员的控制更多的是建立在平等原则上的沟通或影响，而不是建立在层级制度上的命令和指挥。

2. 分销渠道控制的类型

分销渠道控制的类型一般来说可以采用两种分类方式，一种是按照渠道控制的程度来划分，另外一种是按照渠道控制的内容来划分。具体如下：

（1）按照分销渠道控制的程度划分。按照分销渠道控制的程度可以划分为绝对控制和低度控制两种类型，具体如表8-6所示。

表8-6　分销渠道控制的类型（按控制程度划分）

类型	内涵	说明
绝对控制	绝对控制是指制造商不仅能够选择负责其产品销售的中间商的数量、类型及区域分布，而且能够支配这些中间商的销售政策和价格政策	如大众汽车公司专门把广州市场划分为若干区域，每一区域都有一名业务经理专门负责，业务经理对本区域内的每一中间商的资料都详细掌握，及时根据市场变化及中间商的表现进行政策调整，确保渠道通畅，保证企业获得良好的经济效益
低度控制	实力较弱的企业也可以通过对中间商提供具体支持协助来影响渠道成员，也称为影响控制	大多数企业的控制都属于这种方式，它们通常采用的方式有向中间商派驻商务代表，与中间商进行多方位的合作（如联手开展广告宣传、促销、公关活动，共同进行产品研发与改进以及共同进行市场调查、售后服务等）、对中间商进行培训、激励（如向中间商进行有关销售管理、存货控制以及有关产品的专业知识培训，奖励业绩突出的中间商或向中间商提供价格交易条件上的优惠等）

（2）按照分销渠道控制的内容划分。按照分销渠道控制的内容划分，一般可以分为利润控制、目标控制和实施过程控制三种类型，具体如表8-7所示。

表 8-7　分销渠道控制的类型（按控制内容划分）

类型	内涵	说明
利润控制	通过调整各级中间商的利润来控制渠道成员的一种方式	中间商的利润取决于产品的销量和购销差价，并且与这两项正相关。企业既要保证分配给中间商颇具吸引力的利润空间，又要确保渠道成员间利益的相互平衡，避免个别中间商因收入过多、实力增长过快而掌握渠道的控制权
目标控制	通过为中间商设置各种经营目标来控制中间商行为的一种方式。包括销售量、销售额目标，市场占有率目标和新客户开发目标等	渠道成员间保持战略目标的一致性是渠道长期稳定发展的前提条件，同时渠道管理者应在经营管理过程中，协助中间商对其营销目标的执行情况进行评估，及时调整实施策略或营销目标，确保企业目标的顺利完成
实施过程控制	对中间商的具体经营活动进行控制，从而确保中间商的努力和投入程度	如对中间商进行库存控制、促销方案控制以及执行情况的监控等

讨论 8-6： 渠道控制力的大小跟哪些因素有关？

实例 8-3　某企业白酒 2021 年招商项目书（节选）

（考虑到是企业内部信息资料，下文中企业名称用"某企业"替代）

一、终端促销物料支持

根据代理商进货量，统一分配宣传资料、促销物料。包括：产品形象宣传册、特色精制酒具等。

二、市场营销支持

公司将根据代理商销售渠道协助代理商制订确实可行的营销方案，并且分享其他区域的相关营销经验。

三、市场拓展支持

首单货到当地后，公司将派专业营销人员协助代理商进行市场布局、人员培训和品牌推广，为经销商顺利进行市场拓展保驾护航。

四、营销方案支持

（1）公司负责所有市场的规划、营销方案的制订；

（2）公司负责不定期对个别区域市场进行巡查，并做强有力的活动推广支持和宣传；

（3）公司根据不同的季节以及不同的节日，制订不同的促销方案并制作宣传物料；

（4）公司负责终端策划方案，全程实时跟进，派专人到当地了解经营状况，给出合理建议及指导。

五、商超渠道推广支持

公司给予代理商商超进店费、条码费、堆头费、促销费、客情关系维护费等，上述费用以货抵现。

六、广告支持

公司负责投放主流媒体广告，负责在百度、今日头条、抖音、快手、火山、西瓜等新媒体以及糖酒网、名酒网等专业媒体上的宣传和推广。

七、人员培训支持

公司免费为代理商业务员进行销售知识培训和指导。

八、专卖店装修支持

（1）专卖店门头由公司按照集团统一要求进行设计，代理商需要制作时，经公司核准后，给予100%支持；

（2）店内统一设计装修，公司承担1 500～2 000元/平方米（最高给予年度进货额5%作为支持）；

（3）上述支持以酒水形式返还。

九、物流支持

公司承担代理商物流费用，特殊中转费由代理商承担。

十、调换货支持

100%调换货（不影响二次销售，物流费用由代理商承担）。

十一、年终奖励支持

（1）完成全年任务额60%以上，返利全年进货额的4%；

（2）完成全年任务额80%以上，返利全年进货额的8%；

（3）完成全年任务的100%，返利全年进货额的16%

（资料来源：某企业白酒的2021年招商项目书）

思考：结合实例，说说分销渠道管理中常见的渠道激励政策有哪些？

学以致用

分销渠道的激励与控制最难的是什么？企业应该如何建立渠道的控制力？

第四节　分销渠道变革

一、分销渠道变革的趋势

随着现代网络技术及其应用的发展，互联网在人们生活中的不断渗透，传统线下渠道、电商平台、社交营销等百花齐放，使得分销渠道的变革创新不断突破，市场竞争更加激烈，以流量形成"跑马圈地""终端为王"之势。当下制造商都意识到分销渠道变革创新的重要性，渠道已成为企业之间在市场上展开竞争的一个重要砝码。畅通高效的分销渠道能为企业带来销量的增加和利润的提升。为了获取更多的利润，企业不得不重新评估原有渠道策略，并尝试进行渠道的调整或创新设计。

1. 渠道结构向扁平化转变

传统分销渠道中常见的渠道层级：制造商—总经销商—二级批发商—三级批发商—零售店—消费者。这种多层级分销渠道网络，不仅进一步瓜分了渠道利润，而且在经销商之间往往存在有不规范的竞争，比如竞相杀价、跨区域销售等。更为重要的是，经销商掌握着巨大的市场客户资源，对制造商来讲，可控性差。渠道扁平化，便于制造商与客户或消费者进行更直接、更快捷和更准确地沟通，有助于制造商对分销渠道的管控，减少冲突及降低不稳定性，同时能更好地降低渠道成本费用，提高渠道运作效率，获得企业竞争优势和渠道利润空间。渠道扁平化改革势在必行。

2. 渠道通路及产品的布局呈现多元化

分销渠道的多元化，一是指企业渠道类型的多元化，这样不仅能分散风险，而且能提高产品的市场占有率；二是指分销产品结构的多元化，即在同一渠道中实现对多种相关产品的分销，形成渠道通路中的产品线或产品矩阵，以提高渠道的利用效率。

从渠道类型选择来看，直接渠道与间接渠道结合，在间接渠道的零售终端业态选择方面可以多元化，比如，在大型超市、百货商店、仓储式商店、便利商店和连锁专卖店等零售业态方面可以综合选择运用。当然渠道类型应根据不同地区的市场情况、企业的产品情况以及中间商的情况等方面来进行选择。对于某一产品的某一区域市场而言，传统方式是多数制造商只通过一个渠道进入，而如今，随着细分市场和潜在渠道的增加，越来越多的企业采用多元化市场营销渠道系统。通过采取多元化的分销渠道，可以弥补单一渠道形式的不足。

3. 渠道成员关系由交易型向关系型转变

从渠道成员的合作方式看，传统的形式是交易型，而现在"关系型渠道"的概念风行营销界，主要采取垂直营销系统。近年来，关于应发展渠道成员密切关系的观点逐渐得到了人们的重视。在纵向市场上的传统营销渠道由独立的制造商、批发商和零售商组成，而其中的渠道关系是"我"和"你"的关系，即每一个渠道成员都是一个独立的经营实体，以追求利益最大化为目标，甚至不惜牺牲整个渠道和制造商的利益；而现代企业则越来越多采取新兴的整合渠道，称之为垂直营销渠道，在这种渠道体系内，制造商、批发商和零售商联合成为一个统一体，即由"你"和"我"的关系转变为"我们"的关系，从交易型向关系型转变。在垂直营销渠道统一体中，通过组织良好的渠道活动和团队合作，能消除渠道成员为追求各自利益而造成的冲突，使其共同致力于提高市场营销网络的运行效率，通过规模经济和减少重复服务，使制造商和分销商能给消费者提供低成本和差异化的产品及服务，且降低交易成本，最终实现双赢乃至多赢。现在，这种"关系型渠道"的概念已经深入人心，正在成为一种企业文化。

4. 渠道管理由以"总经销商"为中心向以"销售终端"为中心转变

渠道终端指产品销售通路的末端，即销售终端，是产品到达消费者手中并完成交易的最终端口，是唯一实现"不是库存转移，而是真正销售"的场所，是商品与消费者面对面展示和交易的场所。销售终端的形式主要有：①多环节终端，指间接渠道通路的普通终端，比如各大小商超、卖场、百货店等；②消费地终端，指即时消费终端，如餐厅、酒吧（包括在餐厅销售饮品之类）；③零距离终端，指直销（如安利）以及工业品市场大宗设备或原料直销等；④网络电商终端，如企业商城、基于第三方电商平台等。

从分销渠道的构建方式来看，以总经销商为中心的渠道构建方式面临洗牌，以销售终端为中心的构建方式如火如荼。在传统的渠道构建中，一般以制造商为出发点，制造商选择一级经销商、一级经销商发展次级经销商，最后发展销售终端，逐级发展、逐级控制、逐级管理。制造商这种渠道的构建，使制造商在整个渠道链中渠道权力逐渐减弱，制造商与渠道成员之间的整体网络关系松散，制造商对销售终端几乎没有控制能力，使渠道功能大打折扣。

为充分发挥渠道功效，加强对渠道的优化管理，企业可以立足销售终端，加强对销售终端的拓展与构建，让分销商承担的主要是资金的提供以及产品库存转移的职能。在销售终端的实际构建中，应结合产品特性以及企业实际情况，根据消费者需求以及购买行为等进行终端销售的构建，渠道构建决胜终端。

5. 渠道走向品牌化

品牌强国，在产品品牌化、服务品牌化的同时，分销渠道同样需要品牌化。

产品品牌解决的是"买什么"的问题，比如买化妆品买自然堂，这里"自然堂"是品牌，买汽车买比亚迪，这里"比亚迪"是品牌。服务品牌比如早教机构东方爱婴，这里"东方爱婴"是品牌。产品品牌化是商业界的主流物种，企业一说到打造品牌首先想到的就是产品品牌。但消费者通常还会遇到第二个问题"去哪买"。是去超市买、商场买、便利店买，还是去步行街买？这实际对应的就是渠道品牌问题。渠道品牌需要解决的是"去哪买"的问题。比如产品专卖店渠道品牌。专卖店可以作为产品展示推广的中心，在充分展示制造商自身产品，提升品牌形象的同时，达到引流效果，进而促进产品销售。比如小米之家、京东之家、酒快到以及晨光推出的九木杂物社和晨光生活馆等。

讨论 8-7：渠道变革受到了哪些因素的影响？

二、"互联网 +" 环境下的分销渠道创新

分销渠道对于企业的经营业绩有着重要的影响。我国地广人多、市场分散，分销渠道的建设和管理对企业的发展尤其重要。改革开放以来，国内一些成功的企业，从其发展的过程及其成功的经验来看，都非常重视渠道的建设。这些企业根据竞争环境以及产品和地区的不同特点，探索和建立了符合企业实际的分销网络，形成了企业的竞争优势，如娃哈哈、海尔、格力、晨光、爱施德等企业。这些企业从纯地域化的物理销售网络空间到当下的互联网电商普及的网络空间，其分销渠道网络一直行走在变革和创新的路上。当下，一个企业想在市场竞争中取胜，单纯依靠产品、依靠价格是绝对行不通的，有了好的产品，更需要辅之以切实可行的分销渠道网络，是直接渠道还是间接渠道，是线上还是线下，这恐怕不是单纯做选择题就能解决的问题，需要基于环境情况进行渠道的综合考虑。在"互联网 +"环境下，分销渠道新通路的呈现形式有以下几种。

1. 新零售

自 2003 年以来，国内出现了如淘宝、天猫、京东、聚美优品、唯品会等大型的电商平台，制造商可以在天猫或者京东等平台开旗舰店进行产品销售，或者有些制造商不想自己做电商，也可以找分销商在平台开店进行产品销售，电商实际只是把实体店搬到网络上去开，其优势主要是突破了地域的限制。近些年来，电商平台上店铺推广的成本越来越高，与实体店相比，所谓的节省渠道成本的优势已不明显。单纯的线上、单纯的线下，无论其起步早晚，都开始面临发展瓶颈，甚至出现逐渐被甩开之势。因此，制造商在电子商务发展中的地位也被重视起来。2016 年在中国浙江杭州云栖大会会议上，马云提出了一个全新的概念——新零售。其中有观点认为，纯电商时代很快会结束，未来十年、二十年，只有新零售这一说，线上、线下以及物流必须结合在一起，才能诞生真正的新零售。但到底什么是新零售，目前业界也没有准确的定义。本书的观点是，新零售是指企业以互联网为依托，通过运用大数据、人工智能等先进技术手段，对商品的生产、流通与销售过程进行升级改造，进而重塑业态结构与生态圈，并对线上服务、线下体验以及现代物流进行深度融合的零售新模式。从目前看来，新零售与传统的线下零售、纯电商零售相比，有以下几个特点：

（1）全渠道融合。新零售的特点之一，就是全渠道融合，让消费者随时随地随心地购买。随着网络技术的进一步发展，消费者了解和购买商品的渠道已经被无限扩充。消费者随时随地就可以用手机在微信朋友圈链接、天猫、京东等电商平台、美团等外卖平台，甚至是抖音等娱乐社交平台上进行消费。对于制造商而言，不仅要适应渠道的变革，打造多种形态的销售场所，还必须实现多渠道销售场景的深度闭合，才能满足消费者想买就买的需求。

（2）实体店智能化。随着 5G 技术的普及，大数据和物联网的深入发展，"一切皆智能"成了必然的趋势。实体店智能化主要通过现代化的信息技术手段来实现，如触屏技术、智能语音交互系统、人脸识别、网络支付等技术的发展都可以帮助实体店实现智能化。实体店的智能化可以提升消费者的互动体验和购物效率，可以增加多维度的零售数据，进而把大数据分析结果应用到实际零售场景中。在零售行业，商家数字化改造之后，实体店的智能化进程会逐步加快。沃尔玛、大润发等大型零售卖场都在投入巨资打造智能化实体店。实体店智能化同时为经营数字化打下了良好的基础。

（3）经营数字化。我们已经身处在一个数字化的社会。当消费者拿起手上的手机进行移动支付，或者用手机登录一个网站浏览和购买商品的时候，这些真实的消费行为都会被记录下来，成为商家营销决策的依据。今天商业变革的目标就是一切在线，通过数字化把消费者的各种行为和消费场景搬到线上去，然后实现线上线下的相互融合。零售行业的数字化包括消费者数字化、商品数字化、营销数字化、交易数字化、管理数字化等。数字化是通过信息管理系统来实现的，在所有数字化战略中，消费者数字化是基础和前提。

（4）物流智能化。传统零售只能到店消费，现买现取，纯电商平台只能线上销售、支付，快递到家。而新零售则是消费者全渠道、全时段都能买到商品，并能实现到店自提、同城配送、快递配送等，这就需要自建或者对接第三方物流智能配送，以此缩短配送周期、去库存化。智能高效的供应链管理系统将帮助企业实现生产、仓储、运输、销售和服务一体化的效能提升，实现以需定产、柔性制造，以满足消费者个性化的需求。

（5）终端销售场景化。新零售以消费者需求为中心，涵盖对消费者的体验提升、服务提升、管理提升，商家必须给消费者提供随时、随地、随心的购物渠道、终端、服务体系，提升消费者体验，真正实现以"人"为本的营销理念。比如京东之家、海尔智家、雕刻时光咖啡馆等。

场景指购物场景，消费者与商品接触的终端，都可以成为"场"，包括门店、App、微商城、小程序、第三方电商平台、店中店触屏、智能货架等。场景化营销指针对消费者在具体的场景中所具有的心理状态或需求而进行的营销行为。场景是唤醒消费者某种心理状态或需求的手段。终端的场景化布置（场景营造）方式可以有：①氛围场景。比如 LED 屏的广告播放、X 展架的布置、家居三维场景、促销员的统一形象、产品模型等。②文化场景。展览式的终端表现，呈现公司的历史，终端表现出品牌的历史、文化等信息，在布置上也表现出特殊的文化氛围。比如中街 1946 雪糕在杭州书店里进行销售，用文化场景推动产品的销售等。③信任背书场景。奖牌展示、代言人展示等。

讨论 8-8： 新零售和 O2O 有什么本质的区别吗？

2. 社交电商

社交电商，是指将关注、分享、讨论、互动等社交化的元素应用于电子商务交易过程。从电子商务企业的角度来看，即通过社交化工具的应用及与社交化媒体、网络的合作，完成企业营销、推广和商品的最终销售。社交电商一般分为内容型社交电商，比如小红书、蘑菇街等；零售型社交电商，比如云集、洋葱 OMALL 等；还有一种是分享型社交电商，比如拼多多、京东拼购等。

（1）内容型社交电商。内容驱动成交，受众立足于共同的兴趣爱好聚集在一起形成社群，通过自己或者他人发表高质量的内容吸引海量用户访问，积累粉丝，然后引导用户进行裂变与成交。该模式的特征是可以通过"网红"、KOL（关键意见领袖）、达人基于社交工具（微信、微博、直播、短视频等）生产内容吸引用户消费，解决消费者购物前选择成本高、决策困难等相关痛点。

内容型电商社交所面向的用户群体通常都有共同的标签，可以有针对性地进行营销，针对共同的痛点和生活场景输出的内容更容易激发大家的互动传播。此外，用户因为共同的兴趣爱好或者需求痛点集结在一起，通常价值观相近，忠诚度会更高，转化和复购的能力也较强。

该模式对运营能力要求较高，需要有持续不断输出高水平内容的能力，此时则需要搭建自己专业的内容团队，做好个人定位、经营策略、营销推广。这是内容电商的壁垒，当然还得有好的产品，无论是自营的、代理的甚至是一件代发的，都需要具备较强的选品能力，学会筛选畅销品、打造爆品。典型的内容型社交电商如表 8-8 所示。

表 8-8 典型的内容型社交电商

内容型社交电商	说明
小红书	堪称"强力种草机"，以图文分享为主，整体篇幅较长，热门的评测会分析产品成分、科技含量、体验感、使用场景等，这些优质 UGC（用户生成内容）可以让消费者更直观地了解产品，整体信服力较强，比一般的广告更有效果

（续上表）

内容型社交电商	说明
蘑菇街	专门建立导购平台，请 KOL 专业导购，吸引消费者购买，更易提升用户黏性，提高信任感，与此同时成交率也会相应提高
抖音	通过视频内容带货，主要通过展示产品的使用功能引起震撼效果，引发很多"抖友"关注和跟风，迅速刮起一阵产品热，在淘宝等购物平台上也会同期上线很多"抖音同款"

（2）零售型社交电商。零售型社交电商，可以理解为以社交工具及场景赋能零售，是以个体自然人为单位通过社交工具或场景，利用个人社交圈的人脉进行商品交易及提供服务的新型零售模式。这类模式一般整合供应链多元品类及品牌，开发线上分销商城，招募大量个人店主，一件代发。

零售型社交电商的典型特征有以下两个：①零售去中心化。用互联网的技术方式升级了传统渠道管理体系，让渠道运营更加灵活、轻便，可以快速实现零售渠道的体量。其主要特征还包括渠道体量庞大、消费场景封闭、用户黏性高、渠道自带流量、商品流通成本低、渠道准入门槛低但稳定性也相对弱。②渠道很关键。它并非中心化的零售型社交电商生意，而是去中心化的。社交零售的基本盈利点是商品的渠道分销利润，这与传统线下实体零售在本质上是一样的，只不过线下是以实体店店面作为渠道载体，而社交零售是以个体自然人作为渠道载体，且利用互联网技术升级了渠道运营系统，提升了渠道运营效率，所以从这个层面来讲，它是一种非常先进的商业模式。

零售型社交电商主要分为直销和分销两种模式。

直销有自营/开放型社交零售平台，传统品牌方在有线下实体店的同时，利用"线上微店""有赞"等相关工具搭建商城，将商品直接推向 C 端消费者，由平台承担选品、物流、仓储以及售后等服务。注意这里的直销和传统直销（类似保健品直销）意义略有不同，指的是有系统运营多品类的品牌商运用互联网工具进行直销。

分销由 S 平台（供货商）直接面向个人店主等小 B 用户，通过小 B 间接接触 C 端消费者，小 B 主要负责流量获取和分销，商品供应链以及售后等服务由上游的大 B 端平台来承担。这种类型的分销典型代表有云集、洋葱 OMALL 等（见表 8-9）。

表 8-9　典型的零售型社交电商

零售型社交电商	说明
云集	云集是个人零售服务平台，可为店主提供美妆、母婴、健康食品等各类货源。云集依靠大流量、大用户数、大订单量获得话语权，保证商品的高性价比，大量店主通过社交关系扩散商品信息，增加商品曝光流量；终端消费者看到商品信息在云集下单，由云集官方完成配送、售后；订单完成后，店主从云集获得提成收益

（续上表）

零售型社交电商	说明
洋葱 OMALL	凭借创新的 M2S（Made 2 Social）新社交零售模式，深度整合供应链资源，持续升级供应链，全球品牌严选，前端（Made）厂牌直出，实现制造端到社交零售的新零售形态。同时，洋葱 OMALL 制定合法健康的渠道运营机制，提供专业产品知识培训、精细化运营推广培训、顾客服务保障、诚信风险保障等，让每一位用户可轻松成为零售社交电商的专业卖家，不需要囤货、发货、上新等，开店即卖、即时提现

（3）分享型社交电商。主要通过用户分享，基于微信等社交媒介进行商品传播，抓住用户从众、爱"薅羊毛"、炫耀、兴奋等心理特质，通过激励政策鼓励个人在好友圈进行商品推广，吸引更多的朋友加入进来。把用户进行下沉，并通过低门槛促销活动来迎合用户的心理特质，卖一些普适性、高性价比的产品，锁定用户，以此达成销售裂变的目标。

分享型社交电商可以低成本激活三、四线及以下城市增量人群。传统电商对于三、四线相对偏远的地区覆盖有限，这些地区欠发达，用户对价格敏感，但更易受熟人圈子的影响。该模式的社交电商可通过如微信拼团砍价的模式将这类用户群体一下激活。

分享型社交电商首先需要基于海量的用户群，有庞大且免费的流量池。例如，拼多多背后是微信和小程序红利；淘宝特价版背后是淘宝的支撑；京东拼购背后是京东以及京东和腾讯达成的战略合作。其次是对供应链效率以及运营监管要求较高，没有雄厚的资金、专业的人才，很难做起来。

3. 微商

微商是基于移动互联网的空间，借助社交软件工具，以人为中心、社交为纽带的新商业。微商火到什么程度，只要翻翻每个人的微信朋友圈就知道了。所以一提到微商，可能很多人首先想到的就是微信电商。当然在微信朋友圈经销商品其实也是属于微商的一部分，但是微商不仅仅是指微信电商，还包括如微博、手机 QQ、QQ 空间、陌陌等 web3.0 时代所衍生的载体渠道进行商业活动的模式。大部分的知名厂家可能不屑于用微商这种方式来经营，但是许多中小型的企业采用这种模式。微商在国内是一个毁誉参半的存在，许多人认为微商就是变相的传销。许多微商的从业者认为微商给了他们一个自主创业的机会，也有许多消费者不堪其扰，谈微商色变。目前微商在中国主要有两种模式。

（1）C2C 微商。C2C 微商是指个人到个人的一种微商模式。这是最简单的微商模式，在"大众创业、万众创新"的大时代背景下，这种通过社交媒体、朋友圈分享来销售商品的个体微商越来越多。微商之所以受到各种质疑，也正是因为这种模式天生的缺陷导致的。由于这种微商模式存在不规范、缺乏监管、假货泛滥等问题，因此在未来并不被看好。但在很长一段时间内这种模式依然会存在。

（2）B2C 微商。B2C 微商是指企业对个人的商业模式，这也是未来被看好的一种微商模式。企业以通过微信或者其他平台提供的商业平台建立企业微店的方式来运营，当然也可以自建平台来运营。例如，微信提供的微信小店以及京东的京东微店都是这种微商模式的代表。这种微商模式成立的关键在于有没有足够的粉丝作为支撑。B2C 微商一般会利用微信公众号或者直播平台、"网红"等打造自己的特色吸引粉丝，然后把这些粉丝导流到企业的微店。

随着自媒体带给人们的便捷性，微商在我们的生活中不可或缺地存在着，但微商从诞生以来就充满了争议，这是为什么呢？因为有不法经营者利用了微信的方便性和"开展工作"的更为隐形性进行非法的新型传销活动。新型传销不通过收取身份证、收取手机等来限制人身自由，其具有更强的隐形性，加持以"资本运作"为旗号，具有很强的煽动性，拉亲朋好友加入，最后血本无归。识别传销，主要有三个判断标准：①入门费。是否需要认购商品或交纳费用取得加入资格或发展他人加入的资格，牟取非法利益。②拉人头。是否需要发展他人成为自己的下线，并对发展的人员以直接或间接滚动发展的人员数量为依据给付报酬，牟取非法利益。③计酬方式。是否以直接或间接发展人员为依据计算报酬，牟取非法利益。

实例8-4 董明珠直播带货：最高一天65.4亿元的销售额

2020年，受疫情的影响，线下销售渠道几乎停滞，电器企业的直播带货随之兴起。2020年全年，董明珠在抖音、快手、京东等平台开始直播带货，全年13场直播总计创下476.2亿元的总销售额。

2020年6月1日，董明珠代表格力电器在网上直播带货，当天的累计销售额高达65.4亿元，创下了家电行业的直播销售记录。

一天65.4亿元。这是什么概念？这约等于格力电器2020年一季度营收（203.96亿元）的32%。这个数字太惊人了。

直播间如此大的流量从何而来？

董明珠的直播带货，和其他直播主播带货背后的逻辑是不一样的。董明珠的直播带货，是由经销商在线下获得流量，然后由董明珠在线上直播间完成转化。

大量的经销商会在线下用各种各样的方法聚集流量。比如，去周边住宅区摆摊，加经销商的微信，就给用户送件礼品。以地推的方式把周围住户的微信都收集起来，建立流量池。等到董明珠做直播的时候，给这些用户发一个专属的二维码，用户就可以扫二维码进入董明珠的直播间。系统可以通过二维码来识别用户是哪个经销商所带来的流量。

所以，董明珠的直播带货，本质上是直播分销的逻辑。如此大的销售额，经销商的引流起着举足轻重的作用。

当然，从经销商引流到直播间转化，其中还有很多促进转化的因素，比如膨胀金。参加直播之前，用户先给经销商付9.9元，在直播间购买的时候，这9.9元就可以当50元、100元来抵用。这就相当于提前把那些有意愿购买的用户筛选出来，活动的转化率就会更高。

经销商的收益如何保障？

假设一台空调，经销商的进货价是2800元，全国统一的零售价是3500元。在一线城市，因为竞争激烈，有时搞活动最低会卖到3200元。那董明珠的直播间卖多少？大概比3200元再低10%，卖2900元左右。比经销商的进货价要高一点，比线下最低的零售价要低一点（格力官方做补贴时，有可能价格还会更低）。

在直播间成交之后，格力总部会通过二维码来追溯，每个经销商带来了多少流量，产生了多少销售额。然后让各地的经销商拿到其应得的那部分收益。比如，一家经销商带来的用户成交了1000台，销售额是290万元，格力总部就直接打给经销商290万元。这1000台空调，还是由经销商发货和负责售后。290万元扣除掉，进货成本，剩下来的就是经销商的利润。这是经销商分到的第一笔钱。

除此之外，还有第二笔钱。很多用户并不是通过经销商的二维码进来的，而是通过格力的官方宣传等其他方式进来的。这样的用户产生购买行为，格力会根据用户的收货地址，把订单分配给对应区域的经销商。虽然这些用户不是经销商带来的流量，这个时候经销商赚不到差价，但是他们可以赚到一笔服务费。比如，安装一次空调的服务费是 200 元，扣除工人成本 100 多元，经销商还能赚到几十块的差价。这是经销商分到的第二笔钱。

有这样一个问题值得思考：本来都是经销商自己区域内的用户，在线下卖是 3 200 元，经销商赚到的差价会更多，而在直播间卖 2 900 元，经销商赚到的差价不就更少了吗？那经销商愿意合作吗？

（资料来源：新浪财经，有删改，https：//baijiahao. baidu. com/s? id =166912288811791 1117&wfr = spider&for = pc）

思考： 哪些方面促成了董明珠直播带货最高一天 65. 4 亿元的销售额？

学以致用

你认为 5G 时代对营销或者营销渠道的变革会产生什么样的影响？

测试你掌握的知识

1. 简单解释什么是分销渠道。
2. 举例说明一家企业的分销渠道。
3. 渠道的模式和结构有什么区别？
4. 分销渠道的管理者应该如何制定渠道激励政策？
5. 新零售和社交电商的发展给渠道的变革带来了怎样的机遇和挑战？

实训模块 8　渠道调研

营销团队任选一个企业某品类的产品，通过市场调查了解该企业该产品的分销渠道模式和结构，以及该企业的渠道激励政策，撰写调查方案并实施调查，提交调查报告。将调查报告制作成 PPT，进行课堂演示讲解，时间为 15 分钟。

数字扩展资源 8

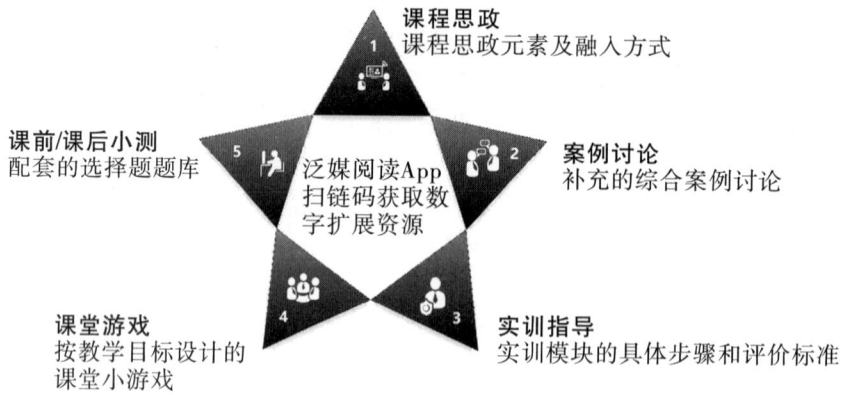

课程思政
课程思政元素及融入方式

案例讨论
补充的综合案例讨论

实训指导
实训模块的具体步骤和评价标准

课堂游戏
按教学目标设计的
课堂小游戏

课前/课后小测
配套的选择题题库

泛媒阅读App
扫链码获取数
字扩展资源

第九章 传播价值——促销策略

整合营销传播是一种以接收者的观点来观察整合营销过程的方法。

——菲利普·科特勒

【知识目标】

1. 学生能区分不同类型的促销工具及其适用范围；
2. 学生能解释整合营销传播的含义及其价值；
3. 学生能分析广告、公共关系活动过程中的主要决策；
4. 学生能说明人员销售管理、销售促进、体验营销活动的主要步骤。

【能力目标】

1. 学生能够评价和设计广告策划方案；
2. 学生能够制订并实施销售促进活动方案，并根据实施效果调整方案；
3. 学生能够根据营销环境评价和设计公关营销策划案；
4. 学生能够制订人员销售计划并尝试产品推销。

【价值目标】

1. 坚持诚信原则，杜绝广告、促销、人员销售等环节中出现夸大、虚假、低俗宣传；
2. 树立营销人员的社会责任心，从社会整体利益出发，制订公共关系等促销方案并实施；
3. 树立守正创新思想，创新营销传播工具及内容。

【思维导图】

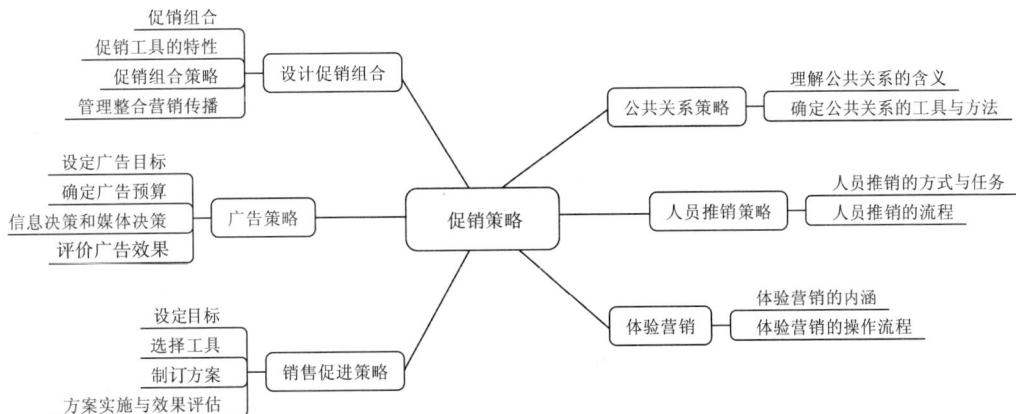

【营销实战】

可口可乐的促销和消费者互动

可口可乐目前为全球最大的饮料厂商，它每天为全球的人们带来怡神畅快的美妙感受。目前，全球每天有17亿消费者在畅饮可口可乐公司的产品，可口可乐公司大约每秒钟售出19 400瓶饮料。

一、可口可乐创意互动装置

紧跟数字时代，为年轻人提供"可乐流量"。在数字化时代，忘了什么都不能忘带手机，缺了什么都不能缺少流量，对于长时间处在微博等社交网络中的年轻群体来说更是如此，赠送一瓶可乐的魅力也许真的远不及补充一点上网流量。于是奥美巴西为可口可乐量身打造了一次非常有意思的互动，将目标锁定在新兴市场那些热衷移动设备和免费Wi-Fi网络的年轻人身上。

当然前提是用户首先需要下载一个可口可乐定制的浏览器，当打开浏览器并靠近这台机器，就如同用纸杯接满苏打水一样，手机也会被注满"可乐流量"，因此获得20M的免费流量——也被可口可乐称为"20公升的幸福感"。

二、"可以喝"的广告牌

可口可乐公司在美国推出了一块"可以喝"的广告牌，以创新的形式与消费者互动。

这块重达1万多公斤的广告牌上安装了一个巨型可口可乐瓶，插着一根1 300多米长的吸管，蜿蜒拼出了"Taste it（尝尝它）"的字样。冰凉畅爽的零度可口可乐顺着吸管流到试饮装置里，每个走过的路人都可以打开开关，免费品尝"从天而降"的零度可口可乐。

配合这个"可以喝"的户外广告牌，一支"可以喝"的互动广告也同步上线。观众可以通过下载指定App，把电视荧幕中的大瓶零度可口可乐倒进手机里的杯子中。当杯子灌满后，用户将获得一张电子优惠券，可在指定零售店换取一瓶零度可口可乐。

三、可口可乐电话亭，幸福就是有人为你着想

每一天都有很多南亚劳动力来到迪拜工作赚钱以获得更好的生活。他们平均一天只有6美元的收入，可打电话给家里却不得不花每分钟0.91美元的费用。为了节省每一分钱，这些外来务工人员都不舍得打电话回家。所谓幸福，就是能听到家人的声音。了解到这批人的实际情况后，迪拜可口可乐联合扬罗必凯广告公司开发了一款可以用可乐瓶盖当通话费的电话亭装置，把这些电话亭安装到工人们生活的地区，每一个可口可乐瓶盖都可以抵作三分钟的国际通话费。

（资料来源：人生哥，有删改，https://www.xusoso.com/303228.html）

思考：1. 可口可乐公司运用了哪些促销工具？这些促销工具向消费者传达了什么价值主张？

2. 可口可乐公司在运用促销工具的过程中是如何与消费者进行互动的？

要建立与消费者良好的关系，企业除了需要开发一项好的产品、给产品制定有吸引力的价格、使消费者能够方便买到以外，还必须向消费者传播其价值主张，并且不应该浪费任何一次可以传播的机会。在所有的传播之前都应该进行良好规划，形成整合营销传播计划。

第一节　设计促销组合

一、促销组合

1. 促销组合的含义

促销组合，也称为营销传播组合，由广告、销售促进、人员销售、公共关系、直接营销、体验营销、数字营销构成。企业运用这些工具来吸引消费者，令人信服地传播其价值并建立与消费者的关系。

（1）广告。由特定的赞助商以付费方式进行的创意、产品和服务的非人员展示和促销活动。

（2）销售促进。各种鼓励消费者购买产品或服务的短期刺激。

（3）人员销售。企业销售队伍为了销售产品或建立与消费者的关系而进行的人员展示。

（4）公共关系。引起消费者的正面注意，树立良好的企业形象，处理或消除不利的传言、事件等，与企业各方公众建立良好的关系。

（5）直接营销。为获得及时反馈并培养长期关系而与精心选择的目标消费者进行的直接联系。

（6）体验营销。通过看、听、用、参与互动的手段，充分刺激和调动消费者的感官、情感、思考、行动、联想等感性因素和理性因素，从而重新定义产品的一种营销方法。

（7）数字营销。使用数字传播渠道来推广产品和服务的实践活动，从而以一种及时、相关、定制化和节省成本的方式与消费者进行沟通。

每个促销方式都是这个整体里的一个要素，其中某一个要素的改变就会导致整体的变化，从而产生新的促销组合。然而，营销传播远不止于这些具体的促销工具，产品的设计、价格、包装以及销售的商店等都在向消费者传播某些信息。因此，尽管促销组合是企业主要的传播活动，但完整的营销组合必须协调一致以产生最佳的传播影响。

2. 促销组合的作用

（1）提供信息，疏通渠道。产品在进入市场前后，企业要通过有效的方式向消费者和中间商及时提供有关产品的信息，以引起他们的注意，激发他们的购买欲望，促使其购买。同时，要及时了解中间商和消费者对产品的意见，迅速解决中间商销售中遇到的问题，从而密切制造商、中间商和消费者之间的关系，畅通销售渠道，加强产品流通。

（2）诱导消费，扩大销售。企业针对消费者和中间商的购买心理来从事促销活动，不但可以诱导需求，而且可以创造新的需求。当某种产品的销量下降时，还可以通过适当的促销活动，促使需求得到某种程度的恢复，延长产品生命周期。

（3）突出特点，强化优势。市场上同类产品之间的竞争日益激烈，要使消费者在众多的同类产品中将本企业的产品区别出来，就要通过营销传播活动，宣传和介绍本企业的产品特点，以及能给消费者带来的特殊利益，增加消费者对本企业产品的丰富好感，从而促进购买。

（4）提高声誉以及丰富品牌资产。企业的形象和声誉是影响其产品销售稳定性的重要因素。营销传播能够通过建立品牌知名度，树立品牌形象，引发品牌反馈，以及增强消费者与品牌间的联系来丰富品牌资产。

二、促销工具的特性

每种促销工具都有其特性，营销者在设计促销组合之前必须了解这些特性（见表 9 - 1）。

表 9 - 1　促销工具及其特点与局限性

促销工具		说明
广告	具体工具	电视、广播、印刷品、户外广告、互联网以及其他形式
	特点	广告能以一种很低的单位展示成本将信息传达给地理上分散的广大潜在消费者，它还能使销售方将一条信息重复多次
	局限性	只能与受众进行单向沟通；广告费用非常昂贵（如电视）
销售促进	具体工具	折扣、优惠券、销售竞赛、卖点展示以及展演等
	特点	吸引消费者注意，强烈刺激购买，增强产品吸引力以扭转下滑的销售趋势
	局限性	效果通常是短期的，建立长期品牌偏好和消费者联系的效果不如广告或人员销售
人员销售	具体工具	销售陈述、交易会以及促销项目
	特点	是购买过程后期最有效的工具，尤其对于树立消费者偏好、信念和促进行动方面。与消费者面对面接触；培养关系；使消费者感觉有义务进行反应
	局限性	人员销售是企业最昂贵的促销工具；广告可以选择做或者不做，但是销售队伍的规模却很难改变

（续上表）

促销工具		说明
公共关系	具体工具	新闻发布会、赞助、特殊事件以及网页等
	特点	高度可信（新闻故事比广告更真实可信）；覆盖许多避开销售人员和广告的目标受众，让信息以"新闻"而非销售导向的传播形式传达给消费者
	局限性	营销者通常不能充分利用公共关系或者只是将它作为事后选择
直销营销	具体工具	产品目录、邮件营销、电话营销等
	特点	可以为吸引具体的消费者而量身定制个性化的信息，促使与消费者互动。非常适用于高度目标化的营销活动以建立一对一的关系
	局限性	和大众沟通相比人均接触成本更高；消费者对于某些类型的直销可能持负面观点
体验营销	具体工具	参观工厂、公司博物馆、街头活动、体验店
	特点	要求产品和服务具备一定的体验特性，满足消费者的体验需求
	局限性	成本较高；对体验流程的开发设计有较高要求
数字营销	具体工具	企业网站，大众点评、美团等推广平台，微博、微信、抖音、小红书等社交媒体平台
	特点	营销推广媒介控制的主动权掌握在企业自己手中，可能通过较低的成本获得较高的流量及销量；与消费者建立互动关系
	局限性	对营销人员的专业性要求较高；流量较分散

讨论9-1： 不断变化的传播环境是如何影响企业向消费者传达产品和服务信息的？如果你想买一辆新车，你可能会从哪里听到各种车型的信息？你会在哪里寻找信息？

三、促销组合策略

营销者可以在两类基本的促销组合策略中做出选择，即推式策略与拉式策略。两者侧重的具体促销工具不同，如图9-1所示，对两种策略进行了比较。

推式策略，指的是制造商利用其营销活动（主要是销售促进或人员销售的方式），把产品推向分销渠道的中间商，再由中间商将产品推向最终消费者。推式策略因其是沿着渠道一级一级进行的，所以被称为推式。这种策略适用于单位价格较高、性能复杂、产品的使用方法需要进行特殊说明或示范、分销渠道较短或者市场较为集中的产品。该策略的好处是销售周期短、资金回收较快、风险相对较低。

拉式策略，指的是制造商将其营销活动（主要是广告、销售促进、数字营销）直接指向最终消费者并促使他们购买产品。需求拉动的方向与推式策略刚好相反，它由市场需求反

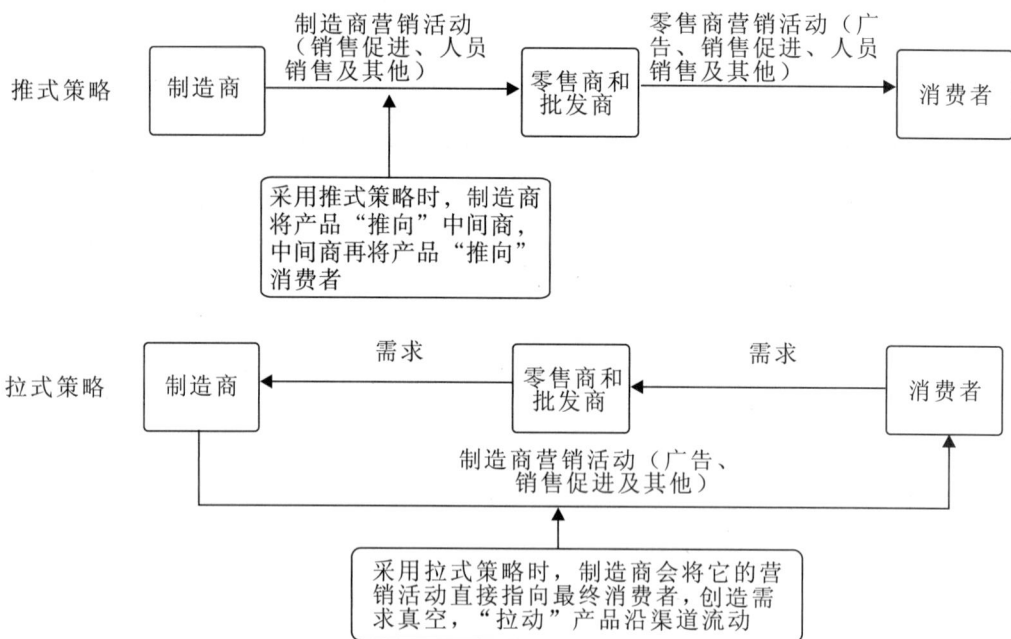

图 9 - 1　推式策略与拉式策略

过来拉动零售商和批发商，再由他们把需求转向制造者。该策略适用于单位价值较低、处于长渠道、市场较大或分散的产品。

一些工业品企业仅仅采用推式策略，一些直销企业仅仅采用拉式策略。然而，大多数企业采用的是两种策略的组合。例如，联合利华每年在消费者广告和销售促进上花费超 80 亿美元以建立品牌偏好，将消费者吸引到贩售其产品的商店。同时，联合利华利用自己和分销商的销售团队及经销商促销来沿着渠道向下推动其产品，这样消费者来到商店时，货架上才会有联合利华的产品。

企业在设计其促销组合战略时需要考虑许多因素，包括产品和市场类型。例如，在消费者市场和产业市场中不同促销工具的重要性就不同。B2C 企业通常会更多地"拉动"，将资金更多地投入广告、数字营销，其次是销售促进、人员销售，然后才是公共关系；而 B2B 企业倾向于使用更多的"推动"，将其资金更多地投入人员销售，然后才是销售促进、广告和公共关系。

四、管理整合营销传播

采用更多样的媒体和沟通渠道对营销者来说是一种挑战。今天的消费者会被各种不同来源的商业信息轰炸，但是他们并不会像营销者那样去分辨信息来源。在消费者心中，来自不同媒体、不同途径（不管是电视广告、社交媒体分享、店内展示或者朋友的社交分享等）的所有信息都将整合形成关于企业的唯一信息。不同来源的互相矛盾的信息将会导致混乱的企业形象、品牌定位及消费者关系。但大多数情况下，企业无法整合其多样的传播渠道，使消费者面临信息大杂烩。大众传媒广告说的是一回事，店内促销却传递了其他信号，而产品标签又在传播另外一种信息，甚至企业网站、邮件、微博、微信公众号、App 又与上述内容不一致。以上问题就在于这些信息的传播通常源自企业的不同部门，广告信息是由广告部或广告代理执行的；人员销售传播是由销售部门展开的；其他公共关系、销售促进、数字营销传播等各种形式的营销传播都由各种不同部门负责。但是，企业可能会区分不同的营销传播工具，消费者却不会，来自不同渠道的不同传播信息将会导致消费者品牌感知的模糊化。这个充斥着各种新媒体营销工具以及平板电脑、智能手机、移动 App 的新时代，充满着机遇和挑战。最大的挑战在于有组织地把不同的传播渠道整合在一起。

今天，越来越多的企业在应用整合营销传播的理论。在这一理论指导下，企业会慎重地整合和协调其传播渠道，以传递关于企业及其产品的清晰、一致、令人信服的信息（见图 9 - 2）。

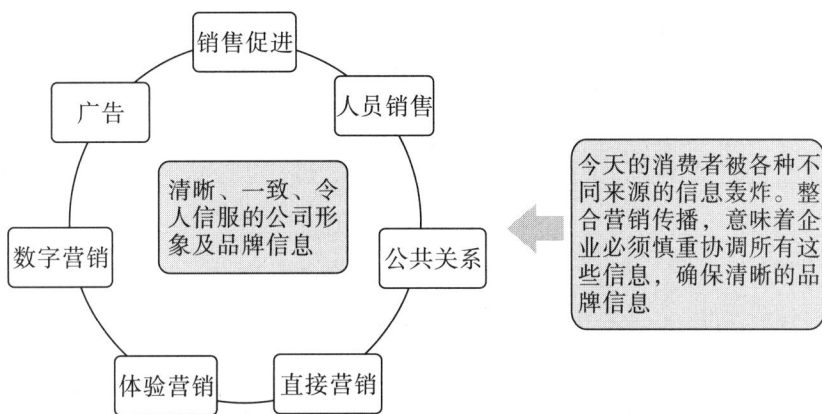

图 9 - 2　整合营销传播

整合营销传播要求找出消费者可能接触到企业和品牌的所有接触点，目标是在每次接触时都传递一致且正面的信息。整合营销传播会将企业所有的信息和形象融为一体，使企业的电视广告、印刷广告、邮件、人员推销、公共关系活动、网站、在线社交媒体及移动营销等都传达相同的信息、形象及感受。通常，不同的媒体在吸引、告知和说服消费者时会扮演不同的角色，而这些角色必须与整体的营销传播计划协调一致。所以，整合营销传播也被称为"Speak with one voice（用一个声音说话）"。

在过去，没有一个部门或个人会负责考虑各种促销工具的角色并协调促销组合。为了实现整合营销传播，一些企业已经开始任命营销传播总监，来负责企业整体的营销传播活动，这有助于提升传播一致性并发挥更大的营销影响力。一旦正确实施，整合营销传播将会提高企业把正确的信息在恰当的时间和地点送至合适的消费者的能力。此外，整合营销传播还提供了观察整个营销过程而不是只关注某个部分的方法。

讨论 9 - 2：整合营销传播与促销组合是如何关联在一起的？

学以致用

假设你在一家销售下述产品的公司任营销部总监（环保型家庭清洁用品；由设计师设计的大学生书包；适合白领喝的解压果酒），你正在准备一项促销计划。请就下列三项提出你的建议：（1）营销传播目标；（2）推式策略还是拉式策略；（3）如何使用促销组合工具？

实例9-1　沃尔玛的春节整合营销传播

近两年受疫情的影响，集市失去了曾经的热闹，人们更多选择居家在线上采购年货，导致新年线下购物气氛越来越冷清。值2022年虎年春节来临之际，全球连锁商超沃尔玛联动五城开启了一场趣味十足的"沃尔玛2022新年集市"，为年轻人提供了一个绝佳的"吃喝玩乐逛"的好去处，试图找回美好记忆。

1. 打造"古风"年货市集

沃尔玛将营销主旨寄托在"逛集市"这一传统节日习俗中，融合了各种传统年俗和互联网新兴游戏。市集中12个不同主题的摊位，包括"解忧零食铺""百宝阁""微醺雅叙"等满足了年轻人边吃边逛边买的消费习惯。还设置了互动游戏：投壶挑战、击铜钱挑战、抽签卜卦、画花钿/唐妆，吸引了众多年轻人前来打卡晒照，也让传统文化以现代化的形式展现。与此同时，"集银票兑礼品""立flag赢幸运锦囊""集灯笼贴纸获取新年礼包"等互动小游戏，让消费者真正感受到热闹的过年氛围和真实的年味体验。

2. 促进用户分享

为进一步提升用户参与度，促进年货节营销活动的发酵，沃尔玛还面向全网发起#沃尔玛新年集市#和#沃尔玛年年有好市#等话题，并招募各大社交平台的KOL进行线上线下齐打卡。在共情力极强的话题感召下，"吃喝玩乐逛，新年买买买"的社会情绪得到进一步释放，越来越多的人加入话题讨论。

3. 现场直播带货

沃尔玛还邀请了抖音、小红书等平台的KOL们在现场与粉丝组团玩游戏，抢福利大礼包，同时，KOL们还在新年市集现场进行直播带货，在对其粉丝和年轻消费者保持吸引力之余，路人的现场体验分享，也让直播更真实可信，增加了产品的说服力，缩短用户消费决策时间。

4. 精准内容营销

沃尔玛在小红书、抖音、微信公众号等平台上进行了精准投放，用图文、视频等软广全面种草引流，配合"网红直播间"，让不能来到市集现场的消费者，也能在直播间一键下单，扩大了覆盖面，实现线上线下的流量转化。

（资料来源：微信公众号"品牌营销报"，有删改，https：//mp. weixin. qq. com/s/Ad-bmnn_H0e0I6cl48hWTXg)

思考：1. 结合案例，分析沃尔玛在春节整合营销传播中使用了哪些促销组合工具？向消费者传达了什么样的定位？
2. 结合案例，思考传统文化应如何创新表达？

第二节 广告策略

广告是企业以付费的形式，通过一定的媒介，向广大目标消费者传递信息的方式。在开发广告项目时，营销人员首先要确定目标市场和购买动机，然后做出五个重要决策，如图9-3所示，即任务（mission）、预算（money）、信息（message）、媒体（media）、测量（measurement）。

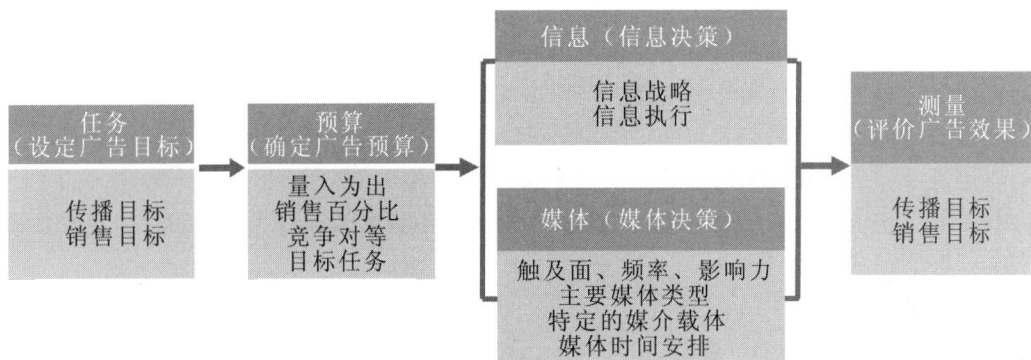

图9-3 广告活动的五个重要决策

一、设定广告目标

广告目标是针对特定受众在特定时期内需要完成的特定传播任务和成就水平。广告目标可以根据广告的目的分为告知、说服和提醒，如表9-2所示。

表9-2 广告目标及其作用

广告目标	主要作用	最终作用
告知性广告	传播客户价值 树立公司和品牌形象 向市场告知新产品信息 说明新产品如何使用	提出某种产品的若干新用途 通知市场有关价格变化的情况 描述所提供的各种服务 纠正错误的印象

（续上表）

广告目标	主要作用	最终作用
说服性广告	建立品牌偏好 鼓励消费者转向自己的品牌 改变消费者对产品价值的感知	说服消费者马上购买 说服消费者接受一次推销访问 让已经信服的消费者将品牌告知他人
提醒性广告	保持与消费者的关系 提醒消费者可能在不久的将来需要这个产品	提醒消费者在何处购买该产品 让消费者在淡季也能记住这种产品

告知性广告主要用于新产品的开拓阶段，其目的在于建立初级需求。随着竞争加剧，说服性广告变得越来越重要。此时，企业的目的在于建立选择性需求，一些说服性广告属于对比性广告，也称攻击性广告，此时企业会直接或间接地把自己的品牌跟其他品牌相比较。人们几乎可以在所有产品类别中看到说服性广告，如在运动饮料、电子产品、化妆品、汽车租赁和信用卡等行业。但广告主应该慎重使用说服性广告，这类广告通常会引发竞争对手做出反应，导致对双方都不利的广告战。

提醒性广告在产品的成熟阶段十分重要，它可以帮助维持与消费者的关系，以便让消费者记住这种产品，昂贵的可口可乐电视广告的目的既非通知，也非说服消费者在短期内购买产品，而主要是为了建立和维持消费者与可口可乐品牌的联系。

广告的目标是促使消费者向购买阶段转变，有些广告是为了推动消费者立即购买。但许多广告还是专注于建立或强化长期与消费者的关系。例如，在耐克的电视广告中，知名运动员会身着耐克装备完成极限挑战，但他们从不会请求消费者买，这些广告的目的是改变消费者对品牌的认知和感知。

讨论 9 - 3：举例说明生活中所见到的这三种类型的广告。

二、确定广告预算

确定了广告目标之后，企业就可以着手为每个产品确定广告预算。营销人员在确定广告预算时要考虑五种因素，具体如表 9 - 3 所示。

表 9 - 3　确定广告预算的考虑因素

考虑因素	说明
产品生命周期	一般情况下，产品在导入期的广告预算较高，在成长期、成熟期逐渐下降，即将进入衰退期前可能会有小幅提升，进入衰退期后又逐渐下降
市场份额	具有较高市场份额的品牌一般只需花费占销售额较小比重的广告预算；而通过扩大市场规模来增加份额，则需要较多的广告支出
竞争与干扰	在存在众多竞争对手和高额广告支出的市场中，企业必须提高广告预算

（续上表）

考虑因素	说明
广告频次	为使消费者能接收品牌信息而需要重复做广告，这会显著提高广告预算
产品的特点	日用产品需要做更多的广告以建立差异化的形象

下面介绍四种确定广告预算的通用方法：量入为出法、销售百分比法、竞争对等法、目标任务法。

1. 量入为出法

根据管理层认为的企业支付能力确定促销预算。小企业通常会采用这种方法，原因在于企业在广告上的花费，并不能超出现有的资金。用总收入减去运营费用以及资本费用，然后将剩下资金中的某个比例投入广告。然而，这种安排预算的方法完全忽视了促销对销量的影响，倾向于将促销放在费用优先次序的最后一项，即使在广告对企业的成功至关重要的情况下也是如此。这会导致企业年度促销预算充满不确定性，给制订长期市场计划带来困难。

2. 销售百分比法

根据目前或预期销售额的某个百分比来确定促销预算，或者根据单位销售价格的某个百分比来确定预算。销售百分比法有很多优势：使用简单，并且能够促使管理层考虑促销成本、销售价格以及单位利润之间的关系。尽管拥有以上这些优势，销售百分比法仍然难以立足，其错误地将销售额看成促销的原因，而非促销的结果。最强的品牌有着最高的销售额，因此，能够承受最大的广告预算。因此，销售百分比法是基于能够获得的资金而非机会，有时可能会否定为扭转下降的销售额所需要增加的广告支出。另外，由于预算会随着每年不同的销售额而变化，企业很难制订长期计划。

3. 竞争对等法

根据竞争对手的费用来确定自己的促销预算。企业关注竞争对手的广告，或者从公共出版物获得行业的促销成本估算，并根据行业平均水平确定自己的预算。有两个假设在支持这种方法，首先，竞争对手的预算代表行业的集体智慧；其次，竞争对手支出多少自己就支出多少，有力防止促销战。然而这两条假设都不正确。企业与企业之间会有很大的不同，每家企业都有自身独特的促销需求，并且基于竞争对手的预算也不一定能完全阻止促销战。

4. 目标任务法

符合逻辑的预算编制方法是目标任务法，企业根据它想要通过促销达成的目标来确定促销预算。这种预算方法需要：确定具体的促销目标；决定达到这些目标所需要完成的任务；估算完成这些任务的成本。

目标任务法能迫使管理层理清所花费用和促销结果之间的关系，但这也是最难运用的一种方法。通常企业很难分辨出哪些具体任务会达成哪些具体的目标。

无论采用哪一种方法，广告预算决策都不是一件容易的事。美国百货商店之父约翰·沃纳梅克曾说："我知道我有一半的广告费都是浪费掉了，但不知道是哪一半。我花了200万美元做广告，但不知道这笔钱是只够一半还是多花了一倍。"此类想法的结果就是当经济不景气的时候，广告预算通常是最先被缩减的。减少品牌建设类广告的预算似乎对短期销售没什么影响，但长期来看，缩减广告预算很可能会对品牌形象和市场份额造成危害。事实上，在竞争对手缩减广告预算的时候，能够维持甚至增加自身广告预算的企业将会获得竞争优势。

三、信息决策和媒体决策

在过去，企业普遍认为媒体策划的重要性要低于信息创造过程。创意部门会首先制作好广告，然后媒体部门选择和购买向目标消费者投放广告的最佳媒体。这经常会在创意策划和媒体策划之间造成摩擦。但如今媒体费用不断上升，营销战略更为聚焦以及新媒体涌现的趋势，提高了媒体规划的重要性。现在，在广告活动中使用何种媒体（电视、杂志、手机、网站还是电子邮件）有时比活动的创意元素更重要。而且，如今的品牌信息和内容也通常是在消费者的互动过程中联合产生的。这使得越来越多的企业，把信息和传递信息的媒体进行更紧密的协调。企业是在广泛的媒体范围内创造和管理品牌内容。

1. 信息决策

（1）制定信息战略。创造有效广告信息的第一步是决定大体上要向消费者传播什么样的信息，即制定信息战略。广告的目的是让消费者以某种方式接触或响应产品或企业，而人们仅限于接触那些对他们有益的东西。因此制定一个有效的信息战略，首先要识别出可以成为广告诉求的消费者利益，最理想的状态是让广告信息战略和企业大的战略定位，与消费者价值战略保持一致。

（2）策划信息创意。信息陈述应该清楚、直接地概括广告消费者所要强调的利益和定位点。下一步则需要广告人员想出一个令人信服的创意，把广告信息差异化和可记的方式展示出来，在这一步，简单的信息创意会变成很好的广告活动。通常一个广告文案和艺术指导将会联合产生很多创意，希望其中之一能够成为可实现的出色想法，这些创意可能是视图、广告语或者两者的综合。

（3）设计诉求点。创意将指导广告活动选择具体诉求点。广告诉求点应该具有三个特征：①它们应该是有意义的，体现了能让消费者更想要或者觉得产品更有趣的利益；②它们点应该是可信的，消费者必须相信产品或服务，能够传达企业所承诺的利益；③最有意义和最核心的利益也可能并不是最好的广告诉求点，诉求点还必须做到差异化，要告诉消费者这个品牌为什么比其他竞争品牌要好。例如，普通汽车的核心利益是交通工具，豪华汽车还具有身份象征的属性，如何表现劳斯莱斯作为顶级豪车优于其他品牌汽车的性能，奥格威的经典广告——"60英里的时速下，这辆最新劳斯莱斯车内最大的噪音来自电子钟"，将劳斯莱斯细节处理的卓越性表现得一览无遗。

（4）信息执行。广告人需要把创意转变为实际行动，抓住目标市场的注意力和兴趣，创意团队必须找到最好的方式、风格与语气去执行这个信息。广告信息可以通过不同的执行风格呈现，如生活片段、生活方式、美妙幻想、心情和形象、音乐短片、个性标志、专业技术、代言等。

广告人同时必须为广告选择一种语言基调。宝洁公司通常采用肯定的语气，总是在广告中宣传其产品非常正面的信息。也有很多企业采取冷幽默的方式，在广告干扰中脱颖而出，如拼多多、蜜雪冰城等均在广告中采用歌曲的形式传递信息，并在消费者心目中留下深刻印象。

广告设计中一个很小的改进可能会大大提高广告的吸引力。在印刷品广告中，插图是消费者最先注意到的东西，所以其必须有足够强烈的吸引力。另外，标题必须有效地推动消费者去阅读广告的文字；文案要简单明了，且让人信服。这三个方面要进行有效协调，令人信服地呈现消费者价值。

广告主不能再像以前那样通过传统媒体给消费者强制灌输千篇一律的乏味信息。为了获得和保持消费者的注意力，今天的广告信息要有更好的规划，要更加有想象力、更加有趣，在情感上更引人入胜。简单地打扰消费者不再有效果，除非广告足够有趣、有用，否则消费者将直接跳过。

当然，广告信息也不能为了"博眼球"而毫无原则。总的来说，广告应当真实、合法，以健康的表现形式表达广告内容。实践中，广告的形式和内容可以是多种多样的，但都应该给人们带来正面影响，不能低俗，更不能恶俗，要符合社会主义精神文明建设和弘扬中华民族优秀传统文化的要求。

2. 媒体决策

媒体选择是寻找最具成本效益的媒体传递信息，从而得到预计曝光程度的过程。

（1）选择媒体类型。广告媒体策划人员要了解主要媒体及其媒介特性和广告形式，如表9-4所示。

表9-4　主要媒体及其媒介特性和广告形式

主要媒体	媒介特性	广告形式
报纸	公信力较好，具有地域性和行业性细分特征，广告成本相对较低。缺点是时效性不强，版面空间有限，信息难以纵向延伸	按所占位置和版面大小，常见报纸广告有报眼、跨版、通栏、中缝、整版等不同形式
杂志	容量较大，可反复阅读，能强化广告效果；杂志品质感好，适合价格高的产品。缺点是时效性差，传播范围有限，只能作为精准化传播媒体	按所占位置和版面大小，常见杂志广告有封面、封底、内页整版、半版等不同形式
广播	信息传播速度快，媒介覆盖率高，受众可以一边听广播一边操作其他事务。缺点是信息转瞬即逝，仅靠声音难以立体化表达其信息内容	节目插播广告、特约栏目广告
电视	传播速度快，媒介覆盖率高，音画生动、信息易理解。缺点是受众选择性较低、信息转瞬即逝，但数字电视技术逐渐弥补了这些不足	硬广告（如插播广告、贴片广告、冠名广告等）、软广告和植入广告等
互联网	传播速度资助快，媒介覆盖率高，传播精准性高，互动性强、内容生动、去中心化的特点使得信息更加丰富多样，个性化、社区化明显。缺点是流量分散，注意力不高	硬广告、互动广告、病毒广告、原生广告、AR广告等
户外广告	一般在人流量较高的地方，重复曝光率高，易受到消费者注目，相对成本较低。缺点是不容易被人们仔细浏览、广告信息量不足	路牌广告、霓虹灯广告、灯箱广告、电子屏广告、空中广告、其他创新性户外广告等

（续上表）

主要媒体	媒介特性	广告形式
楼宇广告	主要为楼宇液晶电视、电梯内部广告。主要针对商务写字楼和小区，空间较封闭，受干扰小，投放较精准。缺点是接触时间有限，重复播放易引起消费者反感	楼宇内部平面广告、电梯等候区液晶、平面广告，电梯内部广告等
交通广告	受众明确且相对固定，广告累积效果较好；信息接收率较高。缺点是优势资源有限，交通环境嘈杂易影响广告接收效果	如车身广告、内部座椅广告、交通站点广告、路线广告、票据广告等
其他	如售点广告、直邮广告、电影广告等	

营销人员在选择媒体类型时可以采用如下方法：

①信息到达程度筛选法。以基本受众量、到达率、毛评点作为比较参数进行纵向和横向比较，从中选择与目标对象吻合度高的媒体。

②诉求定位判断法。以广告的诉求定位判断标准，选择与诉求定位相适应的媒体，如理性诉求选择印刷媒体为宜，情感诉求选择电子媒体为宜。

③媒体接触机会比较法。对广告目标市场内各种媒体的接触机会进行比较，一般以接触率为对比参数，在同类型媒体中进行纵向比较，在不同类媒体中进行横向比较，从中选择接触率比较高的媒体。

④千人成本效率比较法。千人成本是指每1 000人所需要的广告费用。广告接触者的人数越多，每千人成本就越低。千人成本是媒体选择的一个重要标准，一般选择与传播目标吻合度好、每千人成本较低的媒体。

（2）媒体的时间选择和分配决策。在选择媒体时，营销人员面临宏观时间安排问题和微观时间安排问题，另外要确定其投放地点。

①宏观时间安排。宏观时间安排问题是指如何根据季节和商业周期安排广告的播出时间。企业可以根据季节性销售变化来调整其广告支出，也可以按与季节变化相反的方向来安排广告支出，或者全年平均使用广告费。

②微观时间安排。微观时间安排问题是指在短期内安排广告支出以达到最好的宣传效果。在给定的时期内，广告信息可以被集中投放、连续投放或者间歇式投放。营销人员还必须决定是保持、提升还是降低现有的广告水平，以及是否需要改动广告播出时间。在推出一项新产品时，企业可以选择如下四种广告投放模式，具体如表9-5所示。

表9-5 广告投放模式

投放模式	含义	适用范围
连续型广告投放模式	在特定时期内的投放比较均匀，没有明显间歇	适用于市场扩张时期
集中型广告投放模式	单独一段时间支出所有的广告预算	适用于销售旺季和假期
栅栏型广告投放模式	在一段时期内投放广告，然后停止投放，一段时间后再次投放	适用于预算有限，购买次数较低和季节性销售的情况

（续上表）

投放模式	含义	适用范围
脉冲型广告投放模式	一般以较低的水平连续投放广告，并定期加大投放力度	使受众更详细地了解广告信息，同时能节省广告费用

③确定投放地点。企业如果需要在全国性电视频道或者全国发行的刊物上做广告，应该进行"全国性购买"。如果企业只在电视台的部分市场或全国性刊物的地方分刊上做广告，则要进行"地区售点购买"。企业如果使用当地报纸、电台或户外场地做广告，则需要进行"当地购买"。

（3）互联网广告的程序化购买。基于大数据的互联网精准营销改变了传统的广告媒介投放模式，程序化购买是最有代表性的精准营销执行方式。程序化购买是指通过广告技术平台自动执行广告资源购买的流程。程序化购买的实现通常依赖于需求方平台（DSP）和广告交易平台（Ad Exchange），并通过实时竞价模式（RTB）和非实时竞价模式（Non-RTB）两种交易方式完成购买。

①程序化购买流程。一般情况下，广告主自己或委托广告代理商找到需求方平台，通过需求方平台再接入广告交易平台。数据管理平台（DMP）在交易平台中通过数据匹配和分析，帮助广告主找到所需要的目标用户，匹配相应的广告位资源。广告位资源一般由资源拥有者或其代理商通过销售方平台（SSP）进行销售，销售方在经过数据处理后，将相关资源信息接入广告交易平台中并被需求方寻找到。如果有多个需求方的广告主看上了同一流量（PV）所能看到的广告位，则他们之间进行实时竞价，出价最高者的广告将展示在这一流量所浏览的网站上。如图9-4所示。

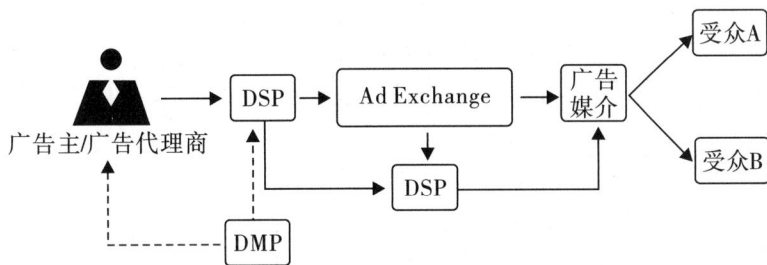

图9-4 互联网广告程序化购买流程

②程序化购买特点。通过数据的积累和分析技术，实现基于精准定位的受众购买，这本身就是程序化购买所具有的特性。同时，程序化购买还实现了广告的自动化投放，提升了广告管理和投放的效率。互联网广告的程序化购买主要有以下三个特点：

一是购买的精准性。从购买"媒体"转为购买"人群"。程序购买中实时竞价模式与传统网络广告的形式不同，它是由购买广告位或流量向购买受众的模式转变。

二是信息的数据化。驱动程序化购买广告科学运作。程序化购买广告模式通过用户行为特征为用户量身打造个性化的广告，使广告主的广告投放效果达到最佳。

三是服务的人性化。广告主在需求方平台自主设置合适的时间与地点进行广告投放，自行分析各类媒体与其品牌的匹配度，选择广告投放的媒体环境，为广告主提供更加人性的服务。

互联网广告的程序化购买也有一定的局限性，如优势广告资源有限、流量造假、广告位标准不统一等，需要进一步提升与规范。

讨论9-4：请上网搜索一下，近几年不同媒介，如报纸、电视、户外、互联网广告市场的份额是如何变化的？

四、评价广告效果

广告人应该定期评估广告的两种效果，即传播效果和销售盈利效果。传播效果的衡量告诉人们广告和媒体是否很好地传播了广告信息。单个广告可以在广告播出之前或之后测试。在广告播出之前，广告人可以向消费者展示广告，询问他们对该广告的喜爱程度，衡量由此所引起的信息记忆度和态度改变程度。在广告展示之后，广告人可以衡量广告如何影响消费者记忆或者消费者对产品的知晓度、认可度和偏好。播出前后的传播效果评价也可以针对整个广告活动。

广告人对如何衡量广告或广告活动的传播效果，已经非常娴熟，但销售盈利效果通常要难以衡量得多。例如，如果某个广告活动使品牌的知晓度提高了30%，品牌的偏好度增加10%，那会产生多少销售额和利润呢？除了广告之外，销售额和利润还受到很多其他因素的影响，如产品特色、价格和可获得性等。

衡量广告销售盈利效果的一种方法是把以前的销售额和以前的广告费用相比较，另一种方式是实验法，此如为了衡量不同广告投入的效果，企业可以在不同方式的市场上采取不同方式的广告投入，然后衡量由此产生的销售额和利润的差异。企业可以设计更复杂的，包括其他变量的实验，比如广告差异和媒体差异，但是，由于影响广告效果的因素很多，有些可控，有些不可控，广告支出的收益仍然不能被精确衡量。管理者在评价广告绩效时除了定量分析，大多时候还要依靠个人判断。

学以致用

公司开发了一款新的能量型软饮料。你制定一个广告创意战略，正在考虑几种不同风格的诉求：竞争性广告；恐惧诉求；名人推荐；生活片段广告；幽默广告。比较这几种针对新型软饮料的广告诉求的优劣势，选择其中之一进行创意并设计剧本。

实例9-2 七夕节品牌广告新花样

1. 天猫推出"情蔬版"情话

又是一年七夕，对于烦恼着送什么礼物的恋人们来说，或许"送菜才是七夕的终极浪漫"。2022年的七夕节，天猫大牌日携手七大品牌推出的"情蔬"平面海报，巧用谐音梗，在不同蔬菜中注入爱的表白，以"土味情话"来解甜言蜜语的腻，以此勾起大众的社交传播和分享，拉近双方的情感距离。每颗"情蔬"在设计上也颇有巧思，结合了蔬菜的形象与品牌新品的卖点，令人会心一笑的同时，强化大众对产品的心智认知。

2. 喜茶×《只此青绿》共绘一杯"千里江山"

作为一部以北宋青绿山水代表画作《千里江山图》为灵感创作而成的舞蹈诗剧，《只此青绿》展现了富有传奇色彩的中国传统美学意趣。2022年七夕，喜茶宣布与《只此青绿》共同带来联名特调"只喜青芋"，演绎中式浪漫。

本次联名从《只此青绿》中汲取灵感，选取"青绿"为主色调，以抹茶为核心元素，搭配喜茶的经典元素芋头，带来全新的中式灵感体验。同时，喜茶与《只此青绿》设计了联名限定Logo、联名包材以及周边。喜茶取"展卷"之意，在双层杯贴下暗藏玄机，设置了《只此青绿》"展卷、问篆、唱丝、寻石、习笔、淬墨、入画"7个篇章的角色独白。喜茶还推出了联名信物香氛花卡和钥匙扣，限定喜卡也同步上线。

3. 美的空调告诉你是谁在意着天气

七夕是传达爱意的节日，美的空调在此节点发布了一则情感短片名为"是谁在意着天气"，以爱为导向见证美的与用户相伴的四十多年。短片在时间上从1980年的起始之年到现今，在空间上更跨越了中国大江南北，以多个生活温情场景侧面体现了美的空调变频技术、新风模式、无风模式等多种功能设计与产品特点。美的空调将天气的含义扩展为气温、空气流速、风感等，将人们对空调的需求延伸至守护所爱之人的需求，最终升华主题：在意着天气的人，其实是在意着爱的人。

（资料来源：微信公众号"SocialBeta"，有删改，https：//mp. weixin. qq. com/s？_biz =Mzg2Mzg5NTgwMw = = &mid = 2247609341&idx = 1&sn = dce13ebae43dc70b26c5bbe2318e78d7&source = 41#wechat_redirect）

思考： 1. 实例中的品牌广告在设计传播信息上有什么特点？
　　　　2. 结合实例，谈谈商业广告如何体现中国传统文化？

实例9-3　宝洁因侮辱女性广告被罚70万

2022年3月，广州宝洁有限公司为推销产品，在其微信公众号上发布标题为"女人脚臭是男人的5倍，不信现在闻一下"的广告。经核对，该广告在引用引证内容时未标明出处，与原引证内容不完全一致，使用数据、统计资料等也不准确。同时，广告主利用男女体臭对比发布广告的行为，构成"妨碍社会公共秩序或者违背社会良好风尚"。

据悉，事件起因系广州宝洁有限公司3月13日在其公众号"宝洁会员中心"上发布了一则标题为"女人脚臭是男人的5倍，不信现在闻一下"的推文。文中涉及"女人脚臭是男人的5倍""女人也有体臭""女人头发比男人脏一倍"等内容，并于文尾植入宝洁"全身香香5件套"相关产品。

文章发布后引起大量网友的强烈不满，相关话题登榜微博热搜。随后，"宝洁中国"3

月24日在其官方微博公开致歉，称公司一直提倡平等、包容和尊重的价值观，目前已删除涉事文章，并严肃整顿账号运营。宝洁承诺，会深刻反思，杜绝类似情况再次发生。

（资料来源：微信公众号"广告营销圈"，有修改，https：//mp. weixin. qq. com/s/c6GWix6pksOerwaKyuCLVQ）

思考： 广告信息除了创意，还需要考虑哪些原则？

第三节　销售促进策略

销售促进（Sales Promotion）是许多营销活动的关键组成部分。它包括许多工具，其中主要是短期的奖励工具，用于刺激消费者试用，或者鼓励消费者及商业用户更快更多地购买特定的产品或服务。简单来说，广告提供了购买的原因，而销售促进则提供了购买所需的激励。在运用销售促进时，企业一般按照以下流程操作，如图9-5所示。

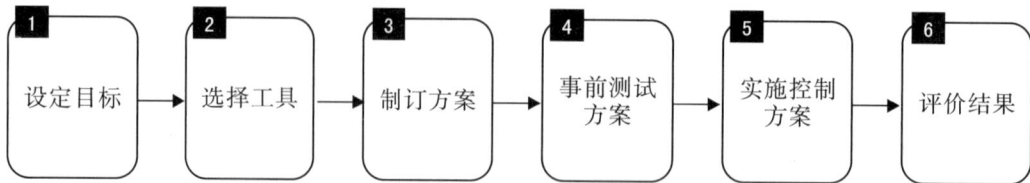

图9-5　销售促进的流程

一、设定目标

销售促进的目标是销售促进活动希望达到的目的或者效果，在制定销售促进目标时应考虑以下两点：第一，销售促进的对象既可以是消费者，也可以是中间商或者企业本身的销售人员。针对不同的对象有不同的方法。第二，销售促进的目标取决于更广泛的产品营销目标。一般来说，销售促进的目标针对不同的对象有如表9-6所示的几种。

表9-6　销售促进目标

销售促进对象	销售促进目标
消费者	鼓励更多的购买；争取非使用者试用；吸引竞争品牌的使用者
零售商	劝说零售商经营更多商品；维持较高的存货水平；鼓励淡季购买；抵制竞争品牌的销售促进；赢得进入新零售网点机会；培养品牌忠诚度
销售团队	鼓励支持新产品和新型号；鼓励寻找更多潜在消费者；刺激淡季的销售

当然，销售促进的目标设定和产品的生命周期有关，也跟季节有关。我们在设定销售促进目标的时候还需要考虑这两个因素的影响。

二、选择工具

1. 针对消费者的销售促进工具

针对消费者的销售促进工具如表9-7所示。

表9-7　针对消费者的销售促进工具

样品	向消费者赠送样品或试用品，赠送样品是介绍新产品最有效的方法，缺点是费用高。样品可以选择在商店或闹市区散发，或在其他产品中附送，也可以公开广告赠送，或入户派送
折价券	在购买某种商品时，持券可以免付一定费用。折价券可以通过广告或直邮的方式发送
现金返还	销售者在购买产品后将购买凭证交给生产商，生产商再将部分购买款返还消费者
买赠	在购买特定产品时以较低价格或者免费提供的用于刺激购买的商品
抽奖	消费者购买一定产品之后可获得抽奖券，凭券进行抽奖获得奖品或奖金，抽奖可以有各种形式
特价包装	以较优惠的价格提供组合包装和搭配包装的产品
积分积点	针对消费者购买产品或服务的次数、数量或金额累计给予奖励
现场演示	在购买地点或者销售促进地点进行的展览或者演示
联合促销	两个或以上的企业合作发放优惠券、捆绑销售，或者开展竞赛来增加合力
参与促销	通过消费者参与各种活动，如技能竞赛、知识比赛或游戏等活动，来获得奖励
会议促销	各类展销会、博览会、业务洽谈会期间的各种现场产品介绍、推广和销售活动

2. 针对中间商的销售促进工具

针对中间商的销售促进工具如表9-8所示。

表9-8　针对中间商的销售促进工具

价格折扣	在指定时期的每一次购买都可以得到的直接的价格优惠
推广补贴	给予那些同意以某种方式销售促进产品的零售商的一种奖励。广告补贴用于补偿零售商对制造商的产品进行广告宣传所发生的成本；展示补贴是为了补偿零售商对特定产品进行展示所发生的费用
销售竞赛	根据各个中间商销售本企业产品的实绩，分别给优胜者以不同的奖励，如现金奖励、实物奖励以及免费旅游奖励、度假奖励等，以起到激励的作用
扶持零售商	制造商对零售商专柜的装潢予以资助，提供POP广告，以强化零售网络，促使销售额增加；可派遣厂方信息员或代培销售人员，提高中间商推销本企业产品的积极性和能力

3. 针对销售团队的销售促进工具

主要是针对企业内部的销售人员，鼓励他们热情推销产品或处理某些老产品，或促使他们积极开拓新市场。一般可采用的方法有销售竞赛、免费提供人员培训、技术指导等。

讨论9-5： 根据所学的销售促进方式，在现实生活中寻找相应的例子加以说明。

三、制订方案

在制订完整的销售促进方案时，要包括以下内容（见图9-6）。

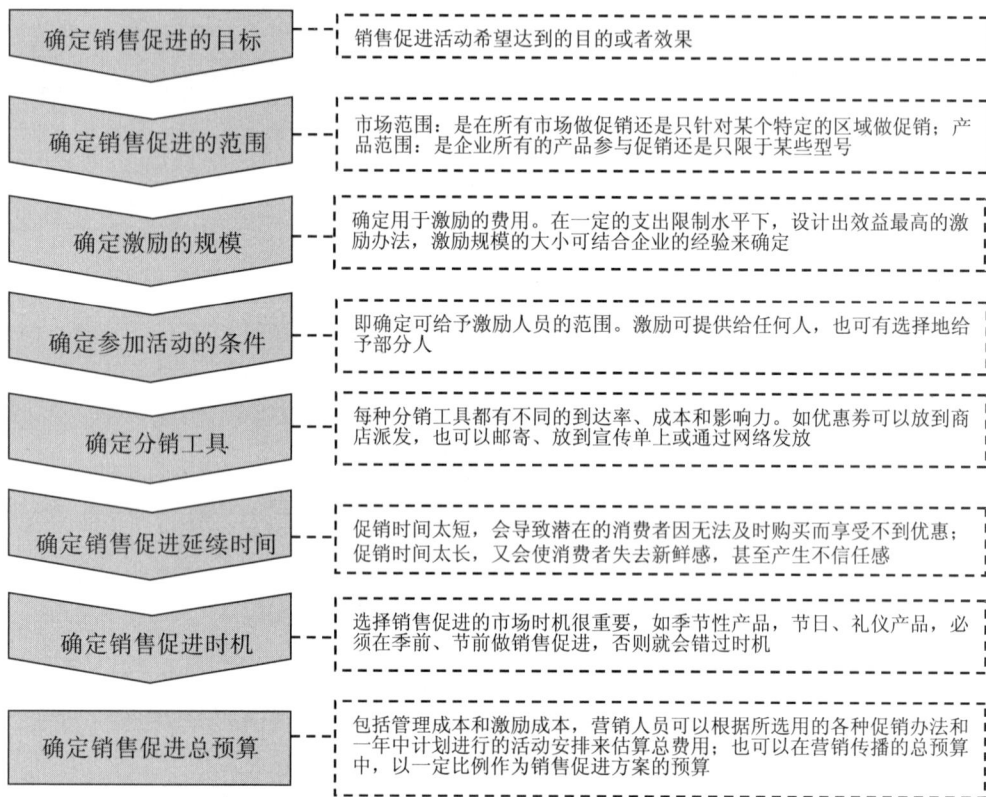

确定销售促进的目标	销售促进活动希望达到的目的或者效果
确定销售促进的范围	市场范围：是在所有市场做促销还是只针对某个特定的区域做促销；产品范围：是企业所有的产品参与促销还是只限于某些型号
确定激励的规模	确定用于激励的费用。在一定的支出限制水平下，设计出效益最高的激励办法，激励规模的大小可结合企业的经验来确定
确定参加活动的条件	即确定可给予激励人员的范围。激励可提供给任何人，也可有选择地给予部分人
确定分销工具	每种分销工具都有不同的到达率、成本和影响力。如优惠券可以放到商店派发，也可以邮寄、放到宣传单上或通过网络发放
确定销售促进延续时间	促销时间太短，会导致潜在的消费者因无法及时购买而享受不到优惠；促销时间太长，又会使消费者失去新鲜感，甚至产生不信任感
确定销售促进时机	选择销售促进的市场时机很重要，如季节性产品，节日、礼仪产品，必须在季前、节前做销售促进，否则就会错过时机
确定销售促进总预算	包括管理成本和激励成本，营销人员可以根据所选用的各种促销办法和一年中计划进行的活动安排来估算总费用；也可以在营销传播的总预算中，以一定比例作为销售促进方案的预算

图9-6　制订销售促进方案的内容

四、方案实施与效果评估

1. 销售促进方案的实施

第一步，与销售促进方案的具体执行方进行协商。如果方案的执行方是由经销商（零售商）单独执行或者是由企业和经销商（零售商）共同执行，那就必须与经销商（零售商）进行接洽和沟通，合理地进行分工合作。

第二步，及时监督和检查销售促进方案的实施过程。这步工作一般由企业专门的市场督导来完成。特别是当销售促进方案是由经销商（零售商）单独执行时，企业更应派人及时检查和监督方案的具体执行情况，对没有按照方案执行的行为进行及时纠正或上报上一级部门进行处理。

第三步，解决销售促进方案实施过程中遇到的实际问题。再完美的销售促进方案在执行的过程中也难免会出现问题，这时候需要企业和经销商（零售商）进行协商并解决问题。

2. 评价促销方案

为改进销售促进的方法，需要对销售促进的效果进行衡量和评价。主要方法有销售业绩变动分析、消费者行为分析等。

（1）销售业绩变动分析。这是最直观最主要的衡量销售促进效果的方法。直接将销售促进实施前后的业绩进行对比就可以得知销售促进的效果如何。进行对比的主要指标有销售量、市场占有率、客户量、盈利能力等。

（2）消费者行为分析。利用座谈、深度访问和观察等方法对消费者寻找、选择、购买、使用、评价及处置产品等一系列消费行为进行分析，看看销售促进实施前后消费者有没有发生预期的变化。

实例 9 – 4　国美 35 周年庆的花样促销

2022 年元旦前夕，国美举办了 35 周年大促启动仪式，线上"真快乐"平台与线下门店共同拉开本场花样促销序幕。

1. 线上促销

在 35 周年大促期间，国美以"真快乐"为线上大促主场，通过"生日直播惠 优惠享不停""35 周年 元旦同庆狂欢""跨年超级直播"等主题活动，助力全品类爆款秒杀与娱乐化消费共振，让消费者不仅来"真快乐"买货，更在消费过程中获得快乐和幸福。

"真快乐"在 2021 年 12 月 22 日至 2022 年 1 月 4 日大促期间，以高于行业标准的"GM + N"模式严选 350 个商家，独享满 199 减 100 店铺活动；每天派送 5 000 万庆生红包助力商品价格击穿底价；甄选 3.5 万个 SKU 共享 1 亿元津贴，让常态化真低价惠及全品类商品。

"真快乐"在周年庆期间推出了以亲子、美妆、电竞等在内的七大 IP 赛事，围绕各个类目的商品，以短视频、图文、笔记等形式开展数百场挑战赛。同时，"真快乐"在 12 月 31 日晚上 8 点推出全品类最优的甄选商品跨年大直播，进行福利大放送。

2. 线下促销

与线上大促遥相呼应的，是国美线下平台的 35 周年大促活动。此次国美电器紧扣"真低价"（价格层面）、"真满意"（服务层面）和"真快乐"（娱乐层面）三大维度，在全国四千多家门店联动开展 35 周年大促活动。在"真低价"层面，国美拿出亿元补贴，全场优惠满减，助力家庭消费者一站式购齐全套智慧家电。

与此同时，国美电器还携手海尔等长期合作伙伴推出了一系列全网低价的爆款产品，包括海尔变频一级能效四门冰箱、华为 MatePad Pro 2 平板电脑、方太抽油烟机、西门子洗碗机和松下电饭煲等众多爆款商品。部分商品价保期限达到 60 天，让消费者从元旦到除夕不用担心买贵或中途降价。

在服务方面，国美电器承诺大促期间现货充足，商品均在 24 小时内发货，并支持"准时达"与"送装同步"等便捷体验，同时用户遭遇质量问题还可享受 1 年内以换代修的保障。此外国美电器还推出了"老客户拜访"活动，对五年以上消费满一万元的老用户，通过上门拜访与电话回访等形式赠送 5 折家电清洗券，使用期限截至 1 月 30 日，让老用户在农历新年到来之际，全屋家电能够焕然一新。

（资料来源：搜狐号"砍柴网"，https：//www. sohu. com/a/512125028_104421）

思考：结合实例，谈谈促销的方式有哪些？以及如何达到好的促销效果？

实例 9-5 市场监管总局："双 11"禁止先提价后打折

2020 年"双 11"，各大电商平台提前掀起一波促销高潮，销售周期比往年延长，从 11 月初拉长至次年春节前夕，再加上商家多种多样的"满减""补贴"等促销手段，让广大消费者"目不暇接""眼花缭乱"，甚至感觉不买就吃亏了。中国消费者协会结合近年来消费纠纷调查，提醒消费者理性消费，谨防促销套路。

各大电商平台的主播们卖力讲解、分享体验，加上粉丝们刷屏的评论，吸引了众多消费者通过直播下单购物。当前，网络直播的购物方式越来越普及，同时隐藏着一些消费陷阱。

据中消协调查统计，消费者投诉的"槽点"主要有：直播带货商家未能充分履行证照信息公示义务；部分主播在直播带货过程中涉嫌存在宣传产品功效或使用极限词等违规宣传问题；产品质量货不对板，兜售"三无"产品、假冒伪劣商品等；直播刷粉丝数据、销售量刷单造假"杀雏"；主播将消费者引至第三方，该平台信用资质不佳或是引诱消费者进行私下交易；部分商品售后无保障，消费者难享"三包"权利等。

中消协提示：消费者要提前做足"功课"，不被各种"假优惠"陷阱误导。建议消费者不轻信商家的"特价""清仓价""全网最低价"等宣传，购买商品前要货比三家，先了解商品的大概市场价格，再对商家促销活动是否有实际优惠进行评估，警惕"明降实涨"等价格陷阱，避免受不实促销诱惑而冲动消费。

（资料来源：微信公众号"新华视点"，有删改，https：//mp. weixin. qq. com/s/Z8qMm6HMd76p42uXKKnAVw）

思考：结合实例，谈谈你对企业促销过程中诚信经营的理解。

学以致用

假设你是一家生产纯天然护肤品企业的营销部门的员工，你的工作是为一种针对年轻女性的新型护肤品销售推广活动提供建议，请列出关于建议的大纲。

第四节 公共关系策略

一、理解公共关系的含义

企业不仅要保持与消费者、供应商和经销商的关系，而且需要处理好与利益相关的公众的关系。公众是指与企业完成目标的能力存在实际或者潜在的利益关系，或者能够影响企业完成目标的能力的任何群体。公共关系是指用于宣传或者保护企业形象或产品形象的一系列活动。许多企业开始通过公共关系营销直接支持企业或产品的宣传和形象的建设。

公共关系是社会关系的一种表现形态，有其独特的性质，了解这些特质有助于我们加深对公共关系概念的理解。

1. 情感性

公共关系是一种创造美好形象的艺术，它强调的是成功的人和环境、和谐的人事气氛、最佳的社会舆论，以赢得社会各界的了解、信任、好感与合作。我国古人办事讲究"天时、地利、人和"，把"人和"作为事业成功的重要条件。公共关系就是要追求"人和"的境界，为组织的生存、发展或个人的活动创造最佳的软环境。

2. 双向性

公共关系是以真实为基础的双向沟通，而不是单向的公众传达或对公众舆论进行调查、监控，它是主体与公众之间的双向信息系统。组织一方面要吸取民意以调整决策，改善自身；另一方面又要对外传播，使公众认识和了解自己，达成有效的双向意见沟通。

3. 广泛性

公共关系的广泛性包含两层意思：一层意思是公共关系存在于主体的任何行为和过程中，即公共关系无处不在、无时不在，贯穿于主体的整个生存和发展过程中；另一层意思指的是其公众的广泛性。因为公共关系的对象可以是任何个人、群体和组织，既可以是已经与主体发生关系的任何公众，也可以是将要或有可能发生关系的任何暂时无关的人们。

4. 整体性

公共关系的宗旨是使公众全面地了解自己，从而建立起自己的声誉和知名度。它侧重于一个组织机构或个人在社会中的竞争地位和整体形象，以使人们对自己产生整体性的认识。它并不是要单纯地传递信息，宣传自己的地位和社会威望，而是要使人们对自己各方面都有所了解。

5. 长期性

公共关系的实践告诉我们，不能把公共关系人员当作"救火队"，而应把他们当作"常备军"。公共关系的管理职能应该是经常性与计划性的，这就是说公共关系不是水龙头，想开就开，想关就关，它是一种长期性的工作。

二、确定公共关系的工具与方法

确定公共关系的工具与方法如表9-9所示。

表9-9　确定公共关系的工具与方法

工具	方法
出版物	企业主要依靠发行的材料到达和影响目标市场，包括年度报告、宣传小册子、文章、企业杂志以及宣传片等视听材料
新闻	发现和创造与企业、产品或者员工有关的有利新闻，推动媒体进行报道或者举办新闻发布会，帮助企业树立形象
事件	企业通过安排一些特别事件来吸引目标公众对新产品或者企业活动的关注，如新闻发布会、研讨会、远足、展览、竞赛或者周年纪念、庆典活动
赞助	企业通过赞助体育和文化以及社会公益事业宣传自己的品牌和形象
演讲	企业越来越需要能够巧妙地应对媒体提出的问题或者在某些场合发表演讲，这些行为也能增强和改变企业的形象
形象识别	为了使公众能迅速识别出自己，企业可以通过一些手段将自己的形象可视化，如标识、口号、文具、小册子、名片、网站、建筑物、车辆、制服等

讨论9-6： 查找一个你认为成功的最新的公关案例，分析其成功的原因。

实例9-6 "野性捐款"的鸿星尔克劝网友"理性消费"

2021年7月22日晚，"鸿星尔克的微博评论好心酸"这一话题登上微博热搜首位，起因是7月21日傍晚，鸿星尔克宣布向河南捐赠5 000万元物资。

发布之初，这条微博并没有获得很多关注，网友甚至发现鸿星尔克的官方微博没有购买微博会员。在明星捐赠信息不断轰炸热搜榜单时，有网友开始为鸿星尔克抱不平："明星（捐）50万元直接冲热搜，良心企业（捐）5 000万元评论一百多条，点赞才两千多个，我真的有点意难平。"

低调的处理方式，反而引发关注热潮，网友们激情转发，在一天后将鸿星尔克送上微博热搜首位。最终，这条捐赠信息微博被转发21万多次，收获853万个点赞。热心网友给鸿星尔克官方微博充会员一口气充到了2140年。

"鸿星尔克——TOBE No.1"，这句广告语曾是多少人的童年记忆。但正如网友所说，若非这次上热搜，不少人已经忘记了这个创办20余年的运动品牌。然而这样一个被网友"一度以为已经破产"的品牌，在这次河南暴雨中默默地捐了5 000万元物资，引起了网络的广泛关注。

除了四处宣传，网友们还涌进当晚的淘宝和抖音直播间，用实际行动表达感谢。根据灰豚数据，鸿星尔克官方旗舰店淘宝直播间，在此前 6 天的日均直播观看次数仅为 1.1 万，而 7 月 22 日晚直播间单场观看次数暴涨至 201.7 万。与此同时，单场直播带货的销售额超 1 022 万元，是之前一周均值的 168 倍。

除了淘宝直播间，鸿星尔克在抖音当晚的直播也创造了超过 1 500 万元的销售额。"买买买"大军同样震惊了带货主播。在 7 月 22 日晚的鸿星尔克直播间，多件商品刚上架就被抢购一空，网友们在评论区留言"什么有货买什么"，主播只好不断在直播中劝大家理性消费。

但网友们并不在意，他们一边询问货品库存，一边在直播间留言称要"野性消费"，直播间的梗也越来越多。

"这一波，不让你们工厂缝纫机踩冒烟都是我们这届网友的失职。"

"退什么退，尺码不对那是我脚长歪了。"

在直播间外的社交网络，关于鸿星尔克的话题还在不断发酵。微博、知乎、豆瓣、虎扑，不断有网友更新直播进展，直到凌晨都有新网友赶来直播间支持购买。

除鸿星尔克外，在 2021 年河南水灾中，各大品牌也都纷纷用自己的行动支援灾区。如牧原股份捐款 1 亿元；巴奴毛肚火锅捐款 500 万元，开放门店为受灾居民提供避难场所，免费向周边居民提供饮水、食品以及充电服务；蜜雪冰城捐款 2 200 万元，向河南省重灾地区民众全力运送水、牛奶等物资；仲景宛西制药捐款 500 万元，以及捐赠价值 500 万元的清热解毒口服液等。

（资料来源：澎湃号"共青团浙江省委"，有删改，https：//www. thepaper. cn/news-Detail_ forward_ 13735990）

思考： 1. 结合案例，谈谈企业的社会责任与担当？

2. 结合案例，谈谈鸿星尔克在公共关系中有哪些值得借鉴的地方？还存在哪些问题？

学以致用

假设你是一家连锁餐厅的市场经理，一位顾客声称在你们其中一家餐厅就餐时吃到蟑螂并且生病。你作为市场经理，对于处理这种危机有什么建议？

第五节　人员推销策略

一、人员推销的方式与任务

人员推销是指企业的销售人员通过语言沟通的方式向可能购买的消费者做口头宣传，以达到推销产品，满足消费者的需求，实现企业营销目标的一种直接销售方法。

1. 人员推销的方式

（1）上门推销。上门推销是最常见的推销方式。主要由推销员携带产品样品、说明书和订单等走访消费者，推销产品。这种推销方式可以针对消费者的需要提供有效的服务，方便消费者，故为消费者广泛认可和接受。

（2）柜台推销。又称门市推销，是指企业在适当地点设置固定门市，由营业员接待进入门市的消费者，推销产品。门市的营业员是广义的推销员。柜台推销与上门推销正好相反，是等客上门式的推销方式。由于门市里的产品种类齐全，能满足消费者多方面的购买要求，为消费者提供较多的购买方便，并且可以保证产品完好无损，故消费者比较乐于接受这种方式。

（3）会议推销。会议推销是指利用各种会议向与会人员宣传和介绍产品，开展推销活动。譬如，在订货会、交易会、展览会、物资交流会等会议上推销产品。这种推销形式接触面广、推销集中，可以同时向多个推销对象推销产品，成交额较大，推销效果较好。

2. 人员推销的任务

人员推销的任务如表9-10所示。

表9-10　人员推销的任务

任务	含义
沟通	与现实的和潜在的消费者保持联系，及时介绍企业的产品及其他相关信息，同时了解他们的需求，沟通产销信息，成为企业与消费者联系的桥梁
调研	利用直接接触市场和消费者的便利，进行市场调研和情报搜集工作，并且将访问情况做成报告，为企业开拓市场和制定营销决策提供依据
开拓	不仅要了解和熟悉现有消费者的需求动向，而且要尽力寻找新的目标市场，发现潜在消费者，不断进行市场开拓工作
销售	通过与消费者的直接接触，运用销售艺术，分析解答消费者的疑虑，达成交易
服务	除了直接的销售服务外，销售人员还需代表企业提供业务咨询、技术性协助、融资安排等

二、人员推销的流程

人员推销的流程一般来说包括七个前后衔接的阶段，具体如图9-7所示。

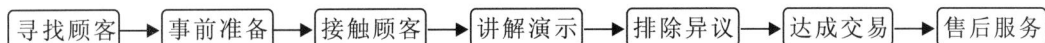

寻找顾客 → 事前准备 → 接触顾客 → 讲解演示 → 排除异议 → 达成交易 → 售后服务

图9-7　人员推销的流程

1. 寻找顾客

推销工作的第一步就是寻找潜在顾客，其重要性往往会被推销新手忽视。事实上，许多优秀的推销员都认为推销成功的关键是成功地寻找出潜在的顾客。这些潜在顾客可直接从消费者、调研、公共档案、电话号码簿、工商会员名单、公司档案、网络等途径获得。

2. 事前准备

推销员在确定推销对象，着手进行推销工作之前，应进行充分的准备。包括针对顾客的需求搜集有关产品资料、各种信息情报，并制订销售方案，准备好样品、说明材料以及应变语言等；还要了解顾客的个体信息，如年龄、性格、家庭、收入、文化水平、活动地点、联系方式等；还要制订推销计划、拟好推销进程、准备好可预见问题的解答方式等。

3. 接触顾客

在做好接近顾客的准备工作后，推销员就要设法与顾客进行接触。接近顾客又分约见和接近两个环节。

约见是指推销员事先征得顾客同意接见的行动。约见可以采取当面约见、书信约见、电话约见、托人代约、广泛约见（利用大众传媒，约见大众顾客）等方式。具体要约定时间、地点、人物等内容。

接近顾客就是正式接触推销对象，引起顾客注意和兴趣，以顺利转入面谈导购阶段的行动。接近顾客的方法如表9-11所示。

表9-11　接近顾客的方法

方法	含义
利益接近法	推销员把产品能给顾客带来的利益放在第一位，诱发顾客的兴趣。如本产品的价格是其他同类产品价格的一半
送礼接近法	推销员利用送礼品引起顾客的兴趣与好感，以此来接近顾客。送礼时要注意投其所好，礼品最好与推销产品相关，如推销洗衣机则送洗衣粉等
表演接近法	这是一种最能引起顾客注意的方法，在商品展示会上经常使用，实际上是把产品示范过程戏剧化，以增强吸引力
问题接近法	通过推销员直接向顾客提问，来引起顾客的注意和兴趣
介绍接近法	包括自我介绍、他人介绍和产品介绍
好奇接近法	利用顾客的好奇心理，消除其对推销员的敌对情绪进而实现接近顾客的目的

（续上表）

方法	含义
赞美接近法	所有的人都喜欢被别人称赞，推销员如果能抓住这个心理规律，恰当地利用，就可能成功地接近顾客

4. 讲解演示

销售人员通过介绍产品的特性、优点向目标顾客讲述产品的情况，应当注意不要过多地讲解产品的特点（产品导向），而忽视了产品的利益和价值（顾客导向）。要注意倾听顾客的发言，以判断顾客的真实意图。

5. 排除异议

顾客在听取产品介绍后，可能会提出一些异议，如怀疑产品的价值，不接受交易条件或价格，对企业或产品缺乏信心等。推销员应具有巧妙的语言能力并提供有说服力的论据。处理顾客异议的策略如表 9 – 12 所示。

表 9 – 12　处理顾客异议的策略

策略	含义
间接否定法	也称但是处理法。推销员先不直接否定或反驳顾客的异议，而是表示理解甚至赞赏，然后又证实顾客的观点并非全面，进而灵活地排除异议
利用处理法	也称自食其果处理法。基本做法是推销员将顾客的异议变为顾客购买的理由，说服顾客购买
转化处理法	基本做法是将顾客的异议以自己的理解转化为问题，向顾客提出来，再给予顾客解释
抵消处理法	也称补偿处理法，即指出推销商品的优点来弥补推销商品的缺点，从而向顾客证明购买此推销商品是值得的

6. 达成交易

人员推销工作的重要环节是促使顾客采取购买行动，这也是推销工作最困难的阶段。推销员在认为时机成熟时，应鼓励顾客订货，重新强调协议的要点，提议帮助顾客填写订单，询问顾客是要产品 A 还是产品 B，让顾客对颜色或尺寸等方面做出选择，或者告诉顾客如果现在不订货将会有什么损失。此外，销售员也可以给予顾客完成交易的奖励，如特价或赠送礼物。

7. 售后服务

产品销售后，并不意味着整个推销过程的终止，如果推销员希望确保顾客满意并重复购买，就必须对顾客进行跟踪服务，搜集顾客对于产品的改进意见，及时向有关部门反映，以调整营销措施，并帮助顾客解决使用中的问题。这些工作有利于树立企业信誉，密切拉近双方的关系，促成重复购买。

实例 9 - 7　世界上最伟大的推销员——乔·吉拉德

乔·吉拉德是世界上最伟大的销售员，他连续 12 年荣登吉尼斯世界纪录大全世界销售第一的宝座，他所保持的世界汽车销售纪录：连续 12 年平均每天销售 6 辆车，至今无人能破。乔·吉拉德也是全球最受欢迎的演讲大师，曾为众多世界 500 强企业精英传授他的宝贵经验，来自世界各地数以百万的人们被他的演讲所感动，被他的事迹所激励。

三十五岁以前，乔·吉拉德是个彻底的失败者，他患有相当严重的口吃，换过四十份工作仍一事无成，甚至曾经当过小偷，开过赌场；然而，谁能想象得到，像这样一个谁都不看好，而且是背了一身债务几乎走投无路的人，竟然能够在短短三年内爬上销售行业的世界第一，并被吉尼斯世界纪录称为"世界上最伟大的推销员"。他是怎样做到的呢？虚心学习、努力执着、注重服务与真诚分享是乔·吉拉德四个最重要的成功关键。

一、250 定律：不得罪一个顾客

在每位顾客的背后，都大约站着 250 个人，这是与他关系比较亲近的人：同事、邻居、亲戚、朋友。乔·吉拉德说得好："你只要赶走一个顾客，就等于赶走了潜在的 250 个顾客。"

二、名片满天飞：向每一个人推销

他到处递送名片，在餐馆就餐付账时，他把名片夹在账单中；在运动场上，他把名片大把大把地抛向空中。

三、建立顾客档案：更多地了解顾客

乔·吉拉德用日记本和一个小小的卡片档案夹，建立起了他的顾客档案。

四、猎犬计划：让顾客帮助你寻找顾客

在生意成交之后，乔·吉拉德总是把一叠名片和猎犬计划的说明书交给顾客。如果他介绍别人来买车，成交之后，每辆车他会得到 25 美元的酬劳。1976 年，猎犬计划为乔·吉拉德带来了 150 笔生意，约占总交易额的三分之一。乔·吉拉德付出了 1 400 美元的猎犬费用，收获了 75 000 美元的佣金。

五、重视推销产品体验感：让产品吸引顾客

汽车销售"体验营销"十分重要。乔·吉拉德总鼓励顾客试乘试驾。

六、诚实：推销的最佳策略

七、每月一卡：真正的销售始于售后

（资料来源：搜狐号"西安交大 MBA 中心"，有删改，https：//www.sohu.com/a/318898646_825987）

思考：结合实例，谈谈好的推销员要具备哪些素质？

学以致用

与几个同学一组，制作一种多数同学经常购买的新产品（如洗发水、牙膏、软饮料、护肤品、笔记本等）。为这种新产品命名，赋予产品一些创造性的特点和利益，想办法说服其他同学相信产品并购买。

第六节 体验营销

一、体验营销的内涵

体验营销是通过看（see）、听（hear）、用（use）、参与（participate）的手段，充分刺激和调动消费者的感官（sense）、情感（feel）、思考（think）、行动（act）、关联（relate）等感性因素和理性因素，重新定义、设计的一种思考方式的营销方法。由于体验的复杂化和多样化，因此《体验式营销》一书的作者伯恩德·H. 施密特将不同的体验形式称为战略体验模块，并将其分为感官、情感、思考、行动和关联五种类型（见图9-8）。

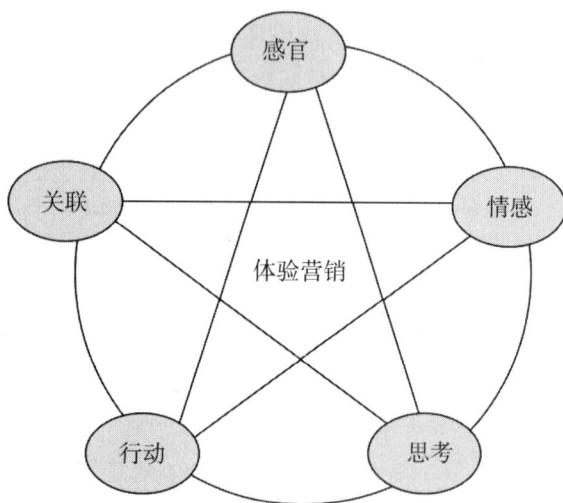

图9-8 体验营销的五种类型

1. 感官

感官营销的诉求目标是创造知觉体验的感觉，它经过视觉、听觉、触觉、味觉与嗅觉。感官营销可区分为公司与产品（识别）、引发顾客产生购买动机与增加产品的附加价值等。理查特（Richart）公司制作的巧克力曾被英国媒体评为"世界上最漂亮的巧克力"。理查特首先定位自己是一家设计公司，接着才是巧克力公司。其商标是以艺术装饰字体完成的，特别将"A"作成斜体，用来区隔"富有（rich）"与"艺术（art）"。

理查特巧克力店广阔、明亮、精致，巧克力被装在一个个玻璃盒子中。通过打光拍摄，其宣传资料所呈现的也十分精致。产品包装用的是光滑、厚实的纸张，非常的优雅，巧克力盒子是有光泽的白色，附着金色与银色的浮雕字。

对视觉感而言，巧克力本身就是个盛宴。它们有漂亮的形状，并且以不同的图案装饰，还有的展示着一组迷人的儿童绘画，或根据顾客的要求制造的特别的巧克力徽章。这些巧克力是如此的贵重，因此理查特甚至还销售附有温度表与湿度表的薄板巧克力储藏柜，这个柜子如同雪茄保湿器，售价 650 美元。

2. 情感

情感营销诉求顾客内在的感情与情绪，目标是创造情感体验，其范围可以是一个温和、柔情的心情，也可以是欢乐、自豪甚至是激动的心情。情感营销的运作需要真正了解哪种刺激可以引起某种情绪，以及能使消费者自然地受到感染，并融入这种情绪。比如，新加坡航空公司以带给乘客快乐为主题，营造了一个全新的起飞体验。该公司制定严格的标准，要求空姐如何微笑、并制作快乐手册，要求以什么样的音乐、什么样的情境来"创造"快乐。通过提供出色的服务，新加坡航空公司成为世界十大航空公司之一，也成了获利最多的航空公司之一。

3. 思考

思考营销诉求的是智力，以创意的方式引起顾客的惊奇、兴趣以及对问题集中或分散的思考，为顾客创造认知和解决问题的体验。对于高科技产品而言，思考活动的方案是被普遍使用的。在许多其他产业中，思考营销也已经使用于产品的设计、促销和与顾客的沟通。

1998 年苹果计算机公司的 iMac 计算机上市仅六个星期，就销售了 278 000 台，以至《商业周刊》把 iMac 评为 1998 年的最佳产品。该公司的首席执行官史蒂夫·乔布斯表示："苹果已回到它的根源，并再度开始创新。" iMac 的设计师乔纳森·伊维也指出："与众不同是这个公司的基因。" iMac 的创新紧随着一个引人沉思的思考营销的促销活动方案。该方案是由广告人李·克劳构思，将"与众不同的思考（Think different）"的标语与许多在不同领域的"创意天才"，包括爱因斯坦、甘地、阿里、理查德·布兰森、约翰·列侬和小野洋子等人的黑白照片相结合。在各种大型的广告路牌、墙体广告和公交车的车身上都可看见该方案的平面广告。当这个广告刺激消费者去思考苹果计算机的与众不同时，同时促使人们思考自己的与众不同，以及通过使用苹果电脑，而使得他们成为创意天才。乔布斯说："与众不同的思考代表着苹果品牌的精神，因为充满热情创意的人们可以让这个世界变得更美好。苹果决定为处处可见的创意人，制造世界上最好的工具。"

4. 行动

行动营销的目标是影响身体的有形体验、生活形态与互动。行动营销通过增加身体体验，指出做事的替代方法、替代的生活形态与互动丰富顾客的生活。而顾客生活形态的改变是被激发或自发的，且也有可能是由偶像角色引起的（如影视明星、歌星或是著名的运动员等）。

耐克每年销售逾 1.6 亿双鞋，在美国，几乎每销售两双鞋中就有一双是耐克。该公司成功的主要原因之一，是有出色的"尽管去做（Just do it）"广告。经常性地描述运动中的著名篮球运动员迈克尔·乔丹，升华身体运动的体验，是行动营销的经典。

5. 关联

关联营销包含感官、情感、思考与行动营销等层面。关联营销超越私人感情、人格、个性，加上个人体验，而且与个人对理想自我、他人或是文化产生关联。关联活动案的诉求是为自我改进（如想要与未来的"理想自己"有关联），要别人（如亲戚、朋友、同事、恋人）对自己产生好感。让人和一个较广泛的社会系统（如一种亚文化、一个群体等）产生关联，从而建立个人对某种品牌的偏好，同时让使用该品牌的人们形成一个群体。关联营销已经在许多不同的产业中使用，范围涉及化妆品、日用品、私人交通工具等。例如，美国哈雷·戴维森（Harley-Davidson）机车就是一个杰出的关联品牌。哈雷就是一种生活形态，从机车本身、与哈雷有关的商品到狂热者身体上的哈雷文身，消费者视哈雷为他们自身识别的一部分。

二、体验营销的操作流程

目前有非常多的企业在实施体验营销，大的企业如宝洁公司，小的如广州番禺的各个小农场也都在做体验营销。通常在各大手机卖场我们也可以看到有些真机摆在展示台上供顾客体验。体验营销的六个步骤如图 9－9 所示。

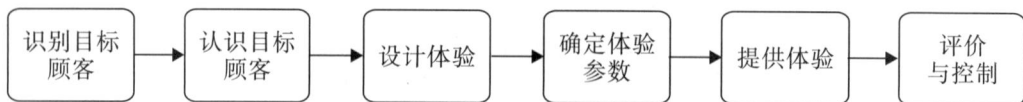

图 9－9　体验营销的六个步骤

1. 识别目标顾客

识别目标顾客就是要针对目标顾客提供购前体验，明确顾客范围，降低成本。同时还要对目标顾客进行细分，对不同类型的顾客提供不同方式、不同水平的体验。在运作方法上要注意信息由内向外传递的拓展性。

2. 认识目标顾客

认识目标顾客就要深入了解目标顾客的特点、需求，知道他们担心什么、顾虑什么。企业必须通过市场调查来获取有关信息，并对信息进行筛选、分析，真正了解顾客的需求与顾虑，以便有针对性地提供相应的体验手段来满足他们的需求，打消他们的顾虑。

3. 设计体验

设计体验是体验营销的核心步骤，其根本是从目标顾客的角度出发，清楚顾客的利益点和顾虑点在什么地方，根据其利益点和顾虑点决定在体验式销售过程中重点展示哪些部分。

4. 确定体验参数

要确定产品的卖点在哪里之前要确定顾客的具体体验参数以及顾客进行评价的指标内容等。譬如理发，可以把后面的头发修得是否整齐、发型与脸型是否相符等作为体验的参数，这样在顾客体验后，就容易从这几个方面对产品（或服务）的好坏形成一个判断。

5. 提供体验

在这个阶段，企业应该预先准备好让顾客体验的产品或设计好让顾客体验的服务，并确定好便于达到目标对象的渠道，以便目标对象进行体验活动。

6. 评价与控制

企业在实行体验式营销后，还要对前期的运作进行评估。评估总结要从以下几方面入手：效果如何；顾客是否满意；是否让顾客的风险得到提前释放；风险释放后是否转移到了企业自身，转移了多少，企业能否承受。通过对这些方面的评估和判断，企业可以了解前期的执行情况，并可重新修正运作的方式与流程，以便进入下一轮的运作。

学以致用

请为线上鲜花品牌设计体验营销方案（侧重于消费者的感官体验和情感体验）。

实例9-8　品牌如何用"体验式营销"俘获人心？

2020年"双十一"期间，菜鸟驿站在几个限定站点举办了一个快闪活动——给用户提供除取快递以外的更多服务。比如贴膜、美甲、送气球、洗眼镜、拍照等，让各个驿站门庭若市。

像菜鸟驿站这样"不务正业"的营销方式，其实并不少见。比如海底捞的免费美甲、擦鞋服务，宜家的咖啡店、快餐店、儿童活动区，迪卡侬把门店打造成运动场、健身房……都成为消费者口口相传的招牌亮点。

这些"不务正业"的玩法，都指向了当下非常流行的"体验式营销"。

Social Talent发布的《95后数据报告》显示，全球98%的95后通常喜欢在实体店购物，并且是网上购物的3倍。71%的95后喜欢体验式消费，比年长消费者高出22个百分点。这一数据有点出人意料。只要能带来体验式消费，作为网络原住民的95后，更愿意放弃网购，选择到线下门店购物。

这其实也符合新一代年轻人的消费主张。他们追求新潮、个性，不满足于千篇一律的消费模式，希望在互动、参与中获得更丰富的快乐和满足，也就是所谓的"体验感"。所以，那些有体验感的品牌营销，更能俘获年轻消费者的心，赢得他们的认同感。

奈雪的茶推出萌化人心的"猫猫爪杯塞"的同时，还打造了"奈雪猫猫店"线下主题店，让消费者可以更直接地感受到萌宠带来的治愈感，让治愈系的消费体验更加近距离。

奥利奥官宣周杰伦作为品牌大使之后，在上海徐家汇地铁站，用50 000块小饼干拼出了一个带有满满周杰伦元素的怀旧艺术展。周杰伦专辑的经典封面、好玩的粉丝互动装置，给周杰伦的粉丝们带来了一场"无与伦比"的线下互动体验。

旺旺联合网易云音乐推出的"听起来很好吃"主题营销，是一场将味觉和听觉巧妙结合的消费体验。旺旺还在全国147个城市放置了超过5 000台线下旺旺自动售货机，让用户用网易云音乐App扫码兑换旺旺零食，提高了营销的体验感，实现了和消费者的近距离互动。

蕉内在上海来福士广场打造的"热皮实验室"快闪店，则是用视觉和触觉让消费者近距离体验到了蕉内保暖内衣不同质感的布料所能提供的暖感，彰显出品牌的科技感、前卫感。

"年轻人更在意购买决策背后的用户标签。商品不是越贵越好，也不是性价比越高越好，他们买东西其实是为了给自己打标签。"托马斯·科洛波洛斯在《圈层效应：理解消费主力95后的商业逻辑》一书中这样描述当代年轻人的消费特征。

托马斯·科洛波洛斯所说的"打标签"，其实就是让消费者感受到一种身份认同、归属感。而能够让年轻人有价值认同的品牌，其也愿意为更高的品牌溢价买单。

体验式营销无疑就是提升品牌的价值内涵，获得年轻消费者认同的一种重要方式。

（资料来源：微信公众号"公关界007"，有删改，https：//mp. weixin. qq. com/s/5FPozsaHNxr19eoOLUexdw）

思考： 1. 结合实例和实践，谈谈体验营销有何意义？

2. 结合实例，谈谈企业如何开展体验营销？

测试你掌握的知识

1. 举出并定义传播顾客价值的七种促销工具。
2. 对比拉式策略和推式策略的区别及运用范围。
3. 解释整合营销传播及其与促销组合策略的关系。
4. 说明广告决策的主要步骤及要注意的问题。
5. 描述公关关系的作用及履行该作用的工具。
6. 定义并描述消费者促销都有哪些类型。
7. 人员销售如何成为公司和顾客之间的重要纽带？
8. 体验营销流程设计的关键点有哪些？

实训模块9　策划促销方案

以小组为单位，为本团队研究的企业策划一次促销活动的具体方案。方案包括：活动目的；活动创意构思（诱因设计、道具设计、宣传推广创意）；活动具体设计流程（时间、地点、人物、执行计划日程、控制事项和评估）。

数字扩展资源9

课程思政
课程思政元素及融入方式

案例讨论
补充的综合案例讨论

实训指导
实训模块的具体步骤和评价标准

课堂游戏
按教学目标设计的课堂小游戏

课前/课后小测
配套的选择题题库

泛媒阅读App
扫链码获取数
字扩展资源

第十章　传播价值——数字传播

每一代人都需要新的革命。

——托马斯·杰斐逊

【知识目标】

1. 学生能比较数字营销传播工具与传统营销传播工具的区别与联系；
2. 学生能陈述内容营销策略及其要点；
3. 学生能陈述网络社群营销的主要步骤；
4. 学生能陈述网络直播营销的主要步骤。

【能力目标】

1. 学生能够制订内容营销策划方案；
2. 学生能够制订并实施网络社群营销方案，并根据实施效果调整方案；
3. 学生能够策划一场直播。

【价值目标】

1. 在营销传播策划与实施过程中勇于守正创新；
2. 在营销内容的创作与传播过程中要坚持社会主义核心价值观，杜绝低俗、违法违规内容的；
3. 在数字技术的使用过程中要坚持以人为本，遵守法律法规和伦理道德。

【思维导图】

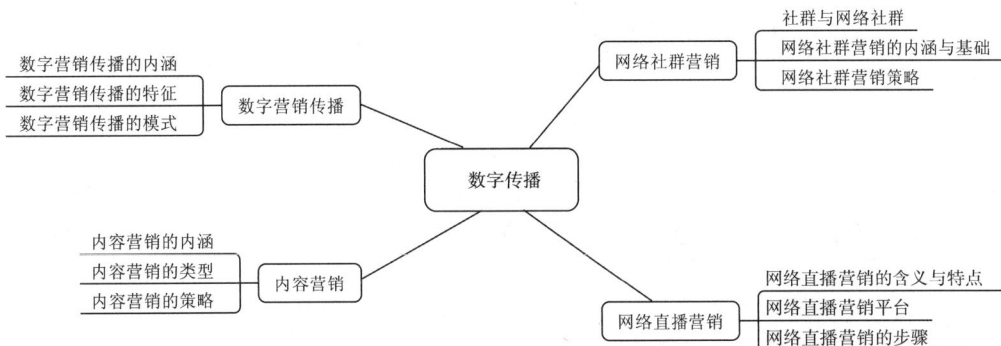

【营销实战】

完美日记，借助数字营销传播变"完美"

完美日记（Perfect Diary）是广州逸仙电子商务有限公司旗下品牌，成立于 2017 年，经营化妆品、美容面膜、化妆棉和化妆工具等。借助互联网传播，在明星、KOL 种草模式下，火速打出了名气，收获了"国货美妆第一股""大牌平替"的称号。

一、内容营销，品牌曝光吸引消费者

完美日记在线上布局了全渠道内容营销，每个社交渠道都能搜到完美日记的账号，包括小红书、抖音、快手、b 站等。

完美日记大力布局的第一个社会化媒体平台是小红书。完美日记在小红书上采取了"金字塔"式的投放策略，而不是简单盲目地投放广告、与粉丝量多的 KOL 进行合作。首先，与粉丝数量超群的明星和头部 KOL 合作，让他们对产品进行推荐，引起消费者的关注；其次，与粉丝量稍少的中部和腰部 KOL 合作，让他们对产品进行试色评价等，用真实的使用效果引导消费者进行购买；最后，由购买后的普通消费者分享使用心得，在平台上进行二次传播。在以上路径中，完美日记投放的目标主要是中腰部的 KOL 以及普通消费者，因为相较于明星和"网红"等看起来遥不可及的 KOL，消费者更信任更真实的素人 KOL。

在抖音上，不同于其他的美妆品牌官方账号只是发布产品介绍和广告视频，完美日记更多发布的是有趣的视频。话题极具趣味和情感性，这些视频或因令人产生共鸣，或因不断反转的剧情，引起了一批用户疯狂转发，为完美日记积累了大量人气。

二、社群运营，打造私域留存消费者

比起如何获取新用户，已经购买过产品的老用户的留存和复购显然更加重要，这就是为什么完美日记要打造私域流量池的原因。在私域流量平台的选择上，完美日记选择了微信，运作方式主要有两种：一是在线下门店，扫码添加"小完子"微信好友免费领取美妆蛋，进一步引导消费者加入"完美日记体验店——正佳 DBB"等微信群；二是当消费者通过线上商城购买产品时，随包裹附赠一张红包卡，扫码添加"小完子"微信好友即可得到红包福利，进一步引导消费者加入"小完子玩美研究所"微信群。

三、直播营销，运用线上资源应对疫情

由于疫情的影响，人们减少出门，完美日记的线下门店一度全部关停，线下业务受到重创。线下业务受影响后，完美日记通过微信小程序、直播带货等方式将重心转移至一直在大力铺设的线上渠道。

完美日记将 800 名线下人员的工作内容转移到线上业务，包括线上运营和客服等工作。还安排了门店的彩妆师转移到线上阵地，变身主播在微信小程序上开展直播带货活动。完美日记同时推出直播间限定产品、直播间积分翻倍、直播间抽奖等活动，鼓励消费者收看直播

购买产品。

（资料来源：广告狂人，https：//www.socialmarketings.com/articldetails/7199）

思考： 1. 完美日记是如何整合各种数字营销传播工具，实现营销目的的？

2. 完美日记的数字营销传播有哪些核心创新点？

在第九章中，我们提到的营销传播工具，包括广告、人员销售和公共关系等，都是在传统大众传播媒介及营销环境中发展起来的，其共同特点为：瞄准广大市场，通过中间渠道提供标准信息、产品或者服务。然而，随着互联网、数字媒介技术的不断发展及智能移动终端的普及，很多企业将数字营销作为主要的营销传播工具，或者将数字营销工具作为其他工具的重要辅助。因此，本章将重点介绍内容营销、网络社群营销、网络直播营销的数字营销传播方式。

第一节　数字营销传播

营销传播的本质是一种传播活动，而媒体则是传播活动的核心。从传统媒体到数字媒体，媒体的传播形态、传播方式和传播内容发生了很大的变化，使得营销传播的形态、方式和内容结构也发生了变化，营销传播进入数字营销传播时代。

一、数字营销传播的内涵

通过前面章节的学习，我们知道了营销传播是指企业试图用来直接或间接向消费者告知、说服和提醒有关其销售的产品和品牌相关信息的方法。

传统的营销传播，其信息传递主要建立在人际传播渠道（如人员销售）或大众传播媒介渠道（如报纸、电视广告）之上。数字营销传播，则是以消费者为中心，利用互联网等数字信息技术向消费者传达品牌信息，并在与消费者的互动过程中不断修正营销活动，从而实现差异化、精准化的传播过程。

传统的营销传播，如广告，其信息传播过程更多是直线型和单向型的，在整个传播过程中消费者处于一个被动接收的状态。数字营销传播则把信息传播的主导权转移到了消费者手中，消费者通过数字媒介主动搜索、选择品牌及了解产品信息，分享、评价、反馈个人意见，其信息传播过程更多是网状型的，具有多向性、交互性的特点。

因此，关于数字营销传播，我们可以定义为：以各种数字终端为载体，以消费者需求为导向，通过各种数字传播媒介，与消费者进行销售产品和品牌相关信息的双向传递的过程。

二、数字营销传播的特征

1. 传播媒介多样化

数字化、网络化时代的到来，给人们带来的最大冲击便是接收信息的渠道不断增加。这种增加是基于电脑、手机、智能电视等电子产品的不断出现，而且这一点也体现在人们的各种需求都可以通过不同的媒体形式得到满足上，预示着媒体零细化（Media Fragmentation）时代的全面到来。这意味着每个媒体的受众越来越少的同时，每个消费者或潜在消费者所接触的媒体却越来越多。且由于电脑和手机有收集、存储、处理和应用资讯的功能，可以在工厂、办公室、实验室甚至家里广泛使用，因此手机和电脑已经改变了一切。

借助电脑、手机、智能电视机等数字或智能终端，各种不同形态的媒体竞相出现。我们将这些媒体进行简单分类，可得以下各种类型（见表 10-1）。

表 10-1　数字营销传播平台的主要类型及代表

类型	主要代表
门户网站	新浪、搜狐、网易、腾讯等
搜索引擎	百度、谷歌、360 等
新闻客户端	网易新闻、今日头条等
社交及用户内容创造平台	微博、微信、QQ、博客、论坛、头条号、百家号等
综合视频平台	优酷、爱奇艺、腾讯视频、哔哩哔哩等
短视频平台	快手、抖音、微信视频号、西瓜视频、梨视频等
直播平台	淘宝、京东、快手、抖音、微信视频号、花椒直播等
购物信息分享平台	淘宝头条、小红书、美丽说、蘑菇街等
音频内容分享平台	喜马拉雅、蜻蜓、荔枝、网易云等
电商平台	淘宝、京东、唯品会、拼多多等
网约车平台	滴滴出行、曹操出行等
商家推广平台	饿了么、美团、大众点评、携程等
其他	企业自建网站、各类工具性软件等

上表所列的仅是国内部分数字媒体形式。虽然它们均是通过 PC、手机等终端登录使用，但根据其核心功能不同，依然拥有完全不同的属性，以及可以为用户提供完全不同的服务和感受。虽然它们并非属于专门传达信息的媒体，但是聚集了大量的用户，并且在服务用户时为用户提供了大量的不同信息，起到了媒体的传播作用。同时在最大程度上分割着受众的时间和精力，使媒体的使用陷入前所未有的碎片化时代。

这些新媒体形式虽然对受众而言意味着更多的选择，但是对于企业而言，则意味着更加分散的目标用户。如何利用有限的资金去尽可能广泛地获取这些用户的关注呢？这是所有企业都需要思考的难题。

2. 传播主体去中心化

在传统的信息传播中，中心化就是报刊、电视、电台等根据少量的频道分类，所有用户都集中在这里。大家看到的几乎都是相同的内容，每个用户只能在不同频道之间跳转。

而去中心化恰好相反，一切以人为中心。原来的集中内容被打散，每个个体根据自己的需要自主选择订阅。人的需要已经被视作内容生产的重要组成部分，人在传播过程中的价值和重要性被重新估值。

在数字营销传播过程中，消费者与企业处于相对平等的地位。每一个消费者或企业都能搭建自己的发声平台，展现自己最特别的一面，人成为信息参与、传播的主体。消费者或企业在这里既是信息生产者，也是内容传播者。内容创作者更多从"人"的角度去思考问题，如别人为什么会关注我？日常发布的内容能否引起用户的共鸣并转发？目前发布的内容能否筛选出并吸引真正的用户？

3. 传播内容多元化

在企业进行广告投放的企业市场行为中，流传着一句话，大意为"我知道我的广告费有一半都浪费了，但是我不知道浪费在了哪里"。这句话实则在说并非所有的广告投放都有效果。但是换个角度来思考，广告效果不仅和广告媒体的选择有关（花费最多），同时和在不同媒体平台内容的表达直接相关（相对花费较低）。

相比较传统媒体，由于高昂的媒体费用所限制，企业所购买的媒体曝光时长成空间通常是有限的。比如，电视广播多为15秒、30秒，报纸杂志多是半版甚至更小版面，哪怕在互联网投放的传统广告，企业的传播内容也多是"品牌名称＋品牌口号"，多数属于正统严肃的论调，更多强调的是品牌和产品服务的曝光，让受众可以看到或听到。而并没有非常关注受众对其发布信息的态度如何，以及是否接受等更为关键的要点。

而现如今的企业传播内容，开始更多地考虑受众的碎片化时间，轻松娱乐的媒体信息需求，表现出"内容娱乐化、内容基调轻松、问题表达反转式"的架构设置。这种方式打破了以往单一的媒体内容表达，给出了更加多元的表现空间。

三、数字营销传播的模式

关于数字营销传播的模式，业界与学界均有不同总结归纳和体系。业界研究更倾向于具体工具的使用，如微信营销、抖音运营与直播、小红书运营等；学界则从流量的获取、留存、活跃、变现等方面总结了数字营销传播的规律。

从本质来看，数字营销传播的重点在于把信息以最高效的方式准确传递给目标消费者，与目标消费者进行有效沟通并促进销售。这里有三个重点环节：传递信息、有效沟通、促进销售。

不同的数字营销传播工具在实现上述功能的侧重点有所不同。例如，以大数据技术为基础的计算广告能帮助企业把产品或品牌信息更快、更精准地传递给消费者；企业通过运营微信公众号、抖音、小红书、微博等社交媒体平台，通过生产优质内容吸引消费者，在传递信息的同时更好地与消费者进行互动和沟通；企业也可以通过社群运营、裂变、直播等方式实现交易，促进产品销售。

根据整合营销传播，企业在选择和组合营销传播工具时应充分考虑其整体性和一致性。

因此，企业在选择数字营销传播工具时应考虑不同工具的特性。接下来的内容中，我们将重点介绍几种常见的数字营销传播模式。

⚙ 学以致用

> 请说说你了解或接触过的数字营销传播工具。与传统的营销传播工具相比，这些新的营销传播工具有什么特点？

第二节　内容营销

一、内容营销的内涵

1996 年，美国报纸编辑协会首次提出"内容营销"这一概念，指"将产品的营销内容嵌入到特定的媒介之中"，即"植入式营销"。20 世纪 90 年代末，脑白金利用一系列的软文营销创造的销售奇迹，是传统媒体时代内容营销的典型例子。

数字媒介背景下，互联网的发展使得更多的企业开始尝试内容营销。企业再也不用像传统媒体时代那样，花费大量的人力和财力去出版报刊或是制作广播电视节目。企业只需要在社交媒体平台开通自己的账号，就能随时随地发布各种内容，而且只需要少量的费用甚至是免费，这极大地降低了企业开展内容营销的难度和成本。此外，互联网的开放性、互动性使得企业的营销内容传播范围更广，更容易得到消费者的反馈与转发。

到今天，内容营销已经成为数字营销传播的一种重要模式，被营销业界和学界所熟知。而关于内容营销，不同学者有着不同的见解。内容营销之父乔·普利兹认为，"内容营销就是创建及传递有价值和引人注目的内容，以吸引现实的或潜在的目标顾客的商业营销过程，目的是促使顾客做出能为企业带来利润的行动"。国内学者程明教授认为，"内容营销是利用有价值的优质内容满足顾客对多种信息的需求，创造和顾客接触的机会。其目的是让顾客对内容本身产生兴趣，其本质就是创造交流机会，让顾客积极参与互动和传播，从而达成营销的目的"。

从上面的定义不难看出，关于数字时代的内容营销，其传播载体为互联网等数字媒介，其核心在于生产"有价值的内容"，其目的在于"吸引目标顾客"或者"满足目标顾客的信息需求"，最终实现"营销目标"。

与传统媒体时代的内容营销或广告相比，数字时代的内容营销具有多样性、互动性、分享性、精准性等特点，如表 10 - 2 所示，总结了二者的主要区别。

表 10-2　传统媒体时代与数字时代内容营销的区别

特性	传统媒体时代内容营销	数字时代内容营销
消费者反应	被动接收或抵触	愿意体验或主动搜索
传播准确度	缺少针对性，精准性低	内容垂直，传播更精准
持续性	持续性低，广告活动结束就结束	可能长时间传播
互动分享	缺少互动，不愿意主动分享	互动性强，主动分享产生二次传播

二、内容营销的类型

通过前面对内容营销概念的学习，我们知道了数字时代的内容营销传播载体主要为互联网平台，核心为"有价值的内容"。因此，内容营销的类型主要按互联网平台类型和内容类型进行划分。

1. 按互联网平台类型划分

（1）图文内容平台。以企业官网、微信公众号、小红书、微博为主要代表，该类平台的内容营销侧重于内容质量，要求运营人员有较强的内容策划与创作能力。

（2）内容分发平台。以头条号、百家号为主要代表，内容分发平台指的是"根据一定的分发规则（一般是算法推荐）进行内容呈现或推荐的互联网平台"。

（3）短视频平台。以抖音、快手、微信视频号、哔哩哔哩为主要代表，通过拍摄、剪辑和上传视频来传播内容。

（4）购物信息分享平台。以淘宝头条、小红书、美丽说为主要代表，生产内容多集中为各类消费或购物信息。

除此之外，电商直播平台也逐渐注重其内容性，如 2022 年爆火的"东方甄选"通过在带货直播过程中输出优质内容，吸引了众多用户关注和购买，使得许多同行纷纷效仿，开创了内容直播电商的新模式。

2. 按内容类型划分

（1）利益型内容。该类型内容的主要特点是注重内容的实用性，能满足用户的某种利益，为用户提供功能性内容服务。主要可分为以下三种：

一是资讯型内容，以提供地区、行业、企业的新闻资讯内容为主，具有较强的时效性。如各地政务新媒体账号、各新闻机构新媒体账号、各地生活类账号、各企事业单位的微博账号等，经常发布资讯型内容，满足用户对新闻资讯的需求。

二是知识型内容，以提供某个领域的知识干货为主，时效性比资讯型内容稍弱。如微信公众号"科学辟谣"专注日常生活知识科普，如"面条会一点就着""方便面在体内 32 小时不会被消化""金箔入酒对身体有害"等，内容涉及食品安全、营养健康、生物、农业技术、航空航天等 14 个领域。除此之外还有各种学习类账号。该类型内容专业性较强，能帮助用户在碎片化时间内提升个人知识量。

三是技能型内容，以提供某个领域的技能教程为主。与知识型内容不同，技能型内容创作者希望通过该内容帮助用户掌握相关技能，如修车、烹饪、花艺、绘画等。该类内容多见于短视频平台。

（2）娱乐型内容。该类内容的主要特点是注重内容的幽默性，通过夸张、反转等戏剧化手段，提高用户的阅读与观看体验，满足用户休闲娱乐、打发时间的需求。

娱乐类内容的呈现形式非常多样化，主要有三种：一是专注于"娱乐段子"的短视频，抖音账号"疯狂小杨哥"就通过夸张演绎日常家庭生活获得大量粉丝；二是以娱乐形式呈现内容，如在微信公众号文章中添加大量的表情包、运用谐趣的文案等展示企业形象；三是娱乐产业内容，如影视解说、游戏视频剪辑等。

实际上，今天的互联网环境泛娱乐化趋势明显，尤其是在短视频平台中。娱乐型内容轻松、易懂的特性，使得用户在不知不觉中就被吸引，深受欢迎。相应地，用户越喜欢，企业在开展内容营销时则越倾向于增加娱乐元素，借此增加流量，提高产品和品牌的知名度。

（3）情感型内容。该类型内容的特点在于通过刺激用户的某种特定情绪，引起情感共鸣，从而满足用户的心理诉求。

情感型内容在表现形式上与娱乐型内容有较大的差异，往往通过情节演绎、故事讲述、"音乐 + 文案"的形式来呈现，叙述节奏舒缓或激昂，表达的情感种类多样，既有表达亲情、友情、爱情等人类的基本情感，又有表达爱国、博爱、女性关怀等社会情感，还有表达自由、上进、个性、理想等个人价值观的。

该类型内容营销的重点在于引起目标消费者的共鸣和情感迁移，在使消费者认同内容所传递的价值观的同时，对企业品牌或产品产生好感。如 2019 年春节档电影《小猪佩奇过大年》的宣传短片《啥是佩奇》，通过对亲情的刻画，引起用户共鸣，从而吸引了大量消费者关注该电影并到电影院观看。

三、内容营销的策略

内容营销把内容作为一种产品，从营销的角度来看，内容营销包括了三个重要策略，即内容定位策略、内容生产策略、内容传播策略。

1. 内容定位策略

内容营销是为了满足用户的信息需求，因此，在正式开始生产内容之前，需明确两个重要的问题，即"为谁生产内容"和"生产什么类型的内容"，也就是用户定位和内容类型定位。

（1）用户定位。一般而言，内容营销作为企业的一种营销传播工具，其传播受众应与企业的目标消费者保持一致。因此，我们可以把企业的现实消费者和潜在消费者定位为内容营销的"核心用户群体"和"扩展用户群体"。例如，鲜花企业的核心用户群体是"购买鲜花的消费者"，扩展用户群体是"追求某种生活方式的人"或"追求某种情感共鸣的人"。

企业可以通过目标用户的人群画像进一步了解用户。例如，目标用户的年龄、性别、职业、收入、家庭结构、饮食偏好、消费偏好、兴趣等；他（她）的一天是怎样度过的等。只有明确了用户群体，才能进一步分析其内容需求与特点。

（2）内容类型定位。在信息极度丰富、用户具有更高的选择权的互联网，企业想要满足目标用户的所有信息需求是不可能的。因此，企业开展内容营销，需定位垂直的内容领域，尤其是通过微信公众号、抖音、小红书等社交媒体持续输出内容时，更需要稳定的内容类型定位。

内容类型定位首先要考虑目标消费者的内容喜好。例如，深圳市卫健委的微信公众号，将目标用户定位为年轻群体，在内容风格上偏向轻松、简约、有趣，使得用户更易接受，进而获得大量用户关注。

其次是考虑企业和产品的特性。例如，护肤品牌 HFP（Home Facial Pro）早期通过大量中腰部公众号的投放，成功获得品牌曝光；彩妆品牌完美日记通过小红书大量中长尾 KOL 的投放，成功吸引用户种草。其区别在于护肤品牌需要通过有一定深度的内容来培育用户，而彩妆品牌则需要通过"高颜值内容"来吸引用户。

最后是要保持内容类型的稳定性。内容类型的稳定性有利于长期积累用户，使用户对企业或品牌产生深刻印象并提升用户黏性，也有助于各大算法推荐平台把内容精准推荐给目标用户。

2. 内容生产策略

比起传统媒体的广告制作，数字时代的内容生产自由度更高，但也有着基本的策略，主要分为以下四个步骤。

（1）确定目标。企业在进行内容生产时，第一步需明确内容生产的目标是什么，即为何生产本次内容。比如，吸引新用户关注、促进老用户活跃、促进产品销售、塑造品牌形象等。内容生产目标往往与企业阶段性的整体营销目标保持一致。

（2）选题策划。明确目标后，下一步需对具体的选题进行策划，常见的选题策划技巧主要有以下四种。

一是头脑风暴。结合选题目标，思考目标用户在日常的学习、生活与工作中有哪些困惑、哪些诉求、哪些情感，并且与企业具有相关性。比如，一家酒店企业，其微信公众号用户定位为城市年轻白领，内容类型偏休闲、轻松风格，近期内容生产目标为新店推广。通过头脑风暴思考得出城市年轻白领常见的困惑为在出差旅行时希望能品尝到当地特色美食，在选题中就可以策划以"本品牌酒店附近的当地特色美食"为主题的内容。

二是结合热点。互联网时代，用户会自发地聚焦一些社会重大事件或话题并讨论，从而形成网络热点。常见的网络热点包括确定性热点和突发性热点。前者是营销人员可以提前策划的，可以提前制作内容营销日历，如每年的高考、各类节假日；后者则需要营销人员有敏锐的热点意识和快速的内容生产能力，在短时间内对一些网络热点做出回应，吸引大量用户关注。

三是参考同行。通过搜索和浏览同行的内容选题，可以获得相关的选题灵感。参考同行往往需要借助一些新媒体数据分析平台，如清博指数、新榜、西瓜数据等，可以监测到相关选题的流量数据表现，从而进一步判断该选题的价值。

四是建立选题库。在日常的选题策划过程中逐步积累一定数量的选题，并按照选题目标、发布时机等维度进行归纳整理，形成选题库，能更好地帮助企业在开展内容营销过程中进行持续性的内容输出。

（3）内容制作。优质的内容不仅来自选题，还需要有高水平的制作。数字时代，企业营销内容的生产不再局限于专业的内容制作团队，还包括企业自身、用户等，整体而言，内容制作的模式包括以下三种。

一是 BGC（Brand Generated Content）模式，即品牌生产内容。由企业内部根据内容类型组建内容生产团队并制作内容。如由文案、排版、平面设计、短视频拍摄、剪辑、运营等岗位组成的团队，能更好地把握内容制作方向，深度研究内容制作技巧等。

二是 PGC（Professionally Generated Content）模式，即专业生产内容。由某个领域的专家或者网络意见领袖来为企业生产更具有专业性和影响力的内容，以吸引用户的关注。

三是 UGC（User Generated Content）模式，即用户生产内容，或 UCC（User Created

Content）模式。借助社交媒体的开放性与互动性，通过邀请用户参与话题，鼓励用户创建内容，并将用户内容运用到企业营销内容中去。源自用户创意的内容也更易获得用户的认可与转发。

（4）内容评估。对生产完成的内容，在传播前进行一次内部的测试和评估，主要评估维度包括：内容是否符合原定目标？内容是否存在原则性错误？内容是否存在细节性错误？如错别字、视频卡顿等。部分内容，如抖音短视频，可以通过前测工具，测试内容的预期流量及是否符合平台管理规范等。

3. 内容传播策略

（1）传播渠道选择。内容生产完成之后，企业需要考虑的是如何把内容传播出去。传统媒体时代，传播渠道往往是报刊、户外、电视等媒介，需要付出较高的费用。在数字传播时代，企业可选择的传播渠道更加多样化，此处我们主要讨论两种网络传播渠道。

一是通过自建渠道传播。常见的渠道包括企业官方网站、微信公众号、微博、小红书、短视频账号等。其优点在于渠道成本较低甚至免费，企业对传播渠道拥有主动权，缺点在于流量不稳定，用户的保持与增长难度较大。

二是通过付费渠道传播。常见的付费渠道包括各类互联网平台的广告投放、与网络意见领袖合作推广等。其优点在于流量大、传播速度快，以销售为主要目标的内容较易获得成交；缺点在于渠道成本较高，且无法控制渠道。

（2）传播推广策略。内容在渠道投放完毕之后，依靠自然流量可能不能获得较好的传播效果，因此，需要对内容传播进一步推广，常见的传播推广策略包括：购买流量（如在抖音平台投放抖+）、通过社交媒体平台的人脉进行推广（如员工在朋友圈中转发该企业微信公众号的推文）、通过矩阵化运营提升内容的整体传播量、邀请更多的网络意见领袖转发等。

📷 实例 10-1　百事可乐"看我多热爱"内容营销

2020 年，百事可乐推出"看我多热爱"营销活动，通过合作艺人王嘉尔、周冬雨、郎朗、刘璇在线上引爆话题，还积极通过线上渠道与用户共创内容，加强营销效果。

在线上的年轻群体圈层中迅速掀起话题热度之后，百事可乐同步发布了一款"黑科技"互动小程序，以"百事热爱霸屏"为主题，通过高科技手段，鼓励用户勇敢秀出自己的热爱——通过"百事热爱霸屏"小程序，拍摄自己的热爱故事，寻找身边的任意蓝色——有蓝色的地方，就有你的舞台！百事可乐，就是要成为每一份热爱的支持者。新奇有趣的 UGC 互动内容，在年轻消费者社交圈层中进行热度的回流，用身边的"热爱"故事层层发酵和加强营销效果。

Z世代一方面关注个性、自我；另一方面，他们也贴近主流，关注社会。百事可乐洞察到Z世代的这些个性特征，携手人民日报新媒体，以"致敬热爱守护者"这个独特的视角与话题，通过主题联名合作以及《那些花儿》微视频，致敬在疫情特殊时期为社会贡献自己力量的4种不同职业的人群。他们是医护人员、外卖员、志愿者、一线工作者，是每一个热爱生活、热爱工作的守护者的缩影。对这些平凡从业者的关注，表达了百事可乐对这些平凡岗位上"平凡英雄"们的敬意，让"热爱"更有高度和影响力，更具当下的普世意义。

同时，百事可乐还上线年轻人最活跃的短视频平台之一抖音，发起"热爱霸屏榜"挑战赛，特效贴纸可以玩出百般花样。所有参加挑战赛的用户，都有机会获得由百事官方提供的百万流量扶持，引发用户积极参与。

（资料来源：微信公众号"首席营销官"，有删改，https://mp.weixin.qq.com/s/E-5Q2HoPIG0gXX76Ff3axQ）

思考： 1. 百事可乐"看我多热爱"内容营销的生产策略和传播策略分别是什么？

2. 比起传统广告，内容共创在提升营销传播效果方面有哪些优势？

实例10-2 白酒企业如何借助抖音实现增长？

白酒是具有浓厚的文化色彩的，与我们的日常生活息息相关。白酒经常出现在家人朋友聚会的场所。我国目前白酒企业有近718万家，每年都在增速发展，市场竞争激烈。

白酒企业想在行业中占有一席之地，需要坚持做好自己的产品，加强服务，提高自己的品牌影响力，同时，要学会与时俱进，抓住新时代营销风口，探寻新渠道，打破品牌困局。自2020年以来，短视频营销成为各大品牌的行业风口，开启了数字化经营新时代，那么白酒企业又该如何借助抖音做营销呢？

1. 进行酿酒实地拍摄，揭秘制作过程

白酒虽然与我们的生活息息相关，但是我们与白酒真正接触的机会还是很少，甚至不知道白酒是怎么酿制出来的，也不太清楚白酒酿制的过程需要用到什么材料以及工具，所以白酒企业可以在自家的酿酒厂拍摄讲解酿酒的步骤，包括生产车间、操作流程及原因等短视频，来吸引用户注意。

2. 玩转抖音"挑战赛"

在抖音上做活动营销是很高效的营销手段之一，比较常见的方式是"挑战赛"，要求视频中要具有白酒企业的产品，可以是舞蹈、歌曲或者其他形式，借此传播品牌文化。比如子约"孔府"在抖音上举办的"给我一瓶子约，我可以让世界颤抖"的主题挑战赛，超过百万人关注，有近百人参赛，排名较靠前的视频累积已有2.5万的点赞量，这场活动也给该品牌带来了很大的流量。

3. 打造"文案风"视频

抖音短视频虽然视频是主体，但是文案在吸引用户方面也起到了很大的作用，一个好的文案会让用户有想点击进来观看的欲望，保证文案和视频内容一致则会让整个视频得到升华，用户在看完之后能够有更加深刻的体会。

在白酒行业，文案比较突出的是江小白，很多人看过它的文案后都会感慨：它说出了自己的心声。

（资料来源：微信公众号"丝路赞学院"，有删改，https：//mp. weixin. qq. com/s/HHiRWqgJ6_Lyi6fzjOP-hA）

思考： 1. 结合实例分析，在抖音平台开展内容营销的关键点有哪些？

2. 选择一个你感兴趣的品类，想想该品类如何进行短视频内容选题？

实例 10 - 3　深度入局内容营销，企业怎么做？

移动互联网飞速发展的今天，内容营销也不再仅限于运营一个微信公众号或是抖音号。正如内容和营销的融合程度愈发深入，广告主在内容营销领域的创新能力、多平台之间的互动能力方面，也将面临新的挑战。

随着内容营销项目的合作方式愈发深入，有广告主受到品牌宣传和娱乐营销的强烈驱动，开始尝试掌握主动权，通过深入内容产业链的上游，以实现双赢的目的。2016 年 58 集团成立 58 同城影业，"与单纯的投资回报相比，58 同城影业更希望能整合电影产业链资源，结合企业自身资源做营销，兼顾财务回报与传播"。58 同城影业副总经理孙彬表示，成立影业公司，意味着 58 同城从原先的单纯广告投入模式衍变成联合投资、植入的模式。

这种模式的优势在于做品牌植入时能够掌握更多的话语权。在影视植入越来越普遍的当下，投资者的身份可以使得品牌商和片方有更加深入的交流，方便做出更适宜的植入效果。除了参与投资出品电影成片，58 同城还尝试直接制作节目和剧集，例如，旗下房产互联网平台安居客曾出品两季情景轻喜剧《楼市×真相》，播出情况不错，此前安居客已开设安居头条、安居问答以及购房百科三个内容入口，并定期发布国民安居报告，通过内容建立与消费者的深度联系。

另一边，有些公司已经开始尝试在内部孵化创意团队，而不同形式的媒体也都在将更高质量的内容创意作为服务提供给广告主，如近两年来因生产爆款内容而打响了招牌的网易哒哒。网易哒哒原本是网易新闻孵化的一个新媒体栏目，因制作出现象级 H5 案例《睡姿大比拼》《她挣扎 48 小时后死去，无人知晓》等而为人熟知。

从 2017 年开始，网易哒哒已经开始在 H5 商业化方面做出尝试，具有不错的商业变现能力：比如 2018 年和 999 合作的世界杯定制 H5《守护你的幸运足球》，用场景植入品牌以及结果页 Logo 露出的形式，将 999 的口号和世界杯热点融合；和漫威合作的漫威电影十周年揍灭霸 H5 等，均取得了很好的口碑和传播效果，在提升网易新闻品牌影响力的同时探讨了更多的商业合作可能性。

如果没有自建团队的计划，与专业的第三方内容生产团队合作进行内容产出也是一个折中的办法，如 GQ 实验室直接入驻"宝马中国"公众号，为品牌方的自有传播渠道提供定制化内容。

作为内容营销的一次新尝试，GQ 实验室与宝马的这次合作确实颠覆了品牌投放公众号的常规传播路径，宝马中国的日常推文多以宣传新车为主，硬广氛围浓厚。此次与 GQ 实验室推出"高能阶级研究所"专栏，一方面增加了企业号的内容属性，让品牌更软性地与现有和潜在用户对话，另一方面，此举仍然可以保证主动权握在己方手中，保证内容更加贴合受众，避免了"记住了有趣的内容却忘记了背后的品牌"的尴尬情况出现。

（资料来源：微信公众号"媒介杂志"，有删改，https：//mp. weixin. qq. com/s/n8kEimlgo4XLkMR4cg2g5g）

思考： 1. 结合实例，分析内容营销的主要方式有哪些。

2. 你觉得一个企业要深入开展内容营销，需具备哪些条件？

学以致用

选择一个你熟悉的企业或品牌，搜集资料，看看这个企业或品牌分别开设了哪些新媒体平台账号，在内容生产与内容传播上有什么特点。

第三节　网络社群营销

一、社群与网络社群

1. 社群与网络社群的含义

社会学家斐迪南·腾尼斯在《共同体与社会——纯粹社会学的基本概念》一书中提出"社群"的概念，即人与人之间所形成的亲密关系和对社区强烈的归属感和认同感。社群可简单认为是一个群体，但这个群体有一些它自己的表现形式。首先，社群成员之间的社交关系链，是基于一个点、需求或爱好将大家聚集在一起；其次，有稳定的群体结构和较一致的群体意识；再次，成员有一致的行为规范、持续的互动关系；最后，成员间分工协作，具有一致行动的能力。

互联网兴起之前，社群主要存在于基于地理位置形成的现实社会生活关系网络之中。随着互联网的发展，人们的关系网络从现实生活延伸至虚拟世界，突破了时间和空间的限制。互联网的开放性、交互性等使得具有相同文化特征、兴趣爱好和价值观的人们在虚拟网络中汇聚，通过互动形成一个具有强烈归属感和认同感的社区，这就是我们所说的网络社群。

在我国，早期的网络社群兴起于 21 世纪初，随着互联网的发展，网络社群的形态逐渐多样化，主要为各类的博客、论坛、社交平台，如天涯社区、百度贴吧、豆瓣、微信、知乎等。随着移动互联网时代的到来，基于位置的服务（Location Based Services，LBS）使得网络社群实现了网络虚拟与现实社会、线上与线下的融合，也使得社群传播更加立体化。

2. 网络社群的特征

（1）拥有共同的喜好。同好是社群的核心特征，是社群能否建立的前提。成员基于共同的文化、价值观、兴趣爱好而聚集。这种共性使得成员之间有了交流互动的基础，在互动过程中促进情感关系的连接，从而使社群成员由零散的个体聚集为一个整体。

（2）垂直化价值输出。社群是拥有同好的群体集合，但这种群体不是广泛的"乌合之众"，而是具有垂直性特征的价值共同体。社群成员专注于某个领域，如豆瓣、百度贴吧的小组。每一个社群都有其独特的标签，这个标签也为企业营销提供了明确的目标群体指向。

（3）去中心化自行运作。社群的去中心化不是社群不需要专人管理，而是指社群传播的内容、信息不再是由专人或特定人群产生，而是全体成员共同参与、共同创造的结果。社群成员在共同的目标下，通过协同、扩散自发地参与到产品的生产、设计及营销传播中，参与价值共创。

二、网络社群营销的内涵与基础

网络社群聚集起来的成员具有较高的黏性、对社群兴趣领域有一定的忠诚度，是企业开展营销传播，提高消费者对品牌忠诚度的有效渠道。网络社群营销是指通过互联网将有共同兴趣爱好的人聚集在一起，将一个兴趣圈打造成为消费家园，通过产品或服务来满足群体需求而产生的商业形态。根据学者白东蕊的定义，"网络社群营销是在网络社区营销及社会化媒体营销的基础上发展起来的用户连接及交流更为紧密的网络营销方式"。

网络社群营销的形成需要具备一些基础条件，主要如下：

（1）前提：网络连接。社群是人与人之间的关系网络，前提是实现社群成员之间的连接。在传统媒介时代，人们的连接往往是建立在现实社会关系基础之上，如同事之间、亲戚之间或同学之间等，社群连接的地理范围、人群特征都比较有限，社群结构简单。

在数字时代，网络连接使社群成员之间的连接突破了时空限制。通过互联网，人们可以认识到世界上更多的陌生人，延伸出更为丰富的关系，如互助社群、价值交换社群、粉丝俱乐部等。网络连接所依托的平台也是多样化的，既可以是微信、微博等各类社交媒体，也可以是豆瓣、百度贴吧等网络社区，或是各类 App 等。只要能实现人与人在网络上的连接，就有了网络社群营销的前提。

（2）入口：内容价值。网络连接为分散的个体提供了连接的通道，但要让人们聚合在一起，需要有价值的内容去吸引彼此。这种有价值的内容可以是某种知识，如"罗辑思维"通过每天分享一条语音科普吸引粉丝关注；也可以是某种物质利益，如"完美日记"通过社群发放粉丝福利。

内容价值是网络社群营销的入口，好的社群一定要能给群成员提供稳定的内容价值输出，这才是群成员加入该群、留在该群的基础。

（3）维护：持续互动。对于社群运营而言，社群活跃度直接影响社群成员之间的关系，也是衡量社群价值的一个重要指标。没有持续互动和交流，社群内部的情感关系便无法建立，更不能持续和长久。

网络社群的互动不仅仅存在于线上，为提升粉丝参与互动的积极性与体验感，社群互动从线上延伸到线下；从线上的内容输出与分享，扩展到线下的聚会活动，其核心目的都在于增强凝聚力和提高活跃度。

（4）信任：社群经济。基于网络连接所形成的社群，其信任基础是很薄弱的。但随着内容价值的持续输出和影响，成员之间互动与交流的不断深入，社群成员开始对社群产生感情，于是便产生了社群信任。

信任是网络时代传播价值产生经济的根基，具体表现为：社群成员更容易相信社群内部成员的推荐和评论，并影响其实际购买、参与行为，更愿意接受和信任社群组织提出的产品和服务。信任也是网络社群营销运营的较高层次，要实现高信任度的社群，需综合考虑内容、互动、价值输出等关键问题，考验社群运营者的组织管理能力。

讨论 10-1：你有加入哪些社群吗？你会持续关注这些社群的消息吗？你觉得这些社群运营得如何？

三、网络社群营销策略

网络社群的建立并不难，但要运营好一个网络社群，并依托社群实现营销传播目标，则需要一定的技巧和策略。总体而言，网络社群营销运营包括以下四个方面。

1. 社群定位

社群定位主要包括社群的用户定位、内容定位、类型定位和目标定位等。

与其他数字营销传播工具相同，清晰的社群定位是开展网络社群营销的第一步。社群定位主要明确社群的目标成员是哪些群体，这些群体的价值观需与企业的核心价值观相匹配。如小米手机的社群，吸引追求高科技和潮流的用户；"罗辑思维"的社群，吸引喜欢独立思考和知识学习的群体；"Better Me"社群，吸引自律性强且具有较强上进心的用户。

明确的目标用户有助于社群运营者为用户打上标签，并根据标签定位社群核心内容价值，并以此吸引目标用户加入。根据社群的定位和属性，社群可以分为：产品型社群、兴趣型社群、品牌型社群、知识型社群和工具型社群。社群营销运营者可根据用户特征选择合适的社群类型定位方向。

除此之外，社群运营者还需要考虑社群营销的目标，如提高消费者忠诚度、推广品牌、提供服务、销售产品等。不同的目标也决定了社群营销的内容输出重点。

2. 社群拉新

网络社群需要通过各种渠道获取成员，主要包括内容平台引流、信息流广告、线下门店、老用户邀请、新用户裂变等。值得注意的是，社群的拉新往往需要采用一定的利益吸引措施，常见的如商场的优惠券、赠品，品牌活动福利，知识社群的知识技能包等。

3. 社群规则

网络社群运营规则一般有四种类型：加入规则、言行规则、分享规则、惩罚规则。加入规则的主要类型有邀请制、推荐制、审核制、付费制、活动制；言行规则是成员之间共同遵循的行为规范；分享规则主要有管理分享型、大咖分享型、群员分享型等；惩罚规则主要有禁言、踢出社群等。

4. 社群活动

（1）线上活动。网络社群的运营，线上活动是保持社群成员交互与活跃的重点。常见的线上活动包括社群分享、社群福利、社群打卡等。

社群分享是最基础的社群活动，分享内容可以是心得体会、知识干货、最新资讯等。分享需提前设计主题，确定主要分享人。分享结束后要将分享内容包装后通过社交媒体进一步传播，增强影响力。

社群福利能有效提高社群活跃度，主要包括物质福利、荣誉福利、知识技能福利等。

社群打卡能保持成员的黏性，在具体活动设计中，往往会采用押金、淘汰、互相监督、激励等方式刺激成员坚持参与。

（2）线下活动。对于网络社群而言，O2O的活动体系是必要的。线下活动主要包括核心成员聚会、区域成员聚会、全体成员聚会等。不管是哪一种聚会形式，在聚会过程中，都可以实时公布一些聚会实况到社群或社交平台，一方面增加社群影响力，增加成员对社群的黏性，另一方面也是持续激发和保持社群活跃度的有效方法，可以刺激更多人积极加入线下活动。

社群线下活动需制订详细的活动计划，包括活动策划团队任务分配、宣传方式、报名方式、活动名称、活动主题、活动目的、活动日期、活动地点、参与人员、参与嘉宾、活动流程、费用、奖品、合影以及后续推广等。为了更好地对活动全程进行控制，通常在制订活动计划时，需明确活动的阶段性进度表，并实时检查各阶段活动开展是否实现预期目标。

实例10-4 小米是如何玩转社群营销的？

小米的快速崛起离不开社群，这是一家致力于高端智能手机自主研发的移动互联网公司，在手机领域有着一定的影响力。2010年，小米推出手机实名社区"米聊"，后来改名叫"米柚"。在推出的半年内，注册用户突破300万人。通过微博、微信以及论坛等社会化营销模式，小米凝聚了粉丝的力量，在短时间内，"小米"被打造成了一个知名度较高的品牌。

小米对粉丝聚集平台有着精准的认识。初期，小米粉丝的主要聚集地是论坛。在论坛上面，粉丝参与调研、产品开发、测试、传播、营销多个环节，多种活动使他们获得了荣誉感和成就感。后来，小米逐步使微博、微信等平台成为粉丝的聚集地和增殖地。

小米建立社群使用了三大步骤：定位核心人群、社群O2O运营、通过互动让用户获得参与感。

1. 定位核心人群

为了寻找属于自己的忠实粉丝，小米在手机论坛上征集了1 000个人，把他们拉进小米的论坛中，要求他们把自己的手机系统刷成小米的MIUI系统，完成刷机工作。对于手机用户来说，刷机存在着一定的风险，手机很容易出现无法开机的情况。尽管如此，仍然有100个人愿意将自己的手机操作系统刷成小米的MIUI操作系统。

因此，这100个人成了小米的第一批天使用户，他们的名字都出现在了第一版小米手机的开机页面上。在小米三周年时，还专门为这100个天使用户拍摄了一部微电影。可以说，这 100 个天使用户是小米社群的起点，他们对小米的忠诚度是不容置疑的，因此这 100 个人也是小米的核心粉丝。

2. 社群 O2O 运营

小米生产"小米1"的成功，源于聚集的用户和社群的粉丝。正是因为聚拢了一批"发烧友"，所以小米手机的生态圈不断扩大，得以拓展到其他如小米活塞耳机等的周边产品。

有了粉丝的基础，小米逐渐形成了"米粉"文化，包括同城会、米粉节、爆米花等。很多"米粉"因小米手机而结缘，紧密地联系在一起。

3. 通过互动让用户获得参与感

小米的参与感主要体现在两个方面：一是营销上的参与。小米通过和用户的互动来做营销，让用户参动，一起做好产品。二是产品上的参与。让用户参与到小米手机的开发、设计和销售，小米把用户当成朋友，主动拉近与用户之间的距离。小米重视用户体验，尊重用户。无论是互动活动，还是新品发布，小米都会让用户参进来，以便提升用户的参与感。

（资料来源：微信公众号"运营公举小磊磊"，有删改，https：//mp.weixin.qq.com/s/qA2vXTsUhasctkGNmNPWVQ）

思考：1. 小米是如何发展其社群用户并增强用户活跃度的？
　　　2. 结合实例，谈谈小米社群营销成功的原因。

实例 10 – 5　"罗辑思维"的社群运营

"罗辑思维"是知识服务商和运营商，主讲人是罗振宇。于 2012 年底上线的"罗辑思维"，是最早形成影响力的自媒体之一。在许多自媒体还没有站稳脚跟的时候，"罗辑思维"就形成了独有的商业模式。以罗振宇个人为中心在互联网上聚集形成社群，一方面通过输送优质内容聚集用户，另一方面通过会员收费的制度提升用户黏性。

1. 用户构成

"罗辑思维"的用户主要是 85 后"爱读书的人"，这群人有共同的价值观和爱好，热爱知识类产品。80、90 后人群是互联网用户的主体人群，"罗辑思维"以读书求知为主要的内容出发点完全符合年轻人当下的一种生存需求，依托节目自身知识的加工能力，在传达观点和正能量上促进了社群的裂变式发展。以移动互联网新式社交为出发点，集合相同认知的人群，在助人的同时完成了第一次的品牌背书。

2. 社群价值

培养共同的习惯，可以进一步固化会员"自己人效应"。比如，主讲人罗振宇每天早上 6 点半推出的 60 秒音频，和每周一更新的视频节目，都在培养用户习惯。其口号是：有种、有料、有趣。倡导独立理性的思考，推崇自由主义与互联网思维，并由一款互联网自媒体视频产品，逐渐成长为互联网社群品牌，致力于打造一个有灵魂的知识社群，是一帮自由人的自由联合。同时通过线下互动激发社群成员之间的联系，"罗辑思维"就曾举办过不少互动活动，如"爱与抱抱""霸王餐"等，是社群营销的成功案例。

3. 商业变现

"罗辑思维"社群的形成是基于大家对罗振宇以及他所提倡的理念的认同。很多人每天早晨都会听罗振宇发的语音，如同追剧一样。罗振宇有意识地通过各种活动进行输出，将大家对自己的认同转移到对"罗辑思维"社群的认同上，从而实现商业变现。

"罗辑思维"实行会员制，加入会员要交费，确保会员能真正付诸行动。在实行付费制度后，也从之前的知识社群开始变成了商业社群。同时它的内容方向也有了相应转变，一系列具备鲜明商业化特征的企业经济顺势开启。"罗辑思维"利用自身的品牌影响力通过内容和活动的相辅相成进行商业化变现。

（资料来源：微信公众号"Mi友圈"，有删改，https：//mp. weixin. qq. com/s/N7goNc5V XM2toKsOQDGM4w）

思考：1. "罗辑思维"社群营销的用户是如何形成的？

2. 用户愿意在"罗辑思维"付费的根本原因是什么？

学以致用

请上网搜索资料，并结合个人经验思考：一个超市如果想要做社群营销，可以怎么做？

第四节　网络直播营销

一、网络直播营销的含义与特点

1. 网络直播营销的含义

移动互联网的飞速发展与智能终端的普及，使网络直播的场景日益丰富，用户也快速增加。各大品牌开始意识到网络直播可以更加立体地展示品牌文化和产品，同时有助于完成销售、增加营业额，是一种全面的营销方式，于是品牌们开始涌入网络直播营销阵营。

网络直播营销，是企业通过网络直播平台与用户进行实时互动，以提高品牌知名度和产品销售额为主要目的的营销传播活动。对企业而言，网络直播可以让企业更立体地展示自己的产品信息或品牌形象；对消费者而言，他们可以更直接、快速地了解产品的主要特点、功能、使用方法及效果等。

2. 网络直播营销的特点

网络直播营销作为一种新兴的营销传播形态，近几年发展迅速，其优势也非常明显，主要体现在以下几个方面。

（1）即时沟通。传统的营销传播几乎没有和消费者实时沟通，即便网络社交媒体如微博、微信都是以评论的形式发表看法，企业对于评论的回复以及和消费者的交流都不存在即时性。而在网络直播营销过程中，消费者可以通过直播平台的评论或连线发表自己的看法，与企业方、观看直播的其他用户进行即时沟通，提高消费者的参与度和沟通效率。

（2）精准用户。与其他数字时代的营销传播不同，网络直播营销的即时性决定了消费者不能按照自己的时间随时参与直播。由于时间的限制，能够在特定时间里进入到直播页面的大多是对于品牌或者对于直播信息具有较高忠诚度的用户，吸引到的都是较为精准的"目标消费者"。

（3）丰富场景。为了使消费者在参与直播时有更好的"在场"体验，刺激消费者产生购买欲望，企业在营销直播过程中往往需要对场景进行设计，即充分考虑直播的时间、地点、环境布置等因素。除了传统的专业直播间，其他能让消费者沉浸其中，有效诱发其消费欲望的场景都可以成为直播营销的场景选择。

当然，网络直播营销也有一些需要特别注意的地方：

一是直播过程的不可控性。直播是一种实时传播，一些失误可能会对品牌带来严重的声誉影响。比如，此前小米直播时无人机首次试飞时发生的"坠机事件"，虽然最后官方回应是第一次试飞没有注意电量，无人机因电量不足而试飞失败，但对于品牌造成的负面影响也是非常大的。

二是直播内容质量的把控。直播过程的内容或商品能不能满足用户观看直播时的期待，是品牌直播前需要重点策划的。一旦内容无法对用户产生价值，便会很大程度上消耗用户对品牌的好感。

三是并非所有产品和品牌都适合使用直播营销。网络直播的用户群以年轻群体为主，他们多数为直播黏性较高的消费者，针对这样的用户市场，应主打成熟、高净值人群的品类，像高端地产、高端汽车、奢侈品等则不是很适用直播营销。

二、网络直播营销平台

1. 网络直播营销平台分类

目前互联网中的直播类视频平台非常多，按照其直播的主要内容定位，可分为秀场直播、泛生活直播、游戏直播、电商直播和体育直播五个类别。秀场直播主打美女经济，以主播展示唱歌、跳舞、脱口秀等才艺为主要内容，主要代表平台有 YY 直播、六间房、酷狗直播、NOW 直播等。泛生活直播是一种全民秀，内容涉及日常生活的方方面面，以追求新奇、吸引眼球为主，主要代表平台有映客、花椒直播、一直播、趣直播、光圈直播等。

秀场直播和泛生活直播又可以统称为娱乐直播，都是以新奇内容吸引粉丝注意力为主，其准入门槛较低，秀场直播主要盈利来自粉丝的打赏，泛生活直播则还有广告植入收入。近些年，随着短视频的冲击、网络视频行业的重新洗牌，娱乐直播也开始呈现走下坡路的趋势，面临转型。

游戏直播有庞大的游戏迷群体支撑，成为网络直播行业中的一大重要分支。游戏直播内容以电竞比赛直播、用户电竞娱乐直播、游戏直播为主，代表平台有斗鱼直播、虎牙直播、企鹅电竞、快手等。Quest Mobile发布的相关报告显示，直播打赏、道具购买的增值服务、广告售卖、会员订阅、电商卖货、游戏分发联运是目前游戏直播行业的六大主要变现方式。

与前三类直播不同，电商直播的主要特征是"带货"，具有明显的销售和营销特性。电商直播使消费者能够更为直观并且全面地了解产品及服务信息，和主播进行实时互动，降低试错成本，让消费者融入购物场景中。电商直播的主要盈利来自产品的销售。主要代表平台有淘宝直播、京东直播、抖音直播、快手直播等。

2. 电商直播平台的发展

从电商直播平台的发展来看，淘宝直播作为先驱者，2016年，美妆行业率先赶上直播的大潮，同年，淘宝直播上线。淘宝直播背靠淘宝，坐拥数量庞大的商家、商品品类和用户基础，拥有天然的电商属性，以购物为目的的直播沉浸，使得其在购物场景方面占据显著优势。

快手从2017年开始布局直播赛道，通过"打赏＋带货"实现变现。红人在直播时可以接受打赏或挂购物车，添加淘宝、魔筷星选、有赞、拼多多等平台的商品链接，直播链接还可以分享到微信群、微博等渠道进行传播。

2019年，抖音也进入直播电商阶段。与快手相比，抖音中心化的流量分发机制使得平台更容易制造爆款，粉丝获取效率也会更高。但由于私域流量的缺失，抖音在电商直播方面与消费者信任关系的建立周期被拉长。但无论如何，作为手握6亿日活的超级平台，抖音电商在2021年售出超过100亿件商品，每月超过2亿条短视频内容和900多万场电商直播，也使得180万个商家新入驻抖音电商。

从今天来看，电商直播平台的发展百花齐放。淘宝、快手、抖音、腾讯、拼多多、小红书、京东、微博、西瓜视频、哔哩哔哩、知乎等，各大内容社交平台或电商平台等先后进军电商直播，也使得电商直播的流量之争日益激烈。

三、网络直播营销的步骤

相比短视频，网络直播营销在内容打造方面的自由度、创意程度则要弱一些。从目前的视频直播平台来看，多数情形下主播仍然是直播内容的关键。用户重点关注主播，换一个主播很可能流量就少很多。因此，对于多数视频直播平台账号的运营者来说，与其说是在打造优质直播内容，其实更多是在培育一个优秀主播。

从目前的直播行业来看，多数的主播是在直播间里完成直播的，直播的内容、模式也大同小异，接下来我们以电商直播为例看看直播营销的一般步骤。

1. 主播的风格定位

电商直播主播的准入门槛较低，对主播形象的要求没有秀场直播主播的要求高，但要成为一个高流量的主播也很难。一般来说，每个主播需要给自己确定一个风格。从整体行业来看，主播的风格可以分为职业风、名媛风、学院风、文艺风等。

职业风，顾名思义，就是打扮上要接近现实职业的装扮。如白领阶层的白衬衫、职业装，数码男的理工男形象等，不同行业的常见装扮是不一样的，职业风的定位就是要把自己打扮得像是该行业的资深从业人士，从而获得粉丝的信任。名媛风体现的是典雅、大气的贵妇形象，言谈举止有条不紊，给人一种高不可攀的感觉。学院风要展露出学生气质，青春有活力。文艺风则是复古、有个性、与众不同，无论是衣着还是言谈举止都要显示出不落俗套的气息。

主播的风格定位其实也是给用户留下第一印象的关键。据一直播公布的数据，对于直播行业来说，用户决定某个直播内容好不好的时间只有 2 ~ 3 秒，也就是说，如果主播的整体形象不符合用户的兴趣，用户会马上跳转到其他主播的直播间。因此，对于电商主播来说，塑造一个风格鲜明、定位准确的形象非常重要。

2. 主播的配置

电商直播主播的配置有三种类型：单人、双人和多人协作。由于电商直播的时长较长，每天播 4 ~ 12 小时是常态，对主播的耐力是一种考验。单人主播是指大部分时间镜头前只有主播一个人，助理负责幕后的配合工作，包括与粉丝互动等；在主播离开镜头的短暂时间内由助理接替。双人主播是指大部分时间镜头前有两位主播，但两位主播的职能有所区分，一位主要介绍产品，另一位主要负责解答粉丝问题和互动等。多人协作是指镜头前有 1 ~ 2 位主播，但配合人员有 2 ~ 3 人，他们会在互动、答疑、活动环节给予主播更多的支持。

一般情况下，电商直播主播的配置最低需要 2 人（1 人负责台前幕后很多时候是难以兼顾的）。拥有一定粉丝量的主播一般会配置 4 ~ 6 人的团队，包括主播、策划、文案、助理、物料准备等。

3. 直播开场

直播不同于短视频，用户不能想看就马上能看。为了让用户看到自己的直播，一般情况下，主播的播出时间是固定且准时的，这有利于培养粉丝的观看习惯。在正式开播前 10 ~ 15 分钟，直播摄像就会提前打开，避免提前入场的用户无法看到视频。

首先，为了树立自己的风格，主播自我介绍时要有特色。单纯的"你好，我是……"无法在用户脑海中留下印象，因此开篇的自我介绍要独具一格且持之以恒。

其次，开端需要有场景引入，即自我介绍之后并不会马上介绍商品，而是通过与用户的互动调动用户的情绪，如与用户分享个人生活经历，或是把当场直播能带给用户的福利摆在前头，即抽奖或送礼的预告，迅速吸引用户的注意。开端的非正式直播内容为主播的风格定下基调，体现主播风格差异。

暖场之后正式进入正题，即产品话题的导入。一般情况下，主播会先对上一场直播的内容进行简要回顾，随后对本场直播的主要推荐产品类型、特点做整体介绍，并对重点推荐的产品进行预告，帮助用户迅速了解直播主题。

4. 直播过程的互动

一场直播下来动辄几个小时，需要主播把控好节奏，否则用户很快便会感到厌倦而离开。事实上，也有极少的用户会从开始到结束一直在线看一个主播直播。一般而言，介绍单个产品的时间为 10 ~ 15 分钟。一场直播下来，一个产品可能会被重复介绍 2 ~ 3 次。

在整场直播过程中，主播为了增加粉丝或是挽留现有粉丝，与用户之间的互动是必不可少的。主播必须随时关注每个粉丝提出的问题，并给予及时的答复；在解答产品问题时，应尽可能"贬低"自己而夸奖用户，让用户感到这个产品很适合自己。此外，主播还可以在直播过程中每隔一段时间发放粉丝福利，如通过关注送礼、送现金券、抢红包、抽奖等方式来活跃直播气氛，增加用户在线时间和促成交易。

5. 直播结束

每个单品推荐之后，主播都会报告单品的库存情况、供应情况，制造货源很紧张的气氛，从而催促已经加入购物车的用户尽快付款购买。在整场直播的收尾阶段，主播还会向粉丝报告本场直播的增粉情况和交易概况。如果直播过程有开展活动的话，还会在收尾阶段公布活动结果和详情，并告知用户如何对接，等等。

此外，主播会在直播的收尾阶段对下一场直播进行预告，包括直播时间预告、行业转换品类预告、产品款式预告、直播活动预告等，同时会和粉丝进行最后的互动，为下一场直播预热。

实例 10-6　直播带货背后的乡村振兴创新

茶产业是湖南省益阳市安化县的支柱产业，也是产业扶贫的重要抓手，全县 103 万人口中有 36 万从事与茶有关的行业。2020 年初，突如其来的疫情一度造成安化黑茶滞销，也让靠茶产业脱贫的 9.6 万农户面临返贫风险。

为解决农产品滞销问题，副县长陈灿平利用抖音平台直播带货。他自费购买了 5 部手机、2 个话筒以及租直播间，开始了他的第一次直播带货卖安化黑茶，没想到这次直播竟让他变成了"网红县长"。陈灿平每天直播七八个小时，有时候直播到深夜一两点，他唱歌、跳舞、抽奖、讲段子，直播风格颇为粉丝追捧。他讲黑茶知识、道经济学概念、传湖湘文化等，学识优势发挥得淋漓尽致，仅半年就直播 260 多场，曝光量超过 1 亿次，带货总额超过 1 500 万元，粉丝也涨到了 40 万人，被抖音评为"最具影响力茶叶达人"，安化黑茶也成为中国农产品地域品牌价值标杆品牌，品牌价值高达 639.9 亿元。

陈灿平立足于抱团直播带货，打造矩阵助脱贫。把培养本土"网红"作为第一要务，把授人以渔作为第一追求，带动每家每户乘直播风、走致富路，涌现出"侗族姐妹花""农村胖大海""芙蓉村花"等一大批本土"网红"；他服务于全局互动推广，联动扶贫探新路。设立"全国基层官员带货"微信群，跳出安化发展安化，联合同行分享互助，充分利用社群电商，开辟扶农助残专场，以点带面带动黑茶产业发展。开辟了一条信息化扶贫助农的新路径，为全国多个产茶县提供了信息化扶贫助农"安化模式"，并荣获 2020 年全国脱贫攻坚"创新奖"。

对于消费者来说，"网红"官员的背书，增强了产品公信力，成了产品销售的"敲门砖"，也将会带动影响更多农民和企业带头人，让他们接触新模式，通过网络直播发展新农村经济、构建新销售渠道。长远来看，以县长直播带货为标志开启的数字乡村发展和建设，未来将会与乡村产业更好地融合互动，真正以数据思维、数据的模式，重新构建整个乡村产业生态，找到合适的组织形式等。

（资料来源：中国周刊，有删改，http://www.chinaweekly.cn/html/industry/27080.html）

思考：1. "网红县长"陈灿平是如何开展网络直播营销的？

2. 直播带货、数字营销传播给乡村振兴带来了什么启示？

实例 10-7 "东方甄选"引发直播新形态

"大主播时代"落幕下中小主播借势而起，主播核心竞争力转向内容。2021 年以来，直播电商的头部主播格局趋于稳固，直播带货模式逐渐成熟，但伴随而生的是行业的拥挤和商家、主播、平台三端的矛盾激化，头部主播挤占中小主播生存空间，并且在行业的野蛮生长下，从业者素质良莠不齐，偷税漏税、卖假货等问题屡屡出现。

在直播带货的草莽阶段，到处充斥着叫卖式、情节表演式的内容形式，很多主播的定位也是"促销员"，短暂的交易额也就成了最重要的考核指标。不过，现在的直播已经进入了下半场，越来越多的品牌开始考虑直播对自身的长期价值影响，希望直播能给自己带来更多的增量价值。

近几年，几位头部主播的成功已经让直播形成了一套固定的范式，大家不敢试错也不愿意创新。基本就是一个接一个的产品，先是爆出原价然后是主播独享价，再加上大量的赠品和各种抽奖，爆点就是"上链接 + 观众抢购"。

其实在这样的互动形式下，观众进入直播间的动因和诉求都非常直接，那就是想以最便宜的价格去买点什么。在这种状态下，消费者的自我定位是"观众"或是"消费者"，如果其他直播间有更便宜的价格和更丰厚的礼品，他们也很容易到别的直播间去下单，这样的关系黏性很低。

而罗永浩老师的"交个朋友"直播间，则是一个从"促销直播"到"营销直播"的转折点，很多粉丝并不是为了低价来到老罗的直播间，而是基于对他的喜爱和信任。而"东方甄选"董宇辉等人的直播形式则更加像 AIPL 模型中的路径，AIPL 的意思分别是认知（Awareness）、兴趣（Interest）、购买（Purchase）和忠诚（Loyalty）。

2022 年"618"大促期间，由于头部主播的缺位、抖音平台的内容推荐机制以及新东方长久积累的品牌效应，"东方甄选"凭借知识带货一炮而红。泛知识内容输出获得了审美能力和消费能力强劲的高知人群的偏爱，备受一线中龄女性的青睐。"东方甄选"因为教培基因，主营商品显著区别于其他头部直播间，食品和图书占据大半江山，并且"东方甄选"直播间的定位为农产品销售平台，高质量农产品也在大促期间备受追捧。除了人和货的差异，"东方甄选"出位的核心原因在于内容的高质量和差异化，双语和知识的输出形式和慢节奏的直播风格正好抚慰观众对于喊麦式带货的审美疲劳，曾任新东方教师的主播团队也通过高素质的表达和产出，使得直播间的热度维持。

（资料来源：微信公众号"公关界""报告研究所""新浪科技"，有删改，https：// mp. weixin. qq. com/s/abYTCK8Hbw_C6fVLa9qljw；https：//mp. weixin. qq. com/s/ebQQyoNQwQa Js8yBt_uz_Q；https：//mp. weixin. qq. com/s? _biz = MzkyMjQxMzk3NA = = &mid = 2247549819 &idx = 1&sn = b871e1f669e84ed062979ad4d2960488&source = 41#wechat_redirect）

思考：1. 结合实际体验，谈谈你对直播电商的营销手段的理解？
2. "内容直播＋电商"为什么能爆火？

学以致用

你有在直播电商平台购物的经历吗？或是你有喜欢的电商主播吗？请观察其一场直播，试着分析直播过程使用的技巧。

测试你掌握的知识

1. 数字营销传播与传统营销传播有什么区别？
2. 内容营销主要包括哪几个方面？
3. 社群营销的核心步骤包括哪几个方面？
4. 请陈述直播营销的过程。

实训模块 10　微信公众号运营

以小组为单位，模拟公众号运营并讨论：

1. 你是如何做公众号定位的？
2. 在写内容标题时，你认为哪些点是最重要的？
3. 在内容原创方面你有什么感想？
4. 做内容原创时需要注意什么？
5. 如何利用公众号运营实现变现？

数字扩展资源 10

课程思政
课程思政元素及融入方式

案例讨论
补充的综合案例讨论

实训指导
实训模块的具体步骤和评价标准

课堂游戏
按教学目标设计的
课堂小游戏

课前/课后小测
配套的选择题题库

泛媒阅读App
扫链码获取数
字扩展资源

参考文献

[1] 崔译文，邹剑峰，马琦，等．市场营销学［M］．4 版．广州：暨南大学出版社，2019.

[2] 崔译文，邹剑峰，马琦，等．市场营销学［M］．3 版．广州：暨南大学出版社，2017.

[3] 崔译文，邹剑峰，陈孟君，等．市场营销学［M］．2 版．广州：暨南大学出版社，2015.

[4] 崔译文，邹剑峰．市场营销学［M］．广州：暨南大学出版社，2013.

[5] 菲利普·科特勒，凯文·莱恩·凯勒，亚历山大·切尔内夫．营销管理［M］．16 版．陆雄文，蒋青云，赵伟韬，等译．北京：中信出版社，2022.

[6] 王赛，曹虎，乔林，等．数字时代的营销战略［M］．北京：机械工业出版社，2017.

[7] 宁德煌．市场营销学：生活、营销与智慧［M］．北京：机械工业出版社，2020.

[8] 菲利普·科特勒，加里·阿姆斯特朗．市场营销：原理与实践［M］．17 版．楼尊，译．北京：中国人民大学出版社，2020.

[9] 菲利普·科特勒，何麻温·卡塔加雅，伊万·塞蒂亚力．营销革命4.0：从传统到数字［M］．王赛，译．北京：机械工业出版社，2018.

[10] 郭国庆．市场营销学通论［M］．7 版．北京：中国人民大学出版社出版，2017.

[11] 杨洪涛等．市场营销：网络时代的超越竞争［M］．3 版．北京：机械工业出版社，2019.

[12] 曹虎，王赛．什么是营销［M］．北京：机械工业出版社，2020.

[13] 艾·里斯，杰克·特劳特．定位：争夺用户心智的战争［M］．邓德隆，火华强，译，北京：机械工业出版社，2021.

[14] 艾·里斯，杰克·特劳特．营销革命［M］．北京：机械工业出版社，2017.

[15] 陈凯等．市场调研与分析［M］．2 版．北京：中国人民大学出版社，2021.

[16] 钱旭潮，王龙．市场营销管理：需求的创造与传递［M］．5 版．北京：机械工业出版社，2021.

[17] 吴健安，聂元昆．市场营销学［M］．6 版．北京：高等教育出版社，2022.

[18] 王永贵．市场营销［M］．2 版．北京：中国人民大学出版社，2022.

[19] 卢泰宏，周懿瑾．消费者行为学：洞察中国消费者［M］．4 版．北京：中国人民大学出版社，2021.

[20] 陈志轩，马琦．大数据营销［M］．北京：电子工业出版社，2019.

[21] 郭黎，王庆春．网络营销［M］．北京：人民邮电出版社，2019.

[22] 程明．数字营销传播导论［M］．武汉：武汉大学出版社，2022.

[23] 李克芳，范新何．营销渠道管理［M］．北京：机械工业出版社，2023.

［24］王俊杰，吕一林．营销渠道决策与管理［M］．4版．北京：中国人民大学出版社，2022.

［25］梅明平．经销商管理［M］．3版．北京：电子工业出版社，2015.

［26］陈惠源．市场调查与统计［M］．北京：北京大学出版社，2013.

［27］《广告学概论》编写组．广告学概论［M］．北京：高等教育出版社，2020.

［28］窦文宇．内容营销［M］．北京：北京大学出版社，2021.

［29］勾俊伟，刘勇．新媒体营销概论［M］．2版．北京：人民邮电出版社，2019.

［30］骆品亮．定价策略［M］．上海：上海财经大学出版社，2008.

［31］冯卫东．升级定位［M］．北京：机械工业出版社，2020.

［32］陈明．升维战略与人口经济［M］．广州：华南理工大学出版社，2016.

MPR 出版物链码使用说明

本书中凡文字下方带有链码图标"＝＝"的地方，均可通过"泛媒关联"App 的扫码功能或"泛媒阅读"App 的"扫一扫"功能，获得对应的多媒体内容。

您可以通过扫描下方的二维码下载"泛媒关联"App、"泛媒阅读"App。

"泛媒关联"App 链码扫描操作步骤：

1. 打开"泛媒关联"App；

2. 将扫码框对准书中的链码扫描，即可播放多媒体内容。

"泛媒阅读"App 链码扫描操作步骤：

1. 打开"泛媒阅读"App；

2. 打开"扫一扫"功能；

3. 扫描书中的链码，即可播放多媒体内容。

扫码体验：

扫码获取数字扩展资源